YINGJI GUANLI FALÜ ZHISHI
XUEXI DUBEN

应急管理法律知识

学习读本

中国法制出版社
CHINA LEGAL PUBLISHING HOUSE

目　录

一、综合

二、安全生产

三、自然灾害防治

▶实用问答

四、消防安全

▶实用问答

五、社会公共安全

一、综合

中华人民共和国宪法

（1982年12月4日第五届全国人民代表大会第五次会议通过　1982年12月4日全国人民代表大会公告公布施行　根据1988年4月12日第七届全国人民代表大会第一次会议通过的《中华人民共和国宪法修正案》、1993年3月29日第八届全国人民代表大会第一次会议通过的《中华人民共和国宪法修正案》、1999年3月15日第九届全国人民代表大会第二次会议通过的《中华人民共和国宪法修正案》、2004年3月14日第十届全国人民代表大会第二次会议通过的《中华人民共和国宪法修正案》和2018年3月11日第十三届全国人民代表大会第一次会议通过的《中华人民共和国宪法修正案》修正）

目　　录

序 言

中国是世界上历史最悠久的国家之一。中国各族人民共同创造了光辉灿烂的文化，具有光荣的革命传统。

一八四〇年以后，封建的中国逐渐变成半殖民地、半封建的国家。中国人民为国家独立、民族解放和民主自由进行了前仆后继的英勇奋斗。

二十世纪，中国发生了翻天覆地的伟大历史变革。

一九一一年孙中山先生领导的辛亥革命，废除了封建帝制，创立了中华民国。但是，中国人民反对帝国主义和封建主义的历史任务还没有完成。

一九四九年，以毛泽东主席为领袖的中国共产党领导中国各族人民，在经历了长期的艰难曲折的武装斗争和其他形式的斗争以后，终于推翻了帝国主义、封建主义和官僚资本主义的统治，取得了新民主主义革命的伟大胜利，建立了中华人民共和国。从此，中国人民掌握了国家的权力，成为国家的主人。

中华人民共和国成立以后，我国社会逐步实现了由新民主主义到社会主义的过渡。生产资料私有制的社会主义改造已经完成，人剥削人的制度已经消灭，社会主义制度已经确立。工人阶级领导的、以工农联盟为基础的人民民主专政，实质上即无产阶级专政，得到巩固和发展。中国人民和中国人民解放军战胜了帝国主义、霸权主义的侵略、破坏和武装挑衅，维护了国家的独立和安全，增强了国防。经济建设取得了重大的成就，独立的、比较完整的社会主义工业体系已经基本形成，农业生产显著提高。教育、科学、文化等事业有了很大的发展，社会主义思想教育取得了明显的成效。广大人民的生活有了较大的改善。

中国新民主主义革命的胜利和社会主义事业的成就，是中国共产党领导中国各族人民，在马克思列宁主义、毛泽东思想的指引下，坚持真理，修正错误，战胜许多艰难险阻而取得的。我国将长期处于社会主义初级阶段。国家的根本任务是，沿着中国特色社会主义道路，集中力量进行社会主义现代化建设。中国各族人民将继续在中国共产党领导下，在马克思列宁主义、毛泽东思想、邓小平理论、"三个代表"重要思想、科学发展观、习近平新时代中国特色社会主义思想指引下，坚持人民民主专政，坚持社会主义道路，坚持改革开放，不断完善社会主义的各项制度，发展社会主义市场经济，发展社会主义民主，健全社会主义法治，贯彻新发展理念，自力更生，艰苦奋斗，逐步实现工业、农业、国防和科学技术的现代化，推动物质文明、政治文明、精神文明、社会文明、生态文明协调发展，把我国建设成为富强民主文明和谐美丽的社会主义现代化强国，实现中华民族伟大复兴。

在我国，剥削阶级作为阶级已经消灭，但是阶级斗争还将在一定范围内长期存在。中国人民对敌视和破坏我国社会主义制度的国内外的敌对势力和敌对分子，必须进行斗争。

台湾是中华人民共和国的神圣领土的一部分。完成统一祖国的大业是包括台湾同胞在内的全中国人民的神圣职责。

社会主义的建设事业必须依靠工人、农民和知识分子，团结一切可以团结的力量。在长期的革命、建设、改革过程中，已经结成由中国共产党领导的，有各民主党派和各人民团体参加的，包括全体社会主义劳动者、社会主义事业的建设者、拥护社会主义的爱国者、拥护祖国统一和致力于中华民族伟大复兴的爱国者的广泛的爱国统一战线，这个统一战线将继续巩固和发展。中国人民政治协商会议是有广泛代表性的统一战线组织，过去发挥了重要的历史作用，今后在国家政治生活、社会生活和对外友好活动中，在进行社会主义现代化建设、维护国家的统一和团结的斗争中，将进一步发挥它的重要作用。中国共产党领导的多党合作和政治协商制度将长期存在和发展。

中华人民共和国是全国各族人民共同缔造的统一的多民族国家。平等团结互助和谐的社会主义民族关系已经确立，并将继续加强。在维护民族团结的斗争中，要反对大民族主义，主要是大汉族主义，也要反对地方民族主义。国家尽一切努力，促进全国各民族的共同繁荣。

中国革命、建设、改革的成就是同世界人民的支持分不开的。中国的前途是同世界的前途紧密地联系在一起的。中国坚持独立自主的对外政策，坚持互相尊重主权和领土完整、互不侵犯、互不干涉内政、平等互利、和平共处的五项原则，坚持和平发展道路，坚持互利共赢开放战略，发展同各国的外交关系和经济、文化交流，推动构建人类命运共同体；坚持反对帝国主义、霸权主义、殖民主义，加强同世界各国人民的团结，支持被压迫民族和发展中国家争取和维护民族独立、发展民族经济的正义斗争，为维护世界和平和促进人类进步事业而努力。

本宪法以法律的形式确认了中国各族人民奋斗的成果，规定了国家的根本制度和根本任务，是国家的根本法，具有最高的法律效力。全国各族人民、一切国家机关和武装力量、各政党和各社会团体、各企业事业组织，都必须以宪法为根本的活动准则，并且负有维护宪法尊严、保证宪法实施的职责。

第一章　总　　纲

第一条　【国体】* 中华人民共和国是工人阶级领导的、以工农

---

* 条文主旨为编者所加，全书同。

联盟为基础的人民民主专政的社会主义国家。

社会主义制度是中华人民共和国的根本制度。中国共产党领导是中国特色社会主义最本质的特征。禁止任何组织或者个人破坏社会主义制度。

第二条　【政体】中华人民共和国的一切权力属于人民。

人民行使国家权力的机关是全国人民代表大会和地方各级人民代表大会。

人民依照法律规定，通过各种途径和形式，管理国家事务，管理经济和文化事业，管理社会事务。

第三条　【民主集中制原则】中华人民共和国的国家机构实行民主集中制的原则。

全国人民代表大会和地方各级人民代表大会都由民主选举产生，对人民负责，受人民监督。

国家行政机关、监察机关、审判机关、检察机关都由人民代表大会产生，对它负责，受它监督。

中央和地方的国家机构职权的划分，遵循在中央的统一领导下，充分发挥地方的主动性、积极性的原则。

第四条　【民族政策】中华人民共和国各民族一律平等。国家保障各少数民族的合法的权利和利益，维护和发展各民族的平等团结互助和谐关系。禁止对任何民族的歧视和压迫，禁止破坏民族团结和制造民族分裂的行为。

国家根据各少数民族的特点和需要，帮助各少数民族地区加速经济和文化的发展。

各少数民族聚居的地方实行区域自治，设立自治机关，行使自治权。各民族自治地方都是中华人民共和国不可分离的部分。

各民族都有使用和发展自己的语言文字的自由，都有保持或者改革自己的风俗习惯的自由。

第五条　【法治原则】中华人民共和国实行依法治国，建设社会主义法治国家。

国家维护社会主义法制的统一和尊严。

一切法律、行政法规和地方性法规都不得同宪法相抵触。

一切国家机关和武装力量、各政党和各社会团体、各企业事业组织都必须遵守宪法和法律。一切违反宪法和法律的行为，必须予以追究。

任何组织或者个人都不得有超越宪法和法律的特权。

第六条　【经济制度与分配制度】中华人民共和国的社会主义经济制度的基础是生产资料的社会主义公有制，即全民所有制和劳动群众集体所有制。社会主义公有制消灭人剥削人的制度，实行各尽所能、按劳分配的原则。

国家在社会主义初级阶段，坚持公有制为主体、多种所有制经济共同发展的基本经济制度，坚持按劳分配为主体、多种分配方式并存的分配制度。

第七条　【国有经济】国有经济，即社会主义全民所有制经济，是国民经济中的主导力量。国家保障国有经济的巩固和发展。

第八条　【集体经济】农村集体经济组织实行家庭承包经营为基础、统分结合的双层经营体制。农村中的生产、供销、信用、消费等各种形式的合作经济，是社会主义劳动群众集体所有制经济。参加农村集体经济组织的劳动者，有权在法律规定的范围内经营自留地、自留山、家庭副业和饲养自留畜。

城镇中的手工业、工业、建筑业、运输业、商业、服务业等行业的各种形式的合作经济，都是社会主义劳动群众集体所有制经济。

国家保护城乡集体经济组织的合法的权利和利益，鼓励、指导和帮助集体经济的发展。

第九条　【自然资源】矿藏、水流、森林、山岭、草原、荒地、滩涂等自然资源，都属于国家所有，即全民所有；由法律规定属于集体所有的森林和山岭、草原、荒地、滩涂除外。

国家保障自然资源的合理利用，保护珍贵的动物和植物。禁止任何组织或者个人用任何手段侵占或者破坏自然资源。

第十条　【土地制度】城市的土地属于国家所有。

农村和城市郊区的土地，除由法律规定属于国家所有的以外，属于集体所有；宅基地和自留地、自留山，也属于集体所有。

国家为了公共利益的需要，可以依照法律规定对土地实行征收或者征用并给予补偿。

任何组织或者个人不得侵占、买卖或者以其他形式非法转让土地。土地的使用权可以依照法律的规定转让。

一切使用土地的组织和个人必须合理地利用土地。

第十一条　【非公有制经济】在法律规定范围内的个体经济、私营经济等非公有制经济，是社会主义市场经济的重要组成部分。

国家保护个体经济、私营经济等非公有制经济的合法的权利和利益。国家鼓励、支持和引导非公有制经济的发展，并对非公有制经济依法实行监督和管理。

第十二条　【公共财产不可侵犯】社会主义的公共财产神圣不可侵犯。

国家保护社会主义的公共财产。禁止任何组织或者个人用任何手段侵占或者破坏国家的和集体的财产。

第十三条　【保护私有财产】公民的合法的私有财产不受侵犯。

国家依照法律规定保护公民的私有财产权和继承权。

国家为了公共利益的需要，可以依照法律规定对公民的私有财产实行征收或者征用并给予补偿。

第十四条　【发展生产与社会保障】国家通过提高劳动者的积极性和技术水平，推广先进的科学技术，完善经济管理体制和企业经营管理制度，实行各种形式的社会主义责任制，改进劳动组织，以不断提高劳动生产率和经济效益，发展社会生产力。

国家厉行节约，反对浪费。

国家合理安排积累和消费，兼顾国家、集体和个人的利益，在发展生产的基础上，逐步改善人民的物质生活和文化生活。

国家建立健全同经济发展水平相适应的社会保障制度。

第十五条　【市场经济】国家实行社会主义市场经济。

国家加强经济立法，完善宏观调控。

国家依法禁止任何组织或者个人扰乱社会经济秩序。

第十六条　【国有企业】国有企业在法律规定的范围内有权自主经营。

国有企业依照法律规定，通过职工代表大会和其他形式，实行民主管理。

第十七条　【集体经济组织】集体经济组织在遵守有关法律的前提下，有独立进行经济活动的自主权。

集体经济组织实行民主管理，依照法律规定选举和罢免管理人员，决定经营管理的重大问题。

第十八条　【外资经济】中华人民共和国允许外国的企业和其他经济组织或者个人依照中华人民共和国法律的规定在中国投资，同中国的企业或者其他经济组织进行各种形式的经济合作。

在中国境内的外国企业和其他外国经济组织以及中外合资经营的企业，都必须遵守中华人民共和国的法律。它们的合法的权利和利益受中华人民共和国法律的保护。

第十九条　【教育事业】国家发展社会主义的教育事业，提高全国人民的科学文化水平。

国家举办各种学校，普及初等义务教育，发展中等教育、职业教育和高等教育，并且发展学前教育。

国家发展各种教育设施，扫除文盲，对工人、农民、国家工作人员和其他劳动者进行政治、文化、科学、技术、业务的教育，鼓励自学成才。

国家鼓励集体经济组织、国家企业事业组织和其他社会力量依照法律规定举办各种教育事业。

国家推广全国通用的普通话。

第二十条 【科技事业】国家发展自然科学和社会科学事业，普及科学和技术知识，奖励科学研究成果和技术发明创造。

第二十一条 【医疗、卫生与体育事业】国家发展医疗卫生事业，发展现代医药和我国传统医药，鼓励和支持农村集体经济组织、国家企业事业组织和街道组织举办各种医疗卫生设施，开展群众性的卫生活动，保护人民健康。

国家发展体育事业，开展群众性的体育活动，增强人民体质。

第二十二条 【文化事业】国家发展为人民服务、为社会主义服务的文学艺术事业、新闻广播电视事业、出版发行事业、图书馆博物馆文化馆和其他文化事业，开展群众性的文化活动。

国家保护名胜古迹、珍贵文物和其他重要历史文化遗产。

第二十三条 【人才培养】国家培养为社会主义服务的各种专业人才，扩大知识分子的队伍，创造条件，充分发挥他们在社会主义现代化建设中的作用。

第二十四条 【精神文明建设】国家通过普及理想教育、道德教育、文化教育、纪律和法制教育，通过在城乡不同范围的群众中制定和执行各种守则、公约，加强社会主义精神文明的建设。

国家倡导社会主义核心价值观，提倡爱祖国、爱人民、爱劳动、爱科学、爱社会主义的公德，在人民中进行爱国主义、集体主义和国际主义、共产主义的教育，进行辩证唯物主义和历史唯物主义的教育，反对资本主义的、封建主义的和其他的腐朽思想。

第二十五条 【计划生育】国家推行计划生育，使人口的增长同经济和社会发展计划相适应。

第二十六条 【环境保护】国家保护和改善生活环境和生态环境，防治污染和其他公害。

国家组织和鼓励植树造林，保护林木。

第二十七条 【国家机关工作原则】一切国家机关实行精简的原

则，实行工作责任制，实行工作人员的培训和考核制度，不断提高工作质量和工作效率，反对官僚主义。

一切国家机关和国家工作人员必须依靠人民的支持，经常保持同人民的密切联系，倾听人民的意见和建议，接受人民的监督，努力为人民服务。

国家工作人员就职时应当依照法律规定公开进行宪法宣誓。

第二十八条　【维护社会秩序】国家维护社会秩序，镇压叛国和其他危害国家安全的犯罪活动，制裁危害社会治安、破坏社会主义经济和其他犯罪的活动，惩办和改造犯罪分子。

第二十九条　【武装力量】中华人民共和国的武装力量属于人民。它的任务是巩固国防，抵抗侵略，保卫祖国，保卫人民的和平劳动，参加国家建设事业，努力为人民服务。

国家加强武装力量的革命化、现代化、正规化的建设，增强国防力量。

第三十条　【行政区划】中华人民共和国的行政区域划分如下：

（一）全国分为省、自治区、直辖市；

（二）省、自治区分为自治州、县、自治县、市；

（三）县、自治县分为乡、民族乡、镇。

直辖市和较大的市分为区、县。自治州分为县、自治县、市。

自治区、自治州、自治县都是民族自治地方。

第三十一条　【特别行政区】国家在必要时得设立特别行政区。在特别行政区内实行的制度按照具体情况由全国人民代表大会以法律规定。

第三十二条　【对外国人的保护】中华人民共和国保护在中国境内的外国人的合法权利和利益，在中国境内的外国人必须遵守中华人民共和国的法律。

中华人民共和国对于因为政治原因要求避难的外国人，可以给予受庇护的权利。

第二章　公民的基本权利和义务

第三十三条　【公民权】凡具有中华人民共和国国籍的人都是中华人民共和国公民。

中华人民共和国公民在法律面前一律平等。

国家尊重和保障人权。

任何公民享有宪法和法律规定的权利，同时必须履行宪法和法律规定的义务。

第三十四条　【选举权和被选举权】中华人民共和国年满十八周岁的公民，不分民族、种族、性别、职业、家庭出身、宗教信仰、教育程度、财产状况、居住期限，都有选举权和被选举权；但是依照法律被剥夺政治权利的人除外。

第三十五条　【基本政治自由】中华人民共和国公民有言论、出版、集会、结社、游行、示威的自由。

第三十六条　【信仰自由】中华人民共和国公民有宗教信仰自由。

任何国家机关、社会团体和个人不得强制公民信仰宗教或者不信仰宗教，不得歧视信仰宗教的公民和不信仰宗教的公民。

国家保护正常的宗教活动。任何人不得利用宗教进行破坏社会秩序、损害公民身体健康、妨碍国家教育制度的活动。

宗教团体和宗教事务不受外国势力的支配。

第三十七条　【人身自由】中华人民共和国公民的人身自由不受侵犯。

任何公民，非经人民检察院批准或者决定或者人民法院决定，并由公安机关执行，不受逮捕。

禁止非法拘禁和以其他方法非法剥夺或者限制公民的人身自由，禁止非法搜查公民的身体。

第三十八条 【人格尊严及保护】中华人民共和国公民的人格尊严不受侵犯。禁止用任何方法对公民进行侮辱、诽谤和诬告陷害。

第三十九条 【住宅权】中华人民共和国公民的住宅不受侵犯。禁止非法搜查或者非法侵入公民的住宅。

第四十条 【通信自由和秘密权】中华人民共和国公民的通信自由和通信秘密受法律的保护。除因国家安全或者追查刑事犯罪的需要，由公安机关或者检察机关依照法律规定的程序对通信进行检查外，任何组织或者个人不得以任何理由侵犯公民的通信自由和通信秘密。

第四十一条 【公民的监督权和取得赔偿权】中华人民共和国公民对于任何国家机关和国家工作人员，有提出批评和建议的权利；对于任何国家机关和国家工作人员的违法失职行为，有向有关国家机关提出申诉、控告或者检举的权利，但是不得捏造或者歪曲事实进行诬告陷害。

对于公民的申诉、控告或者检举，有关国家机关必须查清事实，负责处理。任何人不得压制和打击报复。

由于国家机关和国家工作人员侵犯公民权利而受到损失的人，有依照法律规定取得赔偿的权利。

第四十二条 【劳动权利和义务】中华人民共和国公民有劳动的权利和义务。

国家通过各种途径，创造劳动就业条件，加强劳动保护，改善劳动条件，并在发展生产的基础上，提高劳动报酬和福利待遇。

劳动是一切有劳动能力的公民的光荣职责。国有企业和城乡集体经济组织的劳动者都应当以国家主人翁的态度对待自己的劳动。国家提倡社会主义劳动竞赛，奖励劳动模范和先进工作者。国家提倡公民从事义务劳动。

国家对就业前的公民进行必要的劳动就业训练。

第四十三条 【劳动者的休息权】中华人民共和国劳动者有休息的权利。

国家发展劳动者休息和休养的设施，规定职工的工作时间和休假制度。

第四十四条　【退休制度】国家依照法律规定实行企业事业组织的职工和国家机关工作人员的退休制度。退休人员的生活受到国家和社会的保障。

第四十五条　【获得救济的权利】中华人民共和国公民在年老、疾病或者丧失劳动能力的情况下，有从国家和社会获得物质帮助的权利。国家发展为公民享受这些权利所需要的社会保险、社会救济和医疗卫生事业。

国家和社会保障残废军人的生活，抚恤烈士家属，优待军人家属。

国家和社会帮助安排盲、聋、哑和其他有残疾的公民的劳动、生活和教育。

第四十六条　【受教育的权利和义务】中华人民共和国公民有受教育的权利和义务。

国家培养青年、少年、儿童在品德、智力、体质等方面全面发展。

第四十七条　【文化活动自由】中华人民共和国公民有进行科学研究、文学艺术创作和其他文化活动的自由。国家对于从事教育、科学、技术、文学、艺术和其他文化事业的公民的有益于人民的创造性工作，给以鼓励和帮助。

第四十八条　【男女平等】中华人民共和国妇女在政治的、经济的、文化的、社会的和家庭的生活等各方面享有同男子平等的权利。

国家保护妇女的权利和利益，实行男女同工同酬，培养和选拔妇女干部。

第四十九条　【婚姻家庭制度】婚姻、家庭、母亲和儿童受国家的保护。

夫妻双方有实行计划生育的义务。

父母有抚养教育未成年子女的义务，成年子女有赡养扶助父母的义务。

禁止破坏婚姻自由，禁止虐待老人、妇女和儿童。

第五十条　【华侨、归侨的权益保障】中华人民共和国保护华侨的正当的权利和利益，保护归侨和侨眷的合法的权利和利益。

第五十一条　【公民自由和权利的限度】中华人民共和国公民在行使自由和权利的时候，不得损害国家的、社会的、集体的利益和其他公民的合法的自由和权利。

第五十二条　【维护国家统一和民族团结的义务】中华人民共和国公民有维护国家统一和全国各民族团结的义务。

第五十三条　【遵纪守法的义务】中华人民共和国公民必须遵守宪法和法律，保守国家秘密，爱护公共财产，遵守劳动纪律，遵守公共秩序，尊重社会公德。

第五十四条　【维护祖国的安全、荣誉和利益的义务】中华人民共和国公民有维护祖国的安全、荣誉和利益的义务，不得有危害祖国的安全、荣誉和利益的行为。

第五十五条　【保卫国家和服兵役的义务】保卫祖国、抵抗侵略是中华人民共和国每一个公民的神圣职责。

依照法律服兵役和参加民兵组织是中华人民共和国公民的光荣义务。

第五十六条　【纳税的义务】中华人民共和国公民有依照法律纳税的义务。

第三章　国 家 机 构

第一节　全国人民代表大会

第五十七条　【全国人大的性质及常设机关】中华人民共和国全国人民代表大会是最高国家权力机关。它的常设机关是全国人民代表大会常务委员会。

第五十八条　【国家立法权的行使主体】全国人民代表大会和全国人民代表大会常务委员会行使国家立法权。

第五十九条　【全国人大的组成及选举】全国人民代表大会由省、自治区、直辖市、特别行政区和军队选出的代表组成。各少数民族都应当有适当名额的代表。

全国人民代表大会代表的选举由全国人民代表大会常务委员会主持。

全国人民代表大会代表名额和代表产生办法由法律规定。

第六十条　【全国人大的任期】全国人民代表大会每届任期五年。

全国人民代表大会任期届满的两个月以前，全国人民代表大会常务委员会必须完成下届全国人民代表大会代表的选举。如果遇到不能进行选举的非常情况，由全国人民代表大会常务委员会以全体组成人员的三分之二以上的多数通过，可以推迟选举，延长本届全国人民代表大会的任期。在非常情况结束后一年内，必须完成下届全国人民代表大会代表的选举。

第六十一条　【全国人大的会议制度】全国人民代表大会会议每年举行一次，由全国人民代表大会常务委员会召集。如果全国人民代表大会常务委员会认为必要，或者有五分之一以上的全国人民代表大会代表提议，可以临时召集全国人民代表大会会议。

全国人民代表大会举行会议的时候，选举主席团主持会议。

第六十二条　【全国人大的职权】全国人民代表大会行使下列职权：

（一）修改宪法；

（二）监督宪法的实施；

（三）制定和修改刑事、民事、国家机构的和其他的基本法律；

（四）选举中华人民共和国主席、副主席；

（五）根据中华人民共和国主席的提名，决定国务院总理的人选；

根据国务院总理的提名，决定国务院副总理、国务委员、各部部长、各委员会主任、审计长、秘书长的人选；

（六）选举中央军事委员会主席；根据中央军事委员会主席的提名，决定中央军事委员会其他组成人员的人选；

（七）选举国家监察委员会主任；

（八）选举最高人民法院院长；

（九）选举最高人民检察院检察长；

（十）审查和批准国民经济和社会发展计划和计划执行情况的报告；

（十一）审查和批准国家的预算和预算执行情况的报告；

（十二）改变或者撤销全国人民代表大会常务委员会不适当的决定；

（十三）批准省、自治区和直辖市的建置；

（十四）决定特别行政区的设立及其制度；

（十五）决定战争和和平的问题；

（十六）应当由最高国家权力机关行使的其他职权。

第六十三条　【全国人大的罢免权】全国人民代表大会有权罢免下列人员：

（一）中华人民共和国主席、副主席；

（二）国务院总理、副总理、国务委员、各部部长、各委员会主任、审计长、秘书长；

（三）中央军事委员会主席和中央军事委员会其他组成人员；

（四）国家监察委员会主任；

（五）最高人民法院院长；

（六）最高人民检察院检察长。

第六十四条　【宪法的修改及法律案的通过】宪法的修改，由全国人民代表大会常务委员会或者五分之一以上的全国人民代表大会代表提议，并由全国人民代表大会以全体代表的三分之二以上的多数通过。

法律和其他议案由全国人民代表大会以全体代表的过半数通过。

第六十五条　【全国人大常委会的组成及选举】全国人民代表大会常务委员会由下列人员组成：

委员长，

副委员长若干人，

秘书长，

委员若干人。

全国人民代表大会常务委员会组成人员中，应当有适当名额的少数民族代表。

全国人民代表大会选举并有权罢免全国人民代表大会常务委员会的组成人员。

全国人民代表大会常务委员会的组成人员不得担任国家行政机关、监察机关、审判机关和检察机关的职务。

第六十六条　【全国人大常委会的任期】全国人民代表大会常务委员会每届任期同全国人民代表大会每届任期相同，它行使职权到下届全国人民代表大会选出新的常务委员会为止。

委员长、副委员长连续任职不得超过两届。

第六十七条　【全国人大常委会的职权】全国人民代表大会常务委员会行使下列职权：

（一）解释宪法，监督宪法的实施；

（二）制定和修改除应当由全国人民代表大会制定的法律以外的其他法律；

（三）在全国人民代表大会闭会期间，对全国人民代表大会制定的法律进行部分补充和修改，但是不得同该法律的基本原则相抵触；

（四）解释法律；

（五）在全国人民代表大会闭会期间，审查和批准国民经济和社会发展计划、国家预算在执行过程中所必须作的部分调整方案；

（六）监督国务院、中央军事委员会、国家监察委员会、最高人民法院和最高人民检察院的工作；

（七）撤销国务院制定的同宪法、法律相抵触的行政法规、决定和命令；

（八）撤销省、自治区、直辖市国家权力机关制定的同宪法、法律和行政法规相抵触的地方性法规和决议；

（九）在全国人民代表大会闭会期间，根据国务院总理的提名，决定部长、委员会主任、审计长、秘书长的人选；

（十）在全国人民代表大会闭会期间，根据中央军事委员会主席的提名，决定中央军事委员会其他组成人员的人选；

（十一）根据国家监察委员会主任的提请，任免国家监察委员会副主任、委员；

（十二）根据最高人民法院院长的提请，任免最高人民法院副院长、审判员、审判委员会委员和军事法院院长；

（十三）根据最高人民检察院检察长的提请，任免最高人民检察院副检察长、检察员、检察委员会委员和军事检察院检察长，并且批准省、自治区、直辖市的人民检察院检察长的任免；

（十四）决定驻外全权代表的任免；

（十五）决定同外国缔结的条约和重要协定的批准和废除；

（十六）规定军人和外交人员的衔级制度和其他专门衔级制度；

（十七）规定和决定授予国家的勋章和荣誉称号；

（十八）决定特赦；

（十九）在全国人民代表大会闭会期间，如果遇到国家遭受武装侵犯或者必须履行国际间共同防止侵略的条约的情况，决定战争状态的宣布；

（二十）决定全国总动员或者局部动员；

（二十一）决定全国或者个别省、自治区、直辖市进入紧急状态；

（二十二）全国人民代表大会授予的其他职权。

第六十八条 【全国人大常委会的工作分工】全国人民代表大会常务委员会委员长主持全国人民代表大会常务委员会的工作，召集全国人民代表大会常务委员会会议。副委员长、秘书长协助委员长工作。

委员长、副委员长、秘书长组成委员长会议，处理全国人民代表大会常务委员会的重要日常工作。

第六十九条 【全国人大与其常委会的关系】全国人民代表大会常务委员会对全国人民代表大会负责并报告工作。

第七十条 【全国人大的专门委员会及其职责】全国人民代表大会设立民族委员会、宪法和法律委员会、财政经济委员会、教育科学文化卫生委员会、外事委员会、华侨委员会和其他需要设立的专门委员会。在全国人民代表大会闭会期间，各专门委员会受全国人民代表大会常务委员会的领导。

各专门委员会在全国人民代表大会和全国人民代表大会常务委员会领导下，研究、审议和拟订有关议案。

第七十一条 【特定问题的调查委员会】全国人民代表大会和全国人民代表大会常务委员会认为必要的时候，可以组织关于特定问题的调查委员会，并且根据调查委员会的报告，作出相应的决议。

调查委员会进行调查的时候，一切有关的国家机关、社会团体和公民都有义务向它提供必要的材料。

第七十二条 【提案权】全国人民代表大会代表和全国人民代表大会常务委员会组成人员，有权依照法律规定的程序分别提出属于全国人民代表大会和全国人民代表大会常务委员会职权范围内的议案。

第七十三条 【质询权】全国人民代表大会代表在全国人民代表大会开会期间，全国人民代表大会常务委员会组成人员在常务委员会开会期间，有权依照法律规定的程序提出对国务院或者国务院各部、各委员会的质询案。受质询的机关必须负责答复。

第七十四条 【司法豁免权】全国人民代表大会代表，非经全国人民代表大会会议主席团许可，在全国人民代表大会闭会期间非经全国人民代表大会常务委员会许可，不受逮捕或者刑事审判。

第七十五条　【言论、表决豁免权】全国人民代表大会代表在全国人民代表大会各种会议上的发言和表决，不受法律追究。

第七十六条　【全国人大代表的义务】全国人民代表大会代表必须模范地遵守宪法和法律，保守国家秘密，并且在自己参加的生产、工作和社会活动中，协助宪法和法律的实施。

全国人民代表大会代表应当同原选举单位和人民保持密切的联系，听取和反映人民的意见和要求，努力为人民服务。

第七十七条　【对全国人大代表的监督和罢免】全国人民代表大会代表受原选举单位的监督。原选举单位有权依照法律规定的程序罢免本单位选出的代表。

第七十八条　【全国人大及其常委会的组织和工作程序】全国人民代表大会和全国人民代表大会常务委员会的组织和工作程序由法律规定。

第二节　中华人民共和国主席

第七十九条　【主席、副主席的选举及任职】中华人民共和国主席、副主席由全国人民代表大会选举。

有选举权和被选举权的年满四十五周岁的中华人民共和国公民可以被选为中华人民共和国主席、副主席。

中华人民共和国主席、副主席每届任期同全国人民代表大会每届任期相同。

第八十条　【主席的职权】中华人民共和国主席根据全国人民代表大会的决定和全国人民代表大会常务委员会的决定，公布法律，任免国务院总理、副总理、国务委员、各部部长、各委员会主任、审计长、秘书长，授予国家的勋章和荣誉称号，发布特赦令，宣布进入紧急状态，宣布战争状态，发布动员令。

第八十一条　【主席的外交职权】中华人民共和国主席代表中华

人民共和国，进行国事活动，接受外国使节；根据全国人民代表大会常务委员会的决定，派遣和召回驻外全权代表，批准和废除同外国缔结的条约和重要协定。

第八十二条　【副主席的职权】中华人民共和国副主席协助主席工作。

中华人民共和国副主席受主席的委托，可以代行主席的部分职权。

第八十三条　【主席、副主席的行使职权期止】中华人民共和国主席、副主席行使职权到下届全国人民代表大会选出的主席、副主席就职为止。

第八十四条　【主席、副主席的缺位处理】中华人民共和国主席缺位的时候，由副主席继任主席的职位。

中华人民共和国副主席缺位的时候，由全国人民代表大会补选。

中华人民共和国主席、副主席都缺位的时候，由全国人民代表大会补选；在补选以前，由全国人民代表大会常务委员会委员长暂时代理主席职位。

第三节　国　务　院

第八十五条　【国务院的性质、地位】中华人民共和国国务院，即中央人民政府，是最高国家权力机关的执行机关，是最高国家行政机关。

第八十六条　【国务院的组织】国务院由下列人员组成：

总理，

副总理若干人，

国务委员若干人，

各部部长，

各委员会主任，

审计长，

秘书长。

国务院实行总理负责制。各部、各委员会实行部长、主任负责制。

国务院的组织由法律规定。

第八十七条 【国务院的任期】国务院每届任期同全国人民代表大会每届任期相同。

总理、副总理、国务委员连续任职不得超过两届。

第八十八条 【国务院的工作分工】总理领导国务院的工作。副总理、国务委员协助总理工作。

总理、副总理、国务委员、秘书长组成国务院常务会议。

总理召集和主持国务院常务会议和国务院全体会议。

第八十九条 【国务院的职权】国务院行使下列职权：

（一）根据宪法和法律，规定行政措施，制定行政法规，发布决定和命令；

（二）向全国人民代表大会或者全国人民代表大会常务委员会提出议案；

（三）规定各部和各委员会的任务和职责，统一领导各部和各委员会的工作，并且领导不属于各部和各委员会的全国性的行政工作；

（四）统一领导全国地方各级国家行政机关的工作，规定中央和省、自治区、直辖市的国家行政机关的职权的具体划分；

（五）编制和执行国民经济和社会发展计划和国家预算；

（六）领导和管理经济工作和城乡建设、生态文明建设；

（七）领导和管理教育、科学、文化、卫生、体育和计划生育工作；

（八）领导和管理民政、公安、司法行政等工作；

（九）管理对外事务，同外国缔结条约和协定；

（十）领导和管理国防建设事业；

（十一）领导和管理民族事务，保障少数民族的平等权利和民族自治地方的自治权利；

（十二）保护华侨的正当的权利和利益，保护归侨和侨眷的合法的权利和利益；

（十三）改变或者撤销各部、各委员会发布的不适当的命令、指示和规章；

（十四）改变或者撤销地方各级国家行政机关的不适当的决定和命令；

（十五）批准省、自治区、直辖市的区域划分，批准自治州、县、自治县、市的建置和区域划分；

（十六）依照法律规定决定省、自治区、直辖市的范围内部分地区进入紧急状态；

（十七）审定行政机构的编制，依照法律规定任免、培训、考核和奖惩行政人员；

（十八）全国人民代表大会和全国人民代表大会常务委员会授予的其他职权。

第九十条　【各部、委首长负责制】国务院各部部长、各委员会主任负责本部门的工作；召集和主持部务会议或者委员会会议、委务会议，讨论决定本部门工作的重大问题。

各部、各委员会根据法律和国务院的行政法规、决定、命令，在本部门的权限内，发布命令、指示和规章。

第九十一条　【审计机关及其职权】国务院设立审计机关，对国务院各部门和地方各级政府的财政收支，对国家的财政金融机构和企业事业组织的财务收支，进行审计监督。

审计机关在国务院总理领导下，依照法律规定独立行使审计监督权，不受其他行政机关、社会团体和个人的干涉。

第九十二条　【国务院与全国人大及其常委会的关系】国务院对全国人民代表大会负责并报告工作；在全国人民代表大会闭会期间，对全国人民代表大会常务委员会负责并报告工作。

第四节　中央军事委员会

第九十三条　【中央军委的组成、职责与任期】中华人民共和国中央军事委员会领导全国武装力量。

中央军事委员会由下列人员组成：

主席，

副主席若干人，

委员若干人。

中央军事委员会实行主席负责制。

中央军事委员会每届任期同全国人民代表大会每届任期相同。

第九十四条　【中央军委向全国人大及其常委会负责】中央军事委员会主席对全国人民代表大会和全国人民代表大会常务委员会负责。

第五节　地方各级人民代表大会和地方各级人民政府

第九十五条　【地方人大及政府的设置和组织】省、直辖市、县、市、市辖区、乡、民族乡、镇设立人民代表大会和人民政府。

地方各级人民代表大会和地方各级人民政府的组织由法律规定。

自治区、自治州、自治县设立自治机关。自治机关的组织和工作根据宪法第三章第五节、第六节规定的基本原则由法律规定。

第九十六条　【地方人大的性质及常委会的设置】地方各级人民代表大会是地方国家权力机关。

县级以上的地方各级人民代表大会设立常务委员会。

第九十七条　【地方人大代表的选举】省、直辖市、设区的市的人民代表大会代表由下一级的人民代表大会选举；县、不设区的市、市辖区、乡、民族乡、镇的人民代表大会代表由选民直接选举。

地方各级人民代表大会代表名额和代表产生办法由法律规定。

第九十八条　【地方人大的任期】地方各级人民代表大会每届任期五年。

第九十九条　【地方人大的职权】地方各级人民代表大会在本行政区域内，保证宪法、法律、行政法规的遵守和执行；依照法律规定的权限，通过和发布决议，审查和决定地方的经济建设、文化建设和公共事业建设的计划。

县级以上的地方各级人民代表大会审查和批准本行政区域内的国民经济和社会发展计划、预算以及它们的执行情况的报告；有权改变或者撤销本级人民代表大会常务委员会不适当的决定。

民族乡的人民代表大会可以依照法律规定的权限采取适合民族特点的具体措施。

第一百条　【地方性法规的制定】省、直辖市的人民代表大会和它们的常务委员会，在不同宪法、法律、行政法规相抵触的前提下，可以制定地方性法规，报全国人民代表大会常务委员会备案。

设区的市的人民代表大会和它们的常务委员会，在不同宪法、法律、行政法规和本省、自治区的地方性法规相抵触的前提下，可以依照法律规定制定地方性法规，报本省、自治区人民代表大会常务委员会批准后施行。

第一百零一条　【地方人大的选举权】地方各级人民代表大会分别选举并且有权罢免本级人民政府的省长和副省长、市长和副市长、县长和副县长、区长和副区长、乡长和副乡长、镇长和副镇长。

县级以上的地方各级人民代表大会选举并且有权罢免本级监察委员会主任、本级人民法院院长和本级人民检察院检察长。选出或者罢免人民检察院检察长，须报上级人民检察院检察长提请该级人民代表大会常务委员会批准。

第一百零二条　【对地方人大代表的监督和罢免】省、直辖市、设区的市的人民代表大会代表受原选举单位的监督；县、不设区的市、市辖区、乡、民族乡、镇的人民代表大会代表受选民的监督。

地方各级人民代表大会代表的选举单位和选民有权依照法律规定的程序罢免由他们选出的代表。

第一百零三条　【地方人大常委会的组成、地位及产生】县级以上的地方各级人民代表大会常务委员会由主任、副主任若干人和委员若干人组成，对本级人民代表大会负责并报告工作。

县级以上的地方各级人民代表大会选举并有权罢免本级人民代表大会常务委员会的组成人员。

县级以上的地方各级人民代表大会常务委员会的组成人员不得担任国家行政机关、监察机关、审判机关和检察机关的职务。

第一百零四条 【地方人大常委会的职权】县级以上的地方各级人民代表大会常务委员会讨论、决定本行政区域内各方面工作的重大事项；监督本级人民政府、监察委员会、人民法院和人民检察院的工作；撤销本级人民政府的不适当的决定和命令；撤销下一级人民代表大会的不适当的决议；依照法律规定的权限决定国家机关工作人员的任免；在本级人民代表大会闭会期间，罢免和补选上一级人民代表大会的个别代表。

第一百零五条 【地方政府的性质、地位及行政首长负责制】地方各级人民政府是地方各级国家权力机关的执行机关，是地方各级国家行政机关。

地方各级人民政府实行省长、市长、县长、区长、乡长、镇长负责制。

第一百零六条 【地方政府的任期】地方各级人民政府每届任期同本级人民代表大会每届任期相同。

第一百零七条 【地方政府的职权】县级以上地方各级人民政府依照法律规定的权限，管理本行政区域内的经济、教育、科学、文化、卫生、体育事业、城乡建设事业和财政、民政、公安、民族事务、司法行政、计划生育等行政工作，发布决定和命令，任免、培训、考核和奖惩行政工作人员。

乡、民族乡、镇的人民政府执行本级人民代表大会的决议和上级国家行政机关的决定和命令，管理本行政区域内的行政工作。

省、直辖市的人民政府决定乡、民族乡、镇的建置和区域划分。

第一百零八条 【地方政府内部及各级政府之间的关系】县级以上的地方各级人民政府领导所属各工作部门和下级人民政府的工作，

有权改变或者撤销所属各工作部门和下级人民政府的不适当的决定。

第一百零九条　【地方政府审计机关的地位和职权】县级以上的地方各级人民政府设立审计机关。地方各级审计机关依照法律规定独立行使审计监督权，对本级人民政府和上一级审计机关负责。

第一百一十条　【地方政府与同级人大、上级政府的关系】地方各级人民政府对本级人民代表大会负责并报告工作。县级以上的地方各级人民政府在本级人民代表大会闭会期间，对本级人民代表大会常务委员会负责并报告工作。

地方各级人民政府对上一级国家行政机关负责并报告工作。全国地方各级人民政府都是国务院统一领导下的国家行政机关，都服从国务院。

第一百一十一条　【居民委员会和村民委员会】城市和农村按居民居住地区设立的居民委员会或者村民委员会是基层群众性自治组织。居民委员会、村民委员会的主任、副主任和委员由居民选举。居民委员会、村民委员会同基层政权的相互关系由法律规定。

居民委员会、村民委员会设人民调解、治安保卫、公共卫生等委员会，办理本居住地区的公共事务和公益事业，调解民间纠纷，协助维护社会治安，并且向人民政府反映群众的意见、要求和提出建议。

第六节　民族自治地方的自治机关

第一百一十二条　【民族自治机关】民族自治地方的自治机关是自治区、自治州、自治县的人民代表大会和人民政府。

第一百一十三条　【自治地方的人大及其常委会的组成】自治区、自治州、自治县的人民代表大会中，除实行区域自治的民族的代表外，其他居住在本行政区域内的民族也应当有适当名额的代表。

自治区、自治州、自治县的人民代表大会常务委员会中应当有实行区域自治的民族的公民担任主任或者副主任。

第一百一十四条　【自治地方政府首长的人选】自治区主席、自治州州长、自治县县长由实行区域自治的民族的公民担任。

第一百一十五条　【民族自治地方的自治权】自治区、自治州、自治县的自治机关行使宪法第三章第五节规定的地方国家机关的职权，同时依照宪法、民族区域自治法和其他法律规定的权限行使自治权，根据本地方实际情况贯彻执行国家的法律、政策。

第一百一十六条　【自治条例和单行条例】民族自治地方的人民代表大会有权依照当地民族的政治、经济和文化的特点，制定自治条例和单行条例。自治区的自治条例和单行条例，报全国人民代表大会常务委员会批准后生效。自治州、自治县的自治条例和单行条例，报省或者自治区的人民代表大会常务委员会批准后生效，并报全国人民代表大会常务委员会备案。

第一百一十七条　【财政自治权】民族自治地方的自治机关有管理地方财政的自治权。凡是依照国家财政体制属于民族自治地方的财政收入，都应当由民族自治地方的自治机关自主地安排使用。

第一百一十八条　【地方性经济的自主权】民族自治地方的自治机关在国家计划的指导下，自主地安排和管理地方性的经济建设事业。

国家在民族自治地方开发资源、建设企业的时候，应当照顾民族自治地方的利益。

第一百一十九条　【地方文化事业的自主权】民族自治地方的自治机关自主地管理本地方的教育、科学、文化、卫生、体育事业，保护和整理民族的文化遗产，发展和繁荣民族文化。

第一百二十条　【民族自治地方的公安部队】民族自治地方的自治机关依照国家的军事制度和当地的实际需要，经国务院批准，可以组织本地方维护社会治安的公安部队。

第一百二十一条　【自治机关的公务语言】民族自治地方的自治机关在执行职务的时候，依照本民族自治地方自治条例的规定，使用当地通用的一种或者几种语言文字。

第一百二十二条　【国家对民族自治地方的帮助、扶持】国家从财政、物资、技术等方面帮助各少数民族加速发展经济建设和文化建设事业。

国家帮助民族自治地方从当地民族中大量培养各级干部、各种专业人才和技术工人。

第七节　监察委员会

第一百二十三条　【监察机关】中华人民共和国各级监察委员会是国家的监察机关。

第一百二十四条　【监察委员会】中华人民共和国设立国家监察委员会和地方各级监察委员会。

监察委员会由下列人员组成：

主任，

副主任若干人，

委员若干人。

监察委员会主任每届任期同本级人民代表大会每届任期相同。国家监察委员会主任连续任职不得超过两届。

监察委员会的组织和职权由法律规定。

第一百二十五条　【各级监察委员会间的关系】中华人民共和国国家监察委员会是最高监察机关。

国家监察委员会领导地方各级监察委员会的工作，上级监察委员会领导下级监察委员会的工作。

第一百二十六条　【对监察委员会的监督】国家监察委员会对全国人民代表大会和全国人民代表大会常务委员会负责。地方各级监察委员会对产生它的国家权力机关和上一级监察委员会负责。

第一百二十七条　【监察权的行使】监察委员会依照法律规定独立行使监察权，不受行政机关、社会团体和个人的干涉。

监察机关办理职务违法和职务犯罪案件，应当与审判机关、检察机关、执法部门互相配合，互相制约。

第八节 人民法院和人民检察院

第一百二十八条 【审判机关】中华人民共和国人民法院是国家的审判机关。

第一百二十九条 【人民法院的级别、组织和任期】中华人民共和国设立最高人民法院、地方各级人民法院和军事法院等专门人民法院。

最高人民法院院长每届任期同全国人民代表大会每届任期相同，连续任职不得超过两届。

人民法院的组织由法律规定。

第一百三十条 【审判公开原则和辩护原则】人民法院审理案件，除法律规定的特别情况外，一律公开进行。被告人有权获得辩护。

第一百三十一条 【审判权独立】人民法院依照法律规定独立行使审判权，不受行政机关、社会团体和个人的干涉。

第一百三十二条 【各级审判机关间的关系】最高人民法院是最高审判机关。

最高人民法院监督地方各级人民法院和专门人民法院的审判工作，上级人民法院监督下级人民法院的审判工作。

第一百三十三条 【法院与人大的关系】最高人民法院对全国人民代表大会和全国人民代表大会常务委员会负责。地方各级人民法院对产生它的国家权力机关负责。

第一百三十四条 【人民检察院的性质】中华人民共和国人民检察院是国家的法律监督机关。

第一百三十五条 【检察院的级别、组织和任期】中华人民共和国设立最高人民检察院、地方各级人民检察院和军事检察院等专门人民检察院。

最高人民检察院检察长每届任期同全国人民代表大会每届任期相同，连续任职不得超过两届。

人民检察院的组织由法律规定。

第一百三十六条　【检察权独立】人民检察院依照法律规定独立行使检察权，不受行政机关、社会团体和个人的干涉。

第一百三十七条　【检察机关间的关系】最高人民检察院是最高检察机关。

最高人民检察院领导地方各级人民检察院和专门人民检察院的工作，上级人民检察院领导下级人民检察院的工作。

第一百三十八条　【检察院与人大的关系】最高人民检察院对全国人民代表大会和全国人民代表大会常务委员会负责。地方各级人民检察院对产生它的国家权力机关和上级人民检察院负责。

第一百三十九条　【诉讼语言】各民族公民都有用本民族语言文字进行诉讼的权利。人民法院和人民检察院对于不通晓当地通用的语言文字的诉讼参与人，应当为他们翻译。

在少数民族聚居或者多民族共同居住的地区，应当用当地通用的语言进行审理；起诉书、判决书、布告和其他文书应当根据实际需要使用当地通用的一种或者几种文字。

第一百四十条　【司法机关间的分工与制衡原则】人民法院、人民检察院和公安机关办理刑事案件，应当分工负责，互相配合，互相制约，以保证准确有效地执行法律。

第四章　国旗、国歌、国徽、首都

第一百四十一条　【国旗、国歌】中华人民共和国国旗是五星红旗。

中华人民共和国国歌是《义勇军进行曲》。

第一百四十二条　【国徽】中华人民共和国国徽，中间是五星照耀下的天安门，周围是谷穗和齿轮。

第一百四十三条　【首都】中华人民共和国首都是北京。

中华人民共和国刑法（节录）[①]

（1979年7月1日第五届全国人民代表大会第二次会议通过　1997年3月14日第八届全国人民代表大会第五次会议修订　1997年3月14日中华人民共和国主席令第83号公布　自1997年10月1日起施行）

……

第一百三十四条　【重大责任事故罪】在生产、作业中违反有关安全管理的规定，因而发生重大伤亡事故或者造成其他严重后果的，处三年以下有期徒刑或者拘役；情节特别恶劣的，处三年以上七年以下有期徒刑。

【强令违章冒险作业罪】强令他人违章冒险作业，因而发生重大

---

① 根据1998年12月29日第九届全国人民代表大会常务委员会第六次会议通过的《全国人民代表大会常务委员会关于惩治骗购外汇、逃汇和非法买卖外汇犯罪的决定》、1999年12月25日第九届全国人民代表大会常务委员会第十三次会议通过的《中华人民共和国刑法修正案》、2001年8月31日第九届全国人民代表大会常务委员会第二十三次会议通过的《中华人民共和国刑法修正案（二）》、2001年12月29日第九届全国人民代表大会常务委员会第二十五次会议通过的《中华人民共和国刑法修正案（三）》、2002年12月28日第九届全国人民代表大会常务委员会第三十一次会议通过的《中华人民共和国刑法修正案（四）》、2005年2月28日第十届全国人民代表大会常务委员会第十四次会议通过的《中华人民共和国刑法修正案（五）》、2006年6月29日第十届全国人民代表大会常务委员会第二十二次会议通过的《中华人民共和国刑法修正案（六）》、2009年2月28日第十一届全国人民代表大会常务委员会第七次会议通过的《中华人民共和国刑法修正案（七）》、2009年8月27日第十一届全国人民代表大会常务委员会第十次会议通过的《关于修改部分法律的决定》、2011年2月25日第十一届全国人民代表大会常务委员会第十九次会议通过的《中华人民共和国刑法修正案（八）》、2015年8月29日第十二届全国人民代表大会常务委员会第十六次会议通过的《中华人民共和国刑法修正案（九）》、2017年11月4日第十二届全国人民代表大会常务委员会第三十次会议通过的《中华人民共和国刑法修正案（十）》修订。

另，分则条文主旨是根据司法解释确定罪名所加。

伤亡事故或者造成其他严重后果的，处五年以下有期徒刑或者拘役；情节特别恶劣的，处五年以上有期徒刑。

第一百三十五条　【重大劳动安全事故罪】安全生产设施或者安全生产条件不符合国家规定，因而发生重大伤亡事故或者造成其他严重后果的，对直接负责的主管人员和其他直接责任人员，处三年以下有期徒刑或者拘役；情节特别恶劣的，处三年以上七年以下有期徒刑。

第一百三十五条之一　【大型群众性活动重大安全事故罪】举办大型群众性活动违反安全管理规定，因而发生重大伤亡事故或者造成其他严重后果的，对直接负责的主管人员和其他直接责任人员，处三年以下有期徒刑或者拘役；情节特别恶劣的，处三年以上七年以下有期徒刑。

第一百三十六条　【危险物品肇事罪】违反爆炸性、易燃性、放射性、毒害性、腐蚀性物品的管理规定，在生产、储存、运输、使用中发生重大事故，造成严重后果的，处三年以下有期徒刑或者拘役；后果特别严重的，处三年以上七年以下有期徒刑。

第一百三十七条　【工程重大安全事故罪】建设单位、设计单位、施工单位、工程监理单位违反国家规定，降低工程质量标准，造成重大安全事故的，对直接责任人员，处五年以下有期徒刑或者拘役，并处罚金；后果特别严重的，处五年以上十年以下有期徒刑，并处罚金。

第一百三十八条　【教育设施重大安全事故罪】明知校舍或者教育教学设施有危险，而不采取措施或者不及时报告，致使发生重大伤亡事故的，对直接责任人员，处三年以下有期徒刑或者拘役；后果特别严重的，处三年以上七年以下有期徒刑。

第一百三十九条　【消防责任事故罪】违反消防管理法规，经消防监督机构通知采取改正措施而拒绝执行，造成严重后果的，对直接责任人员，处三年以下有期徒刑或者拘役；后果特别严重的，处三年以上七年以下有期徒刑。

第一百三十九条之一　【不报、谎报安全事故罪】在安全事故发生后，负有报告职责的人员不报或者谎报事故情况，贻误事故抢救，情节严重的，处三年以下有期徒刑或者拘役；情节特别严重的，处三年以上七年以下有期徒刑。

……

第二百二十七条　【伪造、倒卖伪造的有价票证罪】伪造或者倒卖伪造的车票、船票、邮票或者其他有价票证，数额较大的，处二年以下有期徒刑、拘役或者管制，并处或者单处票证价额一倍以上五倍以下罚金；数额巨大的，处二年以上七年以下有期徒刑，并处票证价额一倍以上五倍以下罚金。

【倒卖车票、船票罪】倒卖车票、船票，情节严重的，处三年以下有期徒刑、拘役或者管制，并处或者单处票证价额一倍以上五倍以下罚金。

……

第二百二十九条　【提供虚假证明文件罪】承担资产评估、验资、验证、会计、审计、法律服务等职责的中介组织的人员故意提供虚假证明文件，情节严重的，处五年以下有期徒刑或者拘役，并处罚金。

前款规定的人员，索取他人财物或者非法收受他人财物，犯前款罪的，处五年以上十年以下有期徒刑，并处罚金。

【出具证明文件重大失实罪】第一款规定的人员，严重不负责任，出具的证明文件有重大失实，造成严重后果的，处三年以下有期徒刑或者拘役，并处或者单处罚金。

……

第二百七十三条　【挪用特定款物罪】挪用用于救灾、抢险、防汛、优抚、扶贫、移民、救济款物，情节严重，致使国家和人民群众利益遭受重大损害的，对直接责任人员，处三年以下有期徒刑或者拘役；情节特别严重的，处三年以上七年以下有期徒刑。

……

第三百八十四条　【挪用公款罪】国家工作人员利用职务上的便利，挪用公款归个人使用，进行非法活动的，或者挪用公款数额较大、进行营利活动的，或者挪用公款数额较大、超过三个月未还的，是挪用公款罪，处五年以下有期徒刑或者拘役；情节严重的，处五年以上有期徒刑。挪用公款数额巨大不退还的，处十年以上有期徒刑或者无期徒刑。

挪用用于救灾、抢险、防汛、优抚、扶贫、移民、救济款物归个人使用的，从重处罚。

……

第三百九十七条　【滥用职权罪】【玩忽职守罪】国家机关工作人员滥用职权或者玩忽职守，致使公共财产、国家和人民利益遭受重大损失的，处三年以下有期徒刑或者拘役；情节特别严重的，处三年以上七年以下有期徒刑。本法另有规定的，依照规定。

国家机关工作人员徇私舞弊，犯前款罪的，处五年以下有期徒刑或者拘役；情节特别严重的，处五年以上十年以下有期徒刑。本法另有规定的，依照规定。

……

中华人民共和国突发事件应对法

（2007年8月30日第十届全国人民代表大会常务委员会第二十九次会议通过　2007年8月30日中华人民共和国主席令第69号公布　自2007年11月1日起施行）

目　录

第一章　总　　则

第一条　【立法目的】为了预防和减少突发事件的发生，控制、减轻和消除突发事件引起的严重社会危害，规范突发事件应对活动，保护人民生命财产安全，维护国家安全、公共安全、环境安全和社会秩序，制定本法。

第二条　【适用范围】突发事件的预防与应急准备、监测与预警、应急处置与救援、事后恢复与重建等应对活动，适用本法。

▶条文解读

突发事件的应对是一个动态发展过程，一般包括预防与应急准备、监测与预警、应急处置与救援、事后恢复与重建等环节。预防与应急准备，是防患于未然的阶段，也是应对突发事件最重要的阶段。监测与预警，是预防与应急准备的逻辑延伸。应急处置与救援，是应对突发事件最关键的阶段。事后恢复与重建，是应对突发事件过程中的最后环节。本法出台后，我国应急管理法律体系在横向上由三部分构成：一是紧急状态法（包括戒严法）、有关战争和动员的法律；二是突发事件应对法；三是单行的突发事件应对方面的法律，如防洪法、传染病防治法、安全生产法等。

第三条　【突发事件含义及分级标准】本法所称突发事件，是指突然发生，造成或者可能造成严重社会危害，需要采取应急处置措施予以应对的自然灾害、事故灾难、公共卫生事件和社会安全事件。

按照社会危害程度、影响范围等因素，自然灾害、事故灾难、公共卫生事件分为特别重大、重大、较大和一般四级。法律、行政法规或者国务院另有规定的，从其规定。

突发事件的分级标准由国务院或者国务院确定的部门制定。

▶条文解读

从突发事件的含义可知其构成要件包括：（1）突发性；（2）危险性；（3）紧迫性；（4）不确定性。

第四条　【应急管理体制】国家建立统一领导、综合协调、分类管理、分级负责、属地管理为主的应急管理体制。

▶条文解读

分类管理，是指按照自然灾害、事故灾难、公共卫生事件和社会安全事件四类突发事件的不同特性实施应急管理。

分级负责，主要是指根据突发事件的影响范围和突发事件的级别不同，确定突发事件应对工作由不同层级的人民政府负责。

▶实用问答

1. 如何理解本条规定的“属地管理为主”？

属地管理为主，主要有两种含义：一是突发事件应急处置工作原则上由地方负责，即由突发事件发生地的县级以上地方人民政府负责，其中又主要是由突发事件发生地的县级人民政府负责；二是法律、行政法规规定由国务院有关部门对特定突发事件的应对工作负责的，就应当由国务院有关部门管理为主。

第五条　【风险评估】突发事件应对工作实行预防为主、预防与应急相结合的原则。国家建立重大突发事件风险评估体系，对可能发生的突发事件进行综合性评估，减少重大突发事件的发生，最大限度地减轻重大突发事件的影响。

▶实用问答

2. 重大突发事件风险评估体系主要包括哪几个层次?

重大突发事件风险评估体系，主要包括以下层次：一是对本地方、本部门可能发生重大突发事件的领域、区位环节等进行监测并对收集到的各类突发事件风险信息进行分析、研判，提出预防、减少或者控制突发事件发生的建议和对策。二是对本地方、本部门年度内发生的各类突发事件及其应对工作情况，尤其是对防范工作进行评估，找出可能发生重大突发事件的领域、区位、环节，以认识、把握突发事件发生、发展的规律和趋势，完善相关制度和工作机制。三是对特定的突发事件应对工作情况包括应急处置和防范工作情况进行评估。

第六条　【社会动员机制】国家建立有效的社会动员机制，增强全民的公共安全和防范风险的意识，提高全社会的避险救助能力。

▶条文解读

社会动员机制，主要有两层含义：一是提高全民危机意识机制和能力建设机制，这是应对突发事件的社会基础；二是社会成员参与机制，就是公民、法人和其他组织有义务参与突发事件应对工作。

本条规定在突发事件应对领域，国家建立有效的社会动员机制，确立了社会动员的应急基本原则。当然，本条仅仅是对社会动员原则的概括性规定，其具体内容贯穿于本法的许多条款当中，包括：第十一条第二款规定的一般社会公众参与应急工作；第十二条规定的对私有财产的征用与补偿；第三十四条规定的社会支持与捐赠。

第七条　【负责机关】 县级人民政府对本行政区域内突发事件的应对工作负责；涉及两个以上行政区域的，由有关行政区域共同的上一级人民政府负责，或者由各有关行政区域的上一级人民政府共同负责。

突发事件发生后，发生地县级人民政府应当立即采取措施控制事态发展，组织开展应急救援和处置工作，并立即向上一级人民政府报告，必要时可以越级上报。

突发事件发生地县级人民政府不能消除或者不能有效控制突发事件引起的严重社会危害的，应当及时向上级人民政府报告。上级人民政府应当及时采取措施，统一领导应急处置工作。

法律、行政法规规定由国务院有关部门对突发事件的应对工作负责的，从其规定；地方人民政府应当积极配合并提供必要的支持。

▶条文解读

本条所规定的应急体制是对第四条所规定原则的具体贯彻，这一规定所确立的应急体制可以被概括为两句话：第一，以基层负责为主，上级负责为辅；第二，以属地管理为主，行业管理为辅。

本条第一款规定的是分级管理、属地管理为主的一般规定，其基本含义是：(1) 对发生在本行政区域的突发事件，不论是哪一类型或者哪一级别的突发事件，县级人民政府都应当对其应对工作负责。(2) 对涉及两个以上行政区域的突发事件，不论是哪一类型或者哪一级别的突发事件，其应对工作由有关行政区域共同的上一级人民政府负责。(3) 所谓负责，除了负责预防和应急准备、监测和预警外，主要是依法采取应急措施控制事态发展，组织开展应急救援和处置工作，向上级报告信息和事态发展情况等，有违这些职责的，就应当依法承担法律责任。

▶实用问答

3. 突发事件发生地的县级人民政府在突发事件发生后应立即开展哪些主要工作?

突发事件发生地的县级人民政府在突发事件发生后应立即开展的主要

工作，包括：(1) 采取措施控制事态发展。这主要是指采取本法第49条、第50条、第51条等条规定的控制措施。(2) 组织开展应急救援和处置工作。(3) 向上级政府报告。报告的内容，主要是认为可能发生重大或者特别重大突发事件的信息（包括时间、地点、信息来源、事件性质、影响范围、事件发展趋势和已采取的措施等），发布警报的信息等。报告突发事件信息，应当做到及时、客观、真实，不得迟报、谎报、瞒报、漏报。

4. 突发事件发生地县级人民政府不能消除或者不能有效控制突发事件引起的严重社会危害时应如何处理？

本条第三款规定的是突发事件发生地县级人民政府不能消除或者不能有效控制突发事件引起的严重社会危害时如何处理的问题。(1) 不能消除或者不能有效控制突发事件引起的严重社会危害，是指发生了或者演变成重大、特别重大突发事件，或者演变成超越本县行政区域的突发事件，根据本法和国务院的规定，县级人民政府难以进行有效的应急处置，需要请求上级人民政府采取措施予以应急处置。(2) 县级人民政府应履行向上级人民政府报告的义务。同时，根据本条第一款、第二款的规定，还要在职责范围内做好相关工作，不能只报告不处置。(3) 上级人民政府接到报告后，应当及时采取措施，统一领导应急处置工作。这里的上级人民政府也是履行统一领导职责的人民政府，至于究竟是指哪级人民政府，要根据突发事件的级别和影响范围而定。

第八条　【应急管理机构】国务院在总理领导下研究、决定和部署特别重大突发事件的应对工作；根据实际需要，设立国家突发事件应急指挥机构，负责突发事件应对工作；必要时，国务院可以派出工作组指导有关工作。

县级以上地方各级人民政府设立由本级人民政府主要负责人、相关部门负责人、驻当地中国人民解放军和中国人民武装警察部队有关负责人组成的突发事件应急指挥机构，统一领导、协调本级人民政府各有关部门和下级人民政府开展突发事件应对工作；根据实际需要，设立相关类别突发事件应急指挥机构，组织、协调、指挥突发事件应对工作。

上级人民政府主管部门应当在各自职责范围内，指导、协助下级人民政府及其相应部门做好有关突发事件的应对工作。

▶条文解读

本条第一款是关于国务院履行突发事件应对职责的工作机制的规定，主要有三方面内容：(1) 国务院在总理领导下研究、决定和部署特别重大突发事件的应对工作。强调国务院在总理领导下，旨在进一步明确总理在应对突发事件中的职责，包括主持国务院常务会议研究、决定和部署特别重大突发事件的应对工作，批准设立国家突发事件应急指挥机构，批准派出工作组指导有关工作。(2) 设立国家突发事件应急指挥机构。这里的应急指挥机构既包括相关领域的突发事件应急指挥机构，如国家防汛抗旱指挥部，也包括综合性的应急指挥机构。国务院要不要设或者设哪一类的应急指挥机构，由国务院根据实际需要决定。(3) 国务院可以决定派出工作组指导有关工作。其主要任务是指导地方有效开展应对工作，督促落实有关应对的法律和政策措施；对全国性的特别重大的突发事件需要国务院处置的，必要时还需要统一指挥或者指导有关地区、部门开展处置工作。

本条第二款规定的是县级以上地方人民政府应急工作机制，主要包括：一是县级以上人民政府设立统一的应急指挥机构，以整合资源，统一领导、协调本级政府各有关部门和下级人民政府开展突发事件应对工作。该指挥机构应当由人民政府主要负责人负责，相关部门负责人、驻当地中国人民解放军和中国人民武装警察部队有关负责人组成，名称可以叫应急（突发事件应对）委员会，或者叫应急领导小组等，其办事机构是县级以上地方人民政府设立的应急办公室。二是如果实际需要，县级以上地方政府也可以设立相关类别突发事件应急指挥机构，组织、协调、指挥相应的突发事件应对工作。这里的实际需要，主要有两种情况，一种情况是某类突发事件专业性较强且影响比较单一；一种情况是现场应急处置的需要。三是县级以上地方人民政府设立的应急指挥机构都是议事协调机构。

本条第三款规定的是上级人民政府主管部门应对突发事件职责的规定，主要内容包括：一是人民政府主管部门（如水利部门、卫生部门、安全生产部门等），依据相关法律、行政法规（如防洪法、传染病防治法、安全生产法等）和各自的职责，负责相关类别突发事件的应急管理工作。二是人民政府主管部门应对突发事件的具体职责主要包括：负责相关类别的突发事件专项和部门应急预案的起草与实施，贯彻落实本级政府有关决定事项，承担相关应急指挥机构办公室的工作，及时向本级政府报告主要情况，指导、协助下级人民政府及其相应部门做好有关突发事件的预防、应急准备、应急处置、恢复重建等工作。

第九条　【行政领导机关】国务院和县级以上地方各级人民政府是突发事件应对工作的行政领导机关，其办事机构及具体职责由国务院规定。

▶条文解读

这一条实际上是对第七条所规定的应急管理体制的进一步明确。在第七条规定各级人民政府和国务院有关部门对突发事件应对工作负责的基础上，明确国务院和县级以上地方各级人民政府是应急工作的行政领导机关。也就是说，国务院和县级以上地方各级人民政府中承担具体应急职能的部门和机构并非应急领导机关，而仅仅是应急工作机构而已。即使依照上述第七条第四款的规定，由国务院有关部门承担特定应急工作的，其行政领导机关也应当是国务院而不是这些部门。

第十条　【及时公布决定、命令】有关人民政府及其部门作出的应对突发事件的决定、命令，应当及时公布。

第十一条　【合理措施原则】有关人民政府及其部门采取的应对突发事件的措施，应当与突发事件可能造成的社会危害的性质、程度和范围相适应；有多种措施可供选择的，应当选择有利于最大程度地保护公民、法人和其他组织权益的措施。

公民、法人和其他组织有义务参与突发事件应对工作。

▶条文解读

本条第一款规定的是比例原则。比例原则又称“禁止过度”原则，其本质是行政机关采取的措施不得超越宪法和法律所容许的范围或者目的，如果有同等措施可以供采用，应当选择对公民、法人和其他组织权益侵害最小的措施。同时，该款还规定，有多种措施可供选择的，行政机关应当选择有利于最大程度地保护公民、法人和其他组织权益的措施。这一规定，是比例原则的另一个重要体现，学者们将这称之为最小侵害原则、不可替代原则和最温和手段原则。

基于比例原则的基本内容，行政机关在突发事件应对中必须满足如下要求：第一，行政主体应当将实施行政紧急措施作为实现应急管理目标的最后方式，且应选择对公民限制程度最小的行政紧急措施。第二，行政主体应根据具体情形，确定实施行政紧急措施的规模与时限。第三，法院应将比例原则作为行政紧急措施合法性审查的依据。

本条第二款首先明确了个人、法人和其他组织在突发事件应对中应当履行的义务。由政府主导突发公共事件的防治工作，绝不意味着防范突发公共事件就成了政府的独角戏。其他社会组织、企业与个人都是不同意义上的参与者，不能袖手旁观，任何有效的应急处理都必须是群防群治。因此，本条为公民、法人和其他组织应及时报告信息、主动采取自救、积极配合政府处理突发事件等给予了法律、法规的依据。

第十二条　【财产征用】有关人民政府及其部门为应对突发事件，可以征用单位和个人的财产。被征用的财产在使用完毕或者突发事件应急处置工作结束后，应当及时返还。财产被征用或者征用后毁损、灭失的，应当给予补偿。

▶条文解读

征用是国家强制使用单位、个人的财产，其结果是导致被征用单位、个人财产使用权的丧失。

有关人民政府及其部门为应对突发事件，可以征用单位和个人财产。同时，考虑到征用单位、个人财产，会对财产所有者的权益带来损失，本条还规定，被征用的财产在使用完毕或者突发事件应急处置工作结束后，应当及时返还。财产被征用或者征用后毁损、灭失的，应当给予补偿。需要指出，这种补偿通常是按被征用财物等价或者是毁损实际价值补偿，一般不及于可得利益损失的补偿。

第十三条 【时效中止、程序中止】因采取突发事件应对措施，诉讼、行政复议、仲裁活动不能正常进行的，适用有关时效中止和程序中止的规定，但法律另有规定的除外。

▶条文解读

时效，是指一定事实状态经过一定期间的法律事实，其效果在于直接使权利发生、变更或者消灭，包括取得时效和诉讼时效。时效中止是指在时效进行中，因一定法定事由的发生，阻碍权利人请求保护其权利，法律规定暂时停止时效期间进行，已经经过的时效期间仍然有效，待阻碍时效进行的事由消失后，时效继续进行，其中时效暂停的一段时间不计入时效期以内，以保护权利人的权利。

程序中止，是指有关诉讼、行政复议、仲裁活动的程序，因一定法定事由不能正常进行需要暂时予以停止，待有关影响该程序正常进行的情形消除后，再恢复该程序。

第十四条 【武装力量参与应急】中国人民解放军、中国人民武装警察部队和民兵组织依照本法和其他有关法律、行政法规、军事法规的规定以及国务院、中央军事委员会的命令，参加突发事件的应急救援和处置工作。

第十五条 【国际交流与合作】中华人民共和国政府在突发事件的预防、监测与预警、应急处置与救援、事后恢复与重建等方面，同外国政府和有关国际组织开展合作与交流。

第十六条 【同级人大监督】县级以上人民政府作出应对突发事件的决定、命令，应当报本级人民代表大会常务委员会备案；突发事件应急处置工作结束后，应当向本级人民代表大会常务委员会作出专项工作报告。

第二章 预防与应急准备

第十七条 【应急预案体系】国家建立健全突发事件应急预案

体系。

国务院制定国家突发事件总体应急预案，组织制定国家突发事件专项应急预案；国务院有关部门根据各自的职责和国务院相关应急预案，制定国家突发事件部门应急预案。

地方各级人民政府和县级以上地方各级人民政府有关部门根据有关法律、法规、规章、上级人民政府及其有关部门的应急预案以及本地区的实际情况，制定相应的突发事件应急预案。

应急预案制定机关应当根据实际需要和情势变化，适时修订应急预案。应急预案的制定、修订程序由国务院规定。

▶条文解读

从纵向来看，根据本条规定，全国的突发事件应急预案体系应当包括国家突发事件总体应急预案、国家突发事件专项应急预案、国家突发事件部门应急预案、地方突发事件总体应急预案、地方突发事件专项应急预案和地方突发事件部门应急预案，以及法定有关单位制定的具体应急预案。地方应急预案由地方各级政府和县级以上地方政府有关部门负责制定，具体包括：省级政府的突发事件总体应急预案、专项应急预案和部门应急预案；各市（地、州）、县（市、区）政府和乡镇政府制定的突发事件应急预案。

第十八条　【应急预案制定依据与内容】应急预案应当根据本法和其他有关法律、法规的规定，针对突发事件的性质、特点和可能造成的社会危害，具体规定突发事件应急管理工作的组织指挥体系与职责和突发事件的预防与预警机制、处置程序、应急保障措施以及事后恢复与重建措施等内容。

第十九条　【城乡规划】城乡规划应当符合预防、处置突发事件的需要，统筹安排应对突发事件所必需的设备和基础设施建设，合理确定应急避难场所。

第二十条　【安全防范】县级人民政府应当对本行政区域内容易引发自然灾害、事故灾难和公共卫生事件的危险源、危险区域进行调查、登记、风险评估，定期进行检查、监控，并责令有关单位采取安全防范措施。

省级和设区的市级人民政府应当对本行政区域内容易引发特别重大、重大突发事件的危险源、危险区域进行调查、登记、风险评估，组织进行检查、监控，并责令有关单位采取安全防范措施。

县级以上地方各级人民政府按照本法规定登记的危险源、危险区域，应当按照国家规定及时向社会公布。

第二十一条　【及时调解处理矛盾纠纷】县级人民政府及其有关部门、乡级人民政府、街道办事处、居民委员会、村民委员会应当及时调解处理可能引发社会安全事件的矛盾纠纷。

第二十二条　【安全管理】所有单位应当建立健全安全管理制度，定期检查本单位各项安全防范措施的落实情况，及时消除事故隐患；掌握并及时处理本单位存在的可能引发社会安全事件的问题，防止矛盾激化和事态扩大；对本单位可能发生的突发事件和采取安全防范措施的情况，应当按照规定及时向所在地人民政府或者人民政府有关部门报告。

第二十三条　【矿山、建筑施工单位和危险物品生产、经营、储运、使用单位的预防义务】矿山、建筑施工单位和易燃易爆物品、危险化学品、放射性物品等危险物品的生产、经营、储运、使用单位，应当制定具体应急预案，并对生产经营场所、有危险物品的建筑物、构筑物及周边环境开展隐患排查，及时采取措施消除隐患，防止发生突发事件。

第二十四条　【人员密集场所的经营单位或者管理单位的预防义务】公共交通工具、公共场所和其他人员密集场所的经营单位或者管理单位应当制定具体应急预案，为交通工具和有关场所配备报警装置和必要的应急救援设备、设施，注明其使用方法，并显著标明安全撤离的通道、路线，保证安全通道、出口的畅通。

有关单位应当定期检测、维护其报警装置和应急救援设备、设施，使其处于良好状态，确保正常使用。

第二十五条 【应急管理培训制度】 县级以上人民政府应当建立健全突发事件应急管理培训制度，对人民政府及其有关部门负有处置突发事件职责的工作人员定期进行培训。

▶条文解读

本条规定了突发事件应急管理培训制度，其责任主体是县级以上人民政府，培训对象是政府及其部门负有处置突发事件职责的工作人员，培训时间要求是定期。一般来说，培训内容应当包括应急管理知识、应急法律法规知识等。

第二十六条 【应急救援队伍】 县级以上人民政府应当整合应急资源，建立或者确定综合性应急救援队伍。人民政府有关部门可以根据实际需要设立专业应急救援队伍。

县级以上人民政府及其有关部门可以建立由成年志愿者组成的应急救援队伍。单位应当建立由本单位职工组成的专职或者兼职应急救援队伍。

县级以上人民政府应当加强专业应急救援队伍与非专业应急救援队伍的合作，联合培训、联合演练，提高合成应急、协同应急的能力。

第二十七条 【应急救援人员人身保险】 国务院有关部门、县级以上地方各级人民政府及其有关部门、有关单位应当为专业应急救援人员购买人身意外伤害保险，配备必要的防护装备和器材，减少应急救援人员的人身风险。

第二十八条 【军队和民兵组织的专门训练】 中国人民解放军、中国人民武装警察部队和民兵组织应当有计划地组织开展应急救援的专门训练。

第二十九条 【应急知识宣传普及和应急演练】 县级人民政府及其有关部门、乡级人民政府、街道办事处应当组织开展应急知识的宣传普及活动和必要的应急演练。

居民委员会、村民委员会、企业事业单位应当根据所在地人民政府的要求，结合各自的实际情况，开展有关突发事件应急知识的宣传普及活动和必要的应急演练。

新闻媒体应当无偿开展突发事件预防与应急、自救与互救知识的公益宣传。

第三十条 【学校的应急知识教育义务】 各级各类学校应当把应急知识教育纳入教学内容，对学生进行应急知识教育，培养学生的安全意识和自救与互救能力。

教育主管部门应当对学校开展应急知识教育进行指导和监督。

▶条文解读

各级各类学校包括从事普通教育的大、中、小学，也包括职业学校等其他教育机构。按照我国目前的教育制度，中小学校的课程设置是由教育主管部门确定的，高等学校自主设置课程。因此，教育主管部门应当要求中小学校开设有关突发事件预防与应急、自救与互救知识的课程，同时督促高等学校也开设这类课程。各级各类学校在安排应急知识的教学内容时，应当根据学生的年龄特征，有针对性地选择教学内容。

各级教育主管部门要高度重视应急知识教育工作，加强对各级各类学校开展应急知识教育的指导和监督。一方面，要组织编写各级各类学校应急知识教育的教学大纲，可以会同其他有关部门组织编写教材。另一方面，平时要加强对各级各类学校开设这类课程的情况、教学效果等的督促、检查。此外，本法没有对幼儿园提出明确要求，但可以提倡幼儿园采取适合幼儿身心特点的方式，通过组织生动活泼的活动，教会儿童交通常识和发生火灾、煤气泄露等突发事件时的基本逃生方式。

第三十一条 【经费保障】 国务院和县级以上地方各级人民政府应当采取财政措施，保障突发事件应对工作所需经费。

▶条文解读

按照本条规定，县级以上各级人民政府不但要依照预算法的规定设置预备费，用于自然灾害救灾开支等支出，还必须采取财政措施，保障各类突发事件的预防、应急准备、监测与预警、应急处置与救援、事后恢复与重建等各方面的经费。

第三十二条 【应急物资储备保障】国家建立健全应急物资储备保障制度，完善重要应急物资的监管、生产、储备、调拨和紧急配送体系。

设区的市级以上人民政府和突发事件易发、多发地区的县级人民政府应当建立应急救援物资、生活必需品和应急处置装备的储备制度。

县级以上地方各级人民政府应当根据本地区的实际情况，与有关企业签订协议，保障应急救援物资、生活必需品和应急处置装备的生产、供给。

▶**条文解读**

应急物资储备的主体主要是设区的市级以上人民政府和突发事件易发、多发地区的县级人民政府。这样规定的主要考虑：一是应急物资储备需要投入大量财力，储备过多容易造成资源闲置和浪费，而且有的应急物资如药品等，可以在发生突发事件后就近从其他地方进行调配，不需要各地都予以储备。二是县级人民政府特别是一些偏远、贫困地区的县级人民政府的财政负担能力有限，不宜普遍要求各县级人民政府都建立应急物资储备制度。

在做好实物储备工作的同时，还应当高度重视生产能力的储备。政府一方面必须储备能够满足应急处置基本需求的实物，另一方面要采取生产能力储备的方式，以临时集中组织应急物资的生产。

第三十三条 【应急通信保障】国家建立健全应急通信保障体系，完善公用通信网，建立有线与无线相结合、基础电信网络与机动通信系统相配套的应急通信系统，确保突发事件应对工作的通信畅通。

第三十四条 【鼓励捐赠】国家鼓励公民、法人和其他组织为人民政府应对突发事件工作提供物资、资金、技术支持和捐赠。

第三十五条 【巨灾风险保险】国家发展保险事业，建立国家财政支持的巨灾风险保险体系，并鼓励单位和公民参加保险。

▶**条文解读**

灾害保险是灾害保障的基本方式之一，是指以社会保险的形式来为某些受灾者提供保障的制度。它是与灾害相关的社会保险，其保险对象是灾害事故的受害人，保险给付同灾害相关。灾害社会保险待遇不取决于缴费的多少，灾害事件相同，享受待遇亦相同，但具体的金额根据损害程度不同而存在着较大差异，由灾害保障的实际需要决定。

巨灾风险保险与社会上其他保险不同，是一种完全不营利的保险事业，旨在保障人民生命财产安全，最大限度避免和减少重特大突发事件造成的损失。因此，这种保险需要由国家财政给予支持。同时，按照本条规定，巨灾风险保险不是强制险，而是鼓励单位和公民个人自愿参加。对于一些重特大突发事件易发、多发地区的单位和个人而言，应当积极参加这种保险。

第三十六条　【人才培养和研究开发】国家鼓励、扶持具备相应条件的教学科研机构培养应急管理专门人才，鼓励、扶持教学科研机构和有关企业研究开发用于突发事件预防、监测、预警、应急处置与救援的新技术、新设备和新工具。

第三章　监测与预警

第三十七条　【突发事件信息系统】国务院建立全国统一的突发事件信息系统。

县级以上地方各级人民政府应当建立或者确定本地区统一的突发事件信息系统，汇集、储存、分析、传输有关突发事件的信息，并与上级人民政府及其有关部门、下级人民政府及其有关部门、专业机构和监测网点的突发事件信息系统实现互联互通，加强跨部门、跨地区的信息交流与情报合作。

▶条文解读

突发事件信息系统是指汇集、储存、分析、评估、传输突发事件发生、发展情况的信息网络和体系。目前，公安、民政、国土资源、铁路、交通、水利、卫生、民航、林业、地震、气象和海洋等部门都已经建立了较为完善的信息系统。建立突发事件信息系统是一项系统工程，涉及各地区各部门，涉及技术支持、财政保障，需要统筹规划、总体设计、分级实施。

本条有三方面的含义：(1) 建立全国统一的突发事件信息系统，首先要加快国务院应急信息系统建设，充分发挥这一枢纽工程在国家应急信息网络建设中的龙头带动作用，同时规范技术标准，完善、整合有关专业应急信息系统，规划、部署地方人民政府的信息系统建设，搭建以国务院应急信息平台为中心，以省级和国务院部门应急信息平台为节点，上下贯通、左右衔接、互联互通、信息共享、互有侧重、互为支撑的信息网络体系。建立突发事件信息系统应当依托政府电子政务系统和部门业务系统，防止重复建设和资源浪费。积极推进紧急信息接报平台整合，建立统一接报、分类分级处置的工作机制。(2) 县级以上地方人民政府应当建立或者确定突发事件信息系统，并与上级人民政府及其部门、下级人民政府及其有关部门、专业机构和监测网点的信息系统实现互联互通。考虑到各地方现有信息系统情况的差异，经济发展水平的不同，本着节约的原则，已有信息系统的，可以在现有信息系统中确定其中一个信息系统作为本级人民政府的突发事件信息系统，并与上级政府及其部门、下级政府及其有关部门的信息系统实行互联互通；没有建立信息系统或者已有信息系统不足以汇集、储存、传输有关突发事件信息的，县级以上地方人民政府要建立统一的突发事件信息系统。(3) 不同地区、部门之间要加强信息交流与情报合作。

第三十八条　【突发事件信息收集】县级以上人民政府及其有关部门、专业机构应当通过多种途径收集突发事件信息。

县级人民政府应当在居民委员会、村民委员会和有关单位建立专职或者兼职信息报告员制度。

获悉突发事件信息的公民、法人或者其他组织，应当立即向所在地人民政府、有关主管部门或者指定的专业机构报告。

▶条文解读

本条规定了政府收集信息和社会公众报告信息两方面的责任和义务。

一是政府及其有关部门、专业机构应当主动多渠道收集突发事件信息。第一，要充分利用监测网点、专门机构在收集突发事件信息中的主渠道作用。目前，我国已经建立了气象、地震、卫生、防疫、水文、地质、森林火灾、农林病虫害、煤矿瓦斯、海洋环境等监测体系。政府和政府部门应当充分利用这些专门渠道收集突发事件信息，同时，进一步加强预测预报基础设施建设，增加监测网点，逐步形成全覆盖的监测网络。第二，充分发挥主流媒体的优势和作用，及时收集和掌握突发事件信息和相关社会动态。第三，要注意从互联网上获取有关突发事件和社会热点问题的信息。第四，地方各级人民政府、各有关部门网站建立开放的信息接报平台，接受社会公众的突发事件信息报告。

二是县级人民政府应当在居民委员会、村民委员会和有关单位建立专职或者兼职信息报告员制度，通过信息报告员收集信息。考虑到不同社区、农村、有关单位性质、发生突发事件的概率、经济发展水平的差异，本条规定，信息报告员可以是专职的，也可以是兼职的。为提高信息报告员收集、报告突发事件信息的能力，确保所收集的信息全面、准确、及时、简洁，基层政府应当加强对信息报告员的培训，并使一名信息报告员可以承担多类事件信息报告任务。本条规定的有关单位包括企业、学校等基层单位。为保障信息报告员信息报告渠道的畅通，乡镇、街道等基层政府派出机关要建立和完善24小时值班制度，县级政府的应急信息平台要向乡镇、街道延伸，着力解决边缘山区信息报告和预警的“最后一公里”瓶颈问题，构建全覆盖的信息网络。

三是公民、法人或者其他组织的突发事件信息报告义务。据此，本条规定，获悉突发事件信息的公民、法人或者其他组织都有立即向所在地人民政府、有关主管部门或者指定的专业机构报告的义务。按照本法第7条第1款关于“县级人民政府对本行政区域内突发事件的应对工作负责”的规定，为便于公众报告突发事件信息，本条所称所在地人民政府、有关主管部门一般是指县级人民政府及其有关主管部门，指定的专业机构是指县级人民政府及其有关主管部门指定的专业机构，如疾控中心、防疫站等。

为了充分调动社会公众报告突发事件信息，地方人民政府及其有关部门应当建立突发事件信息报告激励机制，鼓励信息报告员、社会公众积极报告信息。

第三十九条 【突发事件信息报送和报告】地方各级人民政府应当按照国家有关规定向上级人民政府报送突发事件信息。县级以上人民政府有关主管部门应当向本级人民政府相关部门通报突发事件信息。专业机构、监测网点和信息报告员应当及时向所在地人民政府及其有关主管部门报告突发事件信息。

有关单位和人员报送、报告突发事件信息，应当做到及时、客观、真实，不得迟报、谎报、瞒报、漏报。

▶条文解读

一是信息报告的责任主体。按照统一领导、综合协调、分类管理、分级负责、属地管理为主的应急管理体制，突发事件信息报告的责任主体是地方各级人民政府，也就是说，发生突发事件，地方各级人民政府都要按规定向上级人民政府报告，不能以有关部门报告代替政府报告。为了使政府能够及时收集信息，向上级人民政府报告突发事件信息，本条还要求专业机构、监测网点和信息报告员应当及时向所在地人民政府及其有关部门报告突发事件信息。

二是信息报告的程序。本法对信息报告的程序没有作出具体规定。按照本法第7条的规定，突发事件发生后，发生地县级人民政府应当立即向上一级人民政府报告，必要时可以越级上报。单行法律法规对特定突发事件信息报告程序有规定的，从其规定。

三是信息报告的时限。本条没有对报告时限作出具体规定，只规定“按国家有关规定”。实际操作中，国家有关规定一般包括法律、国务院和国务院有关部门的规定。

四是对报告突发事件信息的要求。报告突发事件应当及时、客观、真实。所谓及时，就是必须按照法律、法规、规章和国家有关规定的时限报送突发事件信息，不得迟报。所谓客观，就是对突发事件信息的判断要客观，不得主观臆断，不得谎报信息。所谓真实，就是要与突发事件的真相相符，实事求是，不得瞒报、漏报。

▶实用问答

5. 突发事件信息报告应包括哪些内容?

本条没有具体规定信息报告内容。根据实践，信息报告内容一般包括：突发事件信息和可能引发突发事件的预测预警信息；事件本身比较敏感或者发生在敏感地区、敏感时间，或者可能演变为突发事件的信息。报告的要素应当含有：时间、地点、信息来源、事件起因和性质、基本过程、已造成的后果、影响范围、事态发展趋势、已经采取的措施以及下一步工作打算和建议等。

第四十条　【汇总分析突发事件隐患和预警信息】县级以上地方各级人民政府应当及时汇总分析突发事件隐患和预警信息，必要时组织相关部门、专业技术人员、专家学者进行会商，对发生突发事件的可能性及其可能造成的影响进行评估；认为可能发生重大或者特别重大突发事件的，应当立即向上级人民政府报告，并向上级人民政府有关部门、当地驻军和可能受到危害的毗邻或者相关地区的人民政府通报。

▶条文解读

本条的主要内容：一是规定了县级以上地方人民政府对突发事件信息的处理职责。突发事件信息的来源不同，信息的真实性、准确性也会参差不齐，需要进行整理、归类、识别、分析，对信息“去粗取精、去伪存真”。县级以上地方人民政府是突发事件的重要领导、处置机关，也是突发事件信息报告的义务机关。为此，本条规定，县级以上人民政府应当及时对突发事件隐患和预警信息进行汇总分析。

二是规定了突发事件信息咨询、会商机制。分析、预测突发事件技术性、专业性往往很强。为了提高政府决策的科学性、民主性，本条规定，政府应当重视发挥专家、学者、专业技术人员和有关部门的作用，必要时组织他们对突发事件发生的可能性、可能造成的影响进行会商。所谓必要时，是指对突发事件发生的可能性、影响范围、强度、可能产生的损害等难以判断时。

三是县级以上地方人民政府的信息报告和通报义务。经过分析、评估突发事件的信息，认为可能发生重大或者特别重大突发事件的，县级以上地方人民政府应当立即向上级人民政府报告，并向上级人民政府有关部门、当地驻军和可能受到危害的毗邻或者相关地区的人民政府通报，便于有关地区、部门和当地驻军及时做好相应的应急准备工作。省级人民政府应当按照《国家突发公共事件总体应急预案》的规定，向国务院报告；认为可能发生较大和一般突发事件，并且可能性增大时，设区的市和县级人民政府就要发布相应级别的预警，并采取相应的预警措施。

第四十一条　【突发事件监测】国家建立健全突发事件监测制度。

县级以上人民政府及其有关部门应当根据自然灾害、事故灾难和公共卫生事件的种类和特点，建立健全基础信息数据库，完善监测网络，划分监测区域，确定监测点，明确监测项目，提供必要的设备、设施，配备专职或者兼职人员，对可能发生的突发事件进行监测。

▶条文解读

突发事件基础信息库，是指应对突发事件所必备的有关危险源、风险隐患、应急资源（物资储备、设备及应急队伍）、应急避难场所（分布、疏散路线和容纳能量等）、应急专家咨询、应急预案、突发事件案例等基础信息的数据库。

本条规定了以下内容：(1) 根据自然灾害、事故灾难和公共卫生事件的种类和特点，建立健全基础信息库。建立完备、可共享的基础信息库是应急管理、监控和辅助决策的必不可少的重要支柱。建立健全基础信息库，要求各级政府开展各类风险隐患、风险源、应急资源分布情况的调查并登记建档，为各类突发事件的监测预警和隐患治理提供基础信息。要统一数据库建设标准，实现基础信息的整合和资源共享，提高信息的使用效率。

(2) 完善监测网络，划分监测区域，确定监测点，明确监测项目，提供必要的设备、设施，配备专职或者兼职人员，对可能发生的突发事件进行监测。这是对监测网络系统建设的规定。完善监测网络系统，一是在完善现有气象、水文、地震、地质、海洋和环境等自然灾害监测网的基础上，适当增加监测密度，提高技术装备；二是建立危险源、危险区域的实时监控系统和危险品跨区域流动动态监控系统；三是在完善省市县乡村五级公共卫生事件信息报告网络系统的同时，健全传染病和不明原因疾病、动植物疫情、植物病虫害和食品药品安全等公共卫生事件监测系统。无论是完善哪一类突发事件的监测系统，都要加强监测设施、设备建设，配备专职或者兼职的监测人员。

(3) 本条未对社会安全事件的监测制度作出规定。

第四十二条　【突发事件预警】 国家建立健全突发事件预警制度。

可以预警的自然灾害、事故灾难和公共卫生事件的预警级别，按照突发事件发生的紧急程度、发展势态和可能造成的危害程度分为一级、二级、三级和四级，分别用红色、橙色、黄色和蓝色标示，一级为最高级别。

预警级别的划分标准由国务院或者国务院确定的部门制定。

第四十三条　【发布预警】 可以预警的自然灾害、事故灾难或者公共卫生事件即将发生或者发生的可能性增大时，县级以上地方各级人民政府应当根据有关法律、行政法规和国务院规定的权限和程序，发布相应级别的警报，决定并宣布有关地区进入预警期，同时向上一级人民政府报告，必要时可以越级上报，并向当地驻军和可能受到危害的毗邻或者相关地区的人民政府通报。

▶实用问答

6. 建立完整的突发事件预警信息制度，主要包括哪些方面的内容？

建立完整的突发事件预警信息制度，主要包括以下几个方面的内容：

一是建立完善信息监控制度。有关政府要针对各种可能发生的突发事件，不断完善监控方法和程序，建立完善事故隐患和危机源监控制度，并及时维护更新，确保监控质量。

二是建立健全信息报告制度。一方面要加强地方各级政府与上级政府、当地驻军、相邻地区政府的信息报告、通报工作，使危机信息能够在有效时间内传递到行政组织内部的相应层级，有效发挥应急预警的作用；另一方面要拓宽信息报告渠道，建立社会公众信息报告和举报制度，鼓励任何单位和个人向政府及其有关部门报告危机事件隐患。同时要不断尝试新的社会公众信息反映渠道，如在网络和手机普及的情况下，开通网上论坛，设立专门的接待日、民情热线、直通有关领导的紧急事件专线连接等。

三是建立严格的信息发布制度。一方面要完善预警信息发布标准，对可能发生和可以预警的突发事件要进行预警，规范预警标识，制定相应的发布标准，同时明确规定相关政府、主要负责单位、协作单位应当履行的职责和义务；另一方面要建立广泛的预警信息发布渠道，充分利用广播、电视、报纸、电话、手机短信、街区显示屏和互联网等多种形式发布预警信息，确保广大人民群众第一时间内掌握预警信息，使他们有机会采取有效防御措施，达到减少人员伤亡和财产损失的目的。

同时还要确定预警信息的发布主体，信息的发布要有权威性和连续性，这是由危机事件发展的动态性特点决定的。作为预警信息发布主体的有关政府要及时发布、更新有关危机事件的新信息，让公众随时了解事态的发展变化，以便主动参与和配合政府的应急管理。

第四十四条　【三、四级预警应当采取的措施】发布三级、四级警报，宣布进入预警期后，县级以上地方各级人民政府应当根据即将发生的突发事件的特点和可能造成的危害，采取下列措施：

（一）启动应急预案；

（二）责令有关部门、专业机构、监测网点和负有特定职责的人员及时收集、报告有关信息，向社会公布反映突发事件信息的渠道，加强对突发事件发生、发展情况的监测、预报和预警工作；

（三）组织有关部门和机构、专业技术人员、有关专家学者，随时对突发事件信息进行分析评估，预测发生突发事件可能性的大小、影响范围和强度以及可能发生的突发事件的级别；

（四）定时向社会发布与公众有关的突发事件预测信息和分析评估结果，并对相关信息的报道工作进行管理；

（五）及时按照有关规定向社会发布可能受到突发事件危害的警告，宣传避免、减轻危害的常识，公布咨询电话。

▶条文解读

发布三级、四级预警级别后，预警工作的作用主要是及时、全面地收集、交流、沟通有关突发事件的信息，并在组织综合评估和分析判断的基础上，对突发事件可能出现的趋势和问题，由政府及其有关部门发布警报，决定和宣布进入预警期，并及时采取相应的预警措施，有效消除产生突发事件的各种因素，尽量避免突发事件的发生。

第四十五条　【一、二级预警应当采取的措施】发布一级、二级警报，宣布进入预警期后，县级以上地方各级人民政府除采取本法第四十四条规定的措施外，还应当针对即将发生的突发事件的特点和可能造成的危害，采取下列一项或者多项措施：

（一）责令应急救援队伍、负有特定职责的人员进入待命状态，并动员后备人员做好参加应急救援和处置工作的准备；

（二）调集应急救援所需物资、设备、工具，准备应急设施和避难场所，并确保其处于良好状态、随时可以投入正常使用；

（三）加强对重点单位、重要部位和重要基础设施的安全保卫，维护社会治安秩序；

（四）采取必要措施，确保交通、通信、供水、排水、供电、供气、供热等公共设施的安全和正常运行；

（五）及时向社会发布有关采取特定措施避免或者减轻危害的建议、劝告；

（六）转移、疏散或者撤离易受突发事件危害的人员并予以妥善安置，转移重要财产；

（七）关闭或者限制使用易受突发事件危害的场所，控制或者限制容易导致危害扩大的公共场所的活动；

（八）法律、法规、规章规定的其他必要的防范性、保护性措施。

▶条文解读

一级、二级预警相对于三级、四级预警而言级别更高，突发事件即将发生的时间更为紧迫，事件发展态势已经一触即发，人民生命财产安全即将面临威胁。因此，有关政府除了继续采取三级、四级预警期间的措施外，还应当及时采取有关先期应急处置措施，努力做好应急准备，避免人员伤亡和财产损失，尽量减少突发事件所造成的不利影响，并防止其演变为重大事件。发布一、二级警报后，政府采取的主要是一些防范、部署、保护性的措施，目的在于选择、确定切实有效的对策，作出有针对性的部署安排，采取必要的前期措施，及时应对即将到来的危机，并保障有关人员、财产、场所的安全。

▶实用问答

7. 发布一级、二级预警级别后，政府应当采取哪些预警措施？

总结起来，发布一级、二级预警级别后政府应当采取的应对措施，可以归纳为：要求有关应急救援队伍、负有特定职责的人员进入待命状态，动员后备人员做好参加应急救援工作的准备工作；调集应急所需物资、设备、设施、工具，准备应急所需场所，并检查其是否处于良好状况、能否投入正常使用；采取必要措施，加强对核心机关、要害部门、重要基础设施、生命线工程等的安全防护；向其他地方人民政府预先发出提供支援的请求；根据可能发生的突发事件的性质、严重程度、影响大小等因素，制定具体的应急方案；及时关闭有关场所，转移有关人员、财产，尽量减少损失；及时向社会发布采取特定措施防止、避免或者减轻损害的建议、劝告或者指示等。

第四十六条　【社会安全事件报告制度】对即将发生或者已经发生的社会安全事件，县级以上地方各级人民政府及其有关主管部门应当按照规定向上一级人民政府及其有关主管部门报告，必要时可以越级上报。

▶条文解读

社会安全事件是指由各种社会矛盾引发的，形成一定的规模，造成一定的社会影响，危害社会稳定，干扰正常的工作秩序、生产秩序、教学科研秩序和社会秩序的群体性事件。通常来说，这类事件一般具有群体性、利益性、突发性、渐进性、多变性、对抗性的特点，往往给政治稳定、社会秩序、经济安全以及人民群众生命、财产安全造成重大影响。

第四十七条　【预警调整和解除】发布突发事件警报的人民政府应当根据事态的发展，按照有关规定适时调整预警级别并重新发布。

有事实证明不可能发生突发事件或者危险已经解除的，发布警报的人民政府应当立即宣布解除警报，终止预警期，并解除已经采取的有关措施。

▶条文解读

任何突发事件的应对，不能只考虑行政机关控制和消除紧急危险的应对需求和应对能力，更重要的着眼点还在于如何避免行政紧急权力对现存国家体制、法律制度和公民权利的消极影响和改变。行政紧急权力的设计和使用应当受到有效性和正当性两方面的制约，离开具体应急情形的改变而一成不变地采取应急措施，不仅不能有效地应对危机，还会增大滥用行政紧急措施的可能性。因此，有关应对机关应当根据危机状态的发展态势分别规定相应的应对措施，并根据事件的发展变化情况进行适时的调整。总的来说，在应急预警阶段，预警级别的确定、警报的宣布和解除、预警期的开始和终止、有关措施的采取和解除，都要与紧急危险等级及相应的紧急危险阶段保持一致。即使是具有极其严重社会危害的最高级别突发事件，也有不同的发展阶段，并不需要在每一个阶段都采取同样严厉的应对措施。

第四章　应急处置与救援

第四十八条　【突发事件发生后政府应履行的职责】突发事件发生后，履行统一领导职责或者组织处置突发事件的人民政府应当针对其性质、特点和危害程度，立即组织有关部门，调动应急救援队伍和社会力量，依照本章的规定和有关法律、法规、规章的规定采取应急处置措施。

▶条文解读

一是突发事件应急处置工作由行政机关主导。在突发事件应急处置工作实践中，国务院各部门、地方各级人民政府及其部门承担着若干具体的实施工作，是履行应急职责的实际主体之一。

二是突发事件应急处置工作应当坚持“统一领导”的原则。要求履行统一领导职责或者组织处置突发事件的人民政府，应当立即组织有关部门，调动应急救援队伍和社会力量，整合各个方面的资源，及时、有效地采取应急处置措施。至于如何确定某一具体事件中的统一领导机构，以及中央政府和地方政府、各级地方政府之间的应急职权、责任的划分，考虑到我国地域较广、行政区域设置较复杂的实际，本条并没有作出详细的规定。通常来说，为适应高效处置突发事件、明确各地政府应急职责的需要，各级政府在突发事件应对工作的权限划分上应当遵循“地域管辖”的原则，由事发当地县级以上人民政府统一履行领导、组织职能，收集各种信息，指挥软硬件资源，对本地突发事件进行第一时间的先行处置，及时控制危害后果的进一步扩大。在当地政府不能有效应对时，上级人民政府负有支持、指导的职责和义务，或者直接履行应急处置工作的统一领导和协调职能。

三是突发事件应急处置措施的采取和实施应当坚持“合理、有效”的原则。应急处置措施是行政机关为有效应对各类突发事件而采取的各种紧急性措施的总称。行政机关的紧急权力和紧急措施，是国家有效应对突发事件的主要手段，也是突发事件应对法的主要规范对象。

四是采取应急处置措施要处理好本法和其他相关法律法规之间的关系。本法作为基本法，较为原则和抽象，不可能作过细的规定。应急处置措施的决定和实施应根据实际情况，并结合其他有关法律法规的规定作出。因此，行政机关在采取应急处置措施时，不仅要有法律依据，而且还要处理好本法和其他相关法律法规之间的关系。

总的来说，本法与《防震减灾法》、《防洪法》、《传染病防治法》、《固体废物污染环境防治法》等单行应急法是普通法和特别法的关系。其中，对于某一事项，本法有规定而单行法未作规定的，适用本法的规定；

本法没有规定而单行法作了规定的，适用该单行法的规定。本法确立的是应对突发事件的共同性规范，本法所规定的应急措施与其他单行法规定的应急措施并不互相排斥，在采取本法所规定的应急措施的同时，仍然可以采取相关单行法律、法规、规章规定的其他应急措施。因此，本条明确规定，有关人民政府应当依照本章的规定和有关法律、法规、规章的规定采取应急处置措施。

▶实用问答

8. 制定和实施行政应急处置措施应遵循哪些基本原则?

一般来说，制定和实施行政应急处置措施的基本原则，主要有以下几个方面：(1) 与行政紧急措施性质的一致性。按照对公民权利影响的法律性质，可以将行政紧急措施分为四类：应急救助和安置、应急保障和保护、应急征用和征调以及应急控制、限制和禁止。这种分类的目的主要是为确定法律约束方式和程度提供依据。前两类措施是政府为公众提供的利益和服务，强调政府必须履行法律义务，不得懈怠和不作为。后两类措施是增加公民义务、限制公民权利，政府行使此类紧急权力时应当受到特别严格的法律约束，要符合特别授权规定以及严格的适用条件、程序等要求。(2) 与紧急危险程度的一致性。这是采取行政紧急措施的一个决定条件。按照社会危害程度、影响范围等因素，突发事件可以分为特别重大、重大、较大和一般四级，相应地，政府应对突发事件的控制力度也要有所区别，应根据依法确认的突发事件级别，采取相应的行政紧急措施。(3) 与紧急危险阶段的一致性。这是采取行政紧急措施的又一个决定条件。在实践中，绝大多数突发事件发生和演变都有一个由轻微到严重的发展过程，即使是具有极其严重社会危害的最高级突发事件，也历经了不同的发展阶段。因此，突发事件的应对过程可以划分为预警期、应急处置期和缓解期等不同阶段，在不同的阶段应当采取相应的行政紧急措施，决不能在每一个阶段都采取同样严厉程度的处置措施。(4) 与紧急危险类别的一致性。在经济全球化和高科技发展的时代背景下，任何一种突发事件对社会的危害和威胁都不是单一的，它可以迅速蔓延并影响社会的不同领域。但是，突发事件总是有着各种相对稳定的性质，从而形成特有的类别，控制和消除特定危急状态的行政紧急措施也必然具有不同的特点和重点。因此，采取行政紧急措施必须与突发公共事件的种类相一致，才能防止行政紧急措施的滥用。

第四十九条　【应对自然灾害、事故灾难或者公共卫生事件的处置措施】自然灾害、事故灾难或者公共卫生事件发生后，履行统一领导职责的人民政府可以采取下列一项或者多项应急处置措施：

（一）组织营救和救治受害人员，疏散、撤离并妥善安置受到威胁的人员以及采取其他救助措施；

（二）迅速控制危险源，标明危险区域，封锁危险场所，划定警戒区，实行交通管制以及其他控制措施；

（三）立即抢修被损坏的交通、通信、供水、排水、供电、供气、供热等公共设施，向受到危害的人员提供避难场所和生活必需品，实施医疗救护和卫生防疫以及其他保障措施；

（四）禁止或者限制使用有关设备、设施，关闭或者限制使用有关场所，中止人员密集的活动或者可能导致危害扩大的生产经营活动以及采取其他保护措施；

（五）启用本级人民政府设置的财政预备费和储备的应急救援物资，必要时调用其他急需物资、设备、设施、工具；

（六）组织公民参加应急救援和处置工作，要求具有特定专长的人员提供服务；

（七）保障食品、饮用水、燃料等基本生活必需品的供应；

（八）依法从严惩处囤积居奇、哄抬物价、制假售假等扰乱市场秩序的行为，稳定市场价格，维护市场秩序；

（九）依法从严惩处哄抢财物、干扰破坏应急处置工作等扰乱社会秩序的行为，维护社会治安；

（十）采取防止发生次生、衍生事件的必要措施。

▶条文解读

根据《破坏性地震应急条例》的规定，因严重破坏性地震应急的需要，有关人民政府可以在灾区实行特别管制措施，如中断干线交通、封锁国境等；根据防汛条例的规定，在紧急防汛期，公安部门应当按照人民政府防汛指挥部的要求，加强治安管理和安全保卫工作，必要时须由有关部门依法实行陆地和水面交通管制；根据《突发公共卫生事件应急条例》的有关规定，根据突发公共卫生事件应急处理的需要，突发公共卫生事件应急处理指挥部有权紧急调集人员、储备的物资、交通工具以及相关设施、设备，有权在必要时对人员进行疏散或者隔离，可以依法对传染病疫区实行封锁，有权根据突发公共卫生事件应急处理的需要，对食物和水源采取控制措施。由此，在对国内外立法中规定的应急处置措施进行统一整理、分析的基础上，结合我国应急处置工作的实践，本条具体列举了救助性、控制性、保障性、保护性以及其他必要的各类应急处置措施。根据应急处置工作的需要，本条还规定，有关人民政府可以有针对性地采取一种或者同时采取多种应急措施。

第五十条　【应对社会安全事件的处置措施】社会安全事件发生后，组织处置工作的人民政府应当立即组织有关部门并由公安机关针对事件的性质和特点，依照有关法律、行政法规和国家其他有关规定，采取下列一项或者多项应急处置措施：

（一）强制隔离使用器械相互对抗或者以暴力行为参与冲突的当事人，妥善解决现场纠纷和争端，控制事态发展；

（二）对特定区域内的建筑物、交通工具、设备、设施以及燃料、燃气、电力、水的供应进行控制；

（三）封锁有关场所、道路，查验现场人员的身份证件，限制有关公共场所内的活动；

（四）加强对易受冲击的核心机关和单位的警卫，在国家机关、军事机关、国家通讯社、广播电台、电视台、外国驻华使领馆等单位附近设置临时警戒线；

（五）法律、行政法规和国务院规定的其他必要措施。

严重危害社会治安秩序的事件发生时，公安机关应当立即依法出动警力，根据现场情况依法采取相应的强制性措施，尽快使社会秩序恢复正常。

▶条文解读

我国相关立法对政府在处置社会安全事件时所享有的紧急权力作了特别规定。比如，根据《戒严法》的有关规定，戒严地区的县级以上人民政府可以临时征用国家机关、企业事业组织、社会团体以及公民个人的房屋、场所、设施、运输工具、工程机械等；戒严实施机关可以决定在戒严地区采取交通管制措施，限制人员进出交通管制区域，并对进出交通管制区域人员的证件、车辆、物品进行检查；戒严期间，戒严实施机关可以决定在戒严地区采取宵禁措施；为保障戒严地区内的人民基本生活必需品的供应，戒严实施机关可以对基本生活必需品的生产、运输、供应、价格，采取特别管理措施。根据人民警察法的有关规定，公安机关对严重危害社会治安秩序的突发事件，可以根据情况实行现场管制。公安机关的人民警察可以采取必要手段强行驱散，并对拒不服从的人员强行带离现场或者立即予以拘留。此外，我国《治安管理处罚法》、《集会游行示威法》、《信访条例》、《国家安全法》等现行法律、法规、规章，也规定了应对社会安全事件的措施以及公安机关的职责。本条明确规定了履行处置职责的主体以及可以采取的一系列措施。同时，考虑到这类措施比较严厉，对公民权利的限制程度也比较大，为合理约束行政机关的强行性权力，最大程度地减少对社会造成的损失，保障公民的基本权利底线，本条还规定了紧急权力行使的比例原则，要求处置机关应当针对事件的性质和特点，采取与危害程度相适应的措施。在严重危害社会治安秩序的事件发生时，公安机关应当根据“依法处置、慎用警力”的原则，根据现场情况依法采取相应的强制性措施，尽快使社会秩序恢复正常。

第五十一条　【突发事件严重影响国民经济运行时的应急处置措施】发生突发事件，严重影响国民经济正常运行时，国务院或者国务院授权的有关主管部门可以采取保障、控制等必要的应急措施，保障人民群众的基本生活需要，最大限度地减轻突发事件的影响。

▶条文解读

所谓严重影响国民经济运行的突发事件，是指影响全国或者某一局部地区的经济社会秩序稳定，妨碍国民经济正常运行，并对社会经济安全构成威胁的经济类危机事件。

作为突发事件应对的基本法，本条首先明确规定了国务院或者国务院授权的有关主管部门是这类突发事件的处置主体。另外，由于处置这类突发事件的目的主要在于防止事件的发生或蔓延扩大，最大限度地降低给金融业及其他产业带来的经济损失，避免给人民群众的正常生活带来负面影响，在处置措施方面，各国一般都采取财政、金融、价格管制、外汇管制等保障、控制性应急措施，以有效维护社会经济安全，保障人民群众的基本生活需要。鉴于这类事件处置的复杂性，立法中不宜也无法将政府可以采取的措施一一列举。因此，本条仅作出原则规定，发生突发事件并严重影响国民经济正常运行时，有关政府可以采取保障、控制等必要的应急措施，保障人民群众的基本生活需要，最大限度地减轻突发事件的影响。

▶实用问答

9. 严重影响国民经济运行的突发事件包括哪些类型?

严重影响国民经济运行的突发事件通常包括以下类型：(1）银行挤兑，即在某个特定时间内突然有大量存款人到商业银行提款，并引起经济生活秩序的不稳定；(2）股市暴跌，即股市发生剧烈波动，由此导致一些投资者采取极端行为甚至打砸等暴力行为，严重影响当地的经济社会秩序稳定；(3）技术故障，如金融机构中的计算机系统出故障引致相关人员的利益严重受损，一些人对处理方案不满意而采取极端行为；(4）金融机构倒闭，即一些金融机构尤其是商业银行，因经营不善或其他原因而倒闭，从而引发地区性的金融突发事件；(5）境外金融冲击，如在准许境外短期资金进入我国金融市场的条件下，一旦这些资金在短期内巨额外流或巨额进入都将对我国境内的金融市场形成强力冲击；(6）金融危机，即在我国金融市场日益国际化的条件下，国际金融市场的危机可能直接影响到我国金融市场的运行状况，引发我国金融的波动或危机，另一方面，我国实体经济部门或金融部门的风险在不断累积的条件下也可能引发金融危机；(7) 其他突发性事件导致的金融突发事件。

第五十二条 【征用财产权、请求支援权及相应义务】 履行统一领导职责或者组织处置突发事件的人民政府，必要时可以向单位和个人征用应急救援所需设备、设施、场地、交通工具和其他物资，请求其他地方人民政府提供人力、物力、财力或者技术支援，要求生产、供应生活必需品和应急救援物资的企业组织生产、保证供给，要求提供医疗、交通等公共服务的组织提供相应的服务。

履行统一领导职责或者组织处置突发事件的人民政府，应当组织协调运输经营单位，优先运送处置突发事件所需物资、设备、工具、应急救援人员和受到突发事件危害的人员。

▶条文解读

本条是关于突发事件应急协作机制的规定。为了完善突发事件应急处置机制，提高快速反应能力，首先应当确定一个统一的领导机构，集中各种信息收集、指挥软硬件资源，对本地突发事件进行第一时间的先行处置，及时控制危害后果的进一步扩大。由于信息、通讯、技术、场所、交通、电力、气象、医救、治安、物资、资金、人员等保障制度，是突发事件应急工作正常开展的必要条件，因此，在统一领导的前提下，还有必要对社会各方面的应急协作义务作出规定。目前，我国已分领域、分类别地确立了大量的突发事件应对保障制度，这种根据突发事件不同领域、不同种类而分别设置的保障制度虽然具有针对性强等优势，但缺点是过于分散，对各方面的应急协作职责没有统一、明确的规定，无法有效整合各类应急资源。本法规定了各级政府及其相关部门、企业组织、公共服务组织、运输经营单位以及社会公众的支持、参与机制。

第五十三条 【发布相关信息的义务】 履行统一领导职责或者组织处置突发事件的人民政府，应当按照有关规定统一、准确、及时发布有关突发事件事态发展和应急处置工作的信息。

▶条文解读

本条规定了突发事件信息的公开义务。这些信息分为两类，既包括突发事件自身事态发展的信息，也包括应急处置工作的信息。

我国现有的法律体系中，对发布有关突发事件事态发展和应急处置工作的信息的具体规定比较少，主要体现在《戒严法》、《人民防空法》以及《信访条例》等少数几部法律法规中。我国现行立法中有关应急信息发布主体，以及信息传输渠道的规定，都不尽一致，导致应急处置实践中信息发布工作较为混乱，缺乏统一、权威的口径，为应急处置工作的顺利开展带来了障碍。因此，本条规定有关政府应当按照有关规定，统一、准确、及时发布有关突发事件事态发展和应急处置工作的信息。值得注意的是，在突发事件应对工作中，本法将信息公开原则列为政府应急工作所应遵循的最重要准则之一，但是，适用信息公开原则决不能机械、教条化，鉴于突发事件的特殊性和复杂性，对不利于应急处置工作或者有可能使突发事件的损害进一步扩大的，行政机关在发布信息时还应当考虑采取各种灵活方式区别对待。

第五十四条　【禁止编造、传播虚假信息】任何单位和个人不得编造、传播有关突发事件事态发展或者应急处置工作的虚假信息。

▶条文解读

本条是关于禁止编造、传播有关突发事件虚假信息的规定。我国现行立法对此也作了一些规定，例如，根据《突发公共卫生事件应急条例》的规定，国家建立疫情失察处罚制度和疫情举报、发现报告奖励制度，任何单位和个人均有权向政府或者政府部门报告突发事件，有权举报不履行职责或者不按规定履行职责的政府或者政府部门，对迟报、瞒报和漏报者，要严肃追究有关负责人和责任人的责任，对举报者或发现疫情报告者要视情给予奖励。对于新闻报道的管理，我国也有少数立法进行了规定，例如，根据《破坏性地震应急条例》的有关规定，广播电台、电视台等新闻单位应当根据抗震救灾指挥部提供的情况，按照规定及时向公众发布震情、灾情等有关信息，并做好宣传、报道工作。这种规定实际上是肯定媒体在灾害处理全过程中的调查权和报道权，然后通过健全的新闻发布制度来对社会公众进行引导。对于新闻报道工作的管理，我国仅在戒严法中作了明确规定，即在戒严期间，戒严实施机关可以决定在戒严地区实行新闻管制。总的来说，我国有关突发事件虚假信息编造与传播的立法规定比较少，因此在本法中明确规定任何单位和个人不得编造、传播有关突发事件事态发展或者应急处置工作的虚假信息，既有利于拾遗补缺，完善我国突发事件应急处置制度体系，又有利于表明我国严厉管制编造、传播突发事件虚假信息行为的态度和决心，有效威慑、制约各类突发事件虚假信息的散播。

第五十五条　【相关组织的协助义务】突发事件发生地的居民委员会、村民委员会和其他组织应当按照当地人民政府的决定、命令，进行宣传动员，组织群众开展自救和互救，协助维护社会秩序。

▶实用问答

10. 居民委员会、村民委员会等群众性基层自治组织的应急职责主要包括哪些方面?

居民委员会、村民委员会和其他群众性基层自治组织的应急职责主要体现在以下几个方面：一是要将应急管理作为自治管理的重要内容，落实应急管理工作责任人，做好群众的组织、动员工作；二是要针对本区域、本单位常发突发事件，编制应急预案并根据需要不断修订完善，组织开展群众参与度高、应急联动性强、形式多样、节约高效的应急预案演练；三是可根据有关要求和实际情况，做好应急队伍组建和应急演练工作，提高社区、农村居民的综合应急和自我保护能力；四是加强隐患区域、应急基础设备、设施及避难场所的日常管理和巡查，提高基层应急保障能力。

第五十六条　【受突发事件影响或辐射的单位的应急处置措施】受到自然灾害危害或者发生事故灾难、公共卫生事件的单位，应当立即组织本单位应急救援队伍和工作人员营救受害人员，疏散、撤离、安置受到威胁的人员，控制危险源，标明危险区域，封锁危险场所，并采取其他防止危害扩大的必要措施，同时向所在地县级人民政府报告；对因本单位的问题引发的或者主体是本单位人员的社会安全事件，有关单位应当按照规定上报情况，并迅速派出负责人赶赴现场开展劝解、疏导工作。

突发事件发生地的其他单位应当服从人民政府发布的决定、命令，配合人民政府采取的应急处置措施，做好本单位的应急救援工作，并积极组织人员参加所在地的应急救援和处置工作。

▶实用问答

11. 突发事件发生地有关单位的应急职责主要包括哪些方面？

突发事件发生地有关单位是危机防范和应急处置的“第一责任人”，他们的应急职责主要体现在以下几个方面：

(1) 在平常时期，突发事件发生地有关单位应当加强对本单位范围内危险源、危险区域的日常管理和巡查，排除事故隐患，定期检查维护各种应急设备设施，避免应急设备长期闲置而导致无法使用，做到防患于未然。

(2) 在突发事件发生初期，发生地有关单位应当充分发挥基层应急救援力量的优势，立即组织本单位应急救援队伍以及相关专业技术人员，针对突发事件发生的原因和特点，采取适当措施进行应急处置，并及时控制危险源，标明危险区域，封锁危险场所，控制事态，防止因突发事件所造成的损失进一步扩大。

(3) 突发事件发生地有关单位应当充分利用熟悉本地地形、人员分布情况的优势，在第一时间营救受害人员，疏散、撤离、安置受到威胁的人员，尽量减少人员伤亡。

(4) 突发事件发生地有关单位应当充分利用熟悉事发现场情况的优势，在第一现场及时向有关政府部门通报事态发展情况，为应急处置指挥决策工作提供依据。

(5) 对因本单位的问题引发的或者主体是本单位人员的社会安全事件，有关单位应当充分发挥基层组织的矛盾纠纷化解排查作用，建立苗头问题早消化、重点对象早转化、敏感时期早防范、矛盾纠纷早处理的工作机制，定期对本单位内存在的各种矛盾纠纷，特别是对可能引发群体性聚集、上访事件的隐患及时排查调处，把各种不稳定因素切实消除在萌芽状态。社会安全事件发生后，有关单位应当按照规定及时上报情况，并迅速派出负责人赶赴现场开展劝解、疏导工作。对本单位能解决的问题，可以当场表明态度，尽量调解解决，从根本上掐断激化矛盾的导火索；对本单位无法解决的问题，也应当及时给予合理解释，以消除当事人的误解和疑虑，控制现场激愤情绪；对现场当事人有过激行为、危害社会秩序的，应当及时采取有效措施予以控制，并做好有关现场证据的保全、取证工作，为有关司法机关的介入和处理提供依据，有效维护社会稳定。

(6) 突发事件发生地的其他单位也具有协助处置、救援突发事件的有利条件，负有不可推卸的应急责任。这些单位应当服从、配合有关政府的决定、命令以及采取的应急处置措施，积极组织救援物资和人员，不遗余力地参与应急救援和处置工作。

单位或者个人违反本法规定，不服从所在地人民政府及其有关部门发布的决定、命令或者不配合其依法采取的措施，构成违反治安管理行为的，由公安机关依法给予处罚。

第五十七条 【突发事件发生地的公民应当履行的义务】突发事件发生地的公民应当服从人民政府、居民委员会、村民委员会或者所属单位的指挥和安排，配合人民政府采取的应急处置措施，积极参加应急救援工作，协助维护社会秩序。

▶实用问答

12. 突发事件发生地的公民负有哪些应急责任和义务?

在应急处置期间，为了保障行政应急措施的有效实施，事件发生地的公民应当负有服从、配合和协助应急处置工作的责任和义务。公民在国家、社会面临突发事件的危害过程中，决不仅仅是单向的受保护者，而应该是主动积极的“责任行动者”。一般来说，突发事件应急处置期间的公民责任和义务，主要体现为以下几个方面：一是全力配合政府的应急管理工作，遵守各项应急规定，服从有关安排；二是按要求如实申报和报告有关信息，并为提供虚假信息承担法律责任；三是积极参与力所能及的应急救援工作，协助政府应急处置工作；四是不听、不信、不传播谣言，并配合有关部门对谣言制造者和传播者进行揭露和追查；五是为遭受损害者提供物资帮助或者心理抚慰等道义服务，为应急处置工作提供必要的方便甚至资助；六是承担其他必要的义务；等等。

第五章　事后恢复与重建

第五十八条　【停止执行应急处置措施并继续实施必要措施】突发事件的威胁和危害得到控制或者消除后，履行统一领导职责或者组织处置突发事件的人民政府应当停止执行依照本法规定采取的应急处置措施，同时采取或者继续实施必要措施，防止发生自然灾害、事故灾难、公共卫生事件的次生、衍生事件或者重新引发社会安全事件。

▶条文解读

本条是关于突发事件的威胁和危害得到控制或者消除后，停止执行有关应急处置措施，同时采取或者继续实施必要措施的规定。

一、停止应急处置措施的时间。为了应对突发事件，履行统一领导职责或者组织处置突发事件的人民政府应当依照本法和有关法律、法规、规章的规定采取应急处置措施。我国现行的法律、法规大多只规定了什么时间可以采取应急处置措施，而对停止应急处置措施及其时间未作出明确规定，工作中缺乏操作依据，需要对此加以明确。考虑到突发事件的种类比较复杂，各类突发事件的应对规律和方式都不尽相同，本条对这一事项的确定作了原则性规定，即突发事件的威胁和危害得到控制或者消除后，履行统一领导职责或者组织处置突发事件的人民政府应当停止执行依照本法规定采取的应急处置措施。实践中，需要根据突发事件的性质、特点和实际情况，来确定停止执行应急处置措施的时间。需要说明的是，停止应急处置措施的决定作出后，应当以适当方式向社会公布，让人民群众普遍知晓。

二、应急处置措施的停止并不等于应急处置工作的终结。本质上讲，本条的规定是介于突发事件应急处置与救援、恢复、重建之间的一个过渡阶段。停止执行应急处置措施，是因为突发事件及其影响已经得到了有效的控制，继续采取这些措施已经没有必要。但是这并不意味着导致突发事件的原因已经完全消除，特别是在某些情况下，一个突发事件可能引发其他突发事件。实践中，在停止执行应急处置措施后，突发事件死灰复燃，次生、衍生事件发生，或者重新引发社会安全事件的现象屡见不鲜。因此，为了巩固采取应急处置措施的成果，在停止实施应急处置措施后，仍然应当根据实际需要采取有关必要措施。

第五十九条　【损失评估和组织恢复重建】突发事件应急处置工作结束后，履行统一领导职责的人民政府应当立即组织对突发事件造成的损失进行评估，组织受影响地区尽快恢复生产、生活、工作和社会秩序，制定恢复重建计划，并向上一级人民政府报告。

受突发事件影响地区的人民政府应当及时组织和协调公安、交通、铁路、民航、邮电、建设等有关部门恢复社会治安秩序，尽快修复被损坏的交通、通信、供水、排水、供电、供气、供热等公共设施。

▶实用问答

13. 制定恢复重建计划应符合哪些要求?

突发事件的发生，可能会给人民群众的生命财产造成极大的损失，严重破坏正常的生产、生活秩序。因此，应急处置措施停止执行后，应当在组织受影响地区尽快恢复生产、生活、工作和社会秩序的同时，尽快制定恢复重建计划，并以此为指导，科学、有序地开展恢复重建工作。制定恢复重建计划的要求是：一是恢复重建计划由履行统一领导职责的人民政府制定。这样规定的考虑是，履行统一领导职责的人民政府对突发事件所造成的影响有更为全面的认识，特别是在发生重大和特别重大的自然灾害、事故灾难、公共卫生事件的情况下。二是对损失进行评估。对突发事件造成损失的评估，是恢复重建工作的基础。做好评估工作，要把握好几个环节：(1) 要及时。要在突发事件处置工作结束后，尽快组织评估，掌握最客观、最准确的信息。(2) 要全面。评估工作要覆盖到突发事件所涉及的所有区域；既要包括直接损失，也要包括间接损失；既要包括物质损失，也要包括心理损害。(3) 要客观。严肃评估纪律，防止弄虚作假。为此，要不断改进评估方法，探索由独立的评估机构进行评估。(4) 要民主。在评估过程中，要充分发扬民主，认真听取人民群众的意见和建议，自觉接受人民群众的监督。三是恢复重建计划的内容应包括：(1) 应对突发事件的基本情况。(2) 突发事件造成的影响和损失。(3) 已经开展的工作和下一步的工作安排，包括基础设施和住房重建、事故善后处置、疫情防治补偿、心理干预、事故调查处理等。四是向上一级人民政府报告。重建恢复是经济社会生活中的一件大事，履行统一领导职责的人民政府应当将其报上一级人民政府审查。上一级人民政府在接到报告后，应当尽快进行审查并做出决定。重建恢复计划经上级人民政府批准后，履行统一领导职责的人民政府应当做好组织实施工作。

第六十条　【支援恢复重建】受突发事件影响地区的人民政府开展恢复重建工作需要上一级人民政府支持的，可以向上一级人民政府提出请求。上一级人民政府应当根据受影响地区遭受的损失和实际情况，提供资金、物资支持和技术指导，组织其他地区提供资金、物资和人力支援。

第六十一条　【善后工作计划】国务院根据受突发事件影响地区遭受损失的情况，制定扶持该地区有关行业发展的优惠政策。

受突发事件影响地区的人民政府应当根据本地区遭受损失的情况，制定救助、补偿、抚慰、抚恤、安置等善后工作计划并组织实施，妥善解决因处置突发事件引发的矛盾和纠纷。

公民参加应急救援工作或者协助维护社会秩序期间，其在本单位的工资待遇和福利不变；表现突出、成绩显著的，由县级以上人民政府给予表彰或者奖励。

县级以上人民政府对在应急救援工作中伤亡的人员依法给予抚恤。

▶条文解读

由国务院制定有关行业发展的优惠政策，主要考虑是：(1) 一些突发事件，特别是公共卫生事件的影响范围比较广，经常超出一个省的范围，有的甚至成为全国性问题，需要国务院作出规定。(2) 一些优惠政策，比如税收减免，依法只能由国务院（或者国务院税务主管部门）作出决定。

救助，主要是指对在突发事件中致病致伤人员给予的医疗、物质等方面的帮助。地方人民政府要采取多种措施，保证人民群众最基本的生活条件和就医条件。对确有困难的，政府要负担有关费用。

补偿，主要有两种情况，一种是对财产征用的补偿，一种是对依法采取的财产处分行为的补偿。为了有效应对突发事件，有关人民政府及其部门可以征用单位和个人的财产。本法第12条对财产征用作了规定，其他法律、行政法规也有规定。被征用的财产在使用完毕或者突发事件应急处置工作结束后，应当及时返还；财产被征用或者征用后毁损、灭失的，应当给予补偿。至于如何补偿，《物权法》第44条和本法第12条都只是作了“应当给予补偿”的原则性规定。实践中，首先要依照相关法律、法规的规定进行补偿。如果没有明确规定的，通常应当按被征用财物等价或者是毁损实际价值补偿。需要说明的是，补偿一般不及于可得利益损失。对依法采取的财产处分行为的补偿，主要是指按照有关法律、法规规定，在发生特定公共卫生事件时，要对一些财物进行强制性处理，从而损害单位、个人的利益，需要给予补偿。

抚慰，是指对受到突发事件影响的民众进行心理引导，帮助他们尽快摆脱恐惧心理及紧张状态。抚慰工作应当分普通人群和特殊人群进行。对普通人群，主要是要通过心理引导，帮助他们克服紧张、焦虑、消极的态度，恢复生产生活信心；对特殊人群，即严重伤残或者死亡人员的亲属等，要有针对性地开展工作，帮助他们排解悲伤的情感。

抚恤，是对突发事件中的因公受伤或致残的人员，或因公牺牲以及病故的人员的家属进行安慰并给予物质帮助。抚恤分为伤残抚恤和死亡抚恤两种。突发事件应急处置工作结束后，应当按照《公务员法》等法律、行政法规和有关规定，对有关人员进行抚恤。

安置，是指对突发事件中失去住房的人员提供居住条件。在恢复重建工作中，首先应当及时为受灾人员提供临时居住场所。然后，要积极开展住房重建工作。

▶实用问答

14. 重建住房应当坚持哪些原则?

重建住房，应当坚持以下几个原则：(1) 及时。居住是人类生活的基本生活条件，是恢复重建工作的主要内容。(2) 灾民自救与政府补助相结合。要从实际出发，根据受灾情况和经济实力等情况的不同，合理确定灾民建房补助标准。(3) 科学规划。要按照安全、就近、节约等原则，做好住房重建规划工作。重建住房，要尽量避开地质灾害易发区、易受洪水冲击和强风口等不利地址。(4) 调动灾民积极性。从规划、选址到建设，重建工作的每一个环节都要充分发挥灾民的自主性。

第六十二条　【查明原因并总结经验教训】 履行统一领导职责的人民政府应当及时查明突发事件的发生经过和原因，总结突发事件应急处置工作的经验教训，制定改进措施，并向上一级人民政府提出报告。

▶条文解读

本条是关于突发事件调查、应急处置工作总结的规定。(1) 突发事件调查。在突发事件发生后，应当尽快启动事故调查工作，在第一时间掌握信息、收集证据。通常，调查工作应当由履行统一领导职责的人民政府负责。但是，在特殊情况下，也可能由上级政府直接负责调查工作。(2) 应急处置工作总结。应急处置工作结束后，履行统一领导职责的人民政府应当对突发事件处置工作进行全面总结，并向上一级人民政府报告。

▶实用问答

15. 对突发事件应急处置工作的总结应当包括哪些方面的内容?

总结应当包括以下内容：(1) 突发事件发生的原因；(2) 突发事件的发生过程；(3) 突发事件应急情况；(4) 突出事件应对中存在的问题；(5) 恢复重建情况；(6) 加强和改进工作的考虑和建议。

第六章　法律责任

第六十三条　【政府及其有关部门不履行法定职责的法律责任】 地方各级人民政府和县级以上各级人民政府有关部门违反本法规定，不履行法定职责的，由其上级行政机关或者监察机关责令改正；有下列情形之一的，根据情节对直接负责的主管人员和其他直接责任人员依法给予处分：

（一）未按规定采取预防措施，导致发生突发事件，或者未采取必要的防范措施，导致发生次生、衍生事件的；

（二）迟报、谎报、瞒报、漏报有关突发事件的信息，或者通报、报送、公布虚假信息，造成后果的；

（三）未按规定及时发布突发事件警报、采取预警期的措施，导致损害发生的；

（四）未按规定及时采取措施处置突发事件或者处置不当，造成后果的；

（五）不服从上级人民政府对突发事件应急处置工作的统一领导、指挥和协调的；

（六）未及时组织开展生产自救、恢复重建等善后工作的；

（七）截留、挪用、私分或者变相私分应急救援资金、物资的；

（八）不及时归还征用的单位和个人的财产，或者对被征用财产的单位和个人不按规定给予补偿的。

▶条文解读

本条是关于行政机关违反本法规定的处理以及行政机关工作人员法律责任的规定。

一、行政机关违反法律规定的处理。

根据“政府主导、社会参与”的应急管理立法理念，本法确立了政府“统一领导、综合协调、分类管理、分级负责、属地管理为主的应急管理体制”，并在“预防与应急准备”、“监测与预警”、“应急处置和救援”、“事后恢复与重建”等突发事件应对的各个环节详细规定了行政机关负担的各项法律义务。无论从条文的数量，还是规定的严格程度上来看，行政机关毫无疑问是突发事件应对任务的主要承担者。针对实践中可能出现的“地方各级人民政府和县级以上各级人民政府有关部门违反本法规定，不履行法定职责的”情形，本法规定了具体的处理办法，即“由其上级行政机关或者监察机关责令改正”。

对于行政机关违反本法规定的处理，应当注意以下三点：

一是这种处理所针对的违法行为是非常广泛的，与本法规定地方各级人民政府和县级以上各级人民政府部门法律义务的各个条款都具有对应性，即只要本法明确规定地方各级人民政府或者县级以上各级人民政府部门在突发事件应对工作中负有某种法定职责，而地方各级人民政府或者县级以上各级人民政府部门在实践中又没有履行这些法定职责，则本条规定的处理就可以对之适用。从这个意义上讲，本条规定是本法前述规定行政机关义务的各个条款真正得到实施的重要保障。

二是有权处理行政机关违法行为的主体是有违法行为的行政机关的上级行政机关或者监察机关。上级行政机关处理的依据在于，我国宪法、地方各级人民代表大会和地方各级人民政府组织法规定，国务院统一领导各部委和地方各级国家行政机关的工作，县级以上的地方各级人民政府领导所属各工作部门和下级人民政府的工作，这表明我国上下级行政机关之间存在行政领导关系，上级行政机关对下级行政机关工作可以进行层级监督。

三是对行政机关违法行为的处理形式是“责令改正”。在突发事件应对中，因为行政违法行为而使突发事件发生的风险加大、突发事件发生或者损害后果加重时，必然会对人民的生命财产安全和国家安全、社会安全、环境安全和社会秩序造成或者可能造成较为严重的社会危害，在这种情况下，第一位的任务不是追究法律责任，而是要以最快的速度消除违法，避免或者降低危害，因而在突发事件应对工作中，责令改正的意义尤为突出，是突发事件应对中一项重要的处理手段。当然，责令改正的适用也有其局限性，即只有在有必要改正而且客观上也有可能、有条件改正时才能够作出这种处理。

二、行政机关工作人员法律责任的追究。

对于行政机关作出的某些社会危害性较大、影响突发事件应对工作整体效果的行政违法行为，除了应当责令行政机关改正以外，还应当追究行政机关有关工作人员的法律责任，只有这样才能真正促使行政机关工作人员意识到突发事件应对工作的重要性，并认真严格执行本法，从而在根本上解决行政机关违法的问题。

关于行政机关工作人员法律责任的追究，本法的规定主要包括以下内容：

一是应当承担法律责任的主体是“直接负责的主管人员和其他直接责任人员”，即根据本条规定，行政机关中只有对于行政机关作出本条规定的八项违法情形直接负责的主管人员或者负有直接责任的其他人员，才需要以个人的名义承担法律责任，除此以外的其他人员即使在行政机关作出违法行为过程中起到了一定的作用，也无需承担法律责任。

二是应当承担法律责任的行政违法情形共有八项，即“直接负责的主管人员和其他直接责任人员”只有在本条明确规定的八种法定情形下才需要承担法律责任。由于本条对行政违法情形的规定采取了列举的方式，而且未规定“兜底条款”，因而这八种行政违法情形具有法定性和排他性。即使地方各级人民政府或者县级以上各级人民政府有关部门违反本法规定，实施了本条列举的八种违法行为以外的其他违法行为，“直接负责的主管人员和其他直接责任人员”也不需要为此承担法律责任。这八种情形分别是：

1. “未按规定采取预防措施，导致发生突发事件，或者未采取必要的防范措施，导致发生次生、衍生事件的”。这里涉及的是行政机关在突发事件发生前后的预防和防范工作。追究该方面法律责任的根据是本法对于行政机关采取预防措施防止突发事件发生、采取必要防范措施防止发生次生、衍生事件提出了明确要求。例如，本法第20、21条关于预防措施的规定，本法第49、58条关于防范措施的规定。

2. “迟报、谎报、瞒报、漏报有关突发事件的信息，或者通报、报送、公布虚假信息，造成后果的”。这里涉及的是突发事件信息的报告和发布问题。本法对于突发事件信息的报告和发布作出了大量规定，提出了许多明确的要求，见本法第7、39、40、53、54、62等条的规定。一旦行政机关违反了上述规定，并且造成了后果，则直接负责的主管人员和其他直接责任人员需要承担相应法律责任。

3. “未按规定及时发布突发事件警报、采取预警期的措施，导致损害发生的”。本法第43条对于发布预警和预警期采取的措施作出了明确规定，

第44、45条分别规定了发布三级、四级警报和一级、二级警报，宣布进入预警期后，县级以上地方各级人民政府应当采取的各种措施。如果有关地方政府违反上述规定，并导致损害发生，则有关责任人员需要承担本条规定的法律责任。

4. “未按规定及时采取措施处置突发事件或者处置不当，造成后果的”。本法关于突发事件应急处置措施的规定主要有三方面：(1) 应急处置必须及时。本法第7、48条都规定，突发事件发生后，有关行政机关应当立即采取措施控制事态发展，采取法定应急处置措施，不能延误。(2) 应急处置措施应当法定，即行政机关只能依法采取相应措施处置突发事件。本法第49、50条分别对自然灾害、事故灾难、公共卫生事件和社会安全事件发生后，有关行政机关依法可以采取的应急处置措施作出了明确规定；第51条规定，发生严重影响国民经济正常运行的突发事件后国务院或其授权的主管部门有权采取必要应急措施；第52条规定，履行统一领导职责或者组织处置突发事件的人民政府可以采取征用、要求组织生产保证供给、要求提供服务等应急措施。(3) 处置措施必须适当，符合比例原则。本法第11条规定，“有关人民政府及其部门采取的应对突发事件的措施，应当与突发事件可能造成的社会危害的性质、程度和范围相适应；有多种措施可供选择的，应当选择有利于最大程度地保护公民、法人和其他组织权益的措施”。如果有关行政机关违反了上述规定，并且客观上造成了后果，则相关责任人员应当承担本条规定的法律责任。

5. “不服从上级人民政府对突发事件应急处置工作的统一领导、指挥和协调的”。对该情形规定法律责任的依据是本法第4条、第7条第3款、第8条第2款。

6. “未及时组织开展生产自救、恢复重建等善后工作的”。对该情形规定法律责任的依据是本法第59、61条。

7. “截留、挪用、私分或者变相私分应急救援资金、物资的”。本法对于应急救援资金和物资作出了许多专门规定，例如本法第31、32、49、60条的规定。

8. “不及时归还征用的单位和个人的财产，或者对被征用财产的单位和个人不按规定给予补偿的”。本法第12条对于突发事件处置过程中的征用作出了明确规定，即“有关人民政府及其部门为应对突发事件，可以征用单位和个人的财产。被征用的财产在使用完毕或者突发事件应急处置工作结束后，应当及时返还。财产被征用或者征用后毁损、灭失的，应当给予补偿”。违反该条规定理应承担相应的法律责任。

三是负责追究法律责任的主体是“直接负责的主管人员和其他直接责任人员”所在行政机关的上级行政机关或者监察机关。也即处理行政机关、追究行政机关工作人员的法律责任均是上级行政机关或者监察机关的职权范畴。从本质上讲，这是因为对行政机关工作人员责任的追究是与对行政机关的处理紧密相关的，它是处理行政机关这一行为的后续行为，二者是相互伴随的，自然应当由同一主体作出。

第六十四条　【突发事件发生地的单位不履行法定义务的法律责任】有关单位有下列情形之一的，由所在地履行统一领导职责的人民政府责令停产停业，暂扣或者吊销许可证或者营业执照，并处五万元以上二十万元以下的罚款；构成违反治安管理行为的，由公安机关依法给予处罚：

（一）未按规定采取预防措施，导致发生严重突发事件的；

（二）未及时消除已发现的可能引发突发事件的隐患，导致发生严重突发事件的；

（三）未做好应急设备、设施日常维护、检测工作，导致发生严重突发事件或者突发事件危害扩大的；

（四）突发事件发生后，不及时组织开展应急救援工作，造成严重后果的。

前款规定的行为，其他法律、行政法规规定由人民政府有关部门依法决定处罚的，从其规定。

▶条文解读

本条是关于单位应承担法律责任的规定。

一是承担法律责任的主体是“有关单位”。这里的“单位”是指根据本法规定承担了部分突发事件应对法律义务的社会单位，其基本特征有两个：第一是“社会性”，即这些单位属于国家机关之外、具有社会性的各种企事业单位，如第 23 条中的“矿山、建筑施工单位和易燃易爆物品、危险化学品、放射性物品等危险物品的生产、经营、储运、使用单位”，第 24 条中的“公共交通工具、公共场所和其他人员密集场所的经营单位或者管理单位”等等。但这里的“单位”不包括村委会、居委会等基层群众自治性组织，因为二者性质不同，在突发事件应对中的职责也不同，本法在条文表述上一般将二者予以严格区分。第二是“单位性”，即这里的单位是一定的名称、人员、财产、住所、设施和经营活动的集合，并非个人。

二是应予追究法律责任的违法行为共有四项。即有关单位只有作出了本条列举的四类行政违法行为，才需要承担本条规定的法律责任。这四种违法行为是：

1. “未按规定采取预防措施，导致发生严重突发事件的”。根据本法第 20 条的规定，如果有关单位对相关危险源、危险区域拒不采取安全防范措施以至于发生了严重的突发事件，则需要承担本条规定的法律责任。

2. “未及时消除已发现的可能引发突发事件的隐患，导致发生严重突发事件的”。根据本法第 22、23 条的规定，如果这些单位违反此两条的规定，不及时消除已发现的突发事件隐患并导致发生了严重的突发事件，则需要承担本条规定的责任。

3. “未做好应急设备、设施日常维护、检测工作，导致发生严重突发事件或者突发事件危害扩大的”。这种情形应当承担法律责任是因为本法第 24 条的规定。而且需要注意的是，有关单位对这种情形承担法律责任还必须以发生实际损害后果为前提条件，即单位的这种违法行为造成了严重突发事件或者突发事件危害扩大。

4. “突发事件发生后，不及时组织开展应急救援工作，造成严重后果的”。根据本法第 56 条的规定，一旦有关单位违反该条规定，并且造成了严重后果，则需要承担本条规定的法律责任。

三是法律责任的追究可能有三种情况：（1）如果有关单位实施了本条列举的四项违法行为并造成了本条规定的后果时，一般情况下由“所在地履行统一领导职责的人民政府”进行责任追究，科处的法律责任是行政处罚，即“责令停产停业、暂扣或者吊销许可证或者营业执照，并处五万元以上二十万元以下罚款”。（2）如果其他法律、行政法规授权“人民政府有关部门”对这四项违法行为追究法律责任，则适用这些法律、行政法规的规定，由人民政府有关部门作为责任追究主体。这是一种例外情况，反映出突发事件应对法与其他法律之间是一般法和特别法的关系，应遵循特别法优先于一般法的法律适用规则。（3）如果实践中有关单位实施上述四项行政违法行为，构成了违反治安管理行为，则应当适用《治安管理处罚法》的有关规定，由公安机关依法给予处罚。

第六十五条　【编造、传播虚假信息的法律责任】违反本法规定，编造并传播有关突发事件事态发展或者应急处置工作的虚假信息，或者明知是有关突发事件事态发展或者应急处置工作的虚假信息而进行传播的，责令改正，给予警告；造成严重后果的，依法暂停其业务活动或者吊销其执业许可证；负有直接责任的人员是国家工作人员的，还应当对其依法给予处分；构成违反治安管理行为的，由公安机关依法给予处罚。

►条文解读

本条主要是关于编造、传播虚假信息应承担法律责任的规定。

一、应予追究法律责任的违法行为及其主体。

根据本条规定，以下两种行为应当受到法律责任的追究：一是“编造并传播有关突发事件事态发展或者应急处置工作的虚假信息”，二是“明知是有关突发事件事态发展或者应急处置工作的虚假信息而进行传播”。规定编造、传播虚假信息应承担法律责任的依据是，本法第 54 条规定，“任何单位和个人不得编造、传播有关突发事件事态发展或者应急处置工作的虚假信息”。

根据本法第 54 条及本条的规定，可以得出以下结论：一是，本条规定的违法行为的实施主体可以是“任何单位和个人”，即所有单位和个人都负有不得编造、传播虚假信息的义务，既包括新闻媒体，也包括国家机关工作人员和普通的自然人，但不限于这些主体。二是，只要实施了本条规定的编造、传播虚假信息的行为，不论是否产生损害后果，都需要承担法律责任，其具体的违法情形影响的只是承担法律责任的具体形式。三是，单位和个人，包括新闻媒体，只有在编造、传播虚假信息时才需要承担法律责任，如果单位和个人传播或者报道的突发事件事态发展或者应急处置工作信息是真实的，即使这些消息未被行政机关向社会披露，这些单位和个人也无需承担任何法律责任。

二、法律责任的形式。

本条对违法行为作出“责令改正”的行政处理的同时，针对违法行为的具体情节，相应地规定了四种法律责任形式，分别予以追究。具体而言，包括：1. 一般情况下，给予警告；2. 造成严重后果的，依法暂停其业务活动或者吊销其执业许可证；3. 负有直接责任的人员是国家工作人员的，依照公务员法和《行政机关公务员处分条例》给予处分；4. 构成违反治安管理行为的，由公安机关依照《治安管理处罚法》的规定给予处罚。

第六十六条　【治安管理处罚】单位或者个人违反本法规定，不服从所在地人民政府及其有关部门发布的决定、命令或者不配合其依法采取的措施，构成违反治安管理行为的，由公安机关依法给予处罚。

►条文解读

一、应当追究法律责任的违法行为。

根据本条规定，单位和个人承担法律责任的情形有两种：一是，不服从所在地人民政府及其有关部门发布的决定、命令，二是不配合所在地人民政府及其有关部门依法采取的措施。对这两类行为追究法律责任的依据是本法对于单位和个人的服从、配合义务有明确规定。本条法律责任的规定是落实第56、57条的重要保障。

二、追究法律责任的具体方式。

根据本条规定，当单位或者个人实施了前述的违法行为，并且构成违反治安管理行为时，由公安机关依照治安管理处罚法的规定给予相应的处罚。我国《治安管理处罚法》第50条规定，“拒不执行人民政府在紧急状态情况下依法发布的决定、命令的”、“阻碍国家机关工作人员依法执行职务的”，“处警告或者二百元以下罚款；情节严重的，处五日以上十日以下拘留，可以并处五百元以下罚款”。

第六十七条　【民事责任】单位或者个人违反本法规定，导致突发事件发生或者危害扩大，给他人人身、财产造成损害的，应当依法承担民事责任。

▶条文解读

某些突发事件的发生或者危害扩大，非由自然因素造成，而是由一些单位或者个人违反有关法律规定造成。在这里，有两层法律关系：单位或者个人违反有关法律规定的行为属于行政违法行为，由此产生的是行政法律责任；单位或者个人的行政违法行为同时导致突发事件发生或者危害扩大，并直接造成他人人身和财产的损害，这是一种较为典型的民事侵权行为，由此产生的是民事法律责任。

本法对民事法律责任作出原则规定，并不是要对民事权利义务关系作出新的界定或者调整，而只是表明了突发事件应对过程中民事法律关系的客观存在，其性质属于法律援引条款，本身并不解决任何实体问题。实践中，受害人要求单位或者个人承担赔偿责任的直接法律依据应当是相关的民事法律规范和民事诉讼法律规范。

▶实用问答

16. 在满足何种条件时，单位或个人应当承担本条规定的民事责任？

根据本条规定，单位或者个人承担民事法律责任应当满足以下条件：(1) 单位或者个人违反了本法的相关规定，并导致突发事件发生或者危害扩大。(2) 他人人身或者财产受到了损害，即必须有损害后果，否则不会产生民事法律责任。(3) 突发事件的发生或者危害扩大与他人人身或者财产损害之间具有直接的因果关系，即他人人身或者财产的损害是由突发事件发生或者危害扩大造成的。同时满足以上三个条件，单位或者个人就需要对他人承担民事赔偿责任了。

第六十八条　【刑事责任】违反本法规定，构成犯罪的，依法追究刑事责任。

▶条文解读

本条是关于突发事件中刑事法律责任的规定。根据本条规定，追究刑事责任的条件有两个：一是某些行为违反了本法的规定，二是违反本法规定的行为构成了犯罪。追究刑事责任的法律依据是刑法和刑事诉讼法。

第七章　附　　则

第六十九条　【紧急状态】发生特别重大突发事件，对人民生命财产安全、国家安全、公共安全、环境安全或者社会秩序构成重大威胁，采取本法和其他有关法律、法规、规章规定的应急处置措施不能消除或者有效控制、减轻其严重社会危害，需要进入紧急状态的，由全国人民代表大会常务委员会或者国务院依照宪法和其他有关法律规定的权限和程序决定。

紧急状态期间采取的非常措施，依照有关法律规定执行或者由全国人民代表大会常务委员会另行规定。

▶条文解读

本条是关于实施紧急状态和在紧急状态期间采取非常措施的原则规定。本条根据现行宪法第67、89条的规定，规定了进入紧急状态的严格条件，提请、决定主体及程序。

根据本条第二款，紧急状态期间可以采取的非常措施通过两种方式确定：一是有关法律已经作了规定，且能够有效适用于处置导致进入紧急状态的特别重大突发事件的，执行该有关法律的规定。二是如果没有可以适用的其他法律，则由全国人民代表大会常务委员会针对导致进入紧急状态的特别重大突发事件的性质和特点等情况，另行作出规定。

▶实用问答

17. 在何种情况下，可以决定进入紧急状态？

根据本条规定，决定进入紧急状态应当符合以下几个条件：一是发生特别重大突发事件，对人民生命财产安全、国家安全、公共安全、环境安全或者社会秩序构成重大威胁。二是采取本法和其他有关法律、法规、规章规定的应急处置措施不能消除或者有效控制、减轻其严重社会危害，需要进入紧急状态，采取特别措施。三是要由全国人民代表大会常务委员会或者国务院依照宪法和其他有关法律规定的权限和程序决定。

第七十条　【施行日期】本法自2007年11月1日起施行。

二、安全生产

中华人民共和国安全生产法

（2002年6月29日第九届全国人民代表大会常务委员会第二十八次会议通过　根据2009年8月27日第十一届全国人民代表大会常务委员会第十次会议《关于修改部分法律的决定》第一次修正　根据2014年8月31日第十二届全国人民代表大会常务委员会第十次会议《关于修改〈中华人民共和国安全生产法〉的决定》第二次修正）

目　　录

第一章　总　　则

第一条　【立法目的】为了加强安全生产工作，防止和减少生产安全事故，保障人民群众生命和财产安全，促进经济社会持续健康发展，制定本法。

▶条文解读

安全生产，是指在生产经营活动中，为避免发生造成人员伤害和财产损失的事故，有效消除或控制危险和有害因素而采取一系列措施，使生产过程在符合规定的条件下进行，以保证从业人员的人身安全与健康，设备和设施免受损坏，环境免遭破坏，保证生产经营活动得以顺利进行的相关活动。

生产安全事故，是指生产经营单位在生产经营活动（包括与生产经营有关的活动）中突然发生的，伤害人身安全和健康、损坏设备设施或者造成直接经济损失，导致生产经营活动（包括与生产经营活动有关的活动）暂时中止或永远终止的意外事件。

第二条　【适用范围和调整事项】在中华人民共和国领域内从事生产经营活动的单位（以下统称生产经营单位）的安全生产，适用本法；有关法律、行政法规对消防安全和道路交通安全、铁路交通安全、水上交通安全、民用航空安全以及核与辐射安全、特种设备安全另有规定的，适用其规定。

▶实用问答

1. 如何理解本法的调整事项？

本法的调整的事项，是生产经营活动中的安全问题。因此，其适用的范围只限定在生产经营领域。不属于生产经营活动中的安全问题，如公共场所集会活动中的安全问题等，则不属于本法的调整范围。此处的“生产经营活动”，不仅包括资源的开采活动、各种产品的加工、制作活动，还包括各类工程建设和商业、娱乐业以及其他服务业的经营活动。

第三条　【安全生产工作方针和工作机制】安全生产工作应当以人为本，坚持安全发展，坚持安全第一、预防为主、综合治理的方针，强化和落实生产经营单位的主体责任，建立生产经营单位负责、职工参与、政府监管、行业自律和社会监督的机制。

▶实用问答

2. 如何准确理解“综合治理”？

所谓综合治理，就是要综合运用法律、经济、行政等手段，从发展规划、行业管理、安全投入、科技进步、经济政策、教育培训、安全文化以及责任追究等方面着手，建立安全生产长效机制。综合治理，秉承“安全发展”的理念，从遵循和适应安全生产的规律出发，运用法律、经济、行政等手段，多管齐下，并充分发挥社会、职工、舆论的监督作用，形成标本兼治、齐抓共管的格局。综合治理，是一种新的安全管理模式，它是保证“安全第一，预防为主”的安全管理目标实现的重要手段和方法，只有不断健全和完善综合治理工作机制，才能有效贯彻安全生产方针。

3. 生产经营单位承担的安全生产主体责任具体包括哪些方面?

生产经营单位承担的安全生产主体责任，是指生产经营单位在生产经营活动全过程中必须在以下方面履行义务，承担责任，接受未尽责的追究：(1) 依法建立安全生产管理机构。(2) 建立健全安全生产责任制和各项管理制度。(3) 持续具备法律、法规、规章、国家标准和行业标准规定的安全生产条件。(4) 确保资金投入满足安全生产条件需要。(5) 依法组织从业人员参加安全生产教育和培训。(6) 如实告知从业人员作业场所和工作岗位存在的危险、危害因素、防范措施和事故应急措施，教育职工自觉承担安全生产义务。(7) 为从业人员提供符合国家标准或行业标准的劳动防护用品，并监督教育从业人员按照规定佩戴使用。(8) 对重大危险源实施有效的检测、监控。(9) 预防和减少作业场所职业危害。(10) 安全设施、设备（包括特种设备）符合安全管理的有关要求，按规定定期检测检验。(11) 依法制定生产安全事故应急救援预案，落实操作岗位应急措施。(12) 及时发现、治理和消除本单位安全事故隐患。(13) 积极采取先进的安全生产技术、设备和工艺，提高安全生产科技保障水平；确保所使用的工艺装备及相关劳动工具符合安全生产要求。(14) 保证新建、改建、扩建工程项目依法实施安全设施“三同时”。(15) 统一协调管理承包、承租单位安全生产工作。(16) 依法参加工伤保险，为从业人员缴纳保险费。(17) 按要求上报生产安全事故，做好事故抢险救援，妥善处理对事故伤亡人员依法赔偿等事故善后工作。(18) 法律、法规规定的其他安全生产责任。

第四条　【生产经营单位基本义务】 生产经营单位必须遵守本法和其他有关安全生产的法律、法规，加强安全生产管理，建立、健全安全生产责任制和安全生产规章制度，改善安全生产条件，推进安全生产标准化建设，提高安全生产水平，确保安全生产。

第五条 【生产经营单位主要负责人的主体责任】生产经营单位的主要负责人对本单位的安全生产工作全面负责。

▶条文解读

本条是关于生产经营单位主要负责人的主体责任的规定。

安全生产工作是企业管理工作中的重要内容，涉及企业生产经营活动的各个方面，必须要由企业“一把手”统一领导，统筹协调，负全面责任。生产经营单位可以安排副职负责人协助主要负责人分管安全生产工作，但不能因此减轻或免除主要负责人对本单位安全生产工作所负的全面责任。

▶实用问答

4. 实践中如何针对不同的企业形式准确理解“生产经营单位的主要负责人”?

对企业而言，不同组织形式的企业生产经营单位的主要负责人有所不同。

(1) 对于公司制的企业，按照公司法的规定，有限责任公司（包括国有独资公司）和股份有限公司的董事长是公司的法定代表人，经理负责“主持公司的生产经营管理工作”。因此，有限责任公司和股份有限公司的主要负责人应当是公司董事长和经理（总经理、首席执行官或其他实际履行经理职责的企业负责人）。

(2) 对于非公司制的企业，主要负责人为企业的厂长、经理、矿长等企业行政“一把手”。如全民所有制工业企业法规定，企业实行厂长（经理）负责制，厂长是企业的法定代表人，对企业负有全面责任。

第六条 【从业人员安全生产的权利和义务】生产经营单位的从业人员有依法获得安全生产保障的权利，并应当依法履行安全生产方面的义务。

▶条文解读

本法所称的生产经营单位的从业人员，是指该单位从事生产经营活动各项工作的所有人员，包括管理人员、技术人员和各岗位的工人，也包括生产经营单位临时聘用的人员和被派遣劳动者。

▶实用问答

5. 从业人员享有的安全生产保障权利主要包括哪些?

从业人员享有的安全生产保障权利主要包括：(1) 有关安全生产的知情权。包括获得安全生产教育和技能培训的权利，被如实告知作业场所和工作岗位存在的危险因素、防范措施及事故应急措施的权利。(2) 有获得符合国家标准的劳动防护用品的权利。(3) 有对安全生产问题提出批评、建议的权利。从业人员有权对本单位安全生产管理工作存在问题提出建议、批评、检举、控告，生产单位不得因此作出对从业人员不利的处分。(4) 有对违章指挥的拒绝权。从业人员对管理者作出的可能危及安全的违章指挥，有权拒绝执行，并不得因此受到对自己不利的处分。(5) 有采取紧急避险措施的权利。从业人员发现直接危及人身安全的紧急情况时，有权停止作业或者在采取紧急措施后撤离作业场所，并不得因此受到对自己不利的处分。(6) 在发生生产安全事故后，有获得及时抢救和医疗救治并获得工伤保险赔付的权利等。

6. 劳动者使用卫生设施的权利能否得到法律的保障?

劳动者享有获得劳动安全卫生保护的权利，是劳动法规定的基本原则，任何用工单位或个人都应当为劳动者提供必要的劳动卫生条件，维护劳动者的基本权利。劳动者在日常工作中使用卫生设施是其必要的、合理的生理需求，与劳动者的正常工作密不可分，应当受到法律的保护。

7. 从业人员保障安全生产方面的义务有哪些?

从业人员在享有获得安全生产保障权利的同时，也负有以自己的行为保障安全生产的义务。主要包括：(1) 在作业过程中必须遵守本单位的安全生产规章制度和操作规程，服从管理，不得违章作业。(2) 接受安全生产教育和培训，掌握本职工作所需要的安全生产知识。(3) 发现事故隐患应当及时向本单位安全生产管理人员或主要负责人报告。(4) 正确使用和佩戴劳动防护用品。只有每个从业人员都认真履行自己在安全生产方面的法定义务，生产经营单位的安全生产工作才能有保证。

第七条 【工会职责】工会依法对安全生产工作进行监督。

生产经营单位的工会依法组织职工参加本单位安全生产工作的民主管理和民主监督，维护职工在安全生产方面的合法权益。生产经营单位制定或者修改有关安全生产的规章制度，应当听取工会的意见。

▶条文解读

根据《工会法》的规定，工会依照法律规定通过职工代表大会或者其他形式，组织职工参与本单位的民主决策、民主管理和民主监督。企业、事业单位违反劳动法律、法规规定，有不提供劳动安全卫生条件、随意延长劳动时间等侵犯职工劳动权益情形的，工会应当代表职工与企业、事业单位交涉，要求企业、事业单位采取措施予以改正；企业、事业单位应当予以研究处理，并向工会作出答复；企业、事业单位拒不改正的，工会可以请求当地人民政府依法作出处理。

工会发现企业违章指挥、强令工人冒险作业，或者生产过程中发现事故隐患和职业危害，有权提出解决的建议，企业应当及时研究答复；发现危及职工生命安全的情况时，工会有权向企业建议组织职工撤离危险现场，企业必须及时作出处理决定。

职工因工伤亡事故和其他严重危害职工健康问题的调查处理，必须有工会参加。

国家机关在组织起草或者修改直接涉及职工切身利益的法律、法规、规章时，应当听取工会意见。县级以上各级人民政府及其有关部门研究制定劳动就业、工资、劳动安全卫生、社会保险等涉及职工切身利益的政策、措施时，应当吸收同级工会参加研究，听取工会意见。

企业、事业单位研究经营管理和发展的重大问题应当听取工会的意见；召开讨论有关工资、福利、劳动安全卫生、社会保险等涉及职工切身利益的会议，必须有工会代表参加。

第八条 【各级人民政府在安全生产方面的职责】国务院和县级以上地方各级人民政府应当根据国民经济和社会发展规划制定安全生产规划，并组织实施。安全生产规划应当与城乡规划相衔接。

国务院和县级以上地方各级人民政府应当加强对安全生产工作的领导，支持、督促各有关部门依法履行安全生产监督管理职责，建立健全安全生产工作协调机制，及时协调、解决安全生产监督管理中存在的重大问题。

乡、镇人民政府以及街道办事处、开发区管理机构等地方人民政府的派出机关应当按照职责，加强对本行政区域内生产经营单位安全生产状况的监督检查，协助上级人民政府有关部门依法履行安全生产监督管理职责。

▶条文解读

安全生产规划，是各级人民政府制定的比较全面长远的安全生产发展计划，是对未来整体性、长期性、基本性问题的考量，设计未来整套行动的方案，具有综合性、系统性、时间性、强制性等特点。

城乡规划，是各级政府统筹安排城乡发展建设空间布局，保护生态和自然环境，合理利用自然资源，维护社会公正与公平的重要依据。

要求安全生产规划与城乡规划相衔接，主要是指安全生产规划中涉及城乡规划的内容应当与城乡规划相衔接，如安全生产规划中有关危险化学品的化工园区建设，涉及化工产业布局等，就应当与城乡规划相衔接。这是针对实践中出现的新情况而提出的新要求。同时，也要求编制城乡规划时，应当考虑安全生产因素。

第九条　【安全生产监督管理体制】国务院安全生产监督管理部门依照本法，对全国安全生产工作实施综合监督管理；县级以上地方各级人民政府安全生产监督管理部门依照本法，对本行政区域内安全生产工作实施综合监督管理。

国务院有关部门依照本法和其他有关法律、行政法规的规定，在各自的职责范围内对有关行业、领域的安全生产工作实施监督管理；县级以上地方各级人民政府有关部门依照本法和其他有关法律、法规的规定，在各自的职责范围内对有关行业、领域的安全生产工作实施监督管理。

安全生产监督管理部门和对有关行业、领域的安全生产工作实施监督管理的部门，统称负有安全生产监督管理职责的部门。

▶条文解读

本条第2款中的“国务院有关部门”，是指除国家安全生产监督管理总局以外，依照法律、行政法规和国务院有关部门的“三定”方案的规定，对安全生产工作负有监督管理职责的部门；“县级以上地方各级人民政府有关部门”，是指除本级政府负责安全生产监督管理部门以外的依照有关法律、行政法规、地方性法规和本级人民政府对其部门职责划分的规定，对安全生产负有监督管理职责的部门。这就是说，安全生产监督管理工作不仅仅是政府的安全生产监督管理部门的职责，政府的其他有关部门在其职责范围内，也承担着安全生产监督管理的责任。需要注意的是，根据本条的规定，各行业主管部门在对各自的安全生产工作实行专项监督管理的同时，安全生产监督管理部门对各行业主管部门的安全生产工作同时又负有监督检查和指导协调的职能，这充分体现了专项监管和综合监管相结合的工作原则。

第十条　【安全生产国家标准、行业标准的制定和执行】国务院有关部门应当按照保障安全生产的要求，依法及时制定有关的国家标准或者行业标准，并根据科技进步和经济发展适时修订。

生产经营单位必须执行依法制定的保障安全生产的国家标准或者行业标准。

▶条文解读

根据《标准化法》的规定，标准包括国家标准、行业标准、地方标准和团体标准、企业标准。国家标准分为强制性标准、推荐性标准，行业标准、地方标准是推荐性标准。强制性标准必须执行。国家鼓励采用推荐性标准。对保障人身健康和生命财产安全、国家安全、生态环境安全以及满足经济社会管理基本需要的技术要求，应当制定强制性国家标准。

第十一条　【加强安全生产的宣传教育】各级人民政府及其有关部门应当采取多种形式，加强对有关安全生产的法律、法规和安全生产知识的宣传，增强全社会的安全生产意识。

第十二条 【协会组织在安全生产方面的职责】有关协会组织依照法律、行政法规和章程，为生产经营单位提供安全生产方面的信息、培训等服务，发挥自律作用，促进生产经营单位加强安全生产管理。

▶条文解读

本条明确了行业协会、商会等协会组织在安全生产方面的作用。协会组织是依法成立的社团法人，依据其成员共同制定的章程实现其组织职能，维护本行业企业的权益，规范市场行为，增强抵御市场风险的能力。中国安全生产协会是安全生产领域的专业协会。该协会2008年1月成立，是非营利性的社会团体法人，设有教育培训、安全评价、班组安全建设、安全文化、信息化、中小学安全教育等6个工作委员会以及危险化学品、劳动防护、冶金安全、矿山安全、安全生产检测检验、矿用产品、轨道交通建设安全等7个专业委员会及1个分会。该协会贯彻“安全第一、预防为主、综合治理”的安全生产方针，总结、交流和推广安全生产先进管理经验，组织实施安全生产标准化工作，提高企业安全管理水平，开展安全生产宣传和教育、培训活动及安全生产公益性活动、咨询服务。

第十三条 【为安全生产提供技术、管理服务的机构】依法设立的为安全生产提供技术、管理服务的机构，依照法律、行政法规和执业准则，接受生产经营单位的委托为其安全生产工作提供技术、管理服务。

生产经营单位委托前款规定的机构提供安全生产技术、管理服务的，保证安全生产的责任仍由本单位负责。

▶条文解读

本条是关于为安全生产提供技术、管理服务的机构有关内容的规定。从事专业安全生产服务的机构必须要符合法律、法规等规定的设立条件，其人员也要有一定的资质条件，以保证能提供专业化的服务。专业安全生产服务机构可以申请专业技术服务资质证书，并在许可的范围内开展活动。

▶实用问答

8. 对于安全生产服务机构开展安全生产技术服务，法律法规有何要求?

安全生产服务机构开展安全生产技术服务，应当遵守公开、公正、诚信和自愿的原则，按照政府指导价或者行业自律价，与委托方签订委托协议，明确双方的权利和义务。安全生产服务机构必须遵守法律、行政法规的有关规定和执业准则，按照生产经营单位的委托，提供有关的安全评价、检测、检验、认证、咨询、培训、管理等服务。生产经营单位对安全生产服务机构有自主选择权。有关政府部门不得强令生产经营单位接受其指定机构的服务。

9. 生产经营单位能否因委托相关机构提供安全生产技术、管理服务，而减免其安全生产责任?

本条第 2 款特别强调，生产经营单位委托相关机构提供技术、管理服务的，保证安全生产的责任仍由本单位负责。接受生产经营单位的委托后，从事安全生产服务的机构与生产经营单位之间是一种委托关系。根据合同法的规定，在委托范围之内，受托机构的一切行为后果都由委托的生产经营单位承担。生产经营单位委托相关机构为其安全生产提供技术、管理服务，属于单位内部安全生产管理的一种方式，对生产经营单位的安全生产责任本身没有任何影响，其安全生产责任并不因为委托相关机构就减轻或者免除。

第十四条　【生产安全事故责任追究制度】国家实行生产安全事故责任追究制度，依照本法和有关法律、法规的规定，追究生产安全事故责任人员的法律责任。

▶实用问答

10. 生产安全事故责任人员应承担的法律责任有哪些?

本条是关于生产安全事故责任追究制度的规定。依照本法和有关法律、行政法规的规定，生产安全事故责任人承担的法律责任主要有：（1）行政责任。是指违反有关行政管理的法律、法规的规定所依法应当承担的法律后果。行政责任一般分为行政处分和行政处罚。“行政处分”是对国家工作人员及由国家机关委派到企业、事业单位任职人员的违法违纪行为给予的制裁性处理。“行政处罚”是对有行政违法行为的单位或个人给予的行政制裁。(2) 民事责任。是指依照民法总则、侵权责任法的规定，因安全事故造成人员、他人财产损失的，生产事故责任人应当承担的赔偿责任。(3) 刑事责任。是指有依照刑法规定构成犯罪的严重违法行为所应承担的法律后果。刑法在“危害公共安全罪”一章中规定了重大责任事故罪、重大劳动安全事故罪、危险物品肇事罪、建设工程重大安全事故罪等九种重大责任事故犯罪的刑事责任。

11. 实践中违反安全生产法律法规和技术规范的情形主要有哪些?

生产经营活动中发生安全事故的原因多种多样，但大多数情况都是因为违反安全生产的法律、法规、标准和有关技术规程、规范等人为因素造成的，主要包括：生产经营活动的作业场所不符合保证安全生产的规定；设施、设备、工具、器材不符合安全标准，存在缺陷；未按规定配备安全防护用品；未对职工进行安全教育培训，职工缺乏安全生产知识；劳动组织不合理；管理人员违章指挥；职工违章冒险作业等。

12. 关于追究特大安全事故的行政责任，国家有何规定?

为了有效地防范特大安全事故的发生，严肃追究特大安全事故的行政责任，国务院于 2001 年颁布了《关于特大安全事故行政责任追究的规定》，明确规定对于特大火灾事故、特大交通安全事故、特大建筑质量安全事故、民用爆炸物品和化学危险品特大安全事故、煤矿和其他矿山特大安全事故、锅炉、压力容器、压力管道和特种设备等特大安全事故，除了对地方人民政府主要领导人和政府有关部门正职负责人可以依法追究行政责任和刑事责任外，对市（地、州）、县（市、区）人民政府依照本规定应当履行职责而未履行，或者未按照规定的程序履行，本地区发生特大安全事故的，对政府主要领导人根据情节轻重，给予降级或者撤职的行政处分；负责安全生产有关事项行政审批的政府部门或者机构、负责安全生产监督管理的政府有关部门，未依照规定履行职责，发生特大安全事故的，对部门或者机构的正职负责人根据情节轻重，给予撤职或者开除公职的行政处分；发生特大安全事故，社会影响特别恶劣或者性质特别严重的，由国务院对负有领导责任的省长、自治区主席、直辖市市长和国务院有关部门正职负责人给予行政处分。2010年国务院《关于进一步加强企业安全生产工作的通知》进一步强化了安全事故的责任追究制度。明确发生特别重大生产安全事故的，要根据情节轻重，追究地市级分管领导或主要领导的责任，后果特别严重、影响特别恶劣的，要按规定追究省部级相关领导的责任。

第十五条 【支持发展】国家鼓励和支持安全生产科学技术研究和安全生产先进技术的推广应用，提高安全生产水平。

第十六条 【奖励】国家对在改善安全生产条件、防止生产安全事故、参加抢险救护等方面取得显著成绩的单位和个人，给予奖励。

▶条文解读

根据本条规定，在以下三方面为安全生产工作作出显著成绩的，由国家给予奖励：(1) 在改善安全生产条件方面作出显著成绩的，如通过发明创造、技术革新，发明了新的安全高效的机器、设备、工具等。(2) 在防止生产安全事故方面作出显著成绩的。如及时发现、消除了安全事故隐患，防止了重大事故的发生；提出了行之有效的事故预防、控制方法等。(3) 参加抢险救护作出显著成绩的。在事故的抢险救护工作中尽职尽责、见义勇为、不怕牺牲、不畏艰险，为抢救国家和人民的生命财产作出重要贡献的。

▶实用问答

13. 奖励的方式有哪些？

给予奖励的主体可以是各级人民政府，也可以是政府有关部门。受奖励的主体，可以是单位，也可以是个人。奖励的方式可以是荣誉奖励，比如授予安全生产先进单位或者先进工作者等荣誉称号，颁发奖状、奖旗，记功、通令嘉奖等；也可以是物质奖励，如发给奖金、奖励住房等实物；也可以采取对相关人员提职、晋级奖励等方式。这些奖励方式，可以共同采用。除了国家层面的奖励外，安全生产单位也应当按照本单位内部的奖惩制度，对在安全生产方面作出显著成绩的集体和个人给予奖励。

第二章　生产经营单位的安全生产保障

第十七条　【安全生产条件】生产经营单位应当具备本法和有关法律、行政法规和国家标准或者行业标准规定的安全生产条件；不具备安全生产条件的，不得从事生产经营活动。

▶实用问答

14. 本法对生产经营单位必须具备的安全生产条件有何规定？

本法规定，生产经营单位新建、改建、扩建工程项目的安全设施，必须与主体工程同时设计、同时施工、同时投入生产和使用；矿山、金属冶炼、建筑施工、道路运输单位和危险物品的生产、经营、储存单位应当设置安全生产管理机构或者配备专职安全生产管理人员；其他生产经营单位，从业人员超过100人的，应当设置安全生产管理机构或者配备专职安全生产管理人员；从业人员在100人以下的，应当配备专职或者兼职的安全生产管理人员。生产经营单位应当在有较大危险因素的生产经营场所和有关设施、设备上，设置明显的安全警示标志；生产经营单位应当建立生产安全事故隐患排查治理制度，采取技术、管理措施，及时发现并消除事故隐患；生产经营单位进行爆破、吊装等危险作业，应当安排专门人员进行现场安全管理，确保操作规程的遵守和安全措施的落实；生产经营场所和员工宿舍应当设置符合紧急疏散要求，标志明显、保持畅通的出口，禁止锁闭、封堵生产经营场所或者员工宿舍的出口；生产经营单位应当安排用于配备劳动防护用品，进行安全生产培训的经费等。

15. 如何理解本法规定的安全生产国家标准或行业标准？

本法规定的安全生产国家标准或者行业标准，是指由国务院标准化行政主管部门或其他有关主管部门依照标准化法的规定所制定的与安全生产有关的，对生产经营活动中的设计、施工、作业、制造、检测等技术事项所作的一系列统一规定。目前我国安全生产的国家标准或者行业标准主要包括安全生产技术、管理方面的标准，生产设备、工具的安全标准，生产工艺的安全标准，劳动防护用品标准等。据初步统计，涉及安全生产方面的国家标准有近千项，代码是GB，如《爆破安全规程》、《金属非金属矿山安全规程》、《烟花爆竹作业安全技术规范》、《烟花爆竹安全与质量》、《安全帽》等；行业标准有近三千项，代码有AQ、MT、HG、SH、NB、YB、YS等，如《地质勘探安全规程》、《尾矿库安全技术规程》、《金属非金属矿山排土场安全生产规则》等。

第十八条　【生产经营单位主要负责人安全生产职责】生产经营单位的主要负责人对本单位安全生产工作负有下列职责：

（一）建立、健全本单位安全生产责任制；

（二）组织制定本单位安全生产规章制度和操作规程；

（三）组织制定并实施本单位安全生产教育和培训计划；

（四）保证本单位安全生产投入的有效实施；

（五）督促、检查本单位的安全生产工作，及时消除生产安全事故隐患；

（六）组织制定并实施本单位的生产安全事故应急救援预案；

（七）及时、如实报告生产安全事故。

▶实用问答

16. 何为生产经营单位的“主要负责人”？

本条规定的“主要负责人”，一般是指在生产经营单位中起决策作用的领导人，具体要根据实际情况来确定：第一，主要负责人必须是生产经营单位开展生产经营活动的主要决策人，享有本单位生产经营活动包括安全生产事项的最终决定权，全面领导生产经营活动。第二，主要负责人必须是实际领导、指挥生产经营日常活动的决策人。第三，主要负责人必须是能够承担生产经营单位安全生产全面领导责任的决策人。实践中“主要负责人”包括法人单位的法定代表人，如有限责任公司或股份有限公司的董事长，也包括其全面负责日常生产经营活动的总经理，以及非法人单位的依照法律、行政法规和国家有关规定代表单位行使职权的正职领导，如厂长、经理等。当董事长或者总经理长期缺位（因生病、学习等情况不能主持全面领导工作）时，将由其授权或者委托的副职或者其他人全面主持生产经营单位的全面工作，如果在这种情况下发生安全生产违法行为或者生产安全事故需要追究责任时，将长期缺位的董事长或者总经理作为责任人既不合情理又难以执行，只能追究其授权或者委托主持全面工作的实际负责人的法律责任。

第十九条　【安全生产责任制】生产经营单位的安全生产责任制应当明确各岗位的责任人员、责任范围和考核标准等内容。

生产经营单位应当建立相应的机制，加强对安全生产责任制落实情况的监督考核，保证安全生产责任制的落实。

▶条文解读

安全生产人人有责、各负其责，是保证生产经营单位的生产经营活动安全进行的重要基础。按照“管业务必须管安全、管生产经营必须管安全”的原则，生产经营单位应当建立纵向到底、横向到边的全员安全生产责任制，以保证安全生产工作人人有责、各负其责。安全生产责任制应当做到“三定”，即定岗位、定人员、定安全责任，根据岗位的实际工作情况，确定相应的人员，明确岗位职责和相应的安全生产职责，实行“一岗双责”。

▶实用问答

17. 安全生产责任制主要内容包括哪些方面?

安全生产责任制主要内容应当包括下列五个方面：一是生产经营单位的各级负责生产和经营的管理人员，在完成生产或经营任务的同时，对保证生产安全负责；二是各职能部门的人员，对自己业务范围内有关的安全生产负责；三是班组长、特种作业人员对其岗位的安全生产工作负责；四是所有从业人员应在自己本职工作范围内做到安全生产；五是各类安全责任的考核标准，以及奖惩措施。

第二十条　【资金投入及安全生产费用】生产经营单位应当具备的安全生产条件所必需的资金投入，由生产经营单位的决策机构、主要负责人或者个人经营的投资人予以保证，并对由于安全生产所必需的资金投入不足导致的后果承担责任。

有关生产经营单位应当按照规定提取和使用安全生产费用，专门用于改善安全生产条件。安全生产费用在成本中据实列支。安全生产费用提取、使用和监督管理的具体办法由国务院财政部门会同国务院安全生产监督管理部门征求国务院有关部门意见后制定。

▶实用问答

18. 本条规定的“生产经营单位的决策机构”具体指什么?

本条所称的生产经营单位的决策机构，是指对生产经营单位的经营方案和投资计划等重大事项进行决策的机构。对于本条来说，主要是指对安全生产资金投入进行决策的机构，如有限责任公司、股份有限公司的股东会或者董事会。

第二十一条　【安全生产管理机构及人员】 矿山、金属冶炼、建筑施工、道路运输单位和危险物品的生产、经营、储存单位，应当设置安全生产管理机构或者配备专职安全生产管理人员。

前款规定以外的其他生产经营单位，从业人员超过一百人的，应当设置安全生产管理机构或者配备专职安全生产管理人员；从业人员在一百人以下的，应当配备专职或者兼职的安全生产管理人员。

▶条文解读

本条是关于生产经营单位设置安全生产管理机构和配备安全生产管理人员的规定。生产经营活动的安全进行，除了必要的物质保障和制度保障外，还要从人员上加以保障。因此，对于从事一些危险性较大的行业的生产经营单位或者是从业人员较多的生产经营单位，应当有专门的人员从事安全生产管理工作，对生产经营单位的安全生产工作进行经常性检查，对检查中发现的安全生产问题及时处理，对生产事故隐患及时排除。

▶实用问答

19. 如何理解本条中的“安全生产管理机构”和“专职安全生产管理人员”?

本条规定的“安全生产管理机构”，是指生产经营单位内部设立的专门负责安全生产管理事务的独立的部门；“专职安全生产管理人员”，是指在生产经营单位中专门负责安全生产管理，不再兼作其他工作的人员。

20. 对于矿山、金属冶炼、建筑施工、道路运输单位和危险物品的生产、经营、储存单位和从业人员超过100人的其他生产经营单位，具体在什么情况下应当设置安全生产管理机构，在什么情况下可以配备专职安全生产管理人员?

关于这一问题，本条未作具体规定。生产经营单位可以根据本单位的规模大小、安全生产风险等实际情况，自主作出决定。一般来讲，规模较小的生产经营单位，例如，个别危险物品的经营单位，人数较少，可只配专职安全生产管理人员；规模较大的生产经营单位则应当设置安全生产管理机构。从根本上说，无论是配备专职安全生产管理人员还是设置安全生产管理机构，必须以满足本单位安全生产管理工作的实际需要为原则。

第二十二条　【安全生产管理机构及人员的职责】生产经营单位的安全生产管理机构以及安全生产管理人员履行下列职责：

（一）组织或者参与拟订本单位安全生产规章制度、操作规程和生产安全事故应急救援预案；

（二）组织或者参与本单位安全生产教育和培训，如实记录安全生产教育和培训情况；

（三）督促落实本单位重大危险源的安全管理措施；

（四）组织或者参与本单位应急救援演练；

（五）检查本单位的安全生产状况，及时排查生产安全事故隐患，提出改进安全生产管理的建议；

（六）制止和纠正违章指挥、强令冒险作业、违反操作规程的行为；

（七）督促落实本单位安全生产整改措施。

▶实用问答

21. 如何理解本条规定的“生产经营单位的安全生产规章制度、操作规程”以及“生产安全事故应急预案”?

生产经营单位的安全生产规章制度和操作规程是根据其自身生产经营范围、危险程度、工作性质及具体工作内容，依照国家有关法律、行政法规、规章和标准制定的，有针对性规定的、具有可操作性的、保障安全生产的工作运转制度及工作方式、方法和操作程序。生产安全事故应急预案，是指生产经营单位根据本单位的实际，针对可能发生的事故的类别、性质、特点和范围等情况制定的事故发生时的组织、技术措施和其他应急措施。安全生产规章制度和操作规程、生产安全事故应急预案是保证生产经营单位安全进行生产以及事故发生后，及时开展救援，防止事故扩大，最大限度减少人员伤亡的最基本制度和有效手段，是生产经营单位实现科学发展、安全发展的重要保障。

22. 什么是“重大危险源”？

重大危险源，根据本法第112条的规定，是指长期地或者临时地生产、搬运、使用或者储存危险物品，且危险物品的数量等于或者超过临界量的单元（包括场所和设施）。当然，构成重大危险源，还必须是危险物品的数量等于或者超过临界量。所谓临界量，是指一个数值，当某种危险物品的数量达到或者超过这个数值时，就有可能发生危险。根据定义，重大危险源是危险物品大量聚集的地方，具有较大的危险性，而且一旦发生生产安全事故，将会对从业人员及相关人员的人身安全和财产造成比较大的损害。生产经营单位对重大危险源应当严格登记建档，采取有效的防护措施，并定期进行检查、检测、评估；有些重大危险源较多、情况严重的生产经营单位，还应当建立专门的安全监控系统，对重大危险源实施不间断的监控。

23. 安全生产管理机构以及安全生产管理人员应如何应对安全事故隐患？

安全生产管理机构以及安全生产管理人员的根本职责，就是及时排查生产安全事故隐患。安全生产管理机构应当根据本单位生产经营特点、风险分布、危害因素的种类和危害程度等情况，制订检查工作计划，明确检查对象、任务和频次。安全生产管理机构以及安全生产管理人员应当有计划、有步骤地巡查、检查本单位每个作业场所、设备、设施，不留死角。对于安全风险大、容易发生生产安全事故的地点，应当加大检查频次。对于检查中发现的生产安全事故隐患，应当要求立即整改或排除；不能立即整改或排除的，要求暂时停止作业或施工，责令有关业务部门、车间、班组提出整改措施，限期整改；如果有可能发生生产安全事故，危及从业人员生命健康的，应立即采取撤离从业人员到安全地点的措施；对于迟迟未整改完成的事故隐患，应当及时向本单位主要负责人或者主管安全生产工作的负责人报告。在排查生产安全事故隐患的过程中，发现本单位在安全生产管理、技术、装备、人员等方面存在问题的，安全生产管理机构以及安全生产管理人员有责任及时提出改进的建议。

第二十三条　【安全生产管理机构以及安全生产管理人员履职要求和履职保障】生产经营单位的安全生产管理机构以及安全生产管理人员应当恪尽职守，依法履行职责。

生产经营单位作出涉及安全生产的经营决策，应当听取安全生产管理机构以及安全生产管理人员的意见。

生产经营单位不得因安全生产管理人员依法履行职责而降低其工资、福利等待遇或者解除与其订立的劳动合同。

危险物品的生产、储存单位以及矿山、金属冶炼单位的安全生产管理人员的任免，应当告知主管的负有安全生产监督管理职责的部门。

▶实用问答

24. 什么是“安全生产的经营决策”?

生产经营单位的经营决策，是指决定本单位的生产经营目标和达到生产经营目标的战略和策略，即决定做什么和如何去做的过程。安全生产的经营决策，是指决定本单位安全生产经营目标和达到安全生产经营目标的战略和策略，即实现生产经营单位科学发展、安全发展的战略和策略。这些战略和策略包括：安全投入计划，新建、改建、扩建建设项目计划，重大设备、设施换代更新计划，重大生产工艺流程改变计划，生产经营布局调整措施，生产经营场所、项目、设备的发包出租计划等。生产经营单位作出这些涉及生产经营活动的安全生产决策时，应当听取安全生产管理机构以及安全生产管理人员的意见。这是生产经营单位的一项义务，是加强安全生产工作、从源头治理的治本之策，必须认真执行。

25. 本条第四款规定的“应当告知主管的负有安全生产监督管理职责的部门”是一种审批程序吗?

本条规定，危险物品的生产、储存单位以及矿山、金属冶炼单位的安全生产管理人员的任免，应当告知主管的负有安全生产监督管理职责的部门。这里讲的告知，仅是向主管的负有安全生产监督管理职责的部门告知，不是审批，而是一种告知性备案。

第二十四条　【主要负责人和安全生产管理人员的知识、管理能力要求】生产经营单位的主要负责人和安全生产管理人员必须具备与本单位所从事的生产经营活动相应的安全生产知识和管理能力。

危险物品的生产、经营、储存单位以及矿山、金属冶炼、建筑施工、道路运输单位的主要负责人和安全生产管理人员，应当由主管的负有安全生产监督管理职责的部门对其安全生产知识和管理能力考核合格。考核不得收费。

危险物品的生产、储存单位以及矿山、金属冶炼单位应当有注册安全工程师从事安全生产管理工作。鼓励其他生产经营单位聘用注册安全工程师从事安全生产管理工作。注册安全工程师按专业分类管理，具体办法由国务院人力资源和社会保障部门、国务院安全生产监督管理部门会同国务院有关部门制定。

▶实用问答

26. 如何确定是否具备与“所从事的生产经营活动相应的安全生产知识和管理能力”?

确定是否具备“相应的安全生产知识和管理能力”，既要考虑单位的生产经营范围，又要考虑经营规模，还要考虑单位的性质、危险程度等因素。一般说来，生产经营单位的主要负责人应当具备下列条件：（1）熟悉和了解并能认真贯彻国家有关安全生产的法律、法规、规章、方针政策，以及与本单位有关的安全标准；（2）基本掌握安全分析、安全决策及事故预测和防护知识，具有审查安全建设规划、计划、大中型施工方案的安全决策知识；（3）具有一定文化程度，受过一定的安全技术培训，具有一定的从事本行业工作的经验，基本熟悉和掌握对本单位所从事的生产经营活动必需的安全知识；（4）具有一定组织管理能力，能较好地组织和领导本单位的安全生产工作。

27. 何为“注册安全工程师”?

本条规定的注册安全工程师，是指经全国统一考试合格，取得中华人民共和国注册安全工程师执业资格证书和执业证，在生产经营单位从事安全生产管理、技术工作或者在安全生产中介机构从事有关安全生产技术服务工作的人员。危险物品的生产、储存单位以及矿山、金属冶炼单位应当有注册安全工程师从事安全生产管理工作，鼓励其他生产经营单位聘用注册安全工程师从事安全生产管理工作。

第二十五条　【从业人员的教育和培训】生产经营单位应当对从业人员进行安全生产教育和培训，保证从业人员具备必要的安全生产知识，熟悉有关的安全生产规章制度和安全操作规程，掌握本岗位的安全操作技能，了解事故应急处理措施，知悉自身在安全生产方面的权利和义务。未经安全生产教育和培训合格的从业人员，不得上岗作业。

生产经营单位使用被派遣劳动者的，应当将被派遣劳动者纳入本单位从业人员统一管理，对被派遣劳动者进行岗位安全操作规程和安全操作技能的教育和培训。劳务派遣单位应当对被派遣劳动者进行必要的安全生产教育和培训。

生产经营单位接收中等职业学校、高等学校学生实习的，应当对实习学生进行相应的安全生产教育和培训，提供必要的劳动防护用品。学校应当协助生产经营单位对实习学生进行安全生产教育和培训。

生产经营单位应当建立安全生产教育和培训档案，如实记录安全生产教育和培训的时间、内容、参加人员以及考核结果等情况。

▶条文解读

本条是关于安全生产教育和培训的规定。安全生产教育和培训是安全生产管理工作的一个重要组成部分，是实现安全生产的一项重要基础性工作。生产经营单位应当按照本单位安全生产教育和培训计划的总体要求，结合各个工作岗位的特点，科学、合理安排教育和培训工作，采取多种形式开展教育培训，包括组织专门的安全教育培训班、作业现场模拟操作培训、召开事故现场分析会等，确保取得实效。通过安全生产教育和培训，生产经营单位要保证从业人员具备从事本职工作所应当具备的安全生产知识，熟悉有关的安全生产规章制度和安全操作规程，掌握本岗位的安全操作技能，了解事故应急处理措施，知悉自身在安全生产方面的权利和义务。对于没有经过安全生产教育和培训，包括培训不合格的从业人员，生产经营单位不得安排其上岗作业。

▶实用问答

28. 安全生产教育和培训应当包括哪些内容?

安全生产教育和培训的内容，主要包括以下几个方面：(1) 安全生产的方针、政策、法律、法规以及安全生产规章制度的教育和培训；(2) 安全操作技能的教育和培训，我国目前一般实行入厂教育、车间教育和现场教育的三级教育和培训；(3) 安全技术知识教育和培训，包括一般性安全技术知识，如单位生产过程中不安全因素及规律、预防事故的基本知识、个人防护用品的佩戴使用、事故报告程序等，以及专业性的安全技术知识，如防火、防爆、防毒等知识；(4) 发生生产安全事故时的应急处理措施，以及相关的安全防护知识；(5) 从业人员在生产过程中的相关权利和义务；(6) 特殊作业岗位的安全生产知识和操作要求等。

29. 如何理解“统一管理被派遣劳动者与本单位从业人员”?

统一管理，是指生产经营单位将被派遣者与本单位的从业人员一样对待和管理，统一纳入安全生产教育和培训计划。生产经营单位应当打破被派遣劳动者与本单位从业人员的区别，严格按照岗位特点、人员结构、新员工或者调换工种人员等情况，统一组织安全生产教育和培训，包括对被派遣劳动者进行岗位安全操作规程和安全操作技能的教育和培训，保证相同岗位、相同人员（被派遣劳动者和从业人员）达到同等的水平。

30. 生产经营单位是否应当对中等职业学校、高等学校实习学生开展安全生产教育和培训?

生产经营单位接收中等职业学校、高等学校学生实习的，应当根据本单位生产经营的特点、各种危险性的状况，对实习学生进行相应的安全生产教育和培训，并提供必要的劳动防护用品。学校作为实习学生的管理方，应当协助和配合生产经营单位对实习学生进行安全生产教育和培训。生产经营单位是实习学生安全生产教育和培训的责任主体，应当针对实习学生，制订专门的安全生产教育和培训计划。通过安全生产教育和培训，保证中等职业学校、高等学校的实习学生了解和熟悉有关的安全生产法律法规、安全生产规章制度和操作规程，了解相应的安全生产知识，掌握基本的应急处理措施，能够适应所实习的工作。

31. 安全生产教育和培训档案的范围和内容应包括哪些人员和内容?

档案的范围应当包括本单位的主要负责人、有关负责人、安全生产管理人员、特种作业人员、职能部门工作人员、班组长以及其他从业人员。档案的内容应当详细记录每位从业人员参加安全生产教育培训的时间、内容、考核结果以及复训情况等，包括按照规定参加政府组织的安全培训的主要负责人、安全生产管理人员和特种作业人员的情况。档案应当按照有关法律法规的要求进行保存，不得擅自修改、伪造。档案除电子文档形式保存外，原则上还应当有纸质文件形式。

32. 从事剧毒化学品运输工作的专业人员，在发生交通事故致使剧毒化学品泄漏后，应承担哪些义务?

从事剧毒化学品运输工作的专业人员，在发生交通事故致使剧毒化学品泄漏后，有义务利用随车配备的应急处理器材和防护用品抢救对方车辆上的受伤人员，有义务在现场附近设置警戒区域，有义务及时报警并在报警时主动说明危险物品的特征、可能发生的危害，以及需要采取何种救助工具与救助方式才能防止、减轻以至消除危害，有义务在现场等待抢险人员的到来，利用自己对剧毒危险化学品的专业知识以及对运输车辆构造的了解，协助抢险人员处置突发事故。从事剧毒化学品运输工作的专业人员不履行这些义务，应当对由此造成的特别严重后果承担责任。我国《刑法》第136条规定了危险物品肇事罪，违反爆炸性、易燃性、放射性、毒害性、腐蚀性物品的管理规定，在生产、储存、运输、使用中发生重大事故，造成严重后果的，处三年以下有期徒刑或者拘役；后果特别严重的，处三年以上七年以下有期徒刑。

第二十六条　【技术更新的教育和培训】生产经营单位采用新工艺、新技术、新材料或者使用新设备，必须了解、掌握其安全技术特性，采取有效的安全防护措施，并对从业人员进行专门的安全生产教育和培训。

▶条文解读

生产经营单位对采用的新工艺、新技术、新材料或者使用的新设备，必须要了解、掌握其安全技术特性，对该工艺、技术的原理、操作规程有清楚的把握，了解该材料、设备的构成、性质。对采用的新工艺、新技术、新材料或者使用的新设备在生产经营过程中可能产生的危险因素的性质、可能产生的危害后果、如何预防这种危险因素造成事故以及一旦发生事故时如何妥善处理等事项，都要了解和掌握。只有这样，生产经营单位才能有针对性地采取必要的防范措施，防止生产安全事故的发生和扩大。

▶实用问答

33. 何为“新工艺、新技术、新材料、新设备”?

所谓“工艺”，是指劳动者利用生产工具通过对各种原材料、半成品进行加工或者处理，如切割、粉碎等，最后使之成为产品的方法，是人类在劳动中积累起来并经过总结的操作技术经验。所谓“技术”，是指根据生产劳动实践经验和自然科学原理而发展成的各种工艺操作方法与技能，如焊接技术、石材加工技术等。所谓“材料”，是指经过人类劳动取得的劳动对象，如开采出来的矿砂是冶炼金属的原料。所谓“设备”，是指可供人们在生产中长期使用，并在反复使用中基本保持原有实物形态和功能的生产资料和物质资料的总称。所谓“新工艺、新技术、新材料、新设备”，是指在我国首次使用的工艺、技术、材料、设备。

第二十七条　【特种作业人员的资格要求】生产经营单位的特种作业人员必须按照国家有关规定经专门的安全作业培训，取得相应资格，方可上岗作业。

特种作业人员的范围由国务院安全生产监督管理部门会同国务院

有关部门确定。

▶实用问答

34. 特种作业的范围如何确定?

特种作业，是指容易发生事故，对操作者本人、他人的安全健康及设备、设施的安全可能造成重大危害的作业。《特种作业人员安全技术培训考核管理规定》第3条规定，特种作业的范围由特种作业目录规定。根据现行特种作业目录，特种作业大致包括：(1) 电工作业。指对电气设备进行运行、维护、安装、检修、改造、施工、调试等的作业（不含电力系统进网作业)。(2) 焊接与热切割作业。指运用焊接或者热切割方法对材料进行加工的作业（不含《特种设备安全监察条例》规定的有关作业)。(3) 高处作业。指专门或经常在坠落高度基准面2米及以上有可能坠落的高处进行的作业。(4) 制冷与空调作业。指对大中型制冷与空调设备运行操作、安装与修理的作业。(5) 煤矿安全作业。(6) 金属非金属矿山安全作业。(7) 石油天然气安全作业。(8) 冶金（有色）生产安全作业。(9) 危险化学品安全作业。指从事危险化工工艺过程操作及化工自动化控制仪表安装、维修、维护的作业。(10) 烟花爆竹安全作业。指从事烟花爆竹生产、储存中的药物混合、造粒、筛选、装药、筑药、压药、搬运等危险工序的作业。(11) 相关规定认定的其他作业。直接从事以上特种作业的从业人员，就是特种作业人员。

第二十八条　【建设项目的安全设施“三同时”原则】生产经营单位新建、改建、扩建工程项目（以下统称建设项目）的安全设施，必须与主体工程同时设计、同时施工、同时投入生产和使用。安全设施投资应当纳入建设项目概算。

▶条文解读

本条是关于建设项目的安全设施“三同时”原则的规定，即新建、改建、扩建工程项目的安全设施必须与主体工程同时设计、同时施工、同时投入生产和使用。所谓“新建”，是指从基础开始建造的建设项目，按照国家规定也包括原有基础很小，经扩大建设规模后，其新增固定资产价值超过原有固定资产价值三倍以上，并需要重新进行总体设计的建设项目；迁移厂址的建设工程（不包括留在原厂址的部分），符合新建条件的建设项目。所谓“扩建”，是指在原有基础上加以扩充的建设项目，包括扩大原有产品生产能力、增加新的产品生产能力以及为取得新的效益和使用功能而新建主要生产场所或工程的建设活动。对于建筑工程，扩建主要是指在原有基础上加高加层（需重新建造基础的工程属于新建项目）。所谓“改建”，是指不增加建筑物或建设项目体量，在原有基础上，为提高生产效率，改进产品质量，改变产品方向，或改善建筑物使用功能、改变使用目的，对原有工程进行改造的建设项目。装修工程也是改建。企业为了平衡生产能力，增加一些附属、辅助车间或非生产性工程，也属于改建项目。在改建的同时，扩大主要产品的生产能力或增加新效益的项目，一般称为改扩建项目。所谓“建设项目安全设施”，是指生产经营单位在生产经营活动中用于预防生产安全事故的设备、设施、装置、构（建）筑物和其他技术措施的总称。根据有关规定，生产经营单位是建设项目安全设施建设的责任主体。

▶实用问答

35. 建设项目安全设施“三同时”应达到哪些要求？

一般来讲，建设项目安全设施的“三同时”应当达到以下要求：(1) 建设项目的设计单位在编制建设项目投资计划文件时，应同时按照有关法律、法规、国家标准或者行业标准以及设计规范，编制安全设施的设计文件。安全设施的设计不得随意降低安全设施的标准。(2) 生产经营单位在编制建设项目投资计划和财务计划时，应将安全设施所需投资一并纳入计划，同时编报。(3) 对于按照有关规定项目设计需报经主管部门批准的建设项目，在报批时，应当同时报送安全设施设计文件；按照规定，安全设施设计需报主管的负有安全生产监督管理职责的部门审批的，应报主管的负有安全生产监督管理职责的部门批准。(4) 生产经营单位应当要求具体从事建设项目施工的单位严格按照安全设施的施工图纸和设计要求施工。安全设施与主体工程应同时进行施工，安全设施的施工不得偷工减料，降低建设质量。(5) 在生产设备调试阶段，应同时对安全设施进行调试和考核，并对其效果进行评价。(6) 建设项目验收时，应同时对安全设施进行验收。(7) 安全设施应当与主体工程同时投入生产和使用。

第二十九条 【特殊建设项目的安全评价】矿山、金属冶炼建设项目和用于生产、储存、装卸危险物品的建设项目，应当按照国家有关规定进行安全评价。

▶条文解读

本条是关于对矿山、金属冶炼建设项目和用于生产、储存、装卸危险物品的建设项目进行安全评价的规定。本条所称“危险物品”，是指本法第112条规定的易燃易爆物品、危险化学品、放射性物品等能够危及人身安全和财产安全的物品。本条所称的建设项目的安全评价，主要是指在建设项目的可行性研究阶段的安全预评价，即根据建设项目可行性研究阶段报告的内容，运用科学的评价方法，分析和预测该建设项目存在的危险、危害因素的种类和危险、危害程度，提出合理可行的安全技术和管理对策，作为该建设项目初步设计中安全设计和建设项目安全管理、监察的重要依据。

▶实用问答

36. 生产经营单位未按照规定进行安全评价的，应承担什么法律责任?

按照本法第95条的规定，生产经营单位未按照规定对矿山、金属冶炼建设项目或者用于生产、储存、装卸危险物品的建设项目进行安全评价的，责令停止建设或者停产停业整顿，限期改正；逾期未改正的，处50万元以上100万元以下的罚款，对其直接负责的主管人员和其他直接责任人员处2万元以上5万元以下的罚款；构成犯罪的，依照刑法有关规定追究刑事责任。

第三十条 【设计和审查人员的责任】建设项目安全设施的设计人、设计单位应当对安全设施设计负责。

矿山、金属冶炼建设项目和用于生产、储存、装卸危险物品的建设项目的安全设施设计应当按照国家有关规定报经有关部门审查，审查部门及其负责审查的人员对审查结果负责。

▶实用问答

37. 建设项目安全设施的设计人、设计单位对安全设施设计负责，应当达到何种要求?

建设项目安全设施的设计人、设计单位对安全设施设计负责，应当达到下列要求：(1) 设计人、设计单位必须按照资质等级承担相应的安全设施设计任务，不得擅自超越资质等级及业务范围承接任务。(2) 设计人、设计单位应当保证安全设施的设计质量。应当严格按照技术标准和合同约定进行设计，加强设计过程的质量控制，保证设计文件符合国家现行的有关法律、法规、工程设计技术标准和合同的规定；设计文件的深度，应当满足相应设计阶段的技术要求。施工图应配套，细部节点应交代清楚，标注说明应清楚、完整；设计中选用的材料、设备等，应注明其规格、型号、性能、色泽等，并提出符合国家规定的质量要求。(3) 设计人、设计单位对因安全设施问题造成的后果负责。对于因安全设施设计给生产经营单位造成损失的，应当承担赔偿责任；造成生产安全事故的，还应承担相应的行政责任；造成严重后果，构成犯罪的，依法承担刑事责任。

第三十一条　【建设项目安全设施的施工和竣工验收及其监督检查】矿山、金属冶炼建设项目和用于生产、储存、装卸危险物品的建设项目的施工单位必须按照批准的安全设施设计施工，并对安全设施的工程质量负责。

矿山、金属冶炼建设项目和用于生产、储存危险物品的建设项目竣工投入生产或者使用前，应当由建设单位负责组织对安全设施进行验收；验收合格后，方可投入生产和使用。安全生产监督管理部门应当加强对建设单位验收活动和验收结果的监督核查。

▶条文解读

本条是关于建设项目安全设施的施工和竣工验收及其监督检查的规定。本条规定的矿山、金属冶炼建设项目和用于生产、储存危险物品的建设项目的安全设施的验收，是指安全设施已经按照设计要求完成全部施工任务，准备交付建设单位投入生产和使用时，由建设单位对该安全设施是否符合设计要求和工程质量标准进行的检查、考核工作。这是安全设施建设全过程的最后一道程序，是对安全设施质量控制的最后一个重要环节。认真做好安全设施的验收工作，对于保证安全设施的质量具有重要意义。

▶实用问答

38. 施工单位应当如何进行施工管理?

建设项目在施工过程中，施工单位应当严把施工质量关，做好施工的各项质量控制与管理工作，严格按照批准的设计文件和技术标准进行施工。一般来讲，施工单位应当围绕以下主要方面进行施工管理：一是安全设施的施工必须按照设计编制施工组织设计或方案，否则不准开工。二是开工前必须编制分工计划，逐级向下进行施工组织设计交底，同时进行对有关部门和专业人员的横向交底，并有相应的交底记录。三是加强施工全过程控制，分别对基础施工、结构施工和装修三个阶段，进行施工组织设计实施情况的中间检查。四是工程完成时，必须及时按原安全设施设计作出技术总结，并上报原审批单位。

39. 施工单位对于因施工原因造成的质量问题应承担什么责任?

对于因施工原因造成的质量问题，施工单位承担全部责任。这些责任包括由施工单位对项目存在的质量问题给予修复和赔偿所造成损失的民事责任；由有关主管部门对违法施工的单位给予行政处罚的行政责任；以及对造成重大质量事故、构成犯罪的，由司法机关依照刑法的有关规定追究的刑事责任。实行总承包的工程，总承包单位对安全设施工程质量负责。实行分包的工程，分包单位要对其分包的工程质量负责。总承包单位应当与分包单位就分包工程的质量承担连带责任。

40. 矿山、金属冶炼建设项目和用于生产、储存危险物品的建设项目的安全设施的验收，应当包括哪些内容?

矿山、金属冶炼建设项目和用于生产、储存危险物品的建设项目竣工投入生产或者使用前，应当由建设单位负责组织对安全设施进行验收；验收合格后，方可投入生产和使用。验收的内容，主要是安全设施是否与主体工程同时建成，是否严格按照批准的设施进行施工，工程质量是否符合法律、法规、安全规程和技术标准的要求等。建设单位必须认真负责，严格按照有关规定对其安全设施进行验收。对于未经验收或者经验收但不合格的安全设施，建设单位不得将其投入生产和使用。否则，建设单位将依法承担相应的法律责任。同时，为了促使建设单位按标准认真做好验收工作，本条规定安全生产监督管理部门应当加强对验收活动和验收结果的监督核查，包括可以对有关重要项目或重要部位进行现场检查，或者对验收结果进行核实。

第三十二条　【安全警示标志】生产经营单位应当在有较大危险因素的生产经营场所和有关设施、设备上，设置明显的安全警示标志。

▶条文解读

本条是关于生产经营单位设置安全警示标志的规定。安全警示标志，一般由安全色、几何图形和图形符号构成，其目的是要引起人们对危险因素的注意，预防生产安全事故的发生。危险因素，主要指能对人造成伤亡或者对物造成突发性损害的各种因素。安全警示标志应当设置在作业场所或者有关设施、设备的醒目位置，一目了然，让每一个在该场所从事生产经营活动的从业人员或者该设施、设备的使用者，都能够清楚地看到，不能设置在让从业人员很难找到的地方。在存在危险因素的地方，设置安全警示标志，是对从业人员知情权的保障，有利于提高从业人员的安全生产意识，防止和减少生产安全事故的发生。

▶实用问答

41. 我国目前常用的安全警示标志包括哪些?

根据现行有关规定，我国目前使用的安全色主要有四种：(1) 红色，表示禁止、停止，也代表防火；(2) 蓝色，表示指令或必须遵守的规定；(3) 黄色，表示警告、注意；(4) 绿色，表示安全状态、提示或通行。而我国目前常用的安全警示标志，根据其含义，也可分为四大类：(1) 禁止标志，即圆形内划一斜杠，并用红色描画成较粗的圆环和斜杠，表示“禁止”或“不允许”的含义；(2) 警告标志，即“△”，三角的背景用黄色，三角图形和三角内的图像均用黑色描绘，警告人们注意可能发生的各种危险；(3) 指令标志，即“○”，在圆形内配上指令含义的颜色——蓝色，并用白色绘画必须履行的图形符号，构成“指令标志”，要求到这个地方的人必须遵守；(4) 提示标志，以绿色为背景的长方几何图形，配以白色的文字和图形符号，并标明目标的方向，即构成提示标志，如消防设备提示标志等。

第三十三条 【生产经营单位安全设备管理】安全设备的设计、制造、安装、使用、检测、维修、改造和报废，应当符合国家标准或者行业标准。

生产经营单位必须对安全设备进行经常性维护、保养，并定期检测，保证正常运转。维护、保养、检测应当作好记录，并由有关人员签字。

►条文解读

本条是关于生产经营单位安全设备管理的有关规定。本条所称的安全设备，主要是指为了保护从业人员等生产经营活动参与者的安全，防止生产安全事故发生以及在发生生产安全事故时用于救援而安装使用的机械设备和器械，如矿山使用的自救器、灭火设备以及各种安全检测仪器等。安全设备有的是作为生产经营装备的附属设备，需要与这些装备配合使用；有的则是能够在保证安全生产方面独立发挥作用。这些安全设备需要按照国家有关要求在生产经营活动中配备，以确保生产安全和事故救援顺利进行。

使用安全设备的生产经营单位必须对其进行经常性维护、保养，并定期检测，保证安全设备正常运转和处于良好的状态，发挥其保证安全的效用。为了明确对安全设备进行维护、保养、检测的责任，增强生产经营单位有关人员的责任心，促使其认真按照要求对安全设备进行维护、保养、检测，本条还规定对维护、保养、检测的有关情况应当做好记录，并由有关人员签字。记录的内容，一般应当包括经常性维护、保养和定期检测的时间、地点、人员，安全设备的名称，维护、保养、检测的结果，发现的问题以及问题的处理情况等。记录是相关工作开展的见证，是重要的追溯资料，也是相关单位履行义务的凭证。需要在记录上签字的有关人员，包括直接从事维护、保养、检测的技术人员以及相关的安全生产管理人员。必要时，生产经营单位的主要负责人也要签字。

第三十四条 【危险物品的容器、运输工具以及部分特种设备的特殊管理】生产经营单位使用的危险物品的容器、运输工具，以及涉及人身安全、危险性较大的海洋石油开采特种设备和矿山井下特种设备，必须按照国家有关规定，由专业生产单位生产，并经具有专业资质的检测、检验机构检测、检验合格，取得安全使用证或者安全标志，方可投入使用。检测、检验机构对检测、检验结果负责。

▶条文解读

根据本法第112条的规定，危险物品是指易燃易爆物品、危险化学品、放射性物品等能够危及人身安全和财产安全的物品。这些物品的容器、运输工具对保障危险物品的储存、运输安全至关重要，需要进行特殊的管理，国家对其实行生产许可制度。

特种设备安全法对特种设备的范围，以及特种设备的生产（包括设计、制造、安装、改造、修理）、经营、使用、检验、检测和特种设备安全的监督管理作出了严格规定，并明确特种设备是指对人身和财产安全有较大危险性的锅炉、压力容器（含气瓶）、压力管道、电梯、起重机械、客运索道、大型游乐设施、场（厂）内专用机动车辆，以及法律、行政法规规定适用该法的其他特种设备。特种设备实行目录管理，纳入目录的特种设备实行特殊的管理，有效地解决了管理对象的问题。特种设备安全法规定，特种设备目录由国务院负责特种设备安全监督管理的部门制定，报国务院批准后执行。根据这一规定，有关海洋石油开采特种设备和矿山井下特种设备的种类，统一纳入全国统一的特种设备目录，不再另行制定目录。

▶实用问答

42. 关于危险物品容器、运输工具的生产许可制度，法律法规有何规定?

2005年制定的《工业产品生产许可证管理条例》明确规定，国家对危险化学品及其包装物、容器等影响生产安全、公共安全的产品实行生产许可证制度。2013年12月7日修订的《危险化学品安全管理条例》规定，危险化学品包装物、容器的材质以及危险化学品包装的型式、规格、方法和单件质量（重量），应当与所包装的危险化学品的性质和用途相适应。取得许可证的企业生产的危险化学品包装物、容器经国务院质量监督检验检疫部门认定的检验机构检验合格，方可出厂销售。运输危险化学品的船舶及其配载的容器，应当按照国家船舶检验规范进行生产，并经海事管理机构认定的船舶检验机构检验合格，方可投入使用。对重复使用的危险化学品包装物、容器，使用单位在重复使用前应当进行检查；发现存在安全隐患的，应当维修或者更换。使用单位应当对检查情况作出记录，记录的保存期限不得少于2年。2012年11月20日，国家质量监督检验检疫总局发布的《关于公布实行生产许可证制度管理的产品目录的公告》，将“危险化学品包装物、容器”纳入实行生产许可证制度管理的产品目录。生产列入国家实行生产许可证制度的工业产品目录的危险化学品包装物、容器的企业，应当依照《工业产品生产许可证管理条例》的规定，取得工业产品生产许可证；其生产的危险化学品包装物、容器经国务院质量监督检验检疫部门认定的检验机构检验合格，方可出厂销售。

43. 特种设备生产单位应具备哪些条件方可从事生产活动?

根据《特种设备安全法》第18条的规定，国家按照分类监督管理的原则对特种设备生产实行许可制度，特种设备生产单位应当具备下列条件，并经负责特种设备安全监督管理的部门许可，方可从事生产活动：(1) 有与生产相适应的专业技术人员；(2) 有与生产相适应的设备、设施和工作场所；(3) 有健全的质量保证、安全管理和岗位责任等制度。对于生产单位的专业性要求，能有效保证产品的安全使用效能。

第三十五条　【淘汰制度】国家对严重危及生产安全的工艺、设备实行淘汰制度，具体目录由国务院安全生产监督管理部门会同国务院有关部门制定并公布。法律、行政法规对目录的制定另有规定的，适用其规定。

省、自治区、直辖市人民政府可以根据本地区实际情况制定并公布具体目录，对前款规定以外的危及生产安全的工艺、设备予以淘汰。

生产经营单位不得使用应当淘汰的危及生产安全的工艺、设备。

▶条文解读

危及生产安全的工艺、设备分两个等级，一是严重危及生产安全的工艺、设备，二是其他危及生产安全的工艺、设备。严重危及生产安全的工艺、设备是指不符合生产安全要求，极有可能导致生产安全事故发生，致使人民群众生命和财产遭受重大损失的工艺、设备。其他危及生产安全的工艺、设备，与严重危及生产安全的工艺、设备相比，危险性较低，有的工艺、设备在生产经营单位及其从业人员履行了适当的注意义务或者附加了必要的防护条件后，可以尽量避免事故的发生。

第三十六条　【危险物品的监管】生产、经营、运输、储存、使用危险物品或者处置废弃危险物品的，由有关主管部门依照有关法律、法规的规定和国家标准或者行业标准审批并实施监督管理。

生产经营单位生产、经营、运输、储存、使用危险物品或者处置废弃危险物品，必须执行有关法律、法规和国家标准或者行业标准，建立专门的安全管理制度，采取可靠的安全措施，接受有关主管部门依法实施的监督管理。

▶条文解读

危险物品，是指易燃易爆物品、危险化学品、放射性物品等能够危及人身安全和财产安全的物品。

根据《危险化学品安全管理条例》的规定，危险化学品，是指具有毒害、腐蚀、爆炸、燃烧、助燃等性质，对人体、设施、环境具有危害的剧毒化学品和其他化学品。生产、储存、使用、经营、运输危险化学品的单位（以下统称危险化学品单位）的主要负责人对本单位的危险化学品安全管理工作全面负责。危险化学品单位应当具备法律、行政法规规定和国家标准、行业标准要求的安全条件，建立、健全安全管理规章制度和岗位安全责任制度，对从业人员进行安全教育、法制教育和岗位技术培训。从业人员应当接受教育和培训，考核合格后上岗作业；对有资格要求的岗位，应当配备依法取得相应资格的人员。

根据《放射性污染防治法》的规定，含有放射性物质的产品，应当符合国家放射性污染防治标准；不符合国家放射性污染防治标准的，不得出厂和销售。使用伴生放射性矿渣和含有天然放射性物质的石材做建筑和装修材料，应当符合国家建筑材料放射性核素控制标准。国家放射性污染防治标准由国务院环境保护行政主管部门根据环境安全要求、国家经济技术条件制定。国家放射性污染防治标准由国务院环境保护行政主管部门和国务院标准化行政主管部门联合发布。

▶实用问答

44. 生产经营单位生产、经营、运输、储存、使用危险物品或者处置废弃危险物品，应当履行哪些义务?

生产经营单位生产、经营、运输、储存、使用危险物品或者处置废弃危险物品，应当履行以下义务：第一，执行有关法律、法规和国家标准或者行业标准。第二，建立专门的安全管理制度，比如，按照有关行政法规的规定，民用爆炸物品从业单位（包括生产、销售、爆破等企业）应当建立安全管理制度、岗位安全责任制度，制订安全防范措施和事故应急预案，设置安全管理机构或者配备专职安全管理人员。第三，采取可靠的安全措施，比如，生产、储存危险化学品的单位，应当根据其生产、储存的危险化学品的种类和危险特性，在作业场所设置相应的监测、监控、通风、防晒、调温、防火、灭火、防爆、泄压、防毒、中和、防潮、防雷、防静电、防腐、防泄漏以及防护围堤或者隔离操作等安全设施、设备，并在其作业场所和安全设施、设备上设置明显的安全警示标志。第四，接受有关主管部门依法实施的监督管理。

45. 当事人在未取得剧毒化学品使用许可证的情况下，买卖、储存剧毒化学品的，其行为是否构成犯罪?

我国《刑法》第125条规定，非法制造、买卖、运输、邮寄、储存枪支、弹药、爆炸物的，处三年以上十年以下有期徒刑；情节严重的，处十年以上有期徒刑、无期徒刑或者死刑。非法制造、买卖、运输、储存毒害性、放射性、传染病病原体等物质，危害公共安全的，依照前款的规定处罚。单位犯前两款罪的，对单位判处罚金，并对其直接负责的主管人员和其他直接责任人员，依照第一款的规定处罚。

国家严格监督管理的氰化钠等剧毒化学品，易致人中毒或者死亡，对人体、环境具有极大的毒害性和危险性，属于《刑法》第125条第2款规定的“毒害性”物质。“非法买卖”毒害性物质，是指违反法律和国家主管部门规定，未经有关主管部门批准许可，擅自购买或者出售毒害性物质的行为，并不需要兼有买进和卖出的行为。

第三十七条　【重大危险源管理】生产经营单位对重大危险源应当登记建档，进行定期检测、评估、监控，并制定应急预案，告知从业人员和相关人员在紧急情况下应当采取的应急措施。

生产经营单位应当按照国家有关规定将本单位重大危险源及有关安全措施、应急措施报有关地方人民政府安全生产监督管理部门和有关部门备案。

▶条文解读

根据本法第112条的规定，重大危险源是指长期地或者临时地生产、搬运、使用或者储存危险物品，且危险物品的数量等于或者超过临界量的单元（包括场所和设施）。重大危险源是由危险物品组成的集合体。构成重大危险源，必须是危险物品的数量等于或者超过临界量。所谓临界量，是指一个数值，当某种危险物品的数量达到或者超过这个数值时，就有可能发生危险。重大危险源中很大一部分是由危险化学品构成的。目前，我国已经颁布了《危险化学品重大危险源辨识》国家标准（GB18218－2009），对各种危险化学品的临界量作了明确规定，依据这些临界量，可以辨识某一危险品的聚集场所或设施是否构成重大危险源。

▶实用问答

46. 重大危险源档案应当包括哪些文件、资料?

重大危险源档案应当包括的文件、资料有：辨识、分级记录；重大危险源基本特征表；涉及的所有化学品安全技术说明书；区域位置图、平面布置图、工艺流程图和主要设备一览表；重大危险源安全管理规章制度及安全操作规程；安全监测监控系统、措施说明、检测、检验结果；重大危险源事故应急预案、评审意见、演练计划和评估报告；安全评估报告或者安全评价报告；重大危险源关键装置、重点部位的责任人、责任机构名称；重大危险源场所安全警示标志的设置情况；其他文件、资料。

第三十八条 【生产经营单位事故隐患治理】生产经营单位应当建立健全生产安全事故隐患排查治理制度，采取技术、管理措施，及时发现并消除事故隐患。事故隐患排查治理情况应当如实记录，并向从业人员通报。

县级以上地方各级人民政府负有安全生产监督管理职责的部门应当建立健全重大事故隐患治理督办制度，督促生产经营单位消除重大事故隐患。

▶条文解读

本条是关于生产经营单位事故隐患治理的规定。生产安全事故隐患（以下简称事故隐患），是指生产经营单位违反安全生产法律、法规、规章、标准、规程和安全生产管理制度的规定，或者因其他因素在生产经营活动中存在可能导致事故发生的物的危险状态、人的不安全行为和管理上的缺陷。事故隐患是导致事故发生的主要根源之一。根据现行标准的规定，隐患主要有三个方面：人的不安全行为、物的不安全状态和管理上的缺陷。生产经营单位的事故隐患分为一般事故隐患和重大事故隐患。一般事故隐患，是指危害和整改难度较小，发现后能够立即整改排除的隐患。重大事故隐患，是指危害和整改难度较大，应当全部或者局部停产停业，并经过一定时间整改治理方能排除的隐患，或者因外部因素影响致使生产经营单位自身难以排除的隐患。

第三十九条 【生产经营场所和员工宿舍的安全要求】生产、经营、储存、使用危险物品的车间、商店、仓库不得与员工宿舍在同一座建筑物内，并应当与员工宿舍保持安全距离。

生产经营场所和员工宿舍应当设有符合紧急疏散要求、标志明显、保持畅通的出口。禁止锁闭、封堵生产经营场所或者员工宿舍的出口。

▶条文解读

本条是关于生产经营场所、员工宿舍安全管理要求的规定。本条明确规定，生产、经营、使用、储存危险物品的车间、商店、仓库与员工宿舍不得在同一座建筑物内。生产经营单位不得以任何理由违反上述规定，员工也应当提高自我保护意识，拒绝使用生产经营单位提供的违反安全要求的宿舍，并有权向有关部门检举和控告。与此同时，生产、经营、使用、储存危险物品的车间、商店、仓库与员工宿舍还应当保持安全距离。所谓安全距离，是指达到这个距离的要求，即使发生事故，也不致损害宿舍内员工的人身安全。

第四十条　【危险作业现场的安全管理】生产经营单位进行爆破、吊装以及国务院安全生产监督管理部门会同国务院有关部门规定的其他危险作业，应当安排专门人员进行现场安全管理，确保操作规程的遵守和安全措施的落实。

▶实用问答

47. 申请从事爆破作业的单位，应当具备什么条件?

申请从事爆破作业的单位，应当具备一定的条件，如有符合国家有关标准和规范的民用爆炸物品专用仓库，有具备相应资格的安全管理人员、仓库管理人员和具备国家规定执业资格的爆破作业人员，有符合国家标准、行业标准的爆破作业专用设备等。爆破作业单位应当对本单位的爆破作业人员、安全管理人员、仓库管理人员进行专业技术培训。爆破作业人员应当经设区的市级人民政府公安机关考核合格，取得《爆破作业人员许可证》后，方可从事爆破作业。爆破作业单位应当按照其资质等级承接爆破作业项目，爆破作业人员应当按照其资格等级从事爆破作业。实施爆破作业，应当遵守国家有关标准和规范，在安全距离以外设置警示标志并安排警戒人员，防止无关人员进入；爆破作业结束后应当及时检查、排除未引爆的民用爆炸物品。

第四十一条　【从业人员的安全管理】生产经营单位应当教育和督促从业人员严格执行本单位的安全生产规章制度和安全操作规程；并向从业人员如实告知作业场所和工作岗位存在的危险因素、防范措施以及事故应急措施。

▶条文解读

生产经营单位的安全生产规章制度主要包括两个方面的内容，一是安全生产管理方面的规章制度，二是安全技术方面的规章制度。规程是对工艺、操作、安装、检定、安全、管理等具体技术要求和实施程序所作的统一规定，安全操作规程是指在生产活动中，为消除导致人身伤亡或者造成设备、财产破坏以及危害环境的因素而制定的具体技术要求和实施程序的统一规定。安全生产规章制度和安全操作规程，是保证生产经营活动安全进行的重要制度保障，从业人员在进行作业时必须严格执行。

▶实用问答

48. 生产经营单位应如何保障从业人员的知情权?

向从业人员告知作业场所和工作岗位的危险因素、防范措施以及事故应急措施，是保障从业人员知情权的重要内容。因此，本条把这一告知义务规定为生产经营单位强制性的法定义务，生产经营单位必须遵守。生产经营单位应当如实告知，是指按实际情况告知从业人员，不得隐瞒，不得省略，更不能欺骗从业人员。告知的内容包括三个方面：(1) 作业场所和工作岗位存在的危险因素的种类、性质以及可能导致何种生产安全事故；(2) 对这些危险因素的防范措施；(3) 针对该作业场所和工作岗位的可能导致的生产安全事故的种类和特点，事先制定的在发生生产安全事故时的应急措施。告知的形式可以是多种多样的，如组织从业人员进行学习，或者在作业场所和工作岗位设置公告栏，将有关内容予以公告等。

第四十二条　【劳动防护用品】生产经营单位必须为从业人员提供符合国家标准或者行业标准的劳动防护用品，并监督、教育从业人员按照使用规则佩戴、使用。

▶条文解读

本条是关于生产经营单位提供劳动防护用品等的规定。劳动防护用品主要是指劳动者在生产过程中为免遭或者减轻事故伤害和职业危害所配备的防护装备。国家对劳动防护用品的产品质量指标和技术条件，制定了一系列技术标准。如对安全帽、自吸过滤式防尘口罩、防冲击眼护具、阻燃防护服等防护用品，均制定了国家标准，并根据情况变化，适时修订。生产经营单位为劳动者提供的劳动防护用品，应该是符合国家标准或者行业标准的、合格的劳动防护用品，只有这样，才能真正起到保障劳动者劳动安全的作用。

▶实用问答

49. 生产经营单位可否以货币或其他物品代替发放劳动防护用品?

生产经营单位必须把劳动防护用品发放到从业人员手中，不得以货币或其他物品替代应当配备的劳动防护用品。生产经营单位还应当建立健全劳动防护用品的购买、验收、保管、发放、使用、更换、报废等管理制度，并应按照劳动防护用品的使用要求，在使用前对其防护功能进行必要的检查。

第四十三条　【安全检查和报告义务】生产经营单位的安全生产管理人员应当根据本单位的生产经营特点，对安全生产状况进行经常性检查；对检查中发现的安全问题，应当立即处理；不能处理的，应当及时报告本单位有关负责人，有关负责人应当及时处理。检查及处理情况应当如实记录在案。

生产经营单位的安全生产管理人员在检查中发现重大事故隐患，依照前款规定向本单位有关负责人报告，有关负责人不及时处理的，安全生产管理人员可以向主管的负有安全生产监督管理职责的部门报告，接到报告的部门应当依法及时处理。

▶实用问答

50. 生产经营单位的安全管理人员对本单位的安全生产状况进行检查，主要应涉及哪些内容?

生产经营单位的安全生产管理人员应当根据本单位的生产经营特点，对本单位的安全生产状况进行经常性的检查。一般来说，安全检查主要涉及安全生产规章制度是否健全、完善，安全设备、设施是否处于正常的运行状态，从业人员是否具备应有的安全知识和操作技能，从业人员在工作中是否严格遵守安全生产规章制度和操作规程，从业人员的劳动防护用品是否符合标准以及是否有其他事故隐患等。

51. 对于在检查中发现的安全问题，应当如何处理?

生产经营单位的安全生产管理人员在对本单位的安全生产状况进行检查的过程中，发现存在的安全问题，可以处理的应当立即采取措施进行处理，如发现劳动者没有穿戴安全防护措施，应当立即要求其改正。对于不能当场处理的安全问题，如安全设施不合格，需要改建等情况，安全生产管理人员无法立即采取措施进行处理的，应该立即将这一情况报告本单位的主要负责人或者是主管安全生产工作的其他负责人，报告应当包括安全问题发现的时间、具体情况以及如何解决等内容。有关负责人在接到报告后，应当及时处理。

生产经营单位的安全生产管理人员还应当将安全检查的情况，包括检查的时间、范围、内容，发现的问题及其处理情况等都详细地记录在案，记入本单位的安全生产档案，作为日后完善相关制度的参考或者在发生事故时作为调查事故原因的依据等。

生产经营单位的安全生产管理人员在检查中发现重大事故隐患，已经向本单位主要负责人或者主管安全生产工作的其他负责人报告，主要负责人或者主管安全生产工作的其他负责人接到报告后，可能由于各种原因，采取不予处理或者不立即处理的措施。针对这些情况，本条规定，安全生产管理人员可以向主管的负有安全生产监督管理职责的部门报告，这是法律赋予安全生产管理人员的报告重大事故隐患权利。同时，还规定接到报告的部门应当依法及时处理。这里讲的依法及时处理，是指依照本法和其他有关法律、法规、规章的规定及时进行处理。

第四十四条　【经费保障】生产经营单位应当安排用于配备劳动防护用品、进行安全生产培训的经费。

▶条文解读

本条是关于生产经营单位保障用于配备劳动防护用品、进行安全生产培训的经费的规定。本法用多个条款对安全生产的经费问题作了规定，包括要求生产经营单位的决策机构、主要负责人或者个人经营的投资人保证本单位应当具备的安全生产条件所必需的资金投入；生产经营单位应当按照规定提取和使用安全生产经费专门用于完善和改进安全生产条件的有关支出；要求生产经营单位将新建、改建、扩建工程项目的安全设施投资纳入建设项目概算。

▶实用问答

52. 生产经营单位可否让从业人员承担劳动防护用品、进行安全生产培训的费用?

为从业人员配备劳动防护用品、进行安全生产培训是生产经营单位的法定义务，本法规定由生产经营单位安排相关经费，生产经营单位不得让从业人员承担这些费用，不得让从业人员缴纳劳动防护用品费、培训费等费用，不得以这些费用为由克扣从业人员的工资、福利等待遇。

第四十五条　【生产经营单位间的安全生产管理协议】两个以上生产经营单位在同一作业区域内进行生产经营活动，可能危及对方生产安全的，应当签订安全生产管理协议，明确各自的安全生产管理职责和应当采取的安全措施，并指定专职安全生产管理人员进行安全检查与协调。

▶条文解读

本条是关于不同生产经营单位安全生产协作的规定。两个以上生产经营单位在同一作业区域内进行生产经营活动，可能危及对方生产安全的，应当进行安全生产方面的协作。协作的主要形式是签订并执行安全生产管理协议。各单位应当通过安全生产管理协议互相告知本单位生产的特点、作业场所存在的危险因素、防范措施以及事故应急措施，以使各个单位对该作业区域的安全生产状况有一个整体上的把握。同时，各单位还应当在安全生产管理协议中明确各自的安全生产管理职责和应当采取的安全措施，做到职责清楚，分工明确。为了使安全生产管理协议真正得到贯彻，保证作业区域内的生产安全，各生产经营单位还应当指定专职的安全生产管理人员对作业区域内的安全生产状况进行检查，对检查中发现的安全生产问题及时进行协调、解决。

▶实用问答

53. 两个以上单位在同一作业区域内进行生产经营活动，可能危及对方生产安全的，各生产经营单位是否可以选择不签订安全生产管理协议?

本条规定是强行性规定。各生产经营单位之间的谈判过程可以是自由进行的，谈判达成的协议中关于安全生产管理职责和责任的分配也可以自主决定，但是，多个生产经营单位只要符合本条规定的情形，就必须签订安全生产管理协议，并且协议中应当有关于各方安全生产管理职责和应当采取的安全措施的内容。

第四十六条　【生产经营项目、场所、设备发包或出租的安全生产责任】生产经营单位不得将生产经营项目、场所、设备发包或者出租给不具备安全生产条件或者相应资质的单位或者个人。

生产经营项目、场所发包或者出租给其他单位的，生产经营单位应当与承包单位、承租单位签订专门的安全生产管理协议，或者在承包合同、租赁合同中约定各自的安全生产管理职责；生产经营单位对承包单位、承租单位的安全生产工作统一协调、管理，定期进行安全检查，发现安全问题的，应当及时督促整改。

▶条文解读

针对实践中以租代管、以包代管，企业安全管理工作混乱的问题，本条对生产经营项目、场所、设备发包或出租的安全生产责任进行了规定。如生产经营单位从事其资质等级许可的范围外的生产经营活动，由于资金、技术、人员等方面的条件达不到要求，必然使得生产安全无法得到保障，因此，本条严格禁止将生产经营项目、场所、设备发包或者出租给不具备安全生产条件或者相应资质的单位或者个人。

本条第2款规定，生产经营项目、场所有多个承包单位、承租单位的，生产经营单位应当与承包单位、承租单位对安全生产管理方面的问题予以约定。生产经营单位与承包单位、承租单位就安全生产管理问题进行约定的方式有两种：一种是签订专门的安全生产管理协议；另外一种是不签订专门的协议，而是在承包合同、承租合同中对各自的安全生产管理职责进行约定。在约定中，生产经营单位可以与承包单位、承租单位就各自在安全生产管理中的权利、义务以及事故发生时的责任承担等问题进行协商确定。

▶实用问答

54. 生产经营单位可否因与承包单位、承租单位的约定而减轻自己在安全生产方面的责任?

生产经营单位与承包单位、承租单位在安全生产管理方面的约定，只对约定双方有约束力，不具有对外效力。也就是说，生产经营单位不能因为有了约定而减轻自己在安全生产方面的责任，生产经营单位应对该项目、场所的安全生产全面负责。生产经营单位应对承包单位、承租单位的安全生产工作统一协调、管理，还要定期进行安全检查，发现安全问题的，应当及时督促整改。如果该生产经营项目、场所有违反本法或有关法律、行政法规关于安全生产的管理规定的行为，应由生产经营单位承担相应的责任；如果发生了生产安全事故，生产经营单位应承担相应的责任。生产经营单位在承担了相应的责任后，可以根据安全生产管理协议的约定，追究承包单位、承租单位的责任。

第四十七条 【生产安全事故的处理】生产经营单位发生生产安全事故时，单位的主要负责人应当立即组织抢救，并不得在事故调查处理期间擅离职守。

▶条文解读

生产经营单位的主要负责人作为本单位的主要领导以及安全生产的第一责任人，在事故发生后，应当坚守岗位，组织事故抢救，并积极配合有关部门进行事故调查处理。如果单位发生的生产安全事故属于重大责任事故，且有关人员的行为构成刑法规定的重大责任事故罪、重大劳动安全事故罪以及其他犯罪的，还可能要追究主要负责人的刑事责任。因此，单位的主要负责人不得擅离职守，而应坚守岗位并等候处理。如果单位的主要负责人违反这一规定，根据本法第 106 条的规定，公安机关可以对其给予拘留 15 日的处罚。

第四十八条 【工伤保险】生产经营单位必须依法参加工伤保险，为从业人员缴纳保险费。

国家鼓励生产经营单位投保安全生产责任保险。

▶条文解读

本条是关于工伤保险和安全生产责任险的规定。

工伤保险是指职工在劳动过程中发生生产安全事故以及职业病，暂时或者永久地丧失劳动能力时，在医疗和生活上获得物质帮助的一种社会保险制度。2003 年，国务院制定公布了《工伤保险条例》，2010 年进行了修订。根据修订后的《工伤保险条例》，中华人民共和国境内的企业、事业单位、社会团体、民办非企业单位、基金会、律师事务所、会计师事务所等组织和有雇工的个体工商户应当依照本条例规定参加工伤保险，为本单位全部职工或者雇工缴纳工伤保险费。中华人民共和国境内的企业、事业单位、社会团体、民办非企业单位、基金会、律师事务所、会计师事务所等组织的职工和个体工商户的雇工，均有依照本条例的规定享受工伤保险待遇的权利。依照《工伤保险条例》第 10 条规定，用人单位应当按时缴纳工伤保险费。职工个人不缴纳工伤保险费。用人单位缴纳工伤保险费的数额为本单位职工工资总额乘以单位缴费费率之积。对难以按照工资总额缴纳工伤保险费的行业，其缴纳工伤保险费的具体方式，由国务院社会保险行政部门规定。

根据保险法的规定，责任保险是指以被保险人对第三者依法应负的赔偿责任为保险标的的保险。安全生产责任保险是以生产经营过程中因发生意外事故，造成人身伤亡或财产损失，依法应由生产经营单位承担的经济赔偿责任为保险标的（是指作为保险对象的财产及其有关利益，或者是人的寿命和身体，它是保险利益的载体），保险公司按相关保险条款的约定对保险人以外的第三者进行赔偿的责任保险。

第三章　从业人员的安全生产权利义务

第四十九条　【劳动合同的安全条款】生产经营单位与从业人员订立的劳动合同，应当载明有关保障从业人员劳动安全、防止职业危害的事项，以及依法为从业人员办理工伤保险的事项。

生产经营单位不得以任何形式与从业人员订立协议，免除或者减轻其对从业人员因生产安全事故伤亡依法应承担的责任。

▶条文解读

根据劳动法的规定，劳动合同是劳动者与用人单位确立劳动关系，明确双方权利和义务的协议。在此协议中必须具备以下条款：劳动合同期限，工作内容，劳动保护和劳动条件，劳动报酬，劳动纪律，劳动合同终止的条件，违反劳动合同的责任。根据劳动合同法的规定，用人单位招用劳动者时，应当如实告知劳动者工作内容、工作条件、工作地点、职业危害、安全生产状况等情况；建立劳动关系，应当订立书面劳动合同。劳动合同应当具备劳动保护、劳动条件和职业危害防护、社会保险等条款。

根据《劳动合同法》第4条的规定，用人单位在制定、修改或者决定有关劳动报酬、工作时间、休息休假、劳动安全卫生、保险福利、职工培训、劳动纪律以及劳动定额管理等直接涉及劳动者切身利益的规章制度或者重大事项时，应当经职工代表大会或者全体职工讨论，提出方案和意见，与工会或者职工代表平等协商确定。

本法从保护从业人员劳动安全，维护从业人员安全生产方面的合法权益的角度，进一步具体规定了劳动合同应当载明的两个法定事项：一是保障从业人员劳动安全，防止职业危害的事项；二是办理工伤保险的事项。

▶实用问答

55. 雇工合同中注明的“工伤概不负责”条款是否有效?

雇主在招工登记表中注明“工伤概不负责”，违反了宪法和有关劳动法规的规定，也严重违反社会主义公德，属于无效民事行为。雇主由于过错侵害职工的人身安全，应当承担民事责任。

第五十条　【知情权和建议权】生产经营单位的从业人员有权了解其作业场所和工作岗位存在的危险因素、防范措施及事故应急措施，有权对本单位的安全生产工作提出建议。

▶条文解读

知情权是劳动者的一项重要权利，《劳动合同法》规定，用人单位应当将直接涉及劳动者切身利益的规章制度和重大事项决定公示，或者告知劳动者；用人单位招用劳动者时，应当如实告知劳动者工作内容、工作条件、工作地点、职业危害、安全生产状况、劳动报酬，以及劳动者要求了解的其他情况等。《职业病防治法》中规定：劳动者享有了解工作场所产生或者可能产生的职业病危害因素、危害后果和应当采取的职业病防护措施的权利。用人单位与劳动者订立劳动合同时，应当将工作过程中可能产生的职业病危害及其后果、职业病防护措施和待遇等如实告知劳动者，并在劳动合同中写明，不得隐瞒或者欺骗。劳动者在已订立劳动合同期间因工作岗位或者工作内容变更，从事所订立劳动合同中未告知的存在职业病危害的作业时，用人单位应当依照规定，向劳动者履行如实告知的义务，并协商变更原劳动合同相关条款。

第五十一条　【批评、检举、控告权】从业人员有权对本单位安全生产工作中存在的问题提出批评、检举、控告；有权拒绝违章指挥和强令冒险作业。

生产经营单位不得因从业人员对本单位安全生产工作提出批评、检举、控告或者拒绝违章指挥、强令冒险作业而降低其工资、福利等待遇或者解除与其订立的劳动合同。

▶实用问答

56. 如何理解从业人员在安全生产方面的批评权、检举权和控告权?

批评权是指从业人员对本单位安全生产工作中存在的问题提出批评的权利。法律规定这一权利，有利于从业人员对生产经营单位进行群众监督，促使生产经营单位不断改进本单位的安全生产工作。这里规定的检举权、控告权，是指从业人员对本单位及有关人员违反安全生产法律、法规的行为，有权向主管部门和司法机关进行检举和控告的权利。检举可以署名，也可以不署名；可以用书面形式，也可以用口头形式。但是，从业人员在行使这一权利时，应注意检举和控告的情况必须真实，要实事求是，不能道听途说，无中生有，更不能凭空捏造。法律规定从业人员的检举权、控告权，有利于及时对违法行为作出处理，保障生产安全，防止生产安全事故。

57. 劳动者拒绝用人单位管理人员违章指挥、强令冒险作业，是对劳动合同的违反吗？

本条第2款明确规定，生产经营单位不得因从业人员拒绝违章指挥、强令冒险作业而解除与其订立的劳动合同。根据《劳动合同法》的规定，劳动者拒绝用人单位管理人员违章指挥、强令冒险作业的，不视为违反劳动合同。用人单位违章指挥、强令冒险作业危及劳动者人身安全的，劳动者可以立即解除劳动合同，不需事先告知用人单位。这是从另一个方面赋予从业人员的权利。另外，《劳动合同法》规定，用人单位有违章指挥或者强令冒险作业危及劳动者人身安全的行为的，依法给予行政处罚；构成犯罪的，依法追究刑事责任；给劳动者造成损害的，应当承担赔偿责任。

第五十二条　【紧急情况处置权】从业人员发现直接危及人身安全的紧急情况时，有权停止作业或者在采取可能的应急措施后撤离作业场所。

生产经营单位不得因从业人员在前款紧急情况下停止作业或者采取紧急撤离措施而降低其工资、福利等待遇或者解除与其订立的劳动合同。

▶条文解读

本条第1款赋予了从业人员在紧急情况下，停止作业或在采取可能的应急措施后撤离作业场所的权利，简称紧急撤离权，目的是保护从业人员的人身安全。法律所限定的特定情况是“发现直接危及人身安全的紧急情况”，这是从业人员行使紧急撤离权的前提条件，也就是从业人员紧急撤离权需要在法律所限定的特定情况下行使，即发现直接危及人身安全的紧急情况，如果不撤离会对其生命安全和健康造成直接的威胁。在此情况下，法律赋予从业人员采取特定措施的权利：停止作业或者在采取可能的应急措施后撤离作业场所。紧急撤离权包括两层含义：一是停止作业马上撤离作业场所；二是在采取可能的应急措施后撤离作业场所。

本条第2款是对从业人员紧急撤离权的保护，从业人员在第1款规定的紧急情况下行使紧急撤离权，不得因此受到对自己的不利处分。生产经营单位如果降低从业人员的工资、福利等待遇或者解除与其订立的劳动合同，则该类行为归于无效，对降低的工资要给从业人员补发，对福利予以恢复。解除合同的行为无效，原劳动合同依然具有法律效力。劳动法、劳动合同法都相应规定，有法律、行政法规规定的其他情形的，用人单位不得解除劳动合同。这属于安全生产法规定的不得解除劳动合同的特别情形。

▶实用问答

58. 从业人员行使紧急撤离权是否需要征得有关负责人员的同意?

行使权利的选择权在从业人员，不要求从业人员应当在采取可能的应急措施后或者在征得有关负责人员同意后撤离作业场所。当然，在条件允许的情况下，从业人员可以事先报告或者采取可能的应急措施后再撤离作业场所。同时，实践中要加强对从业人员紧急撤离权的宣传，以最大限度减少人员生产安全事故中的伤亡。

第五十三条　【获得赔偿权】因生产安全事故受到损害的从业人员，除依法享有工伤保险外，依照有关民事法律尚有获得赔偿的权利的，有权向本单位提出赔偿要求。

▶条文解读

本条是关于因生产安全事故受到损害的从业人员享有社会保险和有关民事赔偿权利的规定。这一规定有两层含义：一是从业人员因生产安全事故受到损害的，依法享受工伤保险待遇。二是从业人员因生产安全事故受到损害，依照有关民事法律尚有获得赔偿的权利的，有权向本单位提出赔偿要求。

我国工伤保险制度对解决劳动者工伤情况下的相关费用发挥了很大的作用，但用人单位为劳动者参加工伤保险，并不意味着绝对排除了其在劳动者遭受工伤时的民事赔偿责任。由于工伤保险待遇项目有确定的范围，有的项目赔偿标准也不高，有些情况下劳动者通过工伤保险并不能得到充分救济，而侵权损害赔偿可以更好填补受害人及其亲属的相关损失。例如，侵权责任法第 22 条规定，侵害他人人身权益，造成他人严重精神损害的，被侵权人可以请求精神损害赔偿。再如，根据《最高人民法院关于审理人身损害赔偿案件适用法律若干问题的解释》的规定，受害人死亡的，赔偿义务人应当赔偿受害人亲属办理丧葬事宜支出的交通费、住宿费和误工损失等合理费用，这些赔偿项目都不属于工伤保险待遇范围。另外，工伤保险对劳动者就医的医院以及治疗所使用的药品范围等都有比较多的限制，对有关费用需要劳动者通过向用人单位主张侵权损害赔偿获得救济。因此，为了确保从业人员在因生产安全事故遭受损害的情况下可以获得充分、合理的救济，本条规定了从业人员依法享受工伤保险待遇和依法向用人单位主张民事损害赔偿的相关权利，从业人员在依法行使相关权利时，用人单位不得无故推诿、拒绝承担其依法应当承担的法律责任。

▶实用问答

59. 因用人单位以外的第三人侵权造成劳动者人身损害构成工伤的，劳动者在获得工伤保险赔偿后，是否仍有权向第三人请求人身侵权赔偿?

因用人单位以外的第三人侵权造成劳动者人身损害，构成工伤的，该劳动者既是工伤事故中的受伤职工，又是侵权行为的受害人，有权同时获得工伤保险赔偿和人身侵权赔偿；用人单位和侵权人均应当依法承担各自所负赔偿责任，即使该劳动者已从其中一方先行获得赔偿，亦不能免除或者减轻另一方的赔偿责任。

第五十四条　【服从安全管理的义务】从业人员在作业过程中，应当严格遵守本单位的安全生产规章制度和操作规程，服从管理，正确佩戴和使用劳动防护用品。

▶条文解读

生产经营单位的安全生产规章制度是企业规章制度的重要组成部分。生产经营单位的安全生产管理方面的规章制度包括安全生产责任制、安全技术措施管理、安全生产教育、安全生产检查、伤亡事故报告、各类事故管理、劳动保护设施管理、要害岗位管理、安全值日制度、安全生产竞赛办法、安全生产奖惩办法、劳动防护用品的发放管理办法等。安全操作规程是指在生产活动中，为消除能导致人身伤亡或造成设备、财产破坏以及危害环境而制定的具体技术要求和实施程序的统一规定。对生产经营单位的从业人员不服从管理，违反安全生产规章制度或者操作规程的，本法第104条规定了相应的法律责任：由生产经营单位给予批评教育，依照有关规章制度给予处分；构成犯罪的，依照刑法有关规定追究刑事责任。

劳动防护用品在劳动过程中，是必不可少的生产性装备，对生产经营单位来讲要按照有关规定发放充足，不得任意削减，作为从业人员要珍惜，正确佩戴和认真用好劳动防护用品。

第五十五条 【接受教育和培训的义务】从业人员应当接受安全生产教育和培训，掌握本职工作所需的安全生产知识，提高安全生产技能，增强事故预防和应急处理能力。

▶实用问答

60. 安全教育培训的内容和形式主要有哪些?

安全教育培训的基本内容包括安全意识、安全知识和安全技能教育三方面。从业人员接受安全教育培训的形式多种多样，如组织专门的安全教育培训班；班前班后交代安全注意事项，讲评安全生产情况；施工和检修前进行安全措施交底；各级负责人和安全员在作业现场工作时进行安全宣传教育、督促安全法规和制度的贯彻执行；组织安全技术知识讲座、竞赛；召开事故分析会、现场会，分析造成事故原因、责任、教训，制定事故防范措施；组织安全技术交流、安全生产展览，张贴宣传画、标语，设置警示标志，以及利用广播、电影、电视、录像等方式进行安全教育；通过由安全技术部门召开的安全例会、专题会、表彰会、座谈会或者采用安全信息、简报、通报等形式，总结、评比安全生产工作，达到安全教育的目的。从业人员要积极参加上述形式的安全教育培训。

第五十六条 【事故隐患或者不安全因素的报告义务】从业人员发现事故隐患或者其他不安全因素，应当立即向现场安全生产管理人员或者本单位负责人报告；接到报告的人员应当及时予以处理。

▶条文解读

本条对从业人员发现事故隐患或者其他不安全因素规定了报告义务，符合职工参与安全生产工作的机制要求。其报告义务有两点要求：一是在发现事故隐患或者其他不安全因素后，应当立即报告，因为安全生产事故的特点之一是突发性，如果拖延报告，则使事故发生的可能性加大，发生了事故则更是悔之晚矣。二是接受报告的主体是现场安全生产管理人员或者本单位的负责人，以便于对事故隐患或者其他不安全因素及时作出处理，避免事故的发生。接到报告的人员须及时进行处理，以防止有关人员延误消除事故隐患的时机。

第五十七条　【工会对安全生产工作的职责】工会有权对建设项目的安全设施与主体工程同时设计、同时施工、同时投入生产和使用进行监督，提出意见。

工会对生产经营单位违反安全生产法律、法规，侵犯从业人员合法权益的行为，有权要求纠正；发现生产经营单位违章指挥、强令冒险作业或者发现事故隐患时，有权提出解决的建议，生产经营单位应当及时研究答复；发现危及从业人员生命安全的情况时，有权向生产经营单位建议组织从业人员撤离危险场所，生产经营单位必须立即作出处理。

工会有权依法参加事故调查，向有关部门提出处理意见，并要求追究有关人员的责任。

▶实用问答

61. 工会如何对本单位建设项目的安全设施提出意见?

本条第 1 款规定了工会有权对建设项目的安全设施提出意见。本法第 28 条也规定：“生产经营单位新建、改建、扩建工程项目（以下统称建设项目）的安全设施，必须与主体工程同时设计、同时施工、同时投入生产和使用。安全设施投资应当纳入建设项目概算。”《工会法》第 23 条规定，工会依照国家规定对新建、扩建企业和技术改造工程中的劳动条件和安全卫生设施与主体工程同时设计、同时施工、同时投产使用进行监督。由此可见，工会既可以在设计阶段、施工阶段对建设项目的安全设施提出意见，也可以在投产前的检查验收中提出意见；既可以要求生产经营单位按照国家规定增加或者补建安全设施，也可以要求依法改善劳动条件，还可以建议停止施工、投产，待安全设施配套时再行施工等。生产经营单位对工会提出的意见，应当认真处理。对确有法律依据的，应当按照工会的意见处理。对未按照工会的意见处理的，工会还可以向有关主管部门反映，或者向上一级工会反映，要求解决。对工会提出的意见，生产经营单位或者主管部门要认真研究，处理解决，并应当将研究处理结果通知工会。工会的这种监督属于一种群众性监督。

第五十八条　【劳务派遣的用工形式】生产经营单位使用被派遣劳动者的，被派遣劳动者享有本法规定的从业人员的权利，并应当履行本法规定的从业人员的义务。

▶实用问答

62. 对于被派遣劳动者，用工单位应当履行哪些义务?

《劳动合同法》第62条规定，对于被派遣劳动者用工单位应当履行下列义务：(1) 执行国家劳动标准，提供相应的劳动条件和劳动保护；(2) 告知被派遣劳动者的工作要求和劳动报酬；(3) 支付加班费、绩效奖金，提供与工作岗位相关的福利待遇；(4) 对在岗被派遣劳动者进行工作岗位所必需的培训；(5) 连续用工的，实行正常的工资调整机制。用工单位不得将被派遣劳动者再派遣到其他用人单位。有关行政法规、部门规章也对被派遣劳动者的使用作出明确规定。如《国务院办公厅关于进一步加强煤矿安全生产工作的意见》第14条规定，规范煤矿劳动用工管理。在一定区域内，加强煤矿企业招工信息服务，统一组织报名和资格审查、统一考核、统一签订劳动合同和办理用工备案、统一参加社会保险、统一依法使用劳务派遣用工，并加强监管。

63. 依照本法规定，被派遣劳动者具体享有哪些权利，应承担哪些义务?

根据本法第三章的有关内容，本条规定的“被派遣劳动者享有本法规定的从业人员的权利”，具体指：(1) 从业人员与生产经营单位订立的劳动合同应当载明与从业人员劳动安全有关的事项，以及生产经营单位不得以协议免除或者减轻安全事故伤亡责任；(2) 从业人员对危险因素、防范措施及事故应急措施的知情权和建议权；(3) 对安全问题的批评、检举和控告权，并有权拒绝违章指挥和强令冒险作业；(4) 有权在发现直接危及人身安全的紧急情况时停止作业或者在采取可能的应急措施后撤离作业场所；（5）享有因生产安全事故而遭受损害的赔偿权利。被派遣劳动者应履行的义务有：遵守安全生产法律法规以及规章制度，照章操作；接受安全生产培训；对事故隐患或者不安全因素进行报告等。

第四章　安全生产的监督管理

第五十九条　【政府及安全生产监督管理部门的职责】县级以上地方各级人民政府应当根据本行政区域内的安全生产状况，组织有关部门按照职责分工，对本行政区域内容易发生重大生产安全事故的生产经营单位进行严格检查。

安全生产监督管理部门应当按照分类分级监督管理的要求，制定安全生产年度监督检查计划，并按照年度监督检查计划进行监督检查，发现事故隐患，应当及时处理。

▶实用问答

64. 县级以上地方各级人民政府应当如何组织有关部门开展安全生产监督检查？

县级以上地方各级人民政府在安全生产监督管理方面应当按照下列要求组织有关部门开展安全生产监督检查：第一，全面了解掌握本行政区域安全生产状况。县级以上地方各级人民政府应当根据本行政区域生产经营活动的特点、分布区域、人员结构等情况，分析可能发生生产安全事故的途径、危害程度以及影响范围。第二，按照各有关部门的职责分工组织安全检查。本法第9条对安全生产监督管理部门和其他有关部门的安全生产监督管理职责作出了明确规定，县级以上地方各级人民政府应当根据有关部门的职责分工，组织相应行业、领域的安全检查，有关部门应当根据政府的组织安排，依照法律、法规的规定进行安全检查。第三，确定安全检查重点。县级以上地方人民政府应当在调查研究的基础上，确定本行政区域内容易发生重大生产安全事故的生产经营单位。第四，检查必须严格，禁止搞形式，走过场。应当严格按照有关法律、法规、规章和有关国家标准、行业标准的规定进行检查，做到“全覆盖、零容忍、严执法、重实效”。应当采用“四不两直”（即不发通知、不打招呼、不听汇报、不用接待和陪同，直奔基层、直插现场），暗查暗访的方式严格检查，不能降低检查的标准和要求，真正做到有法必依、执法必严、违法必究。

65. 安全生产监督管理部门履行监督检查职责，应当采用哪些措施？

根据本条第2款的规定，安全生产监督管理部门履行监督检查职责，应当采用下列措施：(1) 对生产经营单位进行分类、分级监督管理。所谓分类，是指根据生产经营单位危险性质的不同，划分不同的行业或者领域类别。所谓分级，是指根据生产经营单位存在的可能引发生产安全事故的风险程度，对其进行等级评估，确定事故风险等级。(2) 制订本部门年度监督检查计划，并按照计划实施监督检查。安全生产监督管理部门应当根据本部门执法人员的数量、装备配备、执法区域的范围和生产经营单位的数量、分布、生产规模以及安全生产状况等因素科学、合理制订年度监督检查计划。监督检查计划应当包括检查的生产经营单位数量和频次、检查的方式、重点等内容。计划的内容应当明确、具体、具有可操作性，并落实到本部门内设责任机构及人员。计划由本部门主要负责人组织制定。计划一旦确定，不得随意更改。确需调整相关内容的，也应当按照规定报经主要负责人批准。根据《安全生产监管监察职责和行政执法责任追究的规定》，安全生产监督管理部门年度安全监督执法工作计划应当报请本级人民政府审查批准，并报上一级安全生产监督管理部门备案。

第六十条　【安全生产事项的审批】负有安全生产监督管理职责的部门依照有关法律、法规的规定，对涉及安全生产的事项需要审查批准（包括批准、核准、许可、注册、认证、颁发证照等，下同）或者验收的，必须严格依照有关法律、法规和国家标准或者行业标准规定的安全生产条件和程序进行审查；不符合有关法律、法规和国家标准或者行业标准规定的安全生产条件的，不得批准或者验收通过。对未依法取得批准或者验收合格的单位擅自从事有关活动的，负责行政审批的部门发现或者接到举报后应当立即予以取缔，并依法予以处理。

对已经依法取得批准的单位，负责行政审批的部门发现其不再具备安全生产条件的，应当撤销原批准。

▶条文解读

依照本条规定，负有安全生产监督管理职责的部门必须依法履行以下职责：(1) 依法审批、验收，对一些涉及安全生产的事项，应由政府负有安全生产监督管理职责的部门依法进行事前审查批准，包括批准、核准、许可、注册、认证、颁发证明等；对一些高危行业的建设项目的安全设施，要由有关监督管理部门进行检查验收。(2) 对依法应当经过审批、验收，而未经审批、验收即从事有关活动的违法行为，必须依法予以取缔、处理。(3) 发现已经审批的生产经营单位不再具备安全生产条件的，应当撤销原批准。

▶实用问答

66. 企业取得安全生产许可证，应当具备哪些安全生产条件?

企业取得安全生产许可证，应当具备下列安全生产条件：(1) 建立、健全安全生产责任制，制定完备的安全生产规章制度和操作规程；(2) 安全投入符合安全生产要求；(3) 设置安全生产管理机构，配备专职安全生产管理人员；(4) 主要负责人和安全生产管理人员经考核合格；(5) 特种作业人员经有关业务主管部门考核合格，取得特种作业操作资格证书；(6) 从业人员经安全生产教育和培训合格；(7) 依法参加工伤保险，为从业人员缴纳保险费；(8) 厂房、作业场所和安全设施、设备、工艺符合有关安全生产法律、法规、标准和规程的要求；(9) 有职业危害防治措施，并为从业人员配备符合国家标准或者行业标准的劳动防护用品；(10) 依法进行安全评价；(11) 有重大危险源检测、评估、监控措施和应急预案；(12) 有生产安全事故应急救援预案、应急救援组织或者应急救援人员，配备必要的应急救援器材、设备；(13) 法律、法规规定的其他条件。

第六十一条　【政府监管的限制】 负有安全生产监督管理职责的部门对涉及安全生产的事项进行审查、验收，不得收取费用；不得要求接受审查、验收的单位购买其指定品牌或者指定生产、销售单位的安全设备、器材或者其他产品。

▶条文解读

政府部门收取费用，简称行政收费，是指行政机关凭借国家行政权所确立的地位，为个人和组织提供一定的公益服务，或者授予个人或者组织以国家资源、资金的使用权而收取的费用。行政机关收取的费用，依法上交国库。政府及其主管部门履行监督管理职责，是其正常的执行公务活动，所需费用由财政予以保障。

负有安全生产监督管理职责的部门和接受审查、验收的单位之间是一种监督和被监督管理的关系，二者之间不应存在经济关系或者其他利益关系。本条明确规定，禁止负有安全生产监督管理职责的部门以任何形式要求接受审查、验收的单位购买其指定品牌或者指定生产、销售单位的安全设备、器材或者其他产品。这里的“品牌”是指负有安全生产监督管理职责的部门指定的某个或者某些特定品牌。“指定”还包括“变相指定”等相关行为，表现为对审查、验收的单位自行选择购买的合格安全设备、器材或者其他产品不予认可，阻碍接受审查、验收的单位行使自由选择安全设备、器材或者其他产品的权利。

▶实用问答

67. 违反本条规定，应承担何法律责任?

本法第 88 条规定，负有安全生产监督管理职责的部门，要求被审查、验收的单位购买其指定的安全设备、器材或者其他产品的，在对安全生产事项的审查、验收中收取费用的，由其上级机关或者监察机关责令改正，责令退还收取的费用；情节严重的，对直接负责的主管人员和其他直接责任人员依法给予处分。

第六十二条　【监督检查的职权范围】安全生产监督管理部门和其他负有安全生产监督管理职责的部门依法开展安全生产行政执法工作，对生产经营单位执行有关安全生产的法律、法规和国家标准或者行业标准的情况进行监督检查，行使以下职权：

（一）进入生产经营单位进行检查，调阅有关资料，向有关单位和人员了解情况；

（二）对检查中发现的安全生产违法行为，当场予以纠正或者要求限期改正；对依法应当给予行政处罚的行为，依照本法和其他有关法律、行政法规的规定作出行政处罚决定；

（三）对检查中发现的事故隐患，应当责令立即排除；重大事故隐患排除前或者排除过程中无法保证安全的，应当责令从危险区域内撤出作业人员，责令暂时停产停业或者停止使用相关设施、设备；重大事故隐患排除后，经审查同意，方可恢复生产经营和使用；

（四）对有根据认为不符合保障安全生产的国家标准或者行业标准的设施、设备、器材以及违法生产、储存、使用、经营、运输的危险物品予以查封或者扣押，对违法生产、储存、使用、经营危险物品的作业场所予以查封，并依法作出处理决定。

监督检查不得影响被检查单位的正常生产经营活动。

▶实用问答

68. 在安全生产监督检查中，安全生产监督管理部门和其他负有安全生产监督管理职责的部门有哪些权力？

本条规定，在安全生产监督检查中安全生产监督管理部门和其他负有安全生产监督管理职责的部门有以下权力：

第一，现场调查取证权。包括：(1) 有权进入生产经营单位进行现场检查，被检查单位不得拒绝。(2) 有权向被检查单位调阅与监督检查有关的资料，被检查单位应当如实提供。(3) 向有关人员，包括被检查单位的负责人、有关的管理人员、技术人员和作业人员等了解相关的情况。

第二，现场处理权。包括：(1) 对监督检查中发现的安全生产违法行为，有权当场予以纠正或者要求限期改正。(2) 责令排除事故隐患，对现场监督检查中发现的事故隐患，有权责令被检查单位采取有效措施，立即予以排除。(3) 责令采取紧急避险措施权，如果检查中发现的事故隐患属于重大隐患，在隐患排除前或者排除过程中不能保证人员安全的，有权要求从危险区域撤出作业人员，同时要求暂时停止存在重大事故隐患的作业，或者暂停存在重大事故隐患的相关设施、设备的使用。只有在重大事故隐患被排除后，经过安全生产监督管理部门和其他负有安全生产监督管理职责的部门审查同意，生产经营单位才能恢复有关的生产经营活动或者恢复有关设施、设备的使用。（4）对检查中发现的违法行为，依照有关法律、法规的规定应当由安全生产监督管理部门和其他负有安全生产监督管理职责的部门予以处罚的，依法作出行政处罚的决定。

第三，采取查封或扣押行政强制措施权。这里所规定的“查封”，是指负有安全生产监督管理职责的部门对于不符合保障安全生产的国家标准或者行业标准的设施、设备、器材以张贴封条或者采取其他必要措施封存起来，未经查封部门许可，任何单位或者个人不得启封、动用。这里所规定的“扣押”，是指负有安全生产监督管理职责的部门将不符合保障安全生产的国家标准或者行业标准的设施、设备、器材运到另外的场所予以扣留。

69. 如何理解本条第 2 款规定的监督检查不得影响正常生产经营活动?

本条第 2 款所规定的“正常生产经营活动”，是指没有违反安全生产要求、履行了安全生产义务的生产经营活动。而对于在检查中发现的违法行为，事故隐患，不符合保障安全生产的国家标准或者行业标准的设施、设备、器材，违法生产、储存、使用、经营、运输的危险物品，违法生产、储存、使用、经营危险物品的作业场所，分别采取当场纠正或者要求限期改正，责令立即排除，责令暂时停产停业或者停止使用相关设施、设备，查封或者扣押等措施，不属于影响正常生产经营活动。生产经营单位不得以此为借口，拒绝、阻挠职能部门的监督检查。

第六十三条　【监督检查的配合】生产经营单位对负有安全生产监督管理职责的部门的监督检查人员（以下统称安全生产监督检查人员）依法履行监督检查职责，应当予以配合，不得拒绝、阻挠。

▶条文解读

本条所规定的安全生产监督检查人员监督检查职责是指本法第 62 条规定的职权，包括：现场调查取证权、现场处理权、采取查封或扣押行政强制措施权等。生产经营单位有接受监管部门依法进行的监督检查的义务，对安全生产监督检查人员依法履行监督检查职责，应予以配合，不得拒绝、阻挠。

▶实用问答

70. 行政机关可以只派一名执法人员进行安全生产监督检查吗?

根据《行政处罚法》的规定，行政机关在调查或者进行检查时，执法人员不得少于两人，并应当向当事人或者有关人员出示证件。当事人或者有关人员应当如实回答询问，并协助调查或者检查，不得阻挠。询问或者检查应当制作笔录。

71. 生产经营单位拒绝、阻碍依法实施的监督检查应承担何种法律责任?

根据本法第105条的规定，违反本法规定，生产经营单位拒绝、阻碍负有安全生产监督管理职责的部门依法实施监督检查的，责令改正；拒不改正的，处二万元以上二十万元以下的罚款；对其直接负责的主管人员和其他直接责任人员处一万元以上二万元以下的罚款；构成犯罪的，依照刑法有关规定追究刑事责任。《刑法》第277条第1款规定，以暴力、威胁方法阻碍国家机关工作人员依法执行职务的，处三年以下有期徒刑、拘役、管制或者罚金。同时，对于阻碍国家机关工作人员依法执行职务的行为，可以按照《治安管理处罚法》第50条的有关规定给予治安管理处罚，即处警告或者二百元以下罚款；情节严重的，处五日以上十日以下拘留，可以并处五百元以下罚款。

第六十四条　【监督检查的要求】安全生产监督检查人员应当忠于职守，坚持原则，秉公执法。

安全生产监督检查人员执行监督检查任务时，必须出示有效的监督执法证件；对涉及被检查单位的技术秘密和业务秘密，应当为其保密。

▶实用问答

72. 什么是“技术秘密”和“业务秘密”?

技术秘密，包括被检查单位的技术诀窍、技术配方、工艺流程等。业务秘密，包括有关的经营决策、客户资料等方面的内容。上述秘密都属于被检查单位的商业秘密。商业秘密是指不为公众所知悉，能为权利人带来经济利益，具有实用性并经权利人采取保密措施的技术信息和经营信息。安全生产监督检查人员执行公务时，对涉及被检查单位的技术秘密和业务秘密，应承担保密的义务。我国《刑法》规定，有违反约定或者违反权利人有关保守商业秘密的要求，披露、使用或者允许他人使用其所掌握的商业秘密等行为，给商业秘密的权利人造成重大损失的，处三年以下有期徒刑或者拘役，并处或者单处罚金；造成特别严重后果的，处三年以上七年以下有期徒刑，并处罚金。

第六十五条　【监督检查的记录】安全生产监督检查人员应当将检查的时间、地点、内容、发现的问题及其处理情况，作出书面记录，并由检查人员和被检查单位的负责人签字；被检查单位的负责人拒绝签字的，检查人员应当将情况记录在案，并向负有安全生产监督管理职责的部门报告。

▶条文解读

本条是关于安全生产监督检查人员在监督检查时，应当对有关检查情况作出记录的规定。按照本条规定，安全检查记录必须符合下述两项要求：一是安全检查记录应当为书面形式。二是检查记录须由检查人员和被检查单位的负责人签字。签字应当当场进行，如果被检查单位的负责人拒绝签字的，检查人员应当将这一情况在检查记录中说明，并向负有安全生产监督管理职责的部门报告。负责人拒绝签字的，不影响检查记录的有效性。

▶实用问答

73. 安全检查记录应包括哪些内容?

安全检查记录的具体内容应当包括：（1）检查的时间。一般是指检查时的年、月、日、时、分的具体时间。对容易发生事故的重点部门和重点区域的检查时间更需要特别记录。（2）检查的地点。通常是指被检查的生产经营单位及其场所。地点的记录应当具体、明确，载明实施检查的具体场所。如果是对生产经营单位的某个矿井、某个车间、某些设备设施等进行检查，这时还应当对具体的作业场所和设备设施的名称、地址予以记录。（3）检查的内容。即指检查的具体事项，比如本次检查了哪些设施、设备等。(4) 检查中发现的问题。对检查中发现的被检查单位存在的与有关安全生产的法律、法规、国家标准、行业标准等要求不符的情况，如安全生产的规章制度不健全，设施、设备存在的安全隐患问题，是一般的事故隐患问题还是重大事故隐患问题等，都应如实加以记录。(5) 对检查中发现的问题的处理情况（特别是发现事故隐患的处理情况）。通常是指是否按照法律法规和规章的规定对发现的事故隐患和违法行为进行了处理。如对于事故隐患，是否责令立即排除或者限期排除；对安全生产违法行为是否当场纠正或者要求限期改正，对应当给予行政处罚的行为是否依法进行了处罚，对重大安全生产问题是否向有关人民政府或其所属部门及时报告等，都应当记录在案。

第六十六条　【联合检查与分别检查】负有安全生产监督管理职责的部门在监督检查中，应当互相配合，实行联合检查；确需分别进行检查的，应当互通情况，发现存在的安全问题应当由其他有关部门进行处理的，应当及时移送其他有关部门并形成记录备查，接受移送的部门应当及时进行处理。

第六十七条　【强制措施】负有安全生产监督管理职责的部门依法对存在重大事故隐患的生产经营单位作出停产停业、停止施工、停止使用相关设施或者设备的决定，生产经营单位应当依法执行，及时消除事故隐患。生产经营单位拒不执行，有发生生产安全事故的现实危险的，在保证安全的前提下，经本部门主要负责人批准，负有安全生产监督管理职责的部门可以采取通知有关单位停止供电、停止供应民用爆炸物品等措施，强制生产经营单位履行决定。通知应当采用书面形式，有关单位应当予以配合。

负有安全生产监督管理职责的部门依照前款规定采取停止供电措施，除有危及生产安全的紧急情形外，应当提前二十四小时通知生产经营单位。生产经营单位依法履行行政决定、采取相应措施消除事故隐患的，负有安全生产监督管理职责的部门应当及时解除前款规定的措施。

▶实用问答

74. 负有安全生产监督管理职责的部门在具体实施强制措施时应当注意哪些问题?

第一，严格实施条件。负有安全生产监督管理职责的部门实施行政强制措施应符合以下条件:

一是保证安全。负有安全生产监督管理职责的部门实施行政强制措施的过程中更要以保证安全，特别是从业人员的生命安全为前提。要充分考虑生产经营单位的生产特点和特殊要求，不能因突然采取停电等措施导致发生其他事故。在实施停止供应民用爆炸物品，特别是停止供电的强制措施的情况下，要严格遵守安全断电程序，以保障实现行政强制目的。

二是负有安全生产监督管理职责的部门依法对存在重大事故隐患的生产经营单位作出停产停业、停止施工、停止使用相关设施或者设备的决定。这里所称的决定，既包括依照本法第62条或者其他法律法规规定作出的责令暂时停产停业、停止使用相关设施设备的现场处理决定，也包括依照本法法律责任一章作出的责令停产停业整顿的行政决定。

三是生产经营单位拒不执行上述决定。

四是存在重大事故隐患，有发生生产安全事故的现实危险。这里所称的重大事故隐患，通常是指危害和整改难度较大，应当全部或者局部停产停业，并经过一定时间整改治理方能排除的隐患，或者因外部因素影响致使生产经营单位自身难以排除的隐患。这里所称的有发生生产安全事故的现实危险，是指现实存在的、紧迫的危险，如果这种危险持续存在，生产经营单位就可能随时发生事故。

第二，严格按照程序。

一是经本部门主要负责人批准。本部分属于内部程序的限定，实施前必须要经过本部门主要负责人批准。这里所称的本部门主要负责人，一般是指负有安全生产监督管理职责的部门的正职负责人，也可以是主持工作的其他负责人。

二是通知要采用书面形式，这是本条款实施的形式要件。为保证实施过程的公开、公正、可追溯，书面形式应为相应的行政执法文书。

三是采取停止供电的强制措施，应当提前二十四小时书面通知生产经营单位。这是是对本条第一款的补充规定。如果遇有紧急情形的，负有安全生产监督管理职责的部门可以不提前二十四小时，甚至在不通知生产经营单位的情况下，直接依照本条第1款的规定要求供电企业停止供电。

第三，严格解除条件。

一是生产经营单位依法履行行政决定。即生产经营单位已经按照负有安全生产监督管理职责的部门行政决定的要求，正确履行了停产停业、停止施工、停止使用相关设施设备的义务。

二是采取相应措施消除事故隐患的。除了履行行政决定外，生产经营单位还必须采取措施消除事故隐患后，负有安全生产监督管理职责的部门才能解除行政强制措施。判断事故隐患是否已经被消除，依照本法第62条的规定，必须经负有安全生产监督管理职责的部门审查同意后，生产经营单位方可恢复生产经营或使用相关设施设备。

第六十八条　【安全生产行政监察】监察机关依照行政监察法的规定，对负有安全生产监督管理职责的部门及其工作人员履行安全生产监督管理职责实施监察。

第六十九条　【检评机构的条件和责任】承担安全评价、认证、检测、检验的机构应当具备国家规定的资质条件，并对其作出的安全评价、认证、检测、检验的结果负责。

▶条文解读

本条所讲的承担安全评价、认证、检测、检验的机构，是指向社会开放的，接受生产经营单位或者负有安全生产监督管理职责的部门等的委托，对有关的安全生产条件、安全产品、安全设备等进行技术性评价、技术性检验、安全认证等，并出具相关报告的机构。

安全评价、认证、检测、检验的机构应对其作出的安全评价、认证、检测、检验的结果负责，包括两方面的含义：一是安全评价、认证、检测、检验的机构接受委托进行有关的安全评价、认证、检测、检验，必须做到客观、公正，执行规定的程序和操作规则，保证结果的准确性；二是安全评价、认证、检测、检验机构要对自己作出的安全评价报告和检测、检验结果的真实性、准确性负责，对出具的安全评价报告或者检测、检验结论不实的，要承担相应的法律责任。

第七十条　【举报制度】负有安全生产监督管理职责的部门应当建立举报制度，公开举报电话、信箱或者电子邮件地址，受理有关安全生产的举报；受理的举报事项经调查核实后，应当形成书面材料；需要落实整改措施的，报经有关负责人签字并督促落实。

▶实用问答

75. 负有安全生产监督管理职责的部门向社会公开监督举报的联系方式应注意哪些问题?

公开举报电话、信箱或者电子邮件地址，即要向社会公开监督举报的联系方式。一是公开的面要广，要让多数人知悉。举报联系方式的宣传是否到位，关系到举报制度实施的成败。要充分利用影响面较广的电视、广播、报刊、互联网、宣传牌和宣传单等各种途径，多层次、全方位地对安全生产举报联系方式进行宣传，要持之以恒地长期宣传，让安全生产举报联系方式人人皆知。二是公开受理举报的单位的电话、信箱或者电子邮件地址应当具体、明确，便于记忆。目前，各地已经设立全国统一的安全生产举报投诉特服号“12350”，受理安全生产事故、重大安全隐患、非法违法生产建设经营等方面的举报投诉。三是对受理举报的内容应要公开，主要包括：(1) 在生产过程中违反劳动纪律或者违反安全生产操作规程的情形、各类安全生产事故、其他不安全因素等安全生产方面存在的问题。(2) 安全生产和现场管理中的违章指挥现象、违反安全生产法律法规和方针政策、安全生产责任不落实、事故隐患整改不及时等安全生产管理方面存在的问题。既包括对生产经营单位违反有关安全生产法律、法规行为的举报，也包括对负有安全生产监督管理职责部门的工作人员不依法行使职权的举报等。

第七十一条　【举报权】任何单位或者个人对事故隐患或者安全生产违法行为，均有权向负有安全生产监督管理职责的部门报告或者举报。

▶条文解读

本条是关于任何单位或者个人对事故隐患或者安全生产违法行为有权举报的规定。单位和个人以书信、电话、口头和委托他人转告等方式，无论实名和匿名，对安全生产违法行为和事故隐患等进行举报的均应受理。受理口头举报，应当将举报情况写成笔录，受理电话举报，应当询问清楚，如实记录。对具名报告或者举报但不愿对外公开身份的，接受报告或者举报的负有安全生产监督管理职责的部门，应当为当事人保密。对具名报告或者举报且有联系方式的，依照国务院《信访条例》的规定，有关行政机关收到报告或者举报后，应当在15日内书面告知举报人是否立案受理；并自受理之日起60日内办结，告知举报人。对于举报的事实线索比较明确，又属于本部门职责范围的，受理举报的部门应当及时进行调查，违法行为经查证属实的，依法给予行政处罚或者处分，构成犯罪的，移送司法机关依法追究刑事责任。对不属于本部门职责范围的举报，应当及时移交有权处理的部门。

▶实用问答

76. 哪些部门可以受理单位或者个人对事故隐患或者安全生产违法行为的举报?

可受理举报的部门包括：(1) 安全生产监督管理部门。安全生产监督管理部门是安全生产工作的综合监督管理部门，根据本法第9条第1款的规定，国务院安全生产监督管理部门依照本法，对全国安全生产工作实施综合监督管理；县级以上地方各级人民政府安全生产监督管理部门依照本法，对本行政区域内安全生产工作实施综合监督管理。因此，根据上述规定，任何单位和个人可以向安全生产监督管理部门举报事故隐患或者安全生产违法行为，由安全生产监督管理部门依法实施综合监督管理。(2) 安全生产监督管理部门以外的其他负有安全生产监督管理职责的部门。根据本法第9条第2款的规定，国务院有关部门依照本法和其他有关法律、行政法规的规定，在各自的职责范围内对有关行业、领域的安全生产工作实施监督管理；县级以上地方各级人民政府有关部门依照本法和其他有关法律、法规的规定，在各自的职责范围内对有关行业、领域的安全生产工作实施监督管理。主要有：公安机关，煤矿安全监察机构，建筑行政部门，铁路、民航、交通部门，特种设备安全监察部门，电力监管部门等。依据上述规定，任何单位和个人在发现生产经营单位的事故隐患或者安全生产违法行为时，也可以向相关行业主管部门举报。

第七十二条　【举报义务】居民委员会、村民委员会发现其所在区域内的生产经营单位存在事故隐患或者安全生产违法行为时，应当向当地人民政府或者有关部门报告。

第七十三条　【举报奖励】县级以上各级人民政府及其有关部门对报告重大事故隐患或者举报安全生产违法行为的有功人员，给予奖励。具体奖励办法由国务院安全生产监督管理部门会同国务院财政部门制定。

▶条文解读

本条是关于县级以上各级人民政府及其有关部门应实施安全生产举报奖励的规定。依照本条的规定，县级以上各级人民政府及其有关部门，对报告重大事故隐患或者举报安全生产违法行为的有功人员，应当给予奖励。比如由于报告或者举报属实，经过监督管理部门的检查和督促处理，有效地避免重大生产安全事故的发生，该报告人或举报人员就应当受到奖励。这里所讲的奖励，主要是指物质奖励，也包括精神奖励。

第七十四条　【舆论监督】新闻、出版、广播、电影、电视等单位有进行安全生产公益宣传教育的义务，有对违反安全生产法律、法规的行为进行舆论监督的权利。

▶条文解读

本条是关于安全生产舆论监督的规定。所谓“公益”，就是要求广大新闻媒体单位在安全生产宣传上，不能以营利为目的，做到不收费或者少收费，更不能搞所谓的有偿新闻。

第七十五条　【安全生产违法行为信息库】负有安全生产监督管理职责的部门应当建立安全生产违法行为信息库，如实记录生产经营单位的安全生产违法行为信息；对违法行为情节严重的生产经营单位，应当向社会公告，并通报行业主管部门、投资主管部门、国土资源主管部门、证券监督管理机构以及有关金融机构。

▶条文解读

本条是关于负有安全生产监督管理职责的部门建立安全生产违法信息库，并向社会公示和有关部门通报的规定。本条主要针对实践中一些企业特别是上市公司“不怕罚款怕曝光”的情况，建立安全生产诚信（黑名单）制度，加大生产经营单位的违法成本。

第五章　生产安全事故的应急救援与调查处理

第七十六条　【生产安全事故应急能力建设】国家加强生产安全事故应急能力建设，在重点行业、领域建立应急救援基地和应急救援队伍，鼓励生产经营单位和其他社会力量建立应急救援队伍，配备相应的应急救援装备和物资，提高应急救援的专业化水平。

国务院安全生产监督管理部门建立全国统一的生产安全事故应急救援信息系统，国务院有关部门建立健全相关行业、领域的生产安全事故应急救援信息系统。

▶条文解读

本条是关于国家应当加强生产安全事故应急救援能力建设和建立统一的生产安全事故应急救援信息系统的规定。

应急救援一般是指针对突发、具有破坏力的紧急事件采取预防、预备、响应和恢复的活动与计划。可以从以下两方面加强生产安全事故应急能力建设：第一，在重点行业、领域建立应急救援基地和应急救援队伍，推进应急救援专业化处置能力建设。第二，鼓励生产经营单位和其他社会力量建立应急救援队伍，配备相应的应急救援装备和物资，提高应急救援的专业化水平。加强生产经营单位专兼职队伍和职工队伍建设。现阶段，国家生产安全事故应急救援信息系统建设的基本要求为：积极适应安全生产应急管理工作需要，紧紧围绕“统一指挥、反应灵敏、协调有序、运转高效”的应急管理机制，加强应急救援信息系统建设。要做到：一是坚持整体筹划；二是坚持先进实用；三是坚持综合配套；四是坚持互联互通；五是坚持安全可靠。

第七十七条　【政府职责】县级以上地方各级人民政府应当组织有关部门制定本行政区域内生产安全事故应急救援预案，建立应急救援体系。

▶实用问答

77. 什么是生产安全事故应急预案？

生产安全事故应急救援预案是针对具体设备、设施、场所和环境，在安全评价的基础上，为降低事故造成的人身、财产损失与环境危害，就事故发生后的应急救援机构和人员，应急救援的设备、设施、条件和环境，行动的步骤和纲领，控制事故发展的方法和程序等，预先做出的科学而有效的计划和安排。应急救援预案的制定一般可以分为五个步骤，即组建应急救援预案编制队伍、开展危险与应急能力分析、预案编制、预案评审与发布、预案的实施等。

第七十八条　【生产安全事故应急预案及演练】生产经营单位应当制定本单位生产安全事故应急救援预案，与所在地县级以上地方人民政府组织制定的生产安全事故应急救援预案相衔接，并定期组织演练。

▶实用问答

78. 生产经营单位制定生产安全事故应急预案应符合哪些要求？

生产经营单位应当根据有关法律、法规和国家其他有关规定，结合本单位的危险源状况、危险性分析情况和可能发生的事故特点，制定相应的应急救援预案。生产经营单位制定生产安全事故应急救援预案应当符合下列基本要求：（1）符合有关法律、法规、规章、标准和安全技术规范的规定；（2）结合本单位的生产经营活动的特点和安全生产实际情况；（3）结合本单位的危险性分析情况，针对本单位的风险隐患特点；（4）应急组织和人员的职责分工明确，并有具体的落实措施；（5）有明确、具体的事故预防措施和应急程序，并与其应急能力相适应；（6）有明确的应急保障措施，并能满足本单位的应急工作要求；（7）预案基本要素齐全、完整，预案附件提供的信息准确；（8）预案内容与相关应急救援预案相互衔接。

生产经营单位的应急救援预案按照针对情况的不同，分为综合应急预案、专项应急预案和现场处置方案。生产经营单位根据风险种类、可能发生事故的类型，组织编制本单位的综合应急预案。综合应急预案应当包括本单位的应急组织机构及其职责、预案体系及响应程序、事故预防及应急保障、应急培训及预案演练等主要内容。对于某一种类的风险，生产经营单位应当根据存在的重大危险源和可能发生的事故类型，制定相应的专项应急预案。专项应急预案应当包括危险性分析、可能发生的事故特征、应急组织机构与职责、预防措施、应急处置程序和应急保障等内容。对于危险性较大的重点岗位，生产经营单位应当制定重点工作岗位的现场处置方案。现场处置方案应当包括危险性分析、可能发生的事故特征、应急处置程序、应急处置要点和注意事项等内容。生产经营单位编制的综合应急预案、专项应急预案和现场处置方案之间应当相互衔接，并与所涉及的其他单位的应急预案相互衔接。

第七十九条　【组织和设备的要求】危险物品的生产、经营、储存单位以及矿山、金属冶炼、城市轨道交通运营、建筑施工单位应当建立应急救援组织；生产经营规模较小的，可以不建立应急救援组织，但应当指定兼职的应急救援人员。

危险物品的生产、经营、储存、运输单位以及矿山、金属冶炼、城市轨道交通运营、建筑施工单位应当配备必要的应急救援器材、设备和物资，并进行经常性维护、保养，保证正常运转。

第八十条　【生产经营单位的事故报告】生产经营单位发生生产安全事故后，事故现场有关人员应当立即报告本单位负责人。

单位负责人接到事故报告后，应当迅速采取有效措施，组织抢救，防止事故扩大，减少人员伤亡和财产损失，并按照国家有关规定立即如实报告当地负有安全生产监督管理职责的部门，不得隐瞒不报、谎报或者迟报，不得故意破坏事故现场、毁灭有关证据。

▶条文解读

依照本条规定，生产经营单位发生生产安全事故后，事故现场有关人员应当立即报告本单位负责人，使本单位负责人及时得知事故情况，马上组织抢救工作。单位负责人接到事故报告后，应当按照国家有关规定立即如实报告当地负有安全生产监督管理职责的部门，不得以任何理由隐瞒不报、谎报或者迟报。本条规定的所谓“事故现场”，是指事故具体发生地点及事故能够影响和波及的区域以及该区域内的物品、痕迹所处的状态。所谓“有关人员”，主要是指事故发生单位在事故现场的有关工作人员，既可以是事故的负伤者，也可以是在事故现场的其他工作人员；在发生人员死亡和重伤无法报告，且事故现场又没有其他工作人员时，任何首先发现事故的人都属于有关人员，负有立即报告事故的义务。“立即报告”是指在事故发生后的第一时间用最快捷的报告方式进行报告，不拘于报告形式。“单位负责人”可以是事故发生单位的主要负责人，也可以是事故发生单位主要负责人以外的其他分管安全生产工作的副职领导或其他负责人。根据企业的组织形式，主要负责人可以是公司制企业的董事长、总经理、首席执行官或者其他实际履行经理职责的企业负责人，也可以是非公司制企业的厂长、经理、矿长等企业行政“一把手”。由于事故报告的紧迫性，现场有关人员只要将事故报告到事故单位的指挥中心（如调度室、监控室），由指挥中心启动应急程序，也可视为向本单位负责人报告。

依据本条第2款的规定，单位负责人接到事故报告后，应当迅速采取有效措施，组织抢救，防止事故扩大，减少人员伤亡和财产损失。生产安全事故发生后，组织抢救是生产经营单位的首要任务。组织抢救包括组织救护组织抢救和从业人员自救。对危险化学品泄漏等可能对周边群众和环境产生危害的事故，生产经营单位应在向地方政府和有关部门报告的同时，及时向可能受到影响的单位、职工、群众发出预警信息，标明危险区域，组织、协助应急救援队伍和工作人员救助受害人员，疏散、撤离、安置受到威胁的人员，并采取必要措施防止发生次生、衍生事故。应急处置工作结束后，各生产经营单位应尽快组织恢复生产、生活秩序，配合事故调查组进行调查。

▶实用问答

79. 生产安全事故发生后，有关单位和个人应当如何保护事故现场?

事故发生后，任何单位和个人不得破坏事故现场、毁灭相关证据。事故现场保护的主要任务就是在现场勘查之前，维持现场的原始状态，既不使它减少任何痕迹、物品，也不使它增加任何痕迹、物品。在事故调查组未进入事故现场前，企业应派专人看护现场，保护事故现场，必须根据事故现场的具体情况和周围环境，划定保护区的范围，布置警戒，必要时，将事故现场封锁起来，禁止一切人员进入保护区，即使是保护现场的人员，也不能无故出入，更不能擅自进行勘查，禁止随意触摸或者移动事故现场的任何物品。因抢救人员、防止事故扩大以及疏通交通等原因，需要移动事故现场物件的，应当作出标志，绘制现场简图并作出书面记录，妥善保存现场重要痕迹、物证，并应当尽量使现场少受破坏。同时，移动物件必须经过事故单位负责人或者组织事故调查的安全生产监督管理部门和负有安全生产监督管理职责的有关部门的同意。

80. 发生生产安全事故的生产经营单位应当按照什么程序作出报告?

依照《生产安全事故报告和调查处理条例》的规定，发生生产安全事故的生产经营单位应当按照下列程序作出报告：(1) 事故发生后，事故现场有关人员应当立即向本单位负责人报告。(2) 单位负责人接到报告后，应当于1小时内向事故发生地县级以上人民政府安全生产监督管理部门和负有安全生产监督管理职责的有关部门报告。在现代通信技术比较发达的条件下，这一要求既能保证事故单位采取相关应急措施，又能保证安全生产监督管理部门和其他负有安全生产监督管理职责的有关部门较快地获取事故的相关情况。需要注意的是，本条中“当地负有安全生产监督管理职责的部门”包括当地县级以上人民政府安全生产监督管理部门和对事故单位负有安全生产监督管理职责的其他相关部门。因此，事故单位负责人既有向县级以上人民政府安全生产监督管理部门报告的义务，又有向负有安全生产监督管理职责的其他有关部门报告的义务。(3) 情况紧急时，事故现场有关人员可以直接向事故发生地县级以上人民政府安全生产监督管理部门和负有安全生产监督管理职责的有关部门报告，以利于积极组织事故救援力量调度。在一般情况下，事故现场有关人员应当向本单位负责人报告事故，但是，事故是人命关天的大事，应当在情况紧急时，允许事故现场有关人员直接向安全生产监督管理部门和负有安全生产监督管理职责的有关部门报告。至于“情况紧急”应该作较为灵活的理解，比如事故单位负责人联系不上、事故重大需要政府部门迅速调集救援力量等情形。对于负有安全生产监督管理职责的部门和具体工作人员来说，只要接到事故现场有关人员的报告，不论是否属于“情况紧急”，都应当立即赶赴现场，并积极组织事故救援。(4) 报告事故应当包括下列内容：①事故发生单位概况；②事故发生的时间、地点以及事故现场情况；③事故的简要经过；④事故已经造成或者可能造成的伤亡人数（包括下落不明的人数）和初步估计的直接经济损失；⑤已经采取的措施；⑥其他应当报告的情况。(5) 事故报告后出现新情况的，应当及时补报。自事故发生之日起 30 日内，事故造成的伤亡人数发生变化的，应当及时补报。道路交通事故、火灾事故自发生之日起 7 日内，事故造成的伤亡人数发生变化的，应当及时补报。

81. 在发生安全事故后，负有报告职责的人员隐瞒不报或者谎报事故情况、贻误事故抢救的，应承担何种法律责任?

我国《刑法》第 139 条规定了不报、谎报安全事故罪，根据该条规定，在安全事故发生后，负有报告职责的人员不报或者谎报事故情况，贻误事故抢救，情节严重的，处三年以下有期徒刑或者拘役；情节特别严重的，处三年以上七年以下有期徒刑。

第八十一条　【安全监管部门的事故报告】负有安全生产监督管理职责的部门接到事故报告后，应当立即按照国家有关规定上报事故情况。负有安全生产监督管理职责的部门和有关地方人民政府对事故情况不得隐瞒不报、谎报或者迟报。

▶条文解读

本条是关于负有安全监督管理职责的部门对生产安全事故的报告职责的规定。依据本条的规定，负有安全生产监督管理职责的部门接到生产经营单位关于生产安全事故的报告后，应当立即上报事故情况。所谓“立即”，要求上报事故必须及时、快速。所谓“负有安全生产监督管理职责的部门”，是指县级以上安全生产监督管理部门和对发生生产安全事故的生产经营单位负有安全生产监督管理职责的其他有关部门。

▶实用问答

82. 负有安全生产监督管理职责的部门应在何时限内上报事故?

对于报告时限，国务院《生产安全事故报告和调查处理条例》规定，安全生产监督管理部门和负有安全生产监督管理职责的有关部门逐级上报事故情况，每级上报的时间不得超过2小时。因此，以特别重大事故的报告为例，从事故发生单位负责人报告县级主管部门，再由县级主管部门报告市级主管部门、市级主管部门报告省级主管部门、省级主管部门报告国务院主管部门，最后报至国务院，所需最长时限仅为9小时。

83. 安全生产监督管理部门和负有安全生产监督管理职责的有关部门接到事故报告后，应当依照什么规定上报事故情况?

根据国务院2007年出台的《生产安全事故报告和调查处理条例》的规定，安全生产监督管理部门和负有安全生产监督管理职责的有关部门接到事故报告后，应当依照下列规定上报事故情况，并通知公安机关、劳动保障行政部门、工会和人民检察院：(1) 特别重大事故、重大事故逐级上报至国务院安全生产监督管理部门和负有安全生产监督管理职责的有关部门。(2) 较大事故逐级上报至省、自治区、直辖市人民政府安全生产监督管理部门和负有安全生产监督管理职责的有关部门。(3) 一般事故上报至设区的市级人民政府安全生产监督管理部门和负有安全生产监督管理职责的有关部门。(4) 安全生产监督管理部门和负有安全生产监督管理职责的有关部门依照上述规定上报事故情况，应当同时报告本级人民政府。国务院安全生产监督管理部门和负有安全生产监督管理职责的有关部门以及省级人民政府接到发生特别重大事故、重大事故的报告后，应当立即报告国务院。(5) 必要时，安全生产监督管理部门和负有安全生产监督管理职责的有关部门可以越级上报事故情况。(6) 安全生产监督管理部门和负有安全生产监督管理职责的有关部门逐级上报事故情况，每级上报的时间不得超过2小时。

84. 什么是“隐瞒不报”、“谎报”和“迟报”?

所谓隐瞒不报，是指负有安全生产监督管理职责的部门和有关地方人民政府对发生的生产安全事故不进行上报，隐瞒已经发生的事故，并经有关部门查证属实的；所谓谎报，是指不按照国家有关规定对应当上报的事故发生单位概况、事故的发生时间、地点、简要经过、现场情况、已经造成和可能造成的伤亡人数、直接经济损失、事故类别等内容故意不如实报告的；而迟报则是指超过《生产安全事故报告和调查处理条例》或者其他国家有关规定规定的时限报告事故情况，包括对事故情况故意拖延不报的。

第八十二条　【事故抢救】有关地方人民政府和负有安全生产监督管理职责的部门的负责人接到生产安全事故报告后，应当按照生产安全事故应急救援预案的要求立即赶到事故现场，组织事故抢救。

参与事故抢救的部门和单位应当服从统一指挥，加强协同联动，采取有效的应急救援措施，并根据事故救援的需要采取警戒、疏散等措施，防止事故扩大和次生灾害的发生，减少人员伤亡和财产损失。

事故抢救过程中应当采取必要措施，避免或者减少对环境造成的危害。

任何单位和个人都应当支持、配合事故抢救，并提供一切便利条件。

▶条文解读

本条第2款中的警戒措施一般是指对具有危险因素的事故现场周围的道路、出入口等进行暂时封闭、设立警戒标志或者人工隔离，防止与事故抢救无关的人员进入危险区域而受到伤害。本条所称的疏散是指将事故现场危险区域的从业人员和群众及时转移安置到其他安全场所，防止聚集在事故现场及其周边的人员受到进一步的伤害。次生灾害，是指由原生灾害所诱导出来的灾害，具体到生产安全领域的次生灾害，是指生产安全事故发生后，由于事故源本身的特点或采取措施不及时等原因，进一步引发其他灾害事故，比如由于生产、储存危化品的工厂坍塌，对有关危化品处理、转移不及时又引起爆炸等灾害。

▶实用问答

85. 本条要求赶到事故现场、组织事故救援的政府和安全生产监管部门的负责人就是指政府和部门的主要负责人吗?

本条要求赶到事故现场、组织事故救援的政府和安全生产监管部门的负责人，并不限于政府和部门的主要负责人，也就是通常所说的“一把手”，也可以是主要负责人以外的其他负责人。一般而言，事故发生具有突然性和紧迫性，要求地方政府和监管部门的负责人到场，主要是考虑到作为负责人，他们能够代表其任职的政府和安全生产监管部门，能够运用法律赋予的职权，在短时间内调动各种资源，并协调好各方面的关系，在事故救援过程中发挥指挥、协调的作用，保证救援工作的顺利开展，其他部门、单位和个人能够在其统一组织下参与事故抢救。

第八十三条　【事故调查与处理】 事故调查处理应当按照科学严谨、依法依规、实事求是、注重实效的原则，及时、准确地查清事故原因，查明事故性质和责任，总结事故教训，提出整改措施，并对事故责任者提出处理意见。事故调查报告应当依法及时向社会公布。事故调查和处理的具体办法由国务院制定。

事故发生单位应当及时全面落实整改措施，负有安全生产监督管理职责的部门应当加强监督检查。

▶实用问答

86. 事故调查的主要任务包括哪几方面?

事故调查的主要任务包括及时、准确地查清事故原因，查明事故性质和责任，总结事故教训、提出整改措施，对事故责任者提出处理意见四个方面:

(一) 及时、准确地查清事故原因。事故原因有可能是自然原因，也有可能是人为原因，更多情况下则是二者共同造成的。事故原因一般包括直接原因和间接原因，应根据事故调查所确认的事实，从直接原因入手，逐步深入到间接原因，从而掌握事故的全部原因。直接原因是指直接导致事故发生的原因，包括物的不安全状态和人的不安全行为:(1) 物的不安全状态是指造成事故的物质条件，即机械、设施、作业场所的潜在危险，如矿山作业场所采场支护不当、瓦斯超限等。(2) 人的不安全行为是指造成事故的人为错误，如违章作业、违章指挥等。间接原因是指直接原因得以产生和存在的原因，包括：(1) 设计上的欠缺；(2) 对职工的安全教育培训不够，或者未经培训就上岗作业；(3) 劳动组织不合理；(4) 没有操作规程或者操作规程不健全；(5) 未对事故隐患采取措施等。事故原因的调查离不开对事故发生经过的调查，查明事故发生的经过包括以下内容：事故发生前，事故发生单位生产作业状况；事故发生的具体时间、地点；事故现场状况及事故现场保护情况；事故发生后采取的应急处置措施情况；事故报告经过；事故抢救及事故救援情况；事故的善后处理情况；其他与事故发生经过有关的情况。查清事故原因，重在及时、准确。所谓及时，就是应在规定的时间内尽快查出事故原因。一般情况下，事故调查组应当自事故发生之日起60日内完成调查，提交事故调查报告；特殊情况下，经负责事故调查的人民政府批准，提交事故调查报告的期限可以适当延长，但延长的期限最长不超过60日。所谓准确，是指应当客观地、全面地反映事故发生的原因。

（二）查明事故性质和责任。这是指要查明事故的类型和具体责任的承担。事故性质是指事故是人为事故还是自然事故，是意外事故还是责任事故。如果是人为事故和责任事故，就应当查明哪些人员对事故负有责任，并确定其责任。事故责任有直接责任，也有间接责任；有主要责任，也有次要责任。事故责任分析，就要根据事故调查所确认的事实，通过对直接原因和间接原因的分析，确定事故中的直接责任者、主要责任者和领导责任者。一般而言，直接责任者是指其行为与事故发生有直接因果关系的人员，如违章作业人员等；主要责任者是指对事故发生负有主要责任的人员，如违章指挥者；领导责任者是指对事故发生负有领导责任的人员，主要是政府及其有关部门的人员。

（三）总结事故教训，提出整改措施。通过查明事故经过和事故原因，发现安全生产管理工作的漏洞，从事故中总结教训，并提出整改措施，防止今后类似事故再次发生，这是事故调查处理的重要任务和内容之一，也是事故调查处理的最根本目的。

（四）对事故责任者提出处理意见。

87. 事故调查报告应包括哪些内容?

本条第3款规定，事故调查报告应当依法及时向社会公布。一般情况下，事故调查报告包括事故发生单位概况、事故发生经过和事故救援情况、造成的人员伤亡和直接经济损失、原因和事故性质、责任的认定及对事故责任者的处理、事故防范和整改措施等内容，事故调查报告应当附具有关证据材料。事故调查组成员应当在事故调查报告上签名。

88. 事故调查报告中如包含依法应当保密的内容，能否以此为由不向社会公布调查报告?

这里所说的依法应当保密的内容既包括依据保守国家秘密法等规定的属于国家秘密的信息，也包括依据其他有关法律、行政法规规定，应当保密的企业商业秘密等。商业秘密，是指不为公众所知悉，能为权利人带来经济利益，具有实用性并经权利人采取保密措施的技术信息和经营信息。向社会公布事故调查报告，对于依法应当保密的内容，不应当向社会公布，但这并不意味着有关地方人民政府和部门能以事故调查报告中某一部分需要保密为由，不予公布，而是应当对事故调查报告的保密部分作出适当处理后，依法予以公布。

第八十四条　【有关行政部门的法律责任】生产经营单位发生生产安全事故，经调查确定为责任事故的，除了应当查明事故单位的责任并依法予以追究外，还应当查明对安全生产的有关事项负有审查批准和监督职责的行政部门的责任，对有失职、渎职行为的，依照本法第八十七条的规定追究法律责任。

第八十五条　【事故调查处理不得干涉】任何单位和个人不得阻挠和干涉对事故的依法调查处理。

▶实用问答

89. 阻挠、干涉对事故的依法调查处理，在实践中主要有哪些表现?

实践中，阻挠、干涉对事故的依法调查处理，可以表现在多个环节。

比如，在事故调查组组成过程中阻挠和干涉事故调查组的组成；阻挠和干涉事故调查的过程，包括故意破坏事故现场或者转移、隐匿有关证据，无正当理由拒绝接受事故调查组的询问，或者拒绝提供有关情况和资料，或者作伪证、提供虚假情况，或者为事故调查设置障碍等；干涉对事故性质的认定或者事故责任的确定；阻挠和干涉对有关事故责任人员进行处理等。对阻挠、干涉依法调查处理事故的单位和个人，必须依法严肃处理。不构成犯罪的，依法给予行政处罚或者处分；构成犯罪的，依法追究刑事责任。

第八十六条　【事故定期统计分析和定期公布制度】县级以上地方各级人民政府安全生产监督管理部门应当定期统计分析本行政区域内发生生产安全事故的情况，并定期向社会公布。

▶实用问答

90. 可否以公布生产安全事故的总体情况替代公布具体事故的调查报告?

本法第83条中规定了事故调查报告向社会公布的制度，与本条规定的生产安全事故情况向社会公布是有区别的。前者是针对具体的事故调查报告，涉及某一个事故的起因、后果、事故责任和调查处理情况等内容；本条的公布主要是从统计分析的角度，对某一地区一段时间内生产安全事故的数量、类别、死伤人数、财产损失等综合情况的公布。两者不宜混淆，不能以公布生产安全事故的总体情况替代对于具体事故调查报告的公布。

第六章　法律责任

第八十七条　【审批监管工作人员的法律责任】负有安全生产监督管理职责的部门的工作人员，有下列行为之一的，给予降级或者撤职的处分；构成犯罪的，依照刑法有关规定追究刑事责任：

（一）对不符合法定安全生产条件的涉及安全生产的事项予以批准或者验收通过的；

（二）发现未依法取得批准、验收的单位擅自从事有关活动或者接到举报后不予取缔或者不依法予以处理的；

（三）对已经依法取得批准的单位不履行监督管理职责，发现其不再具备安全生产条件而不撤销原批准或者发现安全生产违法行为不予查处的；

（四）在监督检查中发现重大事故隐患，不依法及时处理的。

负有安全生产监督管理职责的部门的工作人员有前款规定以外的滥用职权、玩忽职守、徇私舞弊行为的，依法给予处分；构成犯罪的，依照刑法有关规定追究刑事责任。

▶条文解读

本条是关于监管部门工作人员不依法履行监管职责的法律责任的规定。本条所称“负有安全生产监督管理职责的部门”包括国务院负责安全生产监督管理的部门、县级以上地方各级人民政府负责安全生产监督管理的部门，依照法律、法规规定对有关行业、领域的安全生产工作负有监督管理职责的国务院有关部门和县级以上地方人民政府其他有关部门。

▶实用问答

91. 对于有本条所列违法行为的负有安全生产监督管理职责的部门的工作人员，应当追究何种法律责任？

对有本条第1款所列违法行为之一的负有安全生产监督管理职责的部门的工作人员，应当按照下列规定追究法律责任：（1）给予降级或者撤职的处分。公务员法规定了公务员因违法违纪应当承担纪律责任的依法给予处分，处分分为警告、记过、记大过、降级、撤职、开除。负有安全生产监督管理职责的部门的工作人员有本条第1款列举的违法行为的，应当受到降级或者撤职的处分。（2）构成犯罪的，依照刑法有关规定追究刑事责任。主要涉及玩忽职守犯罪和滥用职权犯罪。是否构成犯罪以及如何追究刑事责任，需要根据刑法规定的犯罪构成和刑罚等内容确定。

本条第1款列举了有关人员违法行为的几种具体形式，但实践中违法行为的情况比较复杂，除了这几种形式外还可能有其他情形。例如，第1款第4项规定的是“在监督检查中发现重大事故隐患，不依法及时处理”，实践中也可能在检查过程中发现的是一般的事故隐患，也会造成比较严重的后果，这种情况下也要依法及时处理，否则也应承担相应的法律责任。本条第2款规定，有第1款规定以外的滥用职权、玩忽职守、徇私舞弊行为的，也要依法给予处分，可能是警告、记过、记大过，也可能是降级、撤职、开除等，需要根据具体情况确定。构成犯罪的，也要依法承担刑事责任。

第八十八条　【监管部门的法律责任】负有安全生产监督管理职责的部门，要求被审查、验收的单位购买其指定的安全设备、器材或者其他产品的，在对安全生产事项的审查、验收中收取费用的，由其上级机关或者监察机关责令改正，责令退还收取的费用；情节严重的，对直接负责的主管人员和其他直接责任人员依法给予处分。

►条文解读

本条是关于监管部门违反规定指定购买产品或者收取费用的法律责任的规定。有本条规定的违法行为，情节严重的，对直接负责的主管人员和其他直接责任人员依法给予处分。处分包括警告、记过、记大过、降级、撤职、开除，具体给予哪种处分，可根据具体情况作出。这里讲的“情节严重”，包括在审查、验收中多次要求接受审查、验收的单位购买其指定品牌或者指定的生产、销售单位的安全设备、器材或者其他产品；在审查、验收中多次收取费用，且数额较大，社会影响较恶劣等。这里所说的“直接负责的主管人员”，是指在单位违法行为中负有直接领导责任的人员，包括违法行为的决策人，事后对单位违法行为予以认可和支持的领导人员，以及由于疏于管理或放任而对单位违法行为负有不可推卸的责任的领导人员。这里所说的“其他直接责任人员”，是指直接实施违法行为的人员。

第八十九条　【检评机构违法】承担安全评价、认证、检测、检验工作的机构，出具虚假证明的，没收违法所得；违法所得在十万元以上的，并处违法所得二倍以上五倍以下的罚款；没有违法所得或者违法所得不足十万元的，单处或者并处十万元以上二十万元以下的罚款；对其直接负责的主管人员和其他直接责任人员处二万元以上五万元以下的罚款；给他人造成损害的，与生产经营单位承担连带赔偿责任；构成犯罪的，依照刑法有关规定追究刑事责任。

对有前款违法行为的机构，吊销其相应资质。

▶条文解读

本条是关于承担安全生产技术服务机构的法律责任的规定。本条所规定的“出具虚假证明”，是指出具内容与实际情况严重不符的安全评价报告、认证结论或者有关检测、检验数据。“构成犯罪”，对有关的中介机构来说，主要是指构成中介机构提供虚假证明文件的犯罪。构成该罪须具备以下的条件：一是主体特定，必须是有关的中介机构；二是客观上实施了故意提供虚假证明文件的行为；三是情节严重。这里讲的“情节严重”，是指故意提供虚假证明文件手段比较恶劣、虚假的内容特别重要以及因此而造成生产安全事故等。按照刑法的规定，对故意提供虚假证明文件，情节严重的，处5年以下有期徒刑或者拘役，并处罚金。由于严重不负责任，出具的证明文件有重大失实，造成严重后果的，处3年以下有期徒刑或者拘役。单位犯该罪的，对单位判处罚金，并对其直接负责的主管人员和其他直接责任人员追究刑事责任。

第九十条　【资金投入违法】生产经营单位的决策机构、主要负责人或者个人经营的投资人不依照本法规定保证安全生产所必需的资金投入，致使生产经营单位不具备安全生产条件的，责令限期改正，提供必需的资金；逾期未改正的，责令生产经营单位停产停业整顿。

有前款违法行为，导致发生生产安全事故的，对生产经营单位的主要负责人给予撤职处分，对个人经营的投资人处二万元以上二十万元以下的罚款；构成犯罪的，依照刑法有关规定追究刑事责任。

▶实用问答

92. 什么样的违法行为会构成《刑法》规定的关于重大劳动安全事故的犯罪?

本条第2款规定，有前款违法行为，导致发生生产安全事故，构成犯罪的，依照刑法有关规定追究刑事责任。这里主要是指构成《刑法》第

135条规定的关于重大劳动安全事故的犯罪。构成该罪须具备以下条件：一是生产经营单位的劳动安全设施不符合国家规定，即不符合有关的法律、法规、国家标准或者行业标准的规定，使生产经营单位不具备安全生产条件；二是经单位职工或有关部门提出后，对事故隐患仍不采取措施（如本条规定的已经有关部门责令限期改正而逾期不改正的）；三是导致重大伤亡事故或造成其他严重后果。刑法规定，工厂、矿山、林场、建筑企业或者其他企业、事业单位的劳动安全设施不符合国家规定，经有关部门或者单位职工提出后，对事故隐患仍不采取措施，因而发生重大伤亡事故或者造成其他严重后果的，对直接责任人员，处3年以下有期徒刑或者拘役；情节特别恶劣的，处3年以上7年以下有期徒刑。

第九十一条　【单位负责人违法】生产经营单位的主要负责人未履行本法规定的安全生产管理职责的，责令限期改正；逾期未改正的，处二万元以上五万元以下的罚款，责令生产经营单位停产停业整顿。

生产经营单位的主要负责人有前款违法行为，导致发生生产安全事故的，给予撤职处分；构成犯罪的，依照刑法有关规定追究刑事责任。

生产经营单位的主要负责人依照前款规定受刑事处罚或者撤职处分的，自刑罚执行完毕或者受处分之日起，五年内不得担任任何生产经营单位的主要负责人；对重大、特别重大生产安全事故负有责任的，终身不得担任本行业生产经营单位的主要负责人。

▶实用问答

93. 生产经营单位的主要负责人因未履行安全生产职责，导致发生生产安全事故的，安全生产监管部门是否只能在责令限期改正后才能对其实施行政处罚?

本条第2款所称“前款违法行为”，是指第1款“生产经营单位的主要负责人未履行本法规定的安全生产管理职责”的行为。这种违法行为无论是否被安全生产监管部门发现并责令限期改正，只要导致发生了生产安全事故，安全生产监管部门都有权依照本条第2款规定，直接对生产经营单位的主要负责人给予行政处罚，不必先责令限期改正后再实施行政处罚。

第九十二条 【对主要负责人的罚款】生产经营单位的主要负责人未履行本法规定的安全生产管理职责，导致发生生产安全事故的，由安全生产监督管理部门依照下列规定处以罚款：

（一）发生一般事故的，处上一年年收入百分之三十的罚款；

（二）发生较大事故的，处上一年年收入百分之四十的罚款；

（三）发生重大事故的，处上一年年收入百分之六十的罚款；

（四）发生特别重大事故的，处上一年年收入百分之八十的罚款。

第九十三条 【对安全生产管理人员的处罚】生产经营单位的安全生产管理人员未履行本法规定的安全生产管理职责的，责令限期改正；导致发生生产安全事故的，暂停或者撤销其与安全生产有关的资格；构成犯罪的，依照刑法有关规定追究刑事责任。

▶实用问答

94. 接受委托指派的注册安全工程师如果在工作中未履行本法规定的安全生产管理职责，是否适用本条规定？

本条规定的安全生产管理人员既包括生产经营单位的职工担任安全生产管理人员的情形，也包括生产经营单位根据本法第13条的规定委托有关安全生产管理服务机构的人员承担本单位安全生产管理工作的情形。目前，一些专门从事安全生产管理服务的中介机构，接受委托指派注册安全工程师到生产经营单位承担安全生产管理工作，接受委托指派的注册安全工程师如果在工作中未履行本法规定的安全生产管理职责，也应当适用本条的规定。

95. 重大责任事故罪中，具有何种情节的依法应当从重处罚？

我国《刑法》第134条规定，在生产、作业中违反有关安全管理的规定，因而发生重大伤亡事故或者造成其他严重后果的，处三年以下有期徒刑或者拘役；情节特别恶劣的，处三年以上七年以下有期徒刑。强令他人违章冒险作业，因而发生重大伤亡事故或者造成其他严重后果的，处五年以下有期徒刑或者拘役；情节特别恶劣的，处五年以上有期徒刑。

实践中，如作为煤矿负责人，多次拒不执行煤矿监察部门停产整改指令，组织违法生产，对违章作业监管不力，在发生煤与瓦斯突出事故后，现场指挥中未及时采取措施，造成特别重大事故，后果特别严重，即是依法应当从重处罚的典型示例。

第九十四条　【对生产经营单位的处罚】生产经营单位有下列行为之一的，责令限期改正，可以处五万元以下的罚款；逾期未改正的，责令停产停业整顿，并处五万元以上十万元以下的罚款，对其直接负责的主管人员和其他直接责任人员处一万元以上二万元以下的罚款：

（一）未按照规定设置安全生产管理机构或者配备安全生产管理人员的；

（二）危险物品的生产、经营、储存单位以及矿山、金属冶炼、建筑施工、道路运输单位的主要负责人和安全生产管理人员未按照规定经考核合格的；

（三）未按照规定对从业人员、被派遣劳动者、实习学生进行安全生产教育和培训，或者未按照规定如实告知有关的安全生产事项的；

（四）未如实记录安全生产教育和培训情况的；

（五）未将事故隐患排查治理情况如实记录或者未向从业人员通报的；

（六）未按照规定制定生产安全事故应急救援预案或者未定期组织演练的；

（七）特种作业人员未按照规定经专门的安全作业培训并取得相应资格，上岗作业的。

▶实用问答

96. 行政机关作出的行政处罚决定，虽然认定的事故客观存在，但在举行听证时未对其所采用的证据进行出示和质证，该行政处罚决定是否合法?

根据《行政处罚法》第42条的规定，行政机关作出责令停产停业、吊销许可证或者执照、较大数额罚款等行政处罚决定之前，应当告知当事人有要求举行听证的权利；当事人要求听证的，行政机关应当组织听证。

举行听证时，调查人员提出当事人违法的事实、证据和行政处罚建议；当事人进行申辩和质证。此外根据《最高人民法院关于行政诉讼证据若干问题的规定》第60条第2款的规定，被告在行政程序中非法剥夺公民、法人或者其他组织依法享有的陈述、申辩或者听证权利所采用的证据，不能作为认定被诉具体行政行为合法的依据。因此，行政机关作出的行政处罚决定，虽然认定的事故客观存在，但在举行听证时未对其所采用的证据进行出示和质证，其所采用的证据不能作为认定其行政处罚行为合法的依据，该行政处罚决定不合法，应当予以撤销。

第九十五条　【生产经营单位建设项目违法（一）】生产经营单位有下列行为之一的，责令停止建设或者停产停业整顿，限期改正；逾期未改正的，处五十万元以上一百万元以下的罚款，对其直接负责的主管人员和其他直接责任人员处二万元以上五万元以下的罚款；构成犯罪的，依照刑法有关规定追究刑事责任：

（一）未按照规定对矿山、金属冶炼建设项目或者用于生产、储存、装卸危险物品的建设项目进行安全评价的；

（二）矿山、金属冶炼建设项目或者用于生产、储存、装卸危险物品的建设项目没有安全设施设计或者安全设施设计未按照规定报经有关部门审查同意的；

（三）矿山、金属冶炼建设项目或者用于生产、储存、装卸危险物品的建设项目的施工单位未按照批准的安全设施设计施工的；

（四）矿山、金属冶炼建设项目或者用于生产、储存危险物品的建设项目竣工投入生产或者使用前，安全设施未经验收合格的。

第九十六条　【生产经营单位建设项目违法（二）】生产经营单位有下列行为之一的，责令限期改正，可以处五万元以下的罚款；逾期未改正的，处五万元以上二十万元以下的罚款，对其直接负责的主管人员和其他直接责任人员处一万元以上二万元以下的罚款；情节严重的，责令停产停业整顿；构成犯罪的，依照刑法有关规定追究刑事责任：

（一）未在有较大危险因素的生产经营场所和有关设施、设备上设置明显的安全警示标志的；

（二）安全设备的安装、使用、检测、改造和报废不符合国家标准或者行业标准的；

（三）未对安全设备进行经常性维护、保养和定期检测的；

（四）未为从业人员提供符合国家标准或者行业标准的劳动防护用品的；

（五）危险物品的容器、运输工具，以及涉及人身安全、危险性较大的海洋石油开采特种设备和矿山井下特种设备未经具有专业资质的机构检测、检验合格，取得安全使用证或者安全标志，投入使用的；

（六）使用应当淘汰的危及生产安全的工艺、设备的。

▶条文解读

本条规定的承担法律责任的主体有两类，一是有违法行为的生产经营单位，二是有违法行为的生产经营单位的直接负责的主管人员和其他直接责任人员。本条讲的构成犯罪，主要是指构成刑法第 135 条规定的重大劳动安全事故罪。刑法第 135 条规定，安全生产设施或者安全生产条件不符合国家规定，因而发生重大伤亡事故或者造成其他严重后果的，对直接负责的主管人员和其他直接责任人员，处 3 年以下有期徒刑或者拘役；情节特别恶劣的，处 3 年以上 7 年以下有期徒刑。根据《最高人民法院、最高人民检察院关于办理危害生产安全刑事案件适用法律若干问题的解释》规定，刑法第 135 条规定的“直接负责的主管人员和其他直接责任人员”，是指对安全生产设施或者安全生产条件不符合国家规定负有直接责任的生产经营单位负责人、管理人员、实际控制人、投资人，以及其他对安全生产设施或者安全生产条件负有管理、维护职责的人员。实施刑法第 135 条规定的行为，因而发生安全事故，具有下列情形之一的，应当认定为“发生重大伤亡事故或者造成其他严重后果”，对相关责任人员，处三年以下有期徒刑或者拘役：（1）造成死亡一人以上，或者重伤三人以上的；（2）造成直接经济损失一百万元以上的；（3）其他造成严重后果或者重大安全事故的情形。实施刑法第 135 条规定的情形，因而发生安全事故，具有下列情形之一的，对相关责任人员，处三年以上七年以下有期徒刑：（1）造成死亡三人以上或者重伤十人以上，负事故主要责任的；（2）造成直接经济损失五百万元以上，负事故主要责任的；（3）其他造成特别严重后果、情节特别恶劣或者后果特别严重的情形。

第九十七条　【违法经营危险物品】未经依法批准，擅自生产、经营、运输、储存、使用危险物品或者处置废弃危险物品的，依照有关危险物品安全管理的法律、行政法规的规定予以处罚；构成犯罪的，依照刑法有关规定追究刑事责任。

▶条文解读

本条讲的构成犯罪，主要是指构成刑法第136条规定的危险物品肇事罪。刑法第136条规定，违反爆炸性、易燃性、放射性、毒害性、腐蚀性物品的管理规定，在生产、储存、运输、使用中发生重大事故，造成严重后果的，处3年以下有期徒刑或者拘役；后果特别严重的，处3年以上7年以下有期徒刑。构成危险物品肇事罪，应当符合以下构成要件：第一，行为人在主观方面是过失，如果行为人主观上是故意，则不构成本罪，可能构成爆炸罪等犯罪。第二，行为人客观上实施了违反爆炸性、易燃性、放射性、毒害性、腐蚀性物品管理规定的行为。未经依法批准擅自生产、经营、运输、储存、使用危险物品或者处置废弃危险物品的，就可能属于违反爆炸性、易燃性、放射性、毒害性、腐蚀性物品管理规定的行为。第三，必须由于违反管理规定在生产、储存、运输、使用中发生重大事故造成严重后果，这是追究刑事责任的必要条件。根据《最高人民检察院、公安部关于公安机关管辖的刑事案件立案追诉标准的规定（一）》规定，违反爆炸性、易燃性、放射性、毒害性、腐蚀性物品的管理规定，在生产、储存、运输、使用中发生重大事故，涉嫌下列情形之一的，应予立案追诉：（1）造成死亡1人以上，或者重伤3人以上；（2）造成直接经济损失50万元以上的；（3）其他造成严重后果的情形。

根据本条规定，任何人未经有关主管部门审批均不得生产、经营、运输、储存、使用危险物品或者处置废弃危险物品，这里的“任何人”，包括自然人、法人和其他组织。

第九十八条　【生产经营单位危险物品违法】生产经营单位有下列行为之一的，责令限期改正，可以处十万元以下的罚款；逾期未改正的，责令停产停业整顿，并处十万元以上二十万元以下的罚款，对其直接负责的主管人员和其他直接责任人员处二万元以上五万元以下的罚款；构成犯罪的，依照刑法有关规定追究刑事责任：

（一）生产、经营、运输、储存、使用危险物品或者处置废弃危险物品，未建立专门安全管理制度、未采取可靠的安全措施的；

（二）对重大危险源未登记建档，或者未进行评估、监控，或者未制定应急预案的；

（三）进行爆破、吊装以及国务院安全生产监督管理部门会同国务院有关部门规定的其他危险作业，未安排专门人员进行现场安全管理的；

（四）未建立事故隐患排查治理制度的。

▶条文解读

本条是关于违反危险物品安全管理规定、进行危险作业未安排专门人员进行现场安全管理以及未建立事故隐患排查治理制度的法律责任的规定，本条规定的承担法律责任的主体有两类，一是有本条规定的违法行为的生产经营单位，二是有本条规定的违法行为的生产经营单位的直接负责的主管人员和其他直接责任人员。本条规定的构成犯罪，主要是指构成刑法第136条规定的危险物品肇事罪。要构成危险物品肇事罪，行为人主观上需出于过失，客观上需实施了违反爆炸性、易燃性、放射性、毒害性、腐蚀性物品管理规定的行为，并且由于违反管理规定发生重大事故造成严重后果，不符合其中任何一项均不构成本罪。

第九十九条　【消除事故隐患的责任】生产经营单位未采取措施消除事故隐患的，责令立即消除或者限期消除；生产经营单位拒不执行的，责令停产停业整顿，并处十万元以上五十万元以下的罚款，对其直接负责的主管人员和其他直接责任人员处二万元以上五万元以下的罚款。

▶实用问答

97. 本条所规定的处罚，是否以实际导致生产安全事故为前提?

本条规定的处罚措施的实施不以实际发生生产安全事故为前提，只要生产经营单位没有按照有关行政执法机关的要求立即消除或者在规定的期限内消除事故隐患，不论是否导致生产安全事故发生，都应当给予处罚。但是，如果生产经营单位按照有关行政执法机关的要求立即消除或者在规定的期限内消除了事故隐患，则不再给予以上处罚。

第一百条　【生产经营单位违法发包、出租的法律责任】生产经营单位将生产经营项目、场所、设备发包或者出租给不具备安全生产条件或者相应资质的单位或者个人的，责令限期改正，没收违法所得；违法所得十万元以上的，并处违法所得二倍以上五倍以下的罚款；没有违法所得或者违法所得不足十万元的，单处或者并处十万元以上二十万元以下的罚款；对其直接负责的主管人员和其他直接责任人员处一万元以上二万元以下的罚款；导致发生生产安全事故给他人造成损害的，与承包方、承租方承担连带赔偿责任。

生产经营单位未与承包单位、承租单位签订专门的安全生产管理协议或者未在承包合同、租赁合同中明确各自的安全生产管理职责，或者未对承包单位、承租单位的安全生产统一协调、管理的，责令限期改正，可以处五万元以下的罚款，对其直接负责的主管人员和其他直接责任人员可以处一万元以下的罚款；逾期未改正的，责令停产停业整顿。

▶实用问答

98. 什么是连带赔偿责任?

本条第1款规定生产经营单位将生产经营项目、场所、设备发包或者出租给不具备安全生产条件或者相应资质的单位或者个人，导致发生生产安全事故给他人造成损害的，与承包方、承租方承担连带赔偿责任。即因生产经营单位将生产经营项目、场所、设备发包或者出租给不具备安全生产条件或者相应资质的单位或者个人而导致发生生产安全事故给他人造成损害的，受损失方可以要求作为发包方或者出租方的生产经营单位和承包方或者承租方的任何一方承担全部赔偿责任。连带责任的特征主要表现在：(1) 连带责任对于责任人而言是一种比较严重的责任方式。连带责任对外是一个整体的责任，连带责任中的每个责任人都需要对权利人承担全部责任，被请求承担全部责任的连带责任人，不得以自己的过错程度等为由只承担自己的责任。(2) 连带责任对权利人的保护更为充分。连带责任给了权利人选择权，权利人可以请求一个或者数个连带责任人承担全部或者部分责任，在某个或者部分连带责任人无清偿能力的情况下，权利人的全部债权并不受到威胁。(3) 连带责任是法定责任，责任人不能约定改变责任的性质，对于内部责任份额的约定对外不发生效力。

99. 建筑施工、矿山企业等用人单位将工程（业务）或经营权发包给不具备用工主体资格的组织或自然人，对该组织或自然人招用的劳动者，发生工伤后由谁承担责任?

根据劳社部发〔2005〕12号《劳动和社会保障部关于确立劳动关系有关事项的通知》第4条规定，建筑施工、矿山企业等用人单位将工程（业务）或经营权发包给不具备用工主体资格的组织或自然人，对该组织或自然人招用的劳动者，由具备用工主体资格的发包方承担用工主体责任。

第一百零一条　【同一作业区域内违法行为的法律责任】两个以上生产经营单位在同一作业区域内进行可能危及对方安全生产的生产经营活动，未签订安全生产管理协议或者未指定专职安全生产管理人员进行安全检查与协调的，责令限期改正，可以处五万元以下的罚款，对其直接负责的主管人员和其他直接责任人员可以处一万元以下的罚款；逾期未改正的，责令停产停业。

第一百零二条　【生产经营场所和员工宿舍不符合有关安全要求的法律责任】生产经营单位有下列行为之一的，责令限期改正，可以处五万元以下的罚款，对其直接负责的主管人员和其他直接责任人员可以处一万元以下的罚款；逾期未改正的，责令停产停业整顿；构成犯罪的，依照刑法有关规定追究刑事责任：

（一）生产、经营、储存、使用危险物品的车间、商店、仓库与员工宿舍在同一座建筑内，或者与员工宿舍的距离不符合安全要求的；

（二）生产经营场所和员工宿舍未设有符合紧急疏散需要、标志明显、保持畅通的出口，或者锁闭、封堵生产经营场所或者员工宿舍出口的。

▶条文解读

本条规定的构成犯罪，主要是指构成《刑法》第136条规定的危险物品肇事罪和第139条规定的消防责任事故罪。构成消防责任事故罪，须具备以下要件：一是行为人主观上是出于过失；二是行为人客观上违反了消防管理规定，并且经消防监督机构通知采取改正措施而拒绝执行；三是必须造成严重后果。需要注意的是，以上两种犯罪中的“过失”是指行为人对于严重后果的发生在主观心态上是过失，包括疏忽大意的过失和过于自信的过失两种，行为人对于自己的行为违反相关管理规定则可能是故意。对于造成什么样的后果才构成这里的“严重后果”，应当参照《最高人民检察院、公安部关于公安机关管辖的刑事案件立案追诉标准的规定（一）》。

第一百零三条　【免责协议违法】生产经营单位与从业人员订立协议，免除或者减轻其对从业人员因生产安全事故伤亡依法应承担的责任的，该协议无效；对生产经营单位的主要负责人、个人经营的投资人处二万元以上十万元以下的罚款。

▶实用问答

100. 生产经营单位与从业人员签订的劳动合同中有免除或者减轻其对从业人员因生产安全事故伤亡依法应承担的责任的条款，合同整体都无效吗？

生产经营单位与从业人员签订的劳动合同中，存在生产经营单位免除或者减轻其对从业人员因生产安全事故伤亡依法应承担的责任的条款时，无效的仅仅是生产经营单位免除或者减轻其责任的那部分条款，劳动合同的其余部分仍然有效，对双方当事人有约束力。而无效的条款，从签订之日起，就没有法律约束力，法律既不保护无效协议当事人的利益，也不强制当事人履行无效协议规定的义务。

第一百零四条　【从业人员违章操作的法律责任】生产经营单位的从业人员不服从管理，违反安全生产规章制度或者操作规程的，由生产经营单位给予批评教育，依照有关规章制度给予处分；构成犯罪的，依照刑法有关规定追究刑事责任。

▶实用问答

101. 符合哪些条件，会构成重大责任事故罪?

本条规定的构成犯罪主要是指构成刑法第 134 条规定的重大责任事故罪。《刑法》第 134 条规定，在生产、作业中违反有关安全管理的规定，因而发生重大伤亡事故或者造成其他严重后果的，处 3 年以下有期徒刑或者拘役；情节特别恶劣的，处 3 年以上 7 年以下有期徒刑。构成重大责任事故罪，须具备以下条件：一是行为人在生产、作业中实施了违反有关安全管理规定的行为。二是因违反安全管理规定造成重大伤亡事故或者其他严重后果，违反规定的行为与重大伤亡事故或者其他严重后果之间存在刑法上的因果关系。对于何为“重大伤亡事故或者其他严重后果”，根据《最高人民检察院、公安部关于公安机关管辖的刑事案件立案追诉标准的规定(一)》规定，在生产、作业中违反有关安全管理的规定，涉嫌下列情形之一的，应予立案追诉：(1) 造成死亡 1 人以上，或者重伤 3 人以上；(2) 造成直接经济损失 50 万元以上的；(3) 发生矿山生产安全事故，造成直接经济损失 100 万元以上的；(4) 其他造成严重后果的情形。三是行为人主观方面表现为过失。即应当知道自己违反安全管理规定生产、作业的行为可能会造成重大伤亡事故或者其他严重后果但因为疏忽大意而没有预见，或者虽然已经预见但根据主客观条件轻信能够避免，最终导致重大伤亡事故或者其他严重后果。如果行为人对造成的后果的心态是故意，则构成其他危害公共安全的犯罪。无论是疏忽大意的过失还是过于自信的过失，行为人主观上都不希望发生重大伤亡事故或者其他严重后果，但其对于违反安全管理规定本身则可能是出于故意。

第一百零五条 【拒绝、阻碍监督检查的责任】违反本法规定，生产经营单位拒绝、阻碍负有安全生产监督管理职责的部门依法实施监督检查的，责令改正；拒不改正的，处二万元以上二十万元以下的罚款；对其直接负责的主管人员和其他直接责任人员处一万元以上二万元以下的罚款；构成犯罪的，依照刑法有关规定追究刑事责任。

▶条文解读

本条所称构成犯罪，主要是指构成刑法第 277 条规定的妨害公务罪。刑法第 277 条规定，以暴力、威胁方法阻碍国家机关工作人员依法执行职务的，处 3 年以下有期徒刑、拘役、管制或者罚金。构成妨害公务罪，须具备以下条件：一是行为人以暴力、威胁方法阻碍国家机关工作人员依法执行职务。阻碍国家机关工作人员依法执行职务，包括以暴力、威胁的方式进行阻碍，也包括以暴力、威胁以外的其他方式进行阻碍。所谓“暴力”，是指对执行公务人员的人身进行打击或者强制，如捆绑、殴打等，如果行为人在使用暴力阻碍国家机关工作人员依法执行职务的过程中，造成国家机关工作人员重伤或者死亡，牵连触犯了故意伤害罪或者故意杀人罪的，应当按照牵连犯的处理原则，从一重罪处断，即以故意伤害罪或者故意杀人罪定罪处罚。所谓“威胁”，是指对执行公务人员以杀害、伤害、毁坏财物、损害名誉等造成损害相威逼、胁迫。行为人只有以暴力、威胁方法阻碍国家机关工作人员依法执行职务的，才可能构成妨害公务罪。如果行为人只是对依法执行职务的国家机关工作人员吵闹、谩骂等，并未实施暴力或者威胁方法的，则不构成本罪，属于违反治安管理行为的，要依据治安管理处罚法的规定由公安机关予以治安管理处罚。根据治安管理处罚法规定，阻碍国家机关工作人员依法执行职务的，处警告或者 200 元以下罚款；情节严重的，处 5 日以上 10 日以下拘留，可以并处 500 元以下罚款。需要注意的是，国家机关工作人员必须是依法执行职务，如果不是依法执行职务，而是利用职权违法乱纪或者滥用职权，生产经营单位对其进行阻止的，则不能认为构成妨害公务罪。二是行为人主观上是出自故意。也就是说行为人明知对方是正在依法执行公务的国家机关工作人员而对其实施暴力或者威胁，目的是阻碍其依法执行公务。如果行为人不知道对方是在依法执行职务的国家机关工作人员，而对其实施了上述行为，则可能构成其他犯罪，但不构成妨害公务罪。

第一百零六条　【单位负责人事故处理违法】生产经营单位的主要负责人在本单位发生生产安全事故时，不立即组织抢救或者在事故调查处理期间擅离职守或者逃匿的，给予降级、撤职的处分，并由安全生产监督管理部门处上一年年收入百分之六十至百分之一百的罚款；对逃匿的处十五日以下拘留；构成犯罪的，依照刑法有关规定追究刑事责任。

生产经营单位的主要负责人对生产安全事故隐瞒不报、谎报或者迟报的，依照前款规定处罚。

第一百零七条　【政府部门事故处理违法】有关地方人民政府、负有安全生产监督管理职责的部门，对生产安全事故隐瞒不报、谎报或者迟报的，对直接负责的主管人员和其他直接责任人员依法给予处分；构成犯罪的，依照刑法有关规定追究刑事责任。

第一百零八条　【不具备安全生产条件的生产经营单位的法律责任】生产经营单位不具备本法和其他有关法律、行政法规和国家标准或者行业标准规定的安全生产条件，经停产停业整顿仍不具备安全生产条件的，予以关闭；有关部门应当依法吊销其有关证照。

第一百零九条　【对事故责任单位的处罚】发生生产安全事故，对负有责任的生产经营单位除要求其依法承担相应的赔偿等责任外，由安全生产监督管理部门依照下列规定处以罚款：

（一）发生一般事故的，处二十万元以上五十万元以下的罚款；

（二）发生较大事故的，处五十万元以上一百万元以下的罚款；

（三）发生重大事故的，处一百万元以上五百万元以下的罚款；

（四）发生特别重大事故的，处五百万元以上一千万元以下的罚款；情节特别严重的，处一千万元以上二千万元以下的罚款。

▶条文解读

本条是关于对事故责任单位的处罚的规定。给予本条规定的处罚应当具备以下条件：第一，生产经营单位发生生产安全事故，这里的事故既包括重特大事故和较大事故，也包括一般事故，而按照本法第113条的规定，各类事故的划分标准由国务院规定。第二，生产经营单位对事故发生负有责任，即该事故是责任事故。因第三方原因、不可抗力等因素引起的事故，生产经营单位没有责任，不应当依据本条规定给予处罚。此外，根据本条规定，对事故责任单位处以罚款与生产经营单位依法承担民事赔偿责任并不冲突。生产安全事故发生后，往往对受害人需要承担民事赔偿责任，二者互不影响。

第一百一十条　【行政处罚】本法规定的行政处罚，由安全生产监督管理部门和其他负有安全生产监督管理职责的部门按照职责分工决定。予以关闭的行政处罚由负有安全生产监督管理职责的部门报请县级以上人民政府按照国务院规定的权限决定；给予拘留的行政处罚由公安机关依照治安管理处罚法的规定决定。

▶条文解读

行政处罚，是行政执法机关为了维护公共利益和社会秩序，保护公民、法人和其他组织的合法权益，对违反行政管理秩序，依法应当给予行政相对人的法律制裁。行政处罚的种类，按照行政处罚法的规定，包括警告、罚款、责令停产停业、暂扣或者吊销许可证、暂扣或者吊销执照、没收违法所得、没收非法财物、行政拘留以及法律规定的其他行政处罚。本法规定的行政处罚包括责令停产停业整顿、没收违法所得、罚款等等。予以关闭的行政处罚由负责安全生产监督管理的部门报请县级以上人民政府按照国务院规定的权限决定。这里所说的关闭，是指行政机关对违反行政管理秩序的企业、事业单位或者其他组织，依法剥夺其从事某项生产经营活动的权利的一种行政处罚。给予拘留的行政处罚由公安机关依照治安管理处罚法规定的程序决定。这里规定的拘留，是一种行政拘留，是法定行政机关依法对违反行政法律规范的人，在短期内限制其人身自由的一种处罚。行政拘留是行政处罚中最为严厉的一种处罚。实施行政拘留的机关，一般仅限于公安机关。按照《治安管理处罚法》的规定，只有县级以上的公安机关才享有行政拘留的裁决权，其他任何行政机关都没有决定行政拘留的权力。

第一百一十一条　【赔偿责任】生产经营单位发生生产安全事故造成人员伤亡、他人财产损失的，应当依法承担赔偿责任；拒不承担或者其负责人逃匿的，由人民法院依法强制执行。

生产安全事故的责任人未依法承担赔偿责任，经人民法院依法采取执行措施后，仍不能对受害人给予足额赔偿的，应当继续履行赔偿义务；受害人发现责任人有其他财产的，可以随时请求人民法院执行。

▶条文解读

按照本条第2款的规定，生产安全事故的责任人未依法承担赔偿责任，不履行生效的法律判决，经人民法院依法采取执行措施后，仍不能对受害人给予足额赔偿的，应当继续履行赔偿义务。按照民事诉讼法的规定，人民法院采取一定的执行措施后，被执行人仍不能偿还债务的，应当继续履行义务。债权人发现被执行人有其他财产的，可以随时请求人民法院执行。在实践当中，一般有两种情况：一是有些生产安全事故的责任人有能力履行赔偿义务，但是却称自己没有赔偿能力，企图拖延一段时间，不承担责任；二是有些生产安全事故的责任人确实是由于经济状况不好，或者资金周转不灵，无力承担赔偿责任。无论是由于何种情况不能履行赔偿义务，都不能免除其赔偿义务。生产安全事故责任人的赔偿义务，也不因采取强制措施而终止。生产安全事故的责任人什么时候有能力履行赔偿义务，什么时候就应当履行义务，直到完全履行赔偿义务为止。在这期间，如果受害人发现生产安全事故的责任人在采取执行措施后，还有其他可供执行的财产，或者发现生产安全事故的责任人经过一段时间的恢复后，又获得了新的财产，可以随时请求人民法院执行。

▶实用问答

102. 法院强制执行可以采取哪些强制措施？

本条第1款规定，生产经营单位发生生产安全事故，造成人员伤亡、他人财产损失的，应当依法承担赔偿责任。如果生产经营单位拒不承担赔偿责任，或者生产经营单位的负责人逃匿的，由人民法院依法强制执行。按照民事诉讼法的规定，发生法律效力的民事判决、裁定，当事人必须履行。一方拒绝履行的，对方当事人可以向人民法院申请强制执行，也可以由审判员移送执行员执行。调解书和其他应当由人民法院执行的法律文书，当事人必须履行。一方拒绝履行的，对方当事人可以向人民法院申请执行。人民法院在强制执行时，可以采取以下强制措施：查询、冻结、划拨被执行人的存款；扣留、提取被执行人的收入；查封、扣押、拍卖、变卖被执行人的财产；搜查被执行人的财产；强制被执行人履行法律文书指定的行为等。

第七章 附　　则

第一百一十二条　【用语解释】本法下列用语的含义：

危险物品，是指易燃易爆物品、危险化学品、放射性物品等能够危及人身安全和财产安全的物品。

重大危险源，是指长期地或者临时地生产、搬运、使用或者储存危险物品，且危险物品的数量等于或者超过临界量的单元（包括场所和设施）。

▶条文解读

本法所称的危险物品，包括易燃易爆物品、危险化学品、放射性物品等等。易燃物品，是指容易自燃或燃烧的物品，如汽油、煤油、酒精、液化气、煤气、氢气、胶片、黄磷等。易爆物品，是指具有爆发力和破坏性，容易发生爆炸的物品，瞬间可造成人员伤亡、物品毁损的一切爆炸物品，如各种起爆器、各种炸药、烟花爆竹等。化学品，是指人工制造的或者从自然界取得的化学物质，包括化学物质本身、化学混合物或者化学配制物中的一部分，以及作为工业化学品和农药使用的物质，如氧化剂、有机过氧化物。危险化学品，是指能够危及人身安全和财产安全的化学品，如有毒品和腐蚀品等等。《危险化学品安全管理条例》第 3 条规定，本条例所称危险化学品，是指具有毒害、腐蚀、爆炸、燃烧、助燃等性质，对人体、设施、环境具有危害的剧毒化学品和其他化学品。

重大危险源包括两层含义，一是长期地或者临时地生产、搬运、使用或者储存危险物品；二是危险物品的数量等于或者超过临界量。重大危险源存在于生产经营场所和有关设施上。重大危险源的设置应当远离社区及公共场所。

第一百一十三条 【重大事故及隐患的划分及判定标准】本法规定的生产安全一般事故、较大事故、重大事故、特别重大事故的划分标准由国务院规定。

国务院安全生产监督管理部门和其他负有安全生产监督管理职责的部门应当根据各自的职责分工，制定相关行业、领域重大事故隐患的判定标准。

▶实用问答

103. 什么样的生产安全事故是特别重大事故?

《生产安全事故报告和调查处理条例》第3条规定，根据生产安全事故（以下简称事故）造成的人员伤亡或者直接经济损失，事故一般分为以下等级：（1）特别重大事故，是指造成30人以上死亡，或者100人以上重伤（包括急性工业中毒，下同），或者1亿元以上直接经济损失的事故；（2）重大事故，是指造成10人以上30人以下死亡，或者50人以上100人以下重伤，或者5000万元以上1亿元以下直接经济损失的事故；（3）较大事故，是指造成3人以上10人以下死亡，或者10人以上50人以下重伤，或者1000万元以上5000万元以下直接经济损失的事故；（4）一般事故，是指造成3人以下死亡，或者10人以下重伤，或者1000万元以下直接经济损失的事故。上述所称的"以上"包括本数，所称的"以下"不包括本数。国务院安全生产监督管理部门可以会同国务院有关部门，制定事故等级划分的补充性规定。上述规定只能适用于生产经营活动中发生的造成人身伤亡或者直接经济损失的生产安全事故，环境污染事故、核设施事故、国防科研生产事故的划分不适用上述规定。

第一百一十四条 【生效日期】本法自2002年11月1日起施行。

生产安全事故应急条例

（2018 年 12 月 5 日国务院第 33 次常务会议通过　2019 年 2 月 17 日中华人民共和国国务院令第 708 号公布　自 2019 年 4 月 1 日起施行）

第一章　总　　则

第一条　为了规范生产安全事故应急工作，保障人民群众生命和财产安全，根据《中华人民共和国安全生产法》和《中华人民共和国突发事件应对法》，制定本条例。

▶实用问答

1. 制定《生产安全事故应急条例》的总体思路是什么？

制定《生产安全事故应急条例》的总体思路主要有三个方面：一是坚持问题导向，围绕生产安全事故应急工作中需要通过立法解决的主要问题做好制度设计，突出应急准备和应急救援两个关键环节。二是落实“放管服”改革要求，没有设定行政审批，着重运用备案、抽查等方式加强监督管理，同时尽量减轻企业负担，规定可以网上备案和报送相关情况。三是注重处理好与相关法律、行政法规的衔接，重点对安全生产法和突发事件应对法中需要进一步细化的相关制度措施作出具体规定，对这两部法律已有较为明确和具体规定的，原则上不再重复，法律、行政法规对生产安全事故应急工作另有规定的，适用其规定。

第二条　本条例适用于生产安全事故应急工作；法律、行政法规另有规定的，适用其规定。

▶实用问答

2.《生产安全事故应急条例》在整个应急管理法律体系中处于什么位置?

出台《生产安全事故应急条例》，既是坚决遏制重特大事故、减少人员伤亡的重大举措，也是构建应急管理法律体系的重要步骤和内容。从《生产安全事故应急条例》内容本身来看，根据《立法法》，其属于国务院根据《安全生产法》、《突发事件应对法》制定的行政法规，是应急管理法律体系中安全生产领域的配套法规，在加强生产安全事故应急工作中，具有重要的基础性、规范性作用，其目的就是通过进一步规范生产安全事故应急工作，保障人民群众生命和财产安全。《生产安全事故应急条例》对《安全生产法》、《突发事件应对法》的有关内容进行了细化，其精神和上位法的有关规定是一脉相承的，特别是总结了以往事故应对中的好经验、好做法，增加了《生产安全事故应急条例》的操作性和执行性，用以系统地规范和指导生产安全事故的应急工作。

第三条 国务院统一领导全国的生产安全事故应急工作，县级以上地方人民政府统一领导本行政区域内的生产安全事故应急工作。生产安全事故应急工作涉及两个以上行政区域的，由有关行政区域共同的上一级人民政府负责，或者由各有关行政区域的上一级人民政府共同负责。

县级以上人民政府应急管理部门和其他对有关行业、领域的安全生产工作实施监督管理的部门（以下统称负有安全生产监督管理职责的部门）在各自职责范围内，做好有关行业、领域的生产安全事故应急工作。

县级以上人民政府应急管理部门指导、协调本级人民政府其他负有安全生产监督管理职责的部门和下级人民政府的生产安全事故应急工作。

乡、镇人民政府以及街道办事处等地方人民政府派出机关应当协助上级人民政府有关部门依法履行生产安全事故应急工作职责。

第四条 生产经营单位应当加强生产安全事故应急工作，建立、健全生产安全事故应急工作责任制，其主要负责人对本单位的生产安全事故应急工作全面负责。

▶**实用问答**

3. 生产安全事故应急工作归谁管理?

按照突发事件应对法规定的“统一领导、综合协调、分类管理、分级负责、属地管理为主”的应急体制，并结合安全生产监督管理的特点，本条例规定了县级以上政府统一领导、行业监管部门分工负责、综合监管部门指导协调、基层政府及派出机关协助履职的生产安全事故应急工作体制。同时，本条规定了生产经营单位的应急工作责任制，生产经营单位的主要负责人对本单位的生产安全事故应急工作全面负责。

第二章 应急准备

第五条 县级以上人民政府及其负有安全生产监督管理职责的部门和乡、镇人民政府以及街道办事处等地方人民政府派出机关，应当针对可能发生的生产安全事故的特点和危害，进行风险辨识和评估，制定相应的生产安全事故应急救援预案，并依法向社会公布。

生产经营单位应当针对本单位可能发生的生产安全事故的特点和危害，进行风险辨识和评估，制定相应的生产安全事故应急救援预案，并向本单位从业人员公布。

▶**条文解读**

生产经营单位应当按照应急预案的规定，落实应急指挥体系、应急救援队伍、应急物资及装备，建立应急物资、装备配备及其使用档案，并对应急物资、装备进行定期检测和维护，使其处于适用状态。

生产经营单位发生事故时，应当第一时间启动应急响应，组织有关力量进行救援，并按照规定将事故信息及应急响应启动情况报告事故发生地县级以上人民政府应急管理部门和其他负有安全生产监督管理职责的部门。

生产安全事故应急处置和应急救援结束后，事故发生单位应当对应急预案实施情况进行总结评估。

▶实用问答

4. 哪些单位应当制定生产安全事故应急预案?

应急救援预案是事故应急工作的总遵循，制定符合实际、操作性强的预案，是有效处置各类事故的重要保证。本条例规定，各级政府及其有关部门、生产经营单位等应当针对可能发生的生产安全事故的特点和危害，进行风险辨识和评估，分别制定相应的生产安全事故应急救援预案并及时修订。各级政府、相关部门制定的预案应当向社会公布，生产经营单位制定的预案应当向从业人员公布。

5. 应急预案的编制应当符合哪些基本要求?

应急预案的编制应当符合下列基本要求：（1）有关法律、法规、规章和标准的规定；（2）本地区、本部门、本单位的安全生产实际情况；（3）本地区、本部门、本单位的危险性分析情况；（4）应急组织和人员的职责分工明确，并有具体的落实措施；（5）有明确、具体的应急程序和处置措施，并与其应急能力相适应；（6）有明确的应急保障措施，满足本地区、本部门、本单位的应急工作需要；（7）应急预案基本要素齐全、完整，应急预案附件提供的信息准确；（8）应急预案内容与相关应急预案相互衔接。

第六条 生产安全事故应急救援预案应当符合有关法律、法规、规章和标准的规定，具有科学性、针对性和可操作性，明确规定应急组织体系、职责分工以及应急救援程序和措施。

有下列情形之一的，生产安全事故应急救援预案制定单位应当及时修订相关预案：

（一）制定预案所依据的法律、法规、规章、标准发生重大变化；

（二）应急指挥机构及其职责发生调整；

（三）安全生产面临的风险发生重大变化；

（四）重要应急资源发生重大变化；

（五）在预案演练或者应急救援中发现需要修订预案的重大问题；

（六）其他应当修订的情形。

▶条文解读

应急预案制定后，应急预案编制单位应当建立应急预案定期评估制度，对预案内容的针对性和实用性进行分析，并对应急预案是否需要修订作出结论。

矿山、金属冶炼、建筑施工企业和易燃易爆物品、危险化学品等危险物品的生产、经营、储存、运输企业、使用危险化学品达到国家规定数量的化工企业、烟花爆竹生产、批发经营企业和中型规模以上的其他生产经营单位，应当每3年进行一次应急预案评估。

应急预案评估可以邀请相关专业机构或者有关专家、有实际应急救援工作经验的人员参加，必要时可以委托安全生产技术服务机构实施。

应急预案修订涉及组织指挥体系与职责、应急处置程序、主要处置措施、应急响应分级等内容变更的，修订工作应当参照应急预案编制程序进行，并按照有关应急预案报备程序重新备案。

第七条 县级以上人民政府负有安全生产监督管理职责的部门应当将其制定的生产安全事故应急救援预案报送本级人民政府备案；易燃易爆物品、危险化学品等危险物品的生产、经营、储存、运输单位，矿山、金属冶炼、城市轨道交通运营、建筑施工单位，以及宾馆、商场、娱乐场所、旅游景区等人员密集场所经营单位，应当将其制定的生产安全事故应急救援预案按照国家有关规定报送县级以上人民政府负有安全生产监督管理职责的部门备案，并依法向社会公布。

▶实用问答

6. 生产经营单位申报应急预案备案，应当提交哪些材料？

生产经营单位申报应急预案备案，应当提交下列材料：（1）应急预案备案申报表；（2）矿山、金属冶炼企业和易燃易爆物品、危险化学品的生产、经营（带储存设施的）、储存、运输企业，以及使用危险化学品达到国家规定数量的化工企业、烟花爆竹生产、批发经营企业和中型规模以上的其他生产经营单位，应当提供应急预案评审意见；（3）应急预案电子文档；（4）风险评估结果和应急资源调查清单。

第八条 县级以上地方人民政府以及县级以上人民政府负有安全生产监督管理职责的部门，乡、镇人民政府以及街道办事处等地方人民政府派出机关，应当至少每2年组织1次生产安全事故应急救援预案演练。

易燃易爆物品、危险化学品等危险物品的生产、经营、储存、运输单位，矿山、金属冶炼、城市轨道交通运营、建筑施工单位，以及宾馆、商场、娱乐场所、旅游景区等人员密集场所经营单位，应当至少每半年组织1次生产安全事故应急救援预案演练，并将演练情况报送所在地县级以上地方人民政府负有安全生产监督管理职责的部门。

县级以上地方人民政府负有安全生产监督管理职责的部门应当对本行政区域内前款规定的重点生产经营单位的生产安全事故应急救援预案演练进行抽查；发现演练不符合要求的，应当责令限期改正。

第九条 县级以上人民政府应当加强对生产安全事故应急救援队伍建设的统一规划、组织和指导。

县级以上人民政府负有安全生产监督管理职责的部门根据生产安全事故应急工作的实际需要，在重点行业、领域单独建立或者依托有条件的生产经营单位、社会组织共同建立应急救援队伍。

国家鼓励和支持生产经营单位和其他社会力量建立提供社会化应急救援服务的应急救援队伍。

第十条 易燃易爆物品、危险化学品等危险物品的生产、经营、储存、运输单位，矿山、金属冶炼、城市轨道交通运营、建筑施工单位，以及宾馆、商场、娱乐场所、旅游景区等人员密集场所经营单位，应当建立应急救援队伍；其中，小型企业或者微型企业等规模较小的生产经营单位，可以不建立应急救援队伍，但应当指定兼职的应急救援人员，并且可以与邻近的应急救援队伍签订应急救援协议。

工业园区、开发区等产业聚集区域内的生产经营单位，可以联合建立应急救援队伍。

第十一条 应急救援队伍的应急救援人员应当具备必要的专业知识、技能、身体素质和心理素质。

应急救援队伍建立单位或者兼职应急救援人员所在单位应当按照国家有关规定对应急救援人员进行培训；应急救援人员经培训合格后，方可参加应急救援工作。

应急救援队伍应当配备必要的应急救援装备和物资，并定期组织训练。

第十二条 生产经营单位应当及时将本单位应急救援队伍建立情况按照国家有关规定报送县级以上人民政府负有安全生产监督管理职责的部门，并依法向社会公布。

县级以上人民政府负有安全生产监督管理职责的部门应当定期将本行业、本领域的应急救援队伍建立情况报送本级人民政府，并依法向社会公布。

第十三条 县级以上地方人民政府应当根据本行政区域内可能发生的生产安全事故的特点和危害，储备必要的应急救援装备和物资，并及时更新和补充。

易燃易爆物品、危险化学品等危险物品的生产、经营、储存、运输单位，矿山、金属冶炼、城市轨道交通运营、建筑施工单位，以及宾馆、商场、娱乐场所、旅游景区等人员密集场所经营单位，应当根据本单位可能发生的生产安全事故的特点和危害，配备必要的灭火、排水、通风以及危险物品稀释、掩埋、收集等应急救援器材、设备和物资，并进行经常性维护、保养，保证正常运转。

第十四条 下列单位应当建立应急值班制度，配备应急值班人员：

（一）县级以上人民政府及其负有安全生产监督管理职责的部门；

（二）危险物品的生产、经营、储存、运输单位以及矿山、金属冶炼、城市轨道交通运营、建筑施工单位；

（三）应急救援队伍。

规模较大、危险性较高的易燃易爆物品、危险化学品等危险物品的生产、经营、储存、运输单位应当成立应急处置技术组，实行24小时应急值班。

第十五条 生产经营单位应当对从业人员进行应急教育和培训，保证从业人员具备必要的应急知识，掌握风险防范技能和事故应急措施。

第十六条 国务院负有安全生产监督管理职责的部门应当按照国家有关规定建立生产安全事故应急救援信息系统，并采取有效措施，实现数据互联互通、信息共享。

生产经营单位可以通过生产安全事故应急救援信息系统办理生产安全事故应急救援预案备案手续，报送应急救援预案演练情况和应急救援队伍建设情况；但依法需要保密的除外。

第三章 应急救援

第十七条 发生生产安全事故后，生产经营单位应当立即启动生产安全事故应急救援预案，采取下列一项或者多项应急救援措施，并按照国家有关规定报告事故情况：

（一）迅速控制危险源，组织抢救遇险人员；

（二）根据事故危害程度，组织现场人员撤离或者采取可能的应急措施后撤离；

（三）及时通知可能受到事故影响的单位和人员；

（四）采取必要措施，防止事故危害扩大和次生、衍生灾害发生；

（五）根据需要请求邻近的应急救援队伍参加救援，并向参加救援的应急救援队伍提供相关技术资料、信息和处置方法；

（六）维护事故现场秩序，保护事故现场和相关证据；

（七）法律、法规规定的其他应急救援措施。

第十八条 有关地方人民政府及其部门接到生产安全事故报告后，应当按照国家有关规定上报事故情况，启动相应的生产安全事故应急救援预案，并按照应急救援预案的规定采取下列一项或者多项应急救援措施：

（一）组织抢救遇险人员，救治受伤人员，研判事故发展趋势以及可能造成的危害；

（二）通知可能受到事故影响的单位和人员，隔离事故现场，划定警戒区域，疏散受到威胁的人员，实施交通管制；

（三）采取必要措施，防止事故危害扩大和次生、衍生灾害发生，避免或者减少事故对环境造成的危害；

（四）依法发布调用和征用应急资源的决定；

（五）依法向应急救援队伍下达救援命令；

（六）维护事故现场秩序，组织安抚遇险人员和遇险遇难人员亲属；

（七）依法发布有关事故情况和应急救援工作的信息；

（八）法律、法规规定的其他应急救援措施。

有关地方人民政府不能有效控制生产安全事故的，应当及时向上级人民政府报告。上级人民政府应当及时采取措施，统一指挥应急救援。

▶条文解读

有关地方人民政府和负有安全生产监督管理职责的部门的负责人接到生产安全事故报告后，应当按照生产安全事故应急救援预案的要求立即赶到事故现场，组织事故抢救。参与事故抢救的部门和单位应当服从统一指挥，加强协同联动，采取有效的应急救援措施，并根据事故救援的需要采取警戒、疏散等措施，防止事故扩大和次生灾害的发生，减少人员伤亡和财产损失。

事故抢救过程中应当采取必要措施，避免或者减少对环境造成的危害。任何单位和个人都应当支持、配合事故抢救，并提供一切便利条件。

第十九条 应急救援队伍接到有关人民政府及其部门的救援命令或者签有应急救援协议的生产经营单位的救援请求后，应当立即参加生产安全事故应急救援。

应急救援队伍根据救援命令参加生产安全事故应急救援所耗费用，由事故责任单位承担；事故责任单位无力承担的，由有关人民政府协调解决。

第二十条 发生生产安全事故后，有关人民政府认为有必要的，可以设立由本级人民政府及其有关部门负责人、应急救援专家、应急救援队伍负责人、事故发生单位负责人等人员组成的应急救援现场指挥部，并指定现场指挥部总指挥。

第二十一条 现场指挥部实行总指挥负责制，按照本级人民政府的授权组织制定并实施生产安全事故现场应急救援方案，协调、指挥有关单位和个人参加现场应急救援。

参加生产安全事故现场应急救援的单位和个人应当服从现场指挥部的统一指挥。

第二十二条 在生产安全事故应急救援过程中，发现可能直接危及应急救援人员生命安全的紧急情况时，现场指挥部或者统一指挥应急救援的人民政府应当立即采取相应措施消除隐患，降低或者化解风险，必要时可以暂时撤离应急救援人员。

第二十三条 生产安全事故发生地人民政府应当为应急救援人员提供必需的后勤保障，并组织通信、交通运输、医疗卫生、气象、水文、地质、电力、供水等单位协助应急救援。

第二十四条 现场指挥部或者统一指挥生产安全事故应急救援的人民政府及其有关部门应当完整、准确地记录应急救援的重要事项，妥善保存相关原始资料和证据。

第二十五条 生产安全事故的威胁和危害得到控制或者消除后，有关人民政府应当决定停止执行依照本条例和有关法律、法规采取的全部或者部分应急救援措施。

第二十六条 有关人民政府及其部门根据生产安全事故应急救援需要依法调用和征用的财产，在使用完毕或者应急救援结束后，应当及时归还。财产被调用、征用或者调用、征用后毁损、灭失的，有关人民政府及其部门应当按照国家有关规定给予补偿。

第二十七条 按照国家有关规定成立的生产安全事故调查组应当对应急救援工作进行评估，并在事故调查报告中作出评估结论。

第二十八条 县级以上地方人民政府应当按照国家有关规定，对在生产安全事故应急救援中伤亡的人员及时给予救治和抚恤；符合烈士评定条件的，按照国家有关规定评定为烈士。

第四章 法律责任

第二十九条 地方各级人民政府和街道办事处等地方人民政府派出机关以及县级以上人民政府有关部门违反本条例规定的，由其上级行政机关责令改正；情节严重的，对直接负责的主管人员和其他直接责任人员依法给予处分。

第三十条 生产经营单位未制定生产安全事故应急救援预案、未定期组织应急救援预案演练、未对从业人员进行应急教育和培训，生产经营单位的主要负责人在本单位发生生产安全事故时不立即组织抢救的，由县级以上人民政府负有安全生产监督管理职责的部门依照《中华人民共和国安全生产法》有关规定追究法律责任。

▶条文解读

生产经营单位有下列行为之一的，责令限期改正，可以处五万元以下的罚款；逾期未改正的，责令停产停业整顿，并处五万元以上十万元以下的罚款，对其直接负责的主管人员和其他直接责任人员处一万元以上二万元以下的罚款：（1）未按照规定设置安全生产管理机构或者配备安全生产管理人员的；（2）危险物品的生产、经营、储存单位以及矿山、金属冶炼、建筑施工、道路运输单位的主要负责人和安全生产管理人员未按照规定经考核合格的；(3) 未按照规定对从业人员、被派遣劳动者、实习学生进行安全生产教育和培训，或者未按照规定如实告知有关的安全生产事项的；(4) 未如实记录安全生产教育和培训情况的；(5) 未将事故隐患排查治理情况如实记录或者未向从业人员通报的；(6) 未按照规定制定生产安全事故应急救援预案或者未定期组织演练的；(7) 特种作业人员未按照规定经专门的安全作业培训并取得相应资格，上岗作业的。

生产经营单位的主要负责人在本单位发生生产安全事故时，不立即组织抢救或者在事故调查处理期间擅离职守或者逃匿的，给予降级、撤职的处分，并由安全生产监督管理部门处上一年年收入百分之六十至百分之一百的罚款；对逃匿的处十五日以下拘留；构成犯罪的，依照刑法有关规定追究刑事责任。

第三十一条 生产经营单位未对应急救援器材、设备和物资进行经常性维护、保养，导致发生严重生产安全事故或者生产安全事故危害扩大，或者在本单位发生生产安全事故后未立即采取相应的应急救援措施，造成严重后果的，由县级以上人民政府负有安全生产监督管理职责的部门依照《中华人民共和国突发事件应对法》有关规定追究法律责任。

►条文解读

《突发事件应对法》第64条规定："有关单位有下列情形之一的，由所在地履行统一领导职责的人民政府责令停产停业，暂扣或者吊销许可证或者营业执照，并处五万元以上二十万元以下的罚款；构成违反治安管理行为的，由公安机关依法给予处罚：(1) 未按规定采取预防措施，导致发生严重突发事件的；(2) 未及时消除已发现的可能引发突发事件的隐患，导致发生严重突发事件的；(3) 未做好应急设备、设施日常维护、检测工作，导致发生严重突发事件或者突发事件危害扩大的；(4) 突发事件发生后，不及时组织开展应急救援工作，造成严重后果的。前款规定的行为，其他法律、行政法规规定由人民政府有关部门依法决定处罚的，从其规定。"

第三十二条 生产经营单位未将生产安全事故应急救援预案报送备案、未建立应急值班制度或者配备应急值班人员的，由县级以上人民政府负有安全生产监督管理职责的部门责令限期改正；逾期未改正的，处3万元以上5万元以下的罚款，对直接负责的主管人员和其他直接责任人员处1万元以上2万元以下的罚款。

第三十三条 违反本条例规定，构成违反治安管理行为的，由公安机关依法给予处罚；构成犯罪的，依法追究刑事责任。

第五章 附　　则

第三十四条 储存、使用易燃易爆物品、危险化学品等危险物品的科研机构、学校、医院等单位的安全事故应急工作，参照本条例有关规定执行。

第三十五条 本条例自2019年4月1日起施行。

生产安全事故报告和调查处理条例

（2007 年 3 月 28 日国务院第 172 次常务会议通过　2007 年 4 月 9 日中华人民共和国国务院令第 493 号公布　自 2007 年 6 月 1 日起施行）

第一章　总　　则

第一条　为了规范生产安全事故的报告和调查处理，落实生产安全事故责任追究制度，防止和减少生产安全事故，根据《中华人民共和国安全生产法》和有关法律，制定本条例。

第二条　生产经营活动中发生的造成人身伤亡或者直接经济损失的生产安全事故的报告和调查处理，适用本条例；环境污染事故、核设施事故、国防科研生产事故的报告和调查处理不适用本条例。

第三条　根据生产安全事故（以下简称事故）造成的人员伤亡或者直接经济损失，事故一般分为以下等级：

（一）特别重大事故，是指造成 30 人以上死亡，或者 100 人以上重伤（包括急性工业中毒，下同），或者 1 亿元以上直接经济损失的事故；

（二）重大事故，是指造成 10 人以上 30 人以下死亡，或者 50 人以上 100 人以下重伤，或者 5000 万元以上 1 亿元以下直接经济损失的事故；

（三）较大事故，是指造成 3 人以上 10 人以下死亡，或者 10 人以上 50 人以下重伤，或者 1000 万元以上 5000 万元以下直接经济损失的事故；

（四）一般事故，是指造成 3 人以下死亡，或者 10 人以下重伤，或者1000万元以下直接经济损失的事故。

国务院安全生产监督管理部门可以会同国务院有关部门，制定事故等级划分的补充性规定。

本条第一款所称的“以上”包括本数，所称的“以下”不包括本数。

第四条 事故报告应当及时、准确、完整，任何单位和个人对事故不得迟报、漏报、谎报或者瞒报。

事故调查处理应当坚持实事求是、尊重科学的原则，及时、准确地查清事故经过、事故原因和事故损失，查明事故性质，认定事故责任，总结事故教训，提出整改措施，并对事故责任者依法追究责任。

第五条 县级以上人民政府应当依照本条例的规定，严格履行职责，及时、准确地完成事故调查处理工作。

事故发生地有关地方人民政府应当支持、配合上级人民政府或者有关部门的事故调查处理工作，并提供必要的便利条件。

参加事故调查处理的部门和单位应当互相配合，提高事故调查处理工作的效率。

第六条 工会依法参加事故调查处理，有权向有关部门提出处理意见。

第七条 任何单位和个人不得阻挠和干涉对事故的报告和依法调查处理。

第八条 对事故报告和调查处理中的违法行为，任何单位和个人有权向安全生产监督管理部门、监察机关或者其他有关部门举报，接到举报的部门应当依法及时处理。

第二章 事故报告

第九条 事故发生后，事故现场有关人员应当立即向本单位负责人报告；单位负责人接到报告后，应当于1小时内向事故发生地县级以上人民政府安全生产监督管理部门和负有安全生产监督管理职责的有关部门报告。

情况紧急时，事故现场有关人员可以直接向事故发生地县级以上人民政府安全生产监督管理部门和负有安全生产监督管理职责的有关部门报告。

第十条 安全生产监督管理部门和负有安全生产监督管理职责的有关部门接到事故报告后，应当依照下列规定上报事故情况，并通知公安机关、劳动保障行政部门、工会和人民检察院：

（一）特别重大事故、重大事故逐级上报至国务院安全生产监督管理部门和负有安全生产监督管理职责的有关部门；

（二）较大事故逐级上报至省、自治区、直辖市人民政府安全生产监督管理部门和负有安全生产监督管理职责的有关部门；

（三）一般事故上报至设区的市级人民政府安全生产监督管理部门和负有安全生产监督管理职责的有关部门。

安全生产监督管理部门和负有安全生产监督管理职责的有关部门依照前款规定上报事故情况，应当同时报告本级人民政府。国务院安全生产监督管理部门和负有安全生产监督管理职责的有关部门以及省级人民政府接到发生特别重大事故、重大事故的报告后，应当立即报告国务院。

必要时，安全生产监督管理部门和负有安全生产监督管理职责的有关部门可以越级上报事故情况。

第十一条 安全生产监督管理部门和负有安全生产监督管理职责的有关部门逐级上报事故情况，每级上报的时间不得超过2小时。

第十二条 报告事故应当包括下列内容：

（一）事故发生单位概况；

（二）事故发生的时间、地点以及事故现场情况；

（三）事故的简要经过；

（四）事故已经造成或者可能造成的伤亡人数（包括下落不明的

人数）和初步估计的直接经济损失；

（五）已经采取的措施；

（六）其他应当报告的情况。

第十三条 事故报告后出现新情况的，应当及时补报。

自事故发生之日起30日内，事故造成的伤亡人数发生变化的，应当及时补报。道路交通事故、火灾事故自发生之日起7日内，事故造成的伤亡人数发生变化的，应当及时补报。

第十四条 事故发生单位负责人接到事故报告后，应当立即启动事故相应应急预案，或者采取有效措施，组织抢救，防止事故扩大，减少人员伤亡和财产损失。

第十五条 事故发生地有关地方人民政府、安全生产监督管理部门和负有安全生产监督管理职责的有关部门接到事故报告后，其负责人应当立即赶赴事故现场，组织事故救援。

第十六条 事故发生后，有关单位和人员应当妥善保护事故现场以及相关证据，任何单位和个人不得破坏事故现场、毁灭相关证据。

因抢救人员、防止事故扩大以及疏通交通等原因，需要移动事故现场物件的，应当做出标志，绘制现场简图并做出书面记录，妥善保存现场重要痕迹、物证。

第十七条 事故发生地公安机关根据事故的情况，对涉嫌犯罪的，应当依法立案侦查，采取强制措施和侦查措施。犯罪嫌疑人逃匿的，公安机关应当迅速追捕归案。

第十八条 安全生产监督管理部门和负有安全生产监督管理职责的有关部门应当建立值班制度，并向社会公布值班电话，受理事故报告和举报。

第三章 事故调查

第十九条 特别重大事故由国务院或者国务院授权有关部门组织

事故调查组进行调查。

重大事故、较大事故、一般事故分别由事故发生地省级人民政府、设区的市级人民政府、县级人民政府负责调查。省级人民政府、设区的市级人民政府、县级人民政府可以直接组织事故调查组进行调查，也可以授权或者委托有关部门组织事故调查组进行调查。

未造成人员伤亡的一般事故，县级人民政府也可以委托事故发生单位组织事故调查组进行调查。

第二十条 上级人民政府认为必要时，可以调查由下级人民政府负责调查的事故。

自事故发生之日起30日内（道路交通事故、火灾事故自发生之日起7日内），因事故伤亡人数变化导致事故等级发生变化，依照本条例规定应当由上级人民政府负责调查的，上级人民政府可以另行组织事故调查组进行调查。

第二十一条 特别重大事故以下等级事故，事故发生地与事故发生单位不在同一个县级以上行政区域的，由事故发生地人民政府负责调查，事故发生单位所在地人民政府应当派人参加。

第二十二条 事故调查组的组成应当遵循精简、效能的原则。

根据事故的具体情况，事故调查组由有关人民政府、安全生产监督管理部门、负有安全生产监督管理职责的有关部门、监察机关、公安机关以及工会派人组成，并应当邀请人民检察院派人参加。

事故调查组可以聘请有关专家参与调查。

第二十三条 事故调查组成员应当具有事故调查所需要的知识和专长，并与所调查的事故没有直接利害关系。

第二十四条 事故调查组组长由负责事故调查的人民政府指定。事故调查组组长主持事故调查组的工作。

第二十五条 事故调查组履行下列职责：

（一）查明事故发生的经过、原因、人员伤亡情况及直接经济损失；

（二）认定事故的性质和事故责任；

（三）提出对事故责任者的处理建议；

（四）总结事故教训，提出防范和整改措施；

（五）提交事故调查报告。

第二十六条 事故调查组有权向有关单位和个人了解与事故有关的情况，并要求其提供相关文件、资料，有关单位和个人不得拒绝。

事故发生单位的负责人和有关人员在事故调查期间不得擅离职守，并应当随时接受事故调查组的询问，如实提供有关情况。

事故调查中发现涉嫌犯罪的，事故调查组应当及时将有关材料或者其复印件移交司法机关处理。

第二十七条 事故调查中需要进行技术鉴定的，事故调查组应当委托具有国家规定资质的单位进行技术鉴定。必要时，事故调查组可以直接组织专家进行技术鉴定。技术鉴定所需时间不计入事故调查期限。

第二十八条 事故调查组成员在事故调查工作中应当诚信公正、恪尽职守，遵守事故调查组的纪律，保守事故调查的秘密。

未经事故调查组组长允许，事故调查组成员不得擅自发布有关事故的信息。

第二十九条 事故调查组应当自事故发生之日起60日内提交事故调查报告；特殊情况下，经负责事故调查的人民政府批准，提交事故调查报告的期限可以适当延长，但延长的期限最长不超过60日。

第三十条 事故调查报告应当包括下列内容：

（一）事故发生单位概况；

（二）事故发生经过和事故救援情况；

（三）事故造成的人员伤亡和直接经济损失；

（四）事故发生的原因和事故性质；

（五）事故责任的认定以及对事故责任者的处理建议；

（六）事故防范和整改措施。

事故调查报告应当附具有关证据材料。事故调查组成员应当在事故调查报告上签名。

第三十一条 事故调查报告报送负责事故调查的人民政府后，事故调查工作即告结束。事故调查的有关资料应当归档保存。

第四章 事故处理

第三十二条 重大事故、较大事故、一般事故，负责事故调查的人民政府应当自收到事故调查报告之日起15日内做出批复；特别重大事故，30日内做出批复，特殊情况下，批复时间可以适当延长，但延长的时间最长不超过30日。

有关机关应当按照人民政府的批复，依照法律、行政法规规定的权限和程序，对事故发生单位和有关人员进行行政处罚，对负有事故责任的国家工作人员进行处分。

事故发生单位应当按照负责事故调查的人民政府的批复，对本单位负有事故责任的人员进行处理。

负有事故责任的人员涉嫌犯罪的，依法追究刑事责任。

第三十三条 事故发生单位应当认真吸取事故教训，落实防范和整改措施，防止事故再次发生。防范和整改措施的落实情况应当接受工会和职工的监督。

安全生产监督管理部门和负有安全生产监督管理职责的有关部门应当对事故发生单位落实防范和整改措施的情况进行监督检查。

第三十四条 事故处理的情况由负责事故调查的人民政府或者其授权的有关部门、机构向社会公布，依法应当保密的除外。

第五章 法律责任

第三十五条 事故发生单位主要负责人有下列行为之一的，处上一年年收入40%至80%的罚款；属于国家工作人员的，并依法给予处分；构成犯罪的，依法追究刑事责任：

（一）不立即组织事故抢救的；

（二）迟报或者漏报事故的；

（三）在事故调查处理期间擅离职守的。

第三十六条 事故发生单位及其有关人员有下列行为之一的，对事故发生单位处100万元以上500万元以下的罚款；对主要负责人、直接负责的主管人员和其他直接责任人员处上一年年收入60%至100%的罚款；属于国家工作人员的，并依法给予处分；构成违反治安管理行为的，由公安机关依法给予治安管理处罚；构成犯罪的，依法追究刑事责任：

（一）谎报或者瞒报事故的；

（二）伪造或者故意破坏事故现场的；

（三）转移、隐匿资金、财产，或者销毁有关证据、资料的；

（四）拒绝接受调查或者拒绝提供有关情况和资料的；

（五）在事故调查中作伪证或者指使他人作伪证的；

（六）事故发生后逃匿的。

第三十七条 事故发生单位对事故发生负有责任的，依照下列规定处以罚款：

（一）发生一般事故的，处10万元以上20万元以下的罚款；

（二）发生较大事故的，处20万元以上50万元以下的罚款；

（三）发生重大事故的，处50万元以上200万元以下的罚款；

（四）发生特别重大事故的，处200万元以上500万元以下的罚款。

第三十八条 事故发生单位主要负责人未依法履行安全生产管理职责，导致事故发生的，依照下列规定处以罚款；属于国家工作人员的，并依法给予处分；构成犯罪的，依法追究刑事责任：

（一）发生一般事故的，处上一年年收入30%的罚款；

（二）发生较大事故的，处上一年年收入40%的罚款；

（三）发生重大事故的，处上一年年收入60%的罚款；

（四）发生特别重大事故的，处上一年年收入80%的罚款。

第三十九条 有关地方人民政府、安全生产监督管理部门和负有安全生产监督管理职责的有关部门有下列行为之一的，对直接负责的主管人员和其他直接责任人员依法给予处分；构成犯罪的，依法追究刑事责任：

（一）不立即组织事故抢救的；

（二）迟报、漏报、谎报或者瞒报事故的；

（三）阻碍、干涉事故调查工作的；

（四）在事故调查中作伪证或者指使他人作伪证的。

第四十条 事故发生单位对事故发生负有责任的，由有关部门依法暂扣或者吊销其有关证照；对事故发生单位负有事故责任的有关人员，依法暂停或者撤销其与安全生产有关的执业资格、岗位证书；事故发生单位主要负责人受到刑事处罚或者撤职处分的，自刑罚执行完毕或者受处分之日起，5 年内不得担任任何生产经营单位的主要负责人。

为发生事故的单位提供虚假证明的中介机构，由有关部门依法暂扣或者吊销其有关证照及其相关人员的执业资格；构成犯罪的，依法追究刑事责任。

第四十一条 参与事故调查的人员在事故调查中有下列行为之一的，依法给予处分；构成犯罪的，依法追究刑事责任：

（一）对事故调查工作不负责任，致使事故调查工作有重大疏漏的；

（二）包庇、袒护负有事故责任的人员或者借机打击报复的。

第四十二条 违反本条例规定，有关地方人民政府或者有关部门故意拖延或者拒绝落实经批复的对事故责任人的处理意见的，由监察机关对有关责任人员依法给予处分。

第四十三条 本条例规定的罚款的行政处罚，由安全生产监督管理部门决定。

法律、行政法规对行政处罚的种类、幅度和决定机关另有规定的，依照其规定。

第六章 附 则

第四十四条 没有造成人员伤亡，但是社会影响恶劣的事故，国务院或者有关地方人民政府认为需要调查处理的，依照本条例的有关规定执行。

国家机关、事业单位、人民团体发生的事故的报告和调查处理，参照本条例的规定执行。

第四十五条 特别重大事故以下等级事故的报告和调查处理，有关法律、行政法规或者国务院另有规定的，依照其规定。

第四十六条 本条例自2007年6月1日起施行。国务院1989年3月29日公布的《特别重大事故调查程序暂行规定》和1991年2月22日公布的《企业职工伤亡事故报告和处理规定》同时废止。

安全生产行政执法与刑事司法衔接工作办法

（2019 年 4 月 16 日　应急〔2019〕54 号）

第一章　总　　则

第一条　为了建立健全安全生产行政执法与刑事司法衔接工作机制，依法惩治安全生产违法犯罪行为，保障人民群众生命财产安全和社会稳定，依据《中华人民共和国刑法》《中华人民共和国刑事诉讼法》《中华人民共和国安全生产法》《中华人民共和国消防法》和《行政执法机关移送涉嫌犯罪案件的规定》《生产安全事故报告和调查处理条例》《最高人民法院最高人民检察院关于办理危害生产安全刑事案件适用法律若干问题的解释》等法律、行政法规、司法解释及有关规定，制定本办法。

第二条　本办法适用于应急管理部门、公安机关、人民法院、人民检察院办理的涉嫌安全生产犯罪案件。

应急管理部门查处违法行为时发现的涉嫌其他犯罪案件，参照本办法办理。

本办法所称应急管理部门，包括煤矿安全监察机构、消防机构。

属于《中华人民共和国监察法》规定的公职人员在行使公权力过程中发生的依法由监察机关负责调查的涉嫌安全生产犯罪案件，不适用本办法，应当依法及时移送监察机关处理。

第三条　涉嫌安全生产犯罪案件主要包括下列案件：

（一）重大责任事故案件；

（二）强令违章冒险作业案件；

（三）重大劳动安全事故案件；

（四）危险物品肇事案件；

（五）消防责任事故、失火案件；

（六）不报、谎报安全事故案件；

（七）非法采矿，非法制造、买卖、储存爆炸物，非法经营，伪造、变造、买卖国家机关公文、证件、印章等涉嫌安全生产的其他犯罪案件。

第四条 人民检察院对应急管理部门移送涉嫌安全生产犯罪案件和公安机关有关立案活动，依法实施法律监督。

第五条 各级应急管理部门、公安机关、人民检察院、人民法院应当加强协作，统一法律适用，不断完善案件移送、案情通报、信息共享等工作机制。

第六条 应急管理部门在行政执法过程中发现行使公权力的公职人员涉嫌安全生产犯罪的问题线索，或者应急管理部门、公安机关、人民检察院在查处有关违法犯罪行为过程中发现行使公权力的公职人员涉嫌贪污贿赂、失职渎职等职务违法或者职务犯罪的问题线索，应当依法及时移送监察机关处理。

第二章 日常执法中的案件移送与法律监督

第七条 应急管理部门在查处违法行为过程中发现涉嫌安全生产犯罪案件的，应当立即指定2名以上行政执法人员组成专案组专门负责，核实情况后提出移送涉嫌犯罪案件的书面报告。应急管理部门正职负责人或者主持工作的负责人应当自接到报告之日起3日内作出批准移送或者不批准移送的决定。批准移送的，应当在24小时内向同级公安机关移送；不批准移送的，应当将不予批准的理由记录在案。

第八条 应急管理部门向公安机关移送涉嫌安全生产犯罪案件，应当附下列材料，并将案件移送书抄送同级人民检察院。

（一）案件移送书，载明移送案件的应急管理部门名称、违法行为涉嫌犯罪罪名、案件主办人及联系电话等。案件移送书应当附移送材料清单，并加盖应急管理部门公章；

（二）案件调查报告，载明案件来源、查获情况、嫌疑人基本情况、涉嫌犯罪的事实、证据和法律依据、处理建议等；

（三）涉案物品清单，载明涉案物品的名称、数量、特征、存放地等事项，并附采取行政强制措施、现场笔录等表明涉案物品来源的相关材料；

（四）附有鉴定机构和鉴定人资质证明或者其他证明文件的检验报告或者鉴定意见；

（五）现场照片、询问笔录、电子数据、视听资料、认定意见、责令整改通知书等其他与案件有关的证据材料。

对有关违法行为已经作出行政处罚决定的，还应当附行政处罚决定书。

第九条 公安机关对应急管理部门移送的涉嫌安全生产犯罪案件，应当出具接受案件的回执或者在案件移送书的回执上签字。

第十条 公安机关审查发现移送的涉嫌安全生产犯罪案件材料不全的，应当在接受案件的 24 小时内书面告知应急管理部门在 3 日内补正。

公安机关审查发现涉嫌安全生产犯罪案件移送材料不全、证据不充分的，可以就证明有犯罪事实的相关证据要求等提出补充调查意见，由移送案件的应急管理部门补充调查。根据实际情况，公安机关可以依法自行调查。

第十一条 公安机关对移送的涉嫌安全生产犯罪案件，应当自接受案件之日起 3 日内作出立案或者不予立案的决定；涉嫌犯罪线索需要查证的，应当自接受案件之日起 7 日内作出决定；重大疑难复杂案件，经县级以上公安机关负责人批准，可以自受案之日起 30 日内作出决定。依法不予立案的，应当说明理由，相应退回案件材料。

对属于公安机关管辖但不属于本公安机关管辖的案件，应当在接受案件后24小时内移送有管辖权的公安机关，并书面通知移送案件的应急管理部门，抄送同级人民检察院。对不属于公安机关管辖的案件，应当在24小时内退回移送案件的应急管理部门。

第十二条 公安机关作出立案、不予立案决定的，应当自作出决定之日起3日内书面通知应急管理部门，并抄送同级人民检察院。

对移送的涉嫌安全生产犯罪案件，公安机关立案后决定撤销案件的，应当将撤销案件决定书送达移送案件的应急管理部门，并退回案卷材料。对依法应当追究行政法律责任的，可以同时提出书面建议。有关撤销案件决定书应当抄送同级人民检察院。

第十三条 应急管理部门应当自接到公安机关立案通知书之日起3日内将涉案物品以及与案件有关的其他材料移交公安机关，并办理交接手续。

对保管条件、保管场所有特殊要求的涉案物品，可以在公安机关采取必要措施固定留取证据后，由应急管理部门代为保管。应急管理部门应当妥善保管涉案物品，并配合公安机关、人民检察院、人民法院在办案过程中对涉案物品的调取、使用及鉴定等工作。

第十四条 应急管理部门接到公安机关不予立案的通知书后，认为依法应当由公安机关决定立案的，可以自接到不予立案通知书之日起3日内提请作出不予立案决定的公安机关复议，也可以建议人民检察院进行立案监督。

公安机关应当自收到提请复议的文件之日起3日内作出复议决定，并书面通知应急管理部门。应急管理部门对公安机关的复议决定仍有异议的，应当自收到复议决定之日起3日内建议人民检察院进行立案监督。

应急管理部门对公安机关逾期未作出是否立案决定以及立案后撤销案件决定有异议的，可以建议人民检察院进行立案监督。

第十五条 应急管理部门建议人民检察院进行立案监督的，应当提供立案监督建议书、相关案件材料，并附公安机关不予立案通知、复议维持不予立案通知或者立案后撤销案件决定及有关说明理由材料。

第十六条 人民检察院应当对应急管理部门立案监督建议进行审查，认为需要公安机关说明不予立案、立案后撤销案件的理由的，应当要求公安机关在7日内说明理由。公安机关应当书面说明理由，回复人民检察院。

人民检察院经审查认为公安机关不予立案或者立案后撤销案件理由充分，符合法律规定情形的，应当作出支持不予立案、撤销案件的检察意见。认为有关理由不能成立的，应当通知公安机关立案。

公安机关收到立案通知书后，应当在15日内立案，并将立案决定书送达人民检察院。

第十七条 人民检察院发现应急管理部门不移送涉嫌安全生产犯罪案件的，可以派员查询、调阅有关案件材料，认为应当移送的，应当提出检察意见。应急管理部门应当自收到检察意见后3日内将案件移送公安机关，并将案件移送书抄送人民检察院。

第十八条 人民检察院对符合逮捕、起诉条件的犯罪嫌疑人，应当依法批准逮捕、提起公诉。

人民检察院对决定不起诉的案件，应当自作出决定之日起3日内，将不起诉决定书送达公安机关和应急管理部门。对依法应当追究行政法律责任的，可以同时提出检察意见，并要求应急管理部门及时通报处理情况。

第三章　事故调查中的案件移送与法律监督

第十九条 事故发生地有管辖权的公安机关根据事故的情况，对涉嫌安全生产犯罪的，应当依法立案侦查。

第二十条 事故调查中发现涉嫌安全生产犯罪的，事故调查组或者负责火灾调查的消防机构应当及时将有关材料或者其复印件移交有管辖权的公安机关依法处理。

事故调查过程中，事故调查组或者负责火灾调查的消防机构可以召开专题会议，向有管辖权的公安机关通报事故调查进展情况。

有管辖权的公安机关对涉嫌安全生产犯罪案件立案侦查的，应当在3日内将立案决定书抄送同级应急管理部门、人民检察院和组织事故调查的应急管理部门。

第二十一条 对有重大社会影响的涉嫌安全生产犯罪案件，上级公安机关采取挂牌督办、派员参与等方法加强指导和督促，必要时，可以按照有关规定直接组织办理。

第二十二条 组织事故调查的应急管理部门及同级公安机关、人民检察院对涉嫌安全生产犯罪案件的事实、性质认定、证据采信、法律适用以及责任追究有意见分歧的，应当加强协调沟通。必要时，可以就法律适用等方面问题听取人民法院意见。

第二十三条 对发生一人以上死亡的情形，经依法组织调查，作出不属于生产安全事故或者生产安全责任事故的书面调查结论的，应急管理部门应当将该调查结论及时抄送同级监察机关、公安机关、人民检察院。

第四章　证据的收集与使用

第二十四条 在查处违法行为的过程中，有关应急管理部门应当全面收集、妥善保存证据材料。对容易灭失的痕迹、物证，应当采取措施提取、固定；对查获的涉案物品，如实填写涉案物品清单，并按照国家有关规定予以处理；对需要进行检验、鉴定的涉案物品，由法定检验、鉴定机构进行检验、鉴定，并出具检验报告或者鉴定意见。

在事故调查的过程中，有关部门根据有关法律法规的规定或者事故调查组的安排，按照前款规定收集、保存相关的证据材料。

第二十五条 在查处违法行为或者事故调查的过程中依法收集制作的物证、书证、视听资料、电子数据、检验报告、鉴定意见、勘验笔录、检查笔录等证据材料以及经依法批复的事故调查报告，在刑事诉讼中可以作为证据使用。

事故调查组依照有关规定提交的事故调查报告应当由其成员签名。没有签名的，应当予以补正或者作出合理解释。

第二十六条 当事人及其辩护人、诉讼代理人对检验报告、鉴定意见、勘验笔录、检查笔录等提出异议，申请重新检验、鉴定、勘验或者检查的，应当说明理由。人民法院经审理认为有必要的，应当同意。人民法院同意重新鉴定申请的，应当及时委托鉴定，并将鉴定意见告知人民检察院、当事人及其辩护人、诉讼代理人；也可以由公安机关自行或者委托相关机构重新进行检验、鉴定、勘验、检查等。

第五章 协作机制

第二十七条 各级应急管理部门、公安机关、人民检察院、人民法院应当建立安全生产行政执法与刑事司法衔接长效工作机制。明确本单位的牵头机构和联系人，加强日常工作沟通与协作。定期召开联席会议，协调解决重要问题，并以会议纪要等方式明确议定事项。

各省、自治区、直辖市应急管理部门、公安机关、人民检察院、人民法院应当每年定期联合通报辖区内有关涉嫌安全生产犯罪案件移送、立案、批捕、起诉、裁判结果等方面信息。

第二十八条 应急管理部门对重大疑难复杂案件，可以就刑事案件立案追诉标准、证据的固定和保全等问题咨询公安机关、人民检察院；公安机关、人民检察院可以就案件办理中的专业性问题咨询应急管理部门。受咨询的机关应当及时答复；书面咨询的，应当在7日内书面答复。

第二十九条 人民法院应当在有关案件的判决、裁定生效后，按照规定及时将判决书、裁定书在互联网公布。适用职业禁止措施的，应当在判决、裁定生效后10日内将判决书、裁定书送达罪犯居住地的县级应急管理部门和公安机关，同时抄送罪犯居住地的县级人民检察院。具有国家工作人员身份的，应当将判决书、裁定书送达罪犯原所在单位。

第三十条 人民检察院、人民法院发现有关生产经营单位在安全生产保障方面存在问题或者有关部门在履行安全生产监督管理职责方面存在违法、不当情形的，可以发出检察建议、司法建议。有关生产经营单位或者有关部门应当按规定及时处理，并将处理情况书面反馈提出建议的人民检察院、人民法院。

第三十一条 各级应急管理部门、公安机关、人民检察院应当运用信息化手段，逐步实现涉嫌安全生产犯罪案件的网上移送、网上受理和网上监督。

第六章　附　　则

第三十二条 各省、自治区、直辖市的应急管理部门、公安机关、人民检察院、人民法院可以根据本地区实际情况制定实施办法。

第三十三条 本办法自印发之日起施行。

生产安全事故应急预案管理办法

（2016年6月3日国家安全生产监督管理总局令第88号公布　根据2019年7月11日应急管理部令第2号《应急管理部关于修改〈生产安全事故应急预案管理办法〉的决定》修正）

第一章　总　　则

第一条　为规范生产安全事故应急预案管理工作，迅速有效处置生产安全事故，依据《中华人民共和国突发事件应对法》《中华人民共和国安全生产法》《生产安全事故应急条例》等法律、行政法规和《突发事件应急预案管理办法》（国办发〔2013〕101号），制定本办法。

第二条　生产安全事故应急预案（以下简称应急预案）的编制、评审、公布、备案、实施及监督管理工作，适用本办法。

第三条　应急预案的管理实行属地为主、分级负责、分类指导、综合协调、动态管理的原则。

第四条　应急管理部负责全国应急预案的综合协调管理工作。国务院其他负有安全生产监督管理职责的部门在各自职责范围内，负责相关行业、领域应急预案的管理工作。

县级以上地方各级人民政府应急管理部门负责本行政区域内应急预案的综合协调管理工作。县级以上地方各级人民政府其他负有安全生产监督管理职责的部门按照各自的职责负责有关行业、领域应急预案的管理工作。

第五条　生产经营单位主要负责人负责组织编制和实施本单位的

应急预案，并对应急预案的真实性和实用性负责；各分管负责人应当按照职责分工落实应急预案规定的职责。

第六条 生产经营单位应急预案分为综合应急预案、专项应急预案和现场处置方案。

综合应急预案，是指生产经营单位为应对各种生产安全事故而制定的综合性工作方案，是本单位应对生产安全事故的总体工作程序、措施和应急预案体系的总纲。

专项应急预案，是指生产经营单位为应对某一种或者多种类型生产安全事故，或者针对重要生产设施、重大危险源、重大活动防止生产安全事故而制定的专项性工作方案。

现场处置方案，是指生产经营单位根据不同生产安全事故类型，针对具体场所、装置或者设施所制定的应急处置措施。

第二章　应急预案的编制

第七条 应急预案的编制应当遵循以人为本、依法依规、符合实际、注重实效的原则，以应急处置为核心，明确应急职责、规范应急程序、细化保障措施。

第八条 应急预案的编制应当符合下列基本要求：

（一）有关法律、法规、规章和标准的规定；

（二）本地区、本部门、本单位的安全生产实际情况；

（三）本地区、本部门、本单位的危险性分析情况；

（四）应急组织和人员的职责分工明确，并有具体的落实措施；

（五）有明确、具体的应急程序和处置措施，并与其应急能力相适应；

（六）有明确的应急保障措施，满足本地区、本部门、本单位的应急工作需要；

（七）应急预案基本要素齐全、完整，应急预案附件提供的信息准确；

（八）应急预案内容与相关应急预案相互衔接。

第九条 编制应急预案应当成立编制工作小组，由本单位有关负责人任组长，吸收与应急预案有关的职能部门和单位的人员，以及有现场处置经验的人员参加。

第十条 编制应急预案前，编制单位应当进行事故风险辨识、评估和应急资源调查。

事故风险辨识、评估，是指针对不同事故种类及特点，识别存在的危险危害因素，分析事故可能产生的直接后果以及次生、衍生后果，评估各种后果的危害程度和影响范围，提出防范和控制事故风险措施的过程。

应急资源调查，是指全面调查本地区、本单位第一时间可以调用的应急资源状况和合作区域内可以请求援助的应急资源状况，并结合事故风险辨识评估结论制定应急措施的过程。

第十一条 地方各级人民政府应急管理部门和其他负有安全生产监督管理职责的部门应当根据法律、法规、规章和同级人民政府以及上一级人民政府应急管理部门和其他负有安全生产监督管理职责的部门的应急预案，结合工作实际，组织编制相应的部门应急预案。

部门应急预案应当根据本地区、本部门的实际情况，明确信息报告、响应分级、指挥权移交、警戒疏散等内容。

第十二条 生产经营单位应当根据有关法律、法规、规章和相关标准，结合本单位组织管理体系、生产规模和可能发生的事故特点，与相关预案保持衔接，确立本单位的应急预案体系，编制相应的应急预案，并体现自救互救和先期处置等特点。

第十三条 生产经营单位风险种类多、可能发生多种类型事故的，应当组织编制综合应急预案。

综合应急预案应当规定应急组织机构及其职责、应急预案体系、事故风险描述、预警及信息报告、应急响应、保障措施、应急预案管理等内容。

第十四条 对于某一种或者多种类型的事故风险，生产经营单位可以编制相应的专项应急预案，或将专项应急预案并入综合应急预案。

专项应急预案应当规定应急指挥机构与职责、处置程序和措施等内容。

第十五条 对于危险性较大的场所、装置或者设施，生产经营单位应当编制现场处置方案。

现场处置方案应当规定应急工作职责、应急处置措施和注意事项等内容。

事故风险单一、危险性小的生产经营单位，可以只编制现场处置方案。

第十六条 生产经营单位应急预案应当包括向上级应急管理机构报告的内容、应急组织机构和人员的联系方式、应急物资储备清单等附件信息。附件信息发生变化时，应当及时更新，确保准确有效。

第十七条 生产经营单位组织应急预案编制过程中，应当根据法律、法规、规章的规定或者实际需要，征求相关应急救援队伍、公民、法人或者其他组织的意见。

第十八条 生产经营单位编制的各类应急预案之间应当相互衔接，并与相关人民政府及其部门、应急救援队伍和涉及的其他单位的应急预案相衔接。

第十九条 生产经营单位应当在编制应急预案的基础上，针对工作场所、岗位的特点，编制简明、实用、有效的应急处置卡。

应急处置卡应当规定重点岗位、人员的应急处置程序和措施，以及相关联络人员和联系方式，便于从业人员携带。

第三章 应急预案的评审、公布和备案

第二十条 地方各级人民政府应急管理部门应当组织有关专家对

本部门编制的部门应急预案进行审定；必要时，可以召开听证会，听取社会有关方面的意见。

第二十一条 矿山、金属冶炼企业和易燃易爆物品、危险化学品的生产、经营（带储存设施的，下同）、储存、运输企业，以及使用危险化学品达到国家规定数量的化工企业、烟花爆竹生产、批发经营企业和中型规模以上的其他生产经营单位，应当对本单位编制的应急预案进行评审，并形成书面评审纪要。

前款规定以外的其他生产经营单位可以根据自身需要，对本单位编制的应急预案进行论证。

第二十二条 参加应急预案评审的人员应当包括有关安全生产及应急管理方面的专家。

评审人员与所评审应急预案的生产经营单位有利害关系的，应当回避。

第二十三条 应急预案的评审或者论证应当注重基本要素的完整性、组织体系的合理性、应急处置程序和措施的针对性、应急保障措施的可行性、应急预案的衔接性等内容。

第二十四条 生产经营单位的应急预案经评审或者论证后，由本单位主要负责人签署，向本单位从业人员公布，并及时发放到本单位有关部门、岗位和相关应急救援队伍。

事故风险可能影响周边其他单位、人员的，生产经营单位应当将有关事故风险的性质、影响范围和应急防范措施告知周边的其他单位和人员。

第二十五条 地方各级人民政府应急管理部门的应急预案，应当报同级人民政府备案，同时抄送上一级人民政府应急管理部门，并依法向社会公布。

地方各级人民政府其他负有安全生产监督管理职责的部门的应急预案，应当抄送同级人民政府应急管理部门。

第二十六条 易燃易爆物品、危险化学品等危险物品的生产、经营、储存、运输单位，矿山、金属冶炼、城市轨道交通运营、建筑施工单位，以及宾馆、商场、娱乐场所、旅游景区等人员密集场所经营单位，应当在应急预案公布之日起20个工作日内，按照分级属地原则，向县级以上人民政府应急管理部门和其他负有安全生产监督管理职责的部门进行备案，并依法向社会公布。

前款所列单位属于中央企业的，其总部（上市公司）的应急预案，报国务院主管的负有安全生产监督管理职责的部门备案，并抄送应急管理部；其所属单位的应急预案报所在地的省、自治区、直辖市或者设区的市级人民政府主管的负有安全生产监督管理职责的部门备案，并抄送同级人民政府应急管理部门。

本条第一款所列单位不属于中央企业的，其中非煤矿山、金属冶炼和危险化学品生产、经营、储存、运输企业，以及使用危险化学品达到国家规定数量的化工企业、烟花爆竹生产、批发经营企业的应急预案，按照隶属关系报所在地县级以上地方人民政府应急管理部门备案；本款前述单位以外的其他生产经营单位应急预案的备案，由省、自治区、直辖市人民政府负有安全生产监督管理职责的部门确定。

油气输送管道运营单位的应急预案，除按照本条第一款、第二款的规定备案外，还应当抄送所经行政区域的县级人民政府应急管理部门。

海洋石油开采企业的应急预案，除按照本条第一款、第二款的规定备案外，还应当抄送所经行政区域的县级人民政府应急管理部门和海洋石油安全监管机构。

煤矿企业的应急预案除按照本条第一款、第二款的规定备案外，还应当抄送所在地的煤矿安全监察机构。

第二十七条 生产经营单位申报应急预案备案，应当提交下列材料：

（一）应急预案备案申报表；

（二）本办法第二十一条所列单位，应当提供应急预案评审意见；

（三）应急预案电子文档；

（四）风险评估结果和应急资源调查清单。

第二十八条 受理备案登记的负有安全生产监督管理职责的部门应当在5个工作日内对应急预案材料进行核对，材料齐全的，应当予以备案并出具应急预案备案登记表；材料不齐全的，不予备案并一次性告知需要补齐的材料。逾期不予备案又不说明理由的，视为已经备案。

对于实行安全生产许可的生产经营单位，已经进行应急预案备案的，在申请安全生产许可证时，可以不提供相应的应急预案，仅提供应急预案备案登记表。

第二十九条 各级人民政府负有安全生产监督管理职责的部门应当建立应急预案备案登记建档制度，指导、督促生产经营单位做好应急预案的备案登记工作。

第四章 应急预案的实施

第三十条 各级人民政府应急管理部门、各类生产经营单位应当采取多种形式开展应急预案的宣传教育，普及生产安全事故避险、自救和互救知识，提高从业人员和社会公众的安全意识与应急处置技能。

第三十一条 各级人民政府应急管理部门应当将本部门应急预案的培训纳入安全生产培训工作计划，并组织实施本行政区域内重点生产经营单位的应急预案培训工作。

生产经营单位应当组织开展本单位的应急预案、应急知识、自救互救和避险逃生技能的培训活动，使有关人员了解应急预案内容，熟悉应急职责、应急处置程序和措施。

应急培训的时间、地点、内容、师资、参加人员和考核结果等情况应当如实记入本单位的安全生产教育和培训档案。

第三十二条 各级人民政府应急管理部门应当至少每两年组织一

次应急预案演练，提高本部门、本地区生产安全事故应急处置能力。

第三十三条 生产经营单位应当制定本单位的应急预案演练计划，根据本单位的事故风险特点，每年至少组织一次综合应急预案演练或者专项应急预案演练，每半年至少组织一次现场处置方案演练。

易燃易爆物品、危险化学品等危险物品的生产、经营、储存、运输单位，矿山、金属冶炼、城市轨道交通运营、建筑施工单位，以及宾馆、商场、娱乐场所、旅游景区等人员密集场所经营单位，应当至少每半年组织一次生产安全事故应急预案演练，并将演练情况报送所在地县级以上地方人民政府负有安全生产监督管理职责的部门。

县级以上地方人民政府负有安全生产监督管理职责的部门应当对本行政区域内前款规定的重点生产经营单位的生产安全事故应急救援预案演练进行抽查；发现演练不符合要求的，应当责令限期改正。

第三十四条 应急预案演练结束后，应急预案演练组织单位应当对应急预案演练效果进行评估，撰写应急预案演练评估报告，分析存在的问题，并对应急预案提出修订意见。

第三十五条 应急预案编制单位应当建立应急预案定期评估制度，对预案内容的针对性和实用性进行分析，并对应急预案是否需要修订作出结论。

矿山、金属冶炼、建筑施工企业和易燃易爆物品、危险化学品等危险物品的生产、经营、储存、运输企业、使用危险化学品达到国家规定数量的化工企业、烟花爆竹生产、批发经营企业和中型规模以上的其他生产经营单位，应当每三年进行一次应急预案评估。

应急预案评估可以邀请相关专业机构或者有关专家、有实际应急救援工作经验的人员参加，必要时可以委托安全生产技术服务机构实施。

第三十六条 有下列情形之一的，应急预案应当及时修订并归档：

（一）依据的法律、法规、规章、标准及上位预案中的有关规定发生重大变化的；

（二）应急指挥机构及其职责发生调整的；

（三）安全生产面临的风险发生重大变化的；

（四）重要应急资源发生重大变化的；

（五）在应急演练和事故应急救援中发现需要修订预案的重大问题的；

（六）编制单位认为应当修订的其他情况。

第三十七条 应急预案修订涉及组织指挥体系与职责、应急处置程序、主要处置措施、应急响应分级等内容变更的，修订工作应当参照本办法规定的应急预案编制程序进行，并按照有关应急预案报备程序重新备案。

第三十八条 生产经营单位应当按照应急预案的规定，落实应急指挥体系、应急救援队伍、应急物资及装备，建立应急物资、装备配备及其使用档案，并对应急物资、装备进行定期检测和维护，使其处于适用状态。

第三十九条 生产经营单位发生事故时，应当第一时间启动应急响应，组织有关力量进行救援，并按照规定将事故信息及应急响应启动情况报告事故发生地县级以上人民政府应急管理部门和其他负有安全生产监督管理职责的部门。

第四十条 生产安全事故应急处置和应急救援结束后，事故发生单位应当对应急预案实施情况进行总结评估。

第五章 监督管理

第四十一条 各级人民政府应急管理部门和煤矿安全监察机构应当将生产经营单位应急预案工作纳入年度监督检查计划，明确检查的重点内容和标准，并严格按照计划开展执法检查。

第四十二条 地方各级人民政府应急管理部门应当每年对应急预案的监督管理工作情况进行总结，并报上一级人民政府应急管理部门。

第四十三条 对于在应急预案管理工作中做出显著成绩的单位和人员，各级人民政府应急管理部门、生产经营单位可以给予表彰和奖励。

第六章 法律责任

第四十四条 生产经营单位有下列情形之一的，由县级以上人民政府应急管理等部门依照《中华人民共和国安全生产法》第九十四条的规定，责令限期改正，可以处 5 万元以下罚款；逾期未改正的，责令停产停业整顿，并处 5 万元以上 10 万元以下的罚款，对直接负责的主管人员和其他直接责任人员处 1 万元以上 2 万元以下的罚款：

（一）未按照规定编制应急预案的；

（二）未按照规定定期组织应急预案演练的。

第四十五条 生产经营单位有下列情形之一的，由县级以上人民政府应急管理部门责令限期改正，可以处 1 万元以上 3 万元以下的罚款：

（一）在应急预案编制前未按照规定开展风险辨识、评估和应急资源调查的；

（二）未按照规定开展应急预案评审的；

（三）事故风险可能影响周边单位、人员的，未将事故风险的性质、影响范围和应急防范措施告知周边单位和人员的；

（四）未按照规定开展应急预案评估的；

（五）未按照规定进行应急预案修订的；

（六）未落实应急预案规定的应急物资及装备的。

生产经营单位未按照规定进行应急预案备案的，由县级以上人民政府应急管理等部门依照职责责令限期改正；逾期未改正的，处 3 万元以上 5 万元以下的罚款，对直接负责的主管人员和其他直接责任人员处 1 万元以上 2 万元以下的罚款。

第七章　附　　则

第四十六条　《生产经营单位生产安全事故应急预案备案申报表》和《生产经营单位生产安全事故应急预案备案登记表》由应急管理部统一制定。

第四十七条　各省、自治区、直辖市应急管理部门可以依据本办法的规定，结合本地区实际制定实施细则。

第四十八条　对储存、使用易燃易爆物品、危险化学品等危险物品的科研机构、学校、医院等单位的安全事故应急预案的管理，参照本办法的有关规定执行。

第四十九条　本办法自 2016 年 7 月 1 日起施行。

中华人民共和国矿山安全法

（1992年11月7日第七届全国人民代表大会常务委员会第二十八次会议通过　根据2009年8月27日第十一届全国人民代表大会常务委员会第十次会议《关于修改部分法律的决定》修正）

目　　录

第一章　总　　则

第一条　为了保障矿山生产安全，防止矿山事故，保护矿山职工人身安全，促进采矿业的发展，制定本法。

第二条　在中华人民共和国领域和中华人民共和国管辖的其他海域从事矿产资源开采活动，必须遵守本法。

第三条　矿山企业必须具有保障安全生产的设施，建立、健全安全管理制度，采取有效措施改善职工劳动条件，加强矿山安全管理工作，保证安全生产。

第四条 国务院劳动行政主管部门对全国矿山安全工作实施统一监督。

县级以上地方各级人民政府劳动行政主管部门对本行政区域内的矿山安全工作实施统一监督。

县级以上人民政府管理矿山企业的主管部门对矿山安全工作进行管理。

第五条 国家鼓励矿山安全科学技术研究，推广先进技术，改进安全设施，提高矿山安全生产水平。

第六条 对坚持矿山安全生产，防止矿山事故，参加矿山抢险救护，进行矿山安全科学技术研究等方面取得显著成绩的单位和个人，给予奖励。

第二章 矿山建设的安全保障

第七条 矿山建设工程的安全设施必须和主体工程同时设计、同时施工、同时投入生产和使用。

第八条 矿山建设工程的设计文件，必须符合矿山安全规程和行业技术规范，并按照国家规定经管理矿山企业的主管部门批准；不符合矿山安全规程和行业技术规范的，不得批准。

矿山建设工程安全设施的设计必须有劳动行政主管部门参加审查。

矿山安全规程和行业技术规范，由国务院管理矿山企业的主管部门制定。

第九条 矿山设计下列项目必须符合矿山安全规程和行业技术规范：

（一）矿井的通风系统和供风量、风质、风速；

（二）露天矿的边坡角和台阶的宽度、高度；

（三）供电系统；

（四）提升、运输系统；

（五）防水、排水系统和防火、灭火系统；

（六）防瓦斯系统和防尘系统；

（七）有关矿山安全的其他项目。

第十条 每个矿井必须有两个以上能行人的安全出口，出口之间的直线水平距离必须符合矿山安全规程和行业技术规范。

第十一条 矿山必须有与外界相通的、符合安全要求的运输和通讯设施。

第十二条 矿山建设工程必须按照管理矿山企业的主管部门批准的设计文件施工。

矿山建设工程安全设施竣工后，由管理矿山企业的主管部门验收，并须有劳动行政主管部门参加；不符合矿山安全规程和行业技术规范的，不得验收，不得投入生产。

第三章 矿山开采的安全保障

第十三条 矿山开采必须具备保障安全生产的条件，执行开采不同矿种的矿山安全规程和行业技术规范。

第十四条 矿山设计规定保留的矿柱、岩柱，在规定的期限内，应当予以保护，不得开采或者毁坏。

第十五条 矿山使用的有特殊安全要求的设备、器材、防护用品和安全检测仪器，必须符合国家安全标准或者行业安全标准；不符合国家安全标准或者行业安全标准的，不得使用。

第十六条 矿山企业必须对机电设备及其防护装置、安全检测仪器，定期检查、维修，保证使用安全。

第十七条 矿山企业必须对作业场所中的有毒有害物质和井下空气含氧量进行检测，保证符合安全要求。

第十八条 矿山企业必须对下列危害安全的事故隐患采取预防

措施：

（一）冒顶、片帮、边坡滑落和地表塌陷；

（二）瓦斯爆炸、煤尘爆炸；

（三）冲击地压、瓦斯突出、井喷；

（四）地面和井下的火灾、水害；

（五）爆破器材和爆破作业发生的危害；

（六）粉尘、有毒有害气体、放射性物质和其他有害物质引起的危害；

（七）其他危害。

第十九条 矿山企业对使用机械、电气设备，排土场矸石山、尾矿库和矿山闭坑后可能引起的危害，应当采取预防措施。

第四章 矿山企业的安全管理

第二十条 矿山企业必须建立、健全安全生产责任制。

矿长对本企业的安全生产工作负责。

第二十一条 矿长应当定期向职工代表大会或者职工大会报告安全生产工作，发挥职工代表大会的监督作用。

第二十二条 矿山企业职工必须遵守有关矿山安全的法律、法规和企业规章制度。

矿山企业职工有权对危害安全的行为，提出批评、检举和控告。

第二十三条 矿山企业工会依法维护职工生产安全的合法权益，组织职工对矿山安全工作进行监督。

第二十四条 矿山企业违反有关安全的法律、法规，工会有权要求企业行政方面或者有关部门认真处理。

矿山企业召开讨论有关安全生产的会议，应当有工会代表参加，工会有权提出意见和建议。

第二十五条 矿山企业工会发现企业行政方面违章指挥、强令工人冒险作业或者生产过程中发现明显重大事故隐患和职业危害，有权提出解决的建议；发现危及职工生命安全的情况时，有权向矿山企业行政方面建议组织职工撤离危险现场，矿山企业行政方面必须及时作出处理决定。

第二十六条 矿山企业必须对职工进行安全教育、培训；未经安全教育、培训的，不得上岗作业。

矿山企业安全生产的特种作业人员必须接受专门培训，经考核合格取得操作资格证书的，方可上岗作业。

第二十七条 矿长必须经过考核，具备安全专业知识，具有领导安全生产和处理矿山事故的能力。

矿山企业安全工作人员必须具备必要的安全专业知识和矿山安全工作经验。

第二十八条 矿山企业必须向职工发放保障安全生产所需的劳动防护用品。

第二十九条 矿山企业不得录用未成年人从事矿山井下劳动。

矿山企业对女职工按照国家规定实行特殊劳动保护，不得分配女职工从事矿山井下劳动。

第三十条 矿山企业必须制定矿山事故防范措施，并组织落实。

第三十一条 矿山企业应当建立由专职或者兼职人员组成的救护和医疗急救组织，配备必要的装备、器材和药物。

第三十二条 矿山企业必须从矿产品销售额中按照国家规定提取安全技术措施专项费用。安全技术措施专项费用必须全部用于改善矿山安全生产条件，不得挪作他用。

第五章 矿山安全的监督和管理

第三十三条 县级以上各级人民政府劳动行政主管部门对矿山安全工作行使下列监督职责：

（一）检查矿山企业和管理矿山企业的主管部门贯彻执行矿山安全法律、法规的情况；

（二）参加矿山建设工程安全设施的设计审查和竣工验收；

（三）检查矿山劳动条件和安全状况；

（四）检查矿山企业职工安全教育、培训工作；

（五）监督矿山企业提取和使用安全技术措施专项费用的情况；

（六）参加并监督矿山事故的调查和处理；

（七）法律、行政法规规定的其他监督职责。

第三十四条 县级以上人民政府管理矿山企业的主管部门对矿山安全工作行使下列管理职责：

（一）检查矿山企业贯彻执行矿山安全法律、法规的情况；

（二）审查批准矿山建设工程安全设施的设计；

（三）负责矿山建设工程安全设施的竣工验收；

（四）组织矿长和矿山企业安全工作人员的培训工作；

（五）调查和处理重大矿山事故；

（六）法律、行政法规规定的其他管理职责。

第三十五条 劳动行政主管部门的矿山安全监督人员有权进入矿山企业，在现场检查安全状况；发现有危及职工安全的紧急险情时，应当要求矿山企业立即处理。

第六章 矿山事故处理

第三十六条 发生矿山事故，矿山企业必须立即组织抢救，防止事故扩大，减少人员伤亡和财产损失，对伤亡事故必须立即如实报告劳动行政主管部门和管理矿山企业的主管部门。

第三十七条 发生一般矿山事故，由矿山企业负责调查和处理。

发生重大矿山事故，由政府及其有关部门、工会和矿山企业按照行政法规的规定进行调查和处理。

第三十八条 矿山企业对矿山事故中伤亡的职工按照国家规定给予抚恤或者补偿。

第三十九条 矿山事故发生后，应当尽快消除现场危险，查明事故原因，提出防范措施。现场危险消除后，方可恢复生产。

第七章 法律责任

第四十条 违反本法规定，有下列行为之一的，由劳动行政主管部门责令改正，可以并处罚款；情节严重的，提请县级以上人民政府决定责令停产整顿；对主管人员和直接责任人员由其所在单位或者上级主管机关给予行政处分：

（一）未对职工进行安全教育、培训，分配职工上岗作业的；

（二）使用不符合国家安全标准或者行业安全标准的设备、器材、防护用品、安全检测仪器的；

（三）未按照规定提取或者使用安全技术措施专项费用的；

（四）拒绝矿山安全监督人员现场检查或者在被检查时隐瞒事故隐患、不如实反映情况的；

（五）未按照规定及时、如实报告矿山事故的。

第四十一条 矿长不具备安全专业知识的，安全生产的特种作业人员未取得操作资格证书上岗作业的，由劳动行政主管部门责令限期改正；逾期不改正的，提请县级以上人民政府决定责令停产，调整配备合格人员后，方可恢复生产。

第四十二条 矿山建设工程安全设施的设计未经批准擅自施工的，由管理矿山企业的主管部门责令停止施工；拒不执行的，由管理矿山企业的主管部门提请县级以上人民政府决定由有关主管部门吊销其采矿许可证和营业执照。

第四十三条 矿山建设工程的安全设施未经验收或者验收不合格擅自投入生产的，由劳动行政主管部门会同管理矿山企业的主管部门责令停止生产，并由劳动行政主管部门处以罚款；拒不停止生产的，由劳动行政主管部门提请县级以上人民政府决定由有关主管部门吊销其采矿许可证和营业执照。

第四十四条 已经投入生产的矿山企业，不具备安全生产条件而强行开采的，由劳动行政主管部门会同管理矿山企业的主管部门责令限期改进；逾期仍不具备安全生产条件的，由劳动行政主管部门提请县级以上人民政府决定责令停产整顿或者由有关主管部门吊销其采矿许可证和营业执照。

第四十五条 当事人对行政处罚决定不服的，可以在接到处罚决定通知之日起15日内向作出处罚决定的机关的上一级机关申请复议；当事人也可以在接到处罚决定通知之日起15日内直接向人民法院起诉。

复议机关应当在接到复议申请之日起60日内作出复议决定。当事人对复议决定不服的，可以在接到复议决定之日起15日内向人民法院起诉。复议机关逾期不作出复议决定的，当事人可以在复议期满之日起15日内向人民法院起诉。

当事人逾期不申请复议也不向人民法院起诉、又不履行处罚决定的，作出处罚决定的机关可以申请人民法院强制执行。

第四十六条 矿山企业主管人员违章指挥、强令工人冒险作业，因而发生重大伤亡事故的，依照刑法有关规定追究刑事责任。

第四十七条 矿山企业主管人员对矿山事故隐患不采取措施，因而发生重大伤亡事故的，依照刑法有关规定追究刑事责任。

第四十八条 矿山安全监督人员和安全管理人员滥用职权、玩忽职守、徇私舞弊，构成犯罪的，依法追究刑事责任；不构成犯罪的，给予行政处分。

第八章 附 则

第四十九条 国务院劳动行政主管部门根据本法制定实施条例，

报国务院批准施行。

省、自治区、直辖市人民代表大会常务委员会可以根据本法和本地区的实际情况，制定实施办法。

第五十条 本法自 1993 年 5 月 1 日起施行。

煤矿安全监察条例

（2000年11月7日中华人民共和国国务院令第296号公布　根据2013年7月18日《国务院关于废止和修改部分行政法规的决定》修订）

第一章　总　　则

第一条　为了保障煤矿安全，规范煤矿安全监察工作，保护煤矿职工人身安全和身体健康，根据煤炭法、矿山安全法、第九届全国人民代表大会第一次会议通过的国务院机构改革方案和国务院关于煤矿安全监察体制的决定，制定本条例。

第二条　国家对煤矿安全实行监察制度。国务院决定设立的煤矿安全监察机构按照国务院规定的职责，依照本条例的规定对煤矿实施安全监察。

第三条　煤矿安全监察机构依法行使职权，不受任何组织和个人的非法干涉。

煤矿及其有关人员必须接受并配合煤矿安全监察机构依法实施的安全监察，不得拒绝、阻挠。

第四条　地方各级人民政府应当加强煤矿安全管理工作，支持和协助煤矿安全监察机构依法对煤矿实施安全监察。

煤矿安全监察机构应当及时向有关地方人民政府通报煤矿安全监察的有关情况，并可以提出加强和改善煤矿安全管理的建议。

第五条　煤矿安全监察应当以预防为主，及时发现和消除事故隐患，有效纠正影响煤矿安全的违法行为，实行安全监察与促进安全管理相结合、教育与惩处相结合。

第六条 煤矿安全监察应当依靠煤矿职工和工会组织。

煤矿职工对事故隐患或者影响煤矿安全的违法行为有权向煤矿安全监察机构报告或者举报。煤矿安全监察机构对报告或者举报有功人员给予奖励。

第七条 煤矿安全监察机构及其煤矿安全监察人员应当依法履行安全监察职责。任何单位和个人对煤矿安全监察机构及其煤矿安全监察人员的违法违纪行为，有权向上级煤矿安全监察机构或者有关机关检举和控告。

第二章 煤矿安全监察机构及其职责

第八条 本条例所称煤矿安全监察机构，是指国家煤矿安全监察机构和在省、自治区、直辖市设立的煤矿安全监察机构（以下简称地区煤矿安全监察机构）及其在大中型矿区设立的煤矿安全监察办事处。

第九条 地区煤矿安全监察机构及其煤矿安全监察办事处负责对划定区域内的煤矿实施安全监察；煤矿安全监察办事处在国家煤矿安全监察机构规定的权限范围内，可以对违法行为实施行政处罚。

第十条 煤矿安全监察机构设煤矿安全监察员。煤矿安全监察员应当公道、正派，熟悉煤矿安全法律、法规和规章，具有相应的专业知识和相关的工作经验，并经考试录用。

煤矿安全监察员的具体管理办法由国家煤矿安全监察机构商国务院有关部门制定。

第十一条 地区煤矿安全监察机构、煤矿安全监察办事处应当对煤矿实施经常性安全检查；对事故多发地区的煤矿，应当实施重点安全检查。国家煤矿安全监察机构根据煤矿安全工作的实际情况，组织对全国煤矿的全面安全检查或者重点安全抽查。

第十二条 地区煤矿安全监察机构、煤矿安全监察办事处应当对每个煤矿建立煤矿安全监察档案。煤矿安全监察人员对每次安全检查的内容、发现的问题及其处理情况，应当作详细记录，并由参加检查的煤矿安全监察人员签名后归档。

第十三条 地区煤矿安全监察机构、煤矿安全监察办事处应当每15日分别向国家煤矿安全监察机构、地区煤矿安全监察机构报告一次煤矿安全监察情况；有重大煤矿安全问题的，应当及时采取措施并随时报告。

国家煤矿安全监察机构应当定期公布煤矿安全监察情况。

第十四条 煤矿安全监察人员履行安全监察职责，有权随时进入煤矿作业场所进行检查，调阅有关资料，参加煤矿安全生产会议，向有关单位或者人员了解情况。

第十五条 煤矿安全监察人员在检查中发现影响煤矿安全的违法行为，有权当场予以纠正或者要求限期改正；对依法应当给予行政处罚的行为，由煤矿安全监察机构依照行政处罚法和本条例规定的程序作出决定。

第十六条 煤矿安全监察人员进行现场检查时，发现存在事故隐患的，有权要求煤矿立即消除或者限期解决；发现威胁职工生命安全的紧急情况时，有权要求立即停止作业，下达立即从危险区内撤出作业人员的命令，并立即将紧急情况和处理措施报告煤矿安全监察机构。

第十七条 煤矿安全监察机构在实施安全监察过程中，发现煤矿存在的安全问题涉及有关地方人民政府或其有关部门的，应当向有关地方人民政府或其有关部门提出建议，并向上级人民政府或其有关部门报告。

第十八条 煤矿发生伤亡事故的，由煤矿安全监察机构负责组织调查处理。

煤矿安全监察机构组织调查处理事故，应当依照国家规定的事故调查程序和处理办法进行。

第十九条 煤矿安全监察机构及其煤矿安全监察人员不得接受煤矿的任何馈赠、报酬、福利待遇，不得在煤矿报销任何费用，不得参加煤矿安排、组织或者支付费用的宴请、娱乐、旅游、出访等活动，不得借煤矿安全监察工作在煤矿为自己、亲友或者他人谋取利益。

第三章　煤矿安全监察内容

第二十条　煤矿安全监察机构对煤矿执行煤炭法、矿山安全法和其他有关煤矿安全的法律、法规以及国家安全标准、行业安全标准、煤矿安全规程和行业技术规范的情况实施监察。

第二十一条　煤矿建设工程设计必须符合煤矿安全规程和行业技术规范的要求。煤矿建设工程安全设施设计必须经煤矿安全监察机构审查同意；未经审查同意的，不得施工。

煤矿安全监察机构审查煤矿建设工程安全设施设计，应当自收到申请审查的设计资料之日起30日内审查完毕，签署同意或者不同意的意见，并书面答复。

第二十二条　煤矿建设工程竣工后或者投产前，应当经煤矿安全监察机构对其安全设施和条件进行验收；未经验收或者验收不合格的，不得投入生产。

煤矿安全监察机构对煤矿建设工程安全设施和条件进行验收，应当自收到申请验收文件之日起30日内验收完毕，签署合格或者不合格的意见，并书面答复。

第二十三条　煤矿安全监察机构应当监督煤矿制定事故预防和应急计划，并检查煤矿制定的发现和消除事故隐患的措施及其落实情况。

第二十四条　煤矿安全监察机构发现煤矿矿井通风、防火、防水、防瓦斯、防毒、防尘等安全设施和条件不符合国家安全标准、行业安全标准、煤矿安全规程和行业技术规范要求的，应当责令立即停止作业或者责令限期达到要求。

第二十五条　煤矿安全监察机构发现煤矿进行独眼井开采的，应当责令关闭。

第二十六条 煤矿安全监察机构发现煤矿作业场所有下列情形之一的，应当责令立即停止作业，限期改正；有关煤矿或其作业场所经复查合格的，方可恢复作业：

（一）未使用专用防爆电器设备的；

（二）未使用专用放炮器的；

（三）未使用人员专用升降容器的；

（四）使用明火明电照明的。

第二十七条 煤矿安全监察机构对煤矿安全技术措施专项费用的提取和使用情况进行监督，对未依法提取或者使用的，应当责令限期改正。

第二十八条 煤矿安全监察机构发现煤矿矿井使用的设备、器材、仪器、仪表、防护用品不符合国家安全标准或者行业安全标准的，应当责令立即停止使用。

第二十九条 煤矿安全监察机构发现煤矿有下列情形之一的，应当责令限期改正：

（一）未依法建立安全生产责任制的；

（二）未设置安全生产机构或者配备安全生产人员的；

（三）矿长不具备安全专业知识的；

（四）特种作业人员未取得资格证书上岗作业的；

（五）分配职工上岗作业前，未进行安全教育、培训的；

（六）未向职工发放保障安全生产所需的劳动防护用品的。

第三十条 煤矿安全监察人员发现煤矿作业场所的瓦斯、粉尘或者其他有毒有害气体的浓度超过国家安全标准或者行业安全标准的，煤矿擅自开采保安煤柱的，或者采用危及相邻煤矿生产安全的决水、爆破、贯通巷道等危险方法进行采矿作业的，应当责令立即停止作业，并将有关情况报告煤矿安全监察机构。

第三十一条 煤矿安全监察人员发现煤矿矿长或者其他主管人员违章指挥工人或者强令工人违章、冒险作业，或者发现工人违章作业的，应当立即纠正或者责令立即停止作业。

第三十二条 煤矿安全监察机构及其煤矿安全监察人员履行安全监察职责，向煤矿有关人员了解情况时，有关人员应当如实反映情况，不得提供虚假情况，不得隐瞒本煤矿存在的事故隐患以及其他安全问题。

第三十三条 煤矿安全监察机构依照本条例的规定责令煤矿限期解决事故隐患、限期改正影响煤矿安全的违法行为或者限期使安全设施和条件达到要求的，应当在限期届满时及时对煤矿的执行情况进行复查并签署复查意见；经有关煤矿申请，也可以在限期内进行复查并签署复查意见。

煤矿安全监察机构及其煤矿安全监察人员依照本条例的规定责令煤矿立即停止作业，责令立即停止使用不符合国家安全标准或者行业安全标准的设备、器材、仪器、仪表、防护用品，或者责令关闭矿井的，应当对煤矿的执行情况随时进行检查。

第三十四条 煤矿安全监察机构及其煤矿安全监察人员履行安全监察职责，应当出示安全监察证件。发出安全监察指令，应当采用书面通知形式；紧急情况下需要采取紧急处置措施，来不及书面通知的，应当随后补充书面通知。

第四章　罚　　则

第三十五条 煤矿建设工程安全设施设计未经煤矿安全监察机构审查同意，擅自施工的，由煤矿安全监察机构责令停止施工；拒不执行的，由煤矿安全监察机构移送地质矿产主管部门依法吊销采矿许可证。

第三十六条 煤矿建设工程安全设施和条件未经验收或者验收不合格，擅自投入生产的，由煤矿安全监察机构责令停止生产，处5万元以上10万元以下的罚款；拒不停止生产的，由煤矿安全监察机构移送地质矿产主管部门依法吊销采矿许可证。

第三十七条 煤矿矿井通风、防火、防水、防瓦斯、防毒、防尘等安全设施和条件不符合国家安全标准、行业安全标准、煤矿安全规程和行业技术规范的要求，经煤矿安全监察机构责令限期达到要求，逾期仍达不到要求的，由煤矿安全监察机构责令停产整顿；经停产整顿仍不具备安全生产条件的，由煤矿安全监察机构决定吊销安全生产许可证，并移送地质矿产主管部门依法吊销采矿许可证。

第三十八条 煤矿作业场所未使用专用防爆电器设备、专用放炮器、人员专用升降容器或者使用明火明电照明，经煤矿安全监察机构责令限期改正，逾期不改正的，由煤矿安全监察机构责令停产整顿，可以处3万元以下的罚款。

第三十九条 未依法提取或者使用煤矿安全技术措施专项费用，或者使用不符合国家安全标准或者行业安全标准的设备、器材、仪器、仪表、防护用品，经煤矿安全监察机构责令限期改正或者责令立即停止使用，逾期不改正或者不立即停止使用的，由煤矿安全监察机构处5万元以下的罚款；情节严重的，由煤矿安全监察机构责令停产整顿；对直接负责的主管人员和其他直接责任人员，依法给予纪律处分。

第四十条 煤矿矿长不具备安全专业知识，或者特种作业人员未取得操作资格证书上岗作业，经煤矿安全监察机构责令限期改正，逾期不改正的，责令停产整顿；调整配备合格人员并经复查合格后，方可恢复生产。

第四十一条 分配职工上岗作业前未进行安全教育、培训，经煤矿安全监察机构责令限期改正，逾期不改正的，由煤矿安全监察机构处4万元以下的罚款；情节严重的，由煤矿安全监察机构责令停产整顿；对直接负责的主管人员和其他直接责任人员，依法给予纪律处分。

第四十二条 煤矿作业场所的瓦斯、粉尘或者其他有毒有害气体的浓度超过国家安全标准或者行业安全标准，经煤矿安全监察人员责令立即停止作业，拒不停止作业的，由煤矿安全监察机构责令停产整顿，可以处10万元以下的罚款。

第四十三条 擅自开采保安煤柱，或者采用危及相邻煤矿生产安全的决水、爆破、贯通巷道等危险方法进行采矿作业，经煤矿安全监察人员责令立即停止作业，拒不停止作业的，由煤矿安全监察机构决定吊销安全生产许可证，并移送地质矿产主管部门依法吊销采矿许可证；构成犯罪的，依法追究刑事责任；造成损失的，依法承担赔偿责任。

第四十四条 煤矿矿长或者其他主管人员有下列行为之一的，由煤矿安全监察机构给予警告；造成严重后果，构成犯罪的，依法追究刑事责任：

（一）违章指挥工人或者强令工人违章、冒险作业的；

（二）对工人屡次违章作业熟视无睹，不加制止的；

（三）对重大事故预兆或者已发现的事故隐患不及时采取措施的；

（四）拒不执行煤矿安全监察机构及其煤矿安全监察人员的安全监察指令的。

第四十五条 煤矿有关人员拒绝、阻碍煤矿安全监察机构及其煤矿安全监察人员现场检查，或者提供虚假情况，或者隐瞒存在的事故隐患以及其他安全问题的，由煤矿安全监察机构给予警告，可以并处5万元以上10万元以下的罚款；情节严重的，由煤矿安全监察机构责令停产整顿；对直接负责的主管人员和其他直接责任人员，依法给予撤职直至开除的纪律处分。

第四十六条 煤矿发生事故，有下列情形之一的，由煤矿安全监察机构给予警告，可以并处3万元以上15万元以下的罚款；情节严重的，由煤矿安全监察机构责令停产整顿；对直接负责的主管人员和其他直接责任人员，依法给予降级直至开除的纪律处分；构成犯罪的，依法追究刑事责任：

（一）不按照规定及时、如实报告煤矿事故的；

（二）伪造、故意破坏煤矿事故现场的；

（三）阻碍、干涉煤矿事故调查工作，拒绝接受调查取证、提供有关情况和资料的。

第四十七条 依照本条例规定被吊销采矿许可证的，由工商行政管理部门依法相应吊销营业执照。

第四十八条 煤矿安全监察人员滥用职权、玩忽职守、徇私舞弊，应当发现而没有发现煤矿事故隐患或者影响煤矿安全的违法行为，或者发现事故隐患或者影响煤矿安全的违法行为不及时处理或者报告，或者有违反本条例第十九条规定行为之一，构成犯罪的，依法追究刑事责任；尚不构成犯罪的，依法给予行政处分。

第五章 附 则

第四十九条 未设立地区煤矿安全监察机构的省、自治区、直辖市，省、自治区、直辖市人民政府可以指定有关部门依照本条例的规定对本行政区域内的煤矿实施安全监察。

第五十条 本条例自2000年12月1日起施行。

危险化学品安全管理条例

（2002年1月26日中华人民共和国国务院令第344号公布 2011年2月16日国务院第144次常务会议修订通过 根据2013年12月7日《国务院关于修改部分行政法规的决定》修订）

第一章 总 则

第一条 为了加强危险化学品的安全管理，预防和减少危险化学品事故，保障人民群众生命财产安全，保护环境，制定本条例。

第二条 危险化学品生产、储存、使用、经营和运输的安全管理，适用本条例。

废弃危险化学品的处置，依照有关环境保护的法律、行政法规和国家有关规定执行。

第三条 本条例所称危险化学品，是指具有毒害、腐蚀、爆炸、燃烧、助燃等性质，对人体、设施、环境具有危害的剧毒化学品和其他化学品。

危险化学品目录，由国务院安全生产监督管理部门会同国务院工业和信息化、公安、环境保护、卫生、质量监督检验检疫、交通运输、铁路、民用航空、农业主管部门，根据化学品危险特性的鉴别和分类标准确定、公布，并适时调整。

第四条 危险化学品安全管理，应当坚持安全第一、预防为主、综合治理的方针，强化和落实企业的主体责任。

生产、储存、使用、经营、运输危险化学品的单位（以下统称危险化学品单位）的主要负责人对本单位的危险化学品安全管理工作全面负责。

危险化学品单位应当具备法律、行政法规规定和国家标准、行业标准要求的安全条件，建立、健全安全管理规章制度和岗位安全责任制度，对从业人员进行安全教育、法制教育和岗位技术培训。从业人员应当接受教育和培训，考核合格后上岗作业；对有资格要求的岗位，应当配备依法取得相应资格的人员。

第五条 任何单位和个人不得生产、经营、使用国家禁止生产、经营、使用的危险化学品。

国家对危险化学品的使用有限制性规定的，任何单位和个人不得违反限制性规定使用危险化学品。

第六条 对危险化学品的生产、储存、使用、经营、运输实施安全监督管理的有关部门（以下统称负有危险化学品安全监督管理职责的部门），依照下列规定履行职责：

（一）安全生产监督管理部门负责危险化学品安全监督管理综合工作，组织确定、公布、调整危险化学品目录，对新建、改建、扩建生产、储存危险化学品（包括使用长输管道输送危险化学品，下同）的建设项目进行安全条件审查，核发危险化学品安全生产许可证、危险化学品安全使用许可证和危险化学品经营许可证，并负责危险化学品登记工作。

（二）公安机关负责危险化学品的公共安全管理，核发剧毒化学品购买许可证、剧毒化学品道路运输通行证，并负责危险化学品运输车辆的道路交通安全管理。

（三）质量监督检验检疫部门负责核发危险化学品及其包装物、容器（不包括储存危险化学品的固定式大型储罐，下同）生产企业的工业产品生产许可证，并依法对其产品质量实施监督，负责对进出口危险化学品及其包装实施检验。

（四）环境保护主管部门负责废弃危险化学品处置的监督管理，组织危险化学品的环境危害性鉴定和环境风险程度评估，确定实施重点环境管理的危险化学品，负责危险化学品环境管理登记和新化学物质环境管理登记；依照职责分工调查相关危险化学品环境污染事故和生态破坏事件，负责危险化学品事故现场的应急环境监测。

（五）交通运输主管部门负责危险化学品道路运输、水路运输的许可以及运输工具的安全管理，对危险化学品水路运输安全实施监督，负责危险化学品道路运输企业、水路运输企业驾驶人员、船员、装卸管理人员、押运人员、申报人员、集装箱装箱现场检查员的资格认定。铁路监管部门负责危险化学品铁路运输及其运输工具的安全管理。民用航空主管部门负责危险化学品航空运输以及航空运输企业及其运输工具的安全管理。

（六）卫生主管部门负责危险化学品毒性鉴定的管理，负责组织、协调危险化学品事故受伤人员的医疗卫生救援工作。

（七）工商行政管理部门依据有关部门的许可证件，核发危险化学品生产、储存、经营、运输企业营业执照，查处危险化学品经营企业违法采购危险化学品的行为。

（八）邮政管理部门负责依法查处寄递危险化学品的行为。

第七条 负有危险化学品安全监督管理职责的部门依法进行监督检查，可以采取下列措施：

（一）进入危险化学品作业场所实施现场检查，向有关单位和人员了解情况，查阅、复制有关文件、资料；

（二）发现危险化学品事故隐患，责令立即消除或者限期消除；

（三）对不符合法律、行政法规、规章规定或者国家标准、行业标准要求的设施、设备、装置、器材、运输工具，责令立即停止使用；

（四）经本部门主要负责人批准，查封违法生产、储存、使用、经营危险化学品的场所，扣押违法生产、储存、使用、经营、运输的危险化学品以及用于违法生产、使用、运输危险化学品的原材料、设备、运输工具；

（五）发现影响危险化学品安全的违法行为，当场予以纠正或者责令限期改正。

负有危险化学品安全监督管理职责的部门依法进行监督检查，监督检查人员不得少于2人，并应当出示执法证件；有关单位和个人对依法进行的监督检查应当予以配合，不得拒绝、阻碍。

第八条 县级以上人民政府应当建立危险化学品安全监督管理工作协调机制，支持、督促负有危险化学品安全监督管理职责的部门依法履行职责，协调、解决危险化学品安全监督管理工作中的重大问题。

负有危险化学品安全监督管理职责的部门应当相互配合、密切协作，依法加强对危险化学品的安全监督管理。

第九条 任何单位和个人对违反本条例规定的行为，有权向负有危险化学品安全监督管理职责的部门举报。负有危险化学品安全监督管理职责的部门接到举报，应当及时依法处理；对不属于本部门职责的，应当及时移送有关部门处理。

第十条 国家鼓励危险化学品生产企业和使用危险化学品从事生产的企业采用有利于提高安全保障水平的先进技术、工艺、设备以及自动控制系统，鼓励对危险化学品实行专门储存、统一配送、集中销售。

第二章 生产、储存安全

第十一条 国家对危险化学品的生产、储存实行统筹规划、合理布局。

国务院工业和信息化主管部门以及国务院其他有关部门依据各自职责，负责危险化学品生产、储存的行业规划和布局。

地方人民政府组织编制城乡规划，应当根据本地区的实际情况，按照确保安全的原则，规划适当区域专门用于危险化学品的生产、储存。

第十二条 新建、改建、扩建生产、储存危险化学品的建设项目

（以下简称建设项目），应当由安全生产监督管理部门进行安全条件审查。

建设单位应当对建设项目进行安全条件论证，委托具备国家规定的资质条件的机构对建设项目进行安全评价，并将安全条件论证和安全评价的情况报告报建设项目所在地设区的市级以上人民政府安全生产监督管理部门；安全生产监督管理部门应当自收到报告之日起45日内作出审查决定，并书面通知建设单位。具体办法由国务院安全生产监督管理部门制定。

新建、改建、扩建储存、装卸危险化学品的港口建设项目，由港口行政管理部门按照国务院交通运输主管部门的规定进行安全条件审查。

第十三条 生产、储存危险化学品的单位，应当对其铺设的危险化学品管道设置明显标志，并对危险化学品管道定期检查、检测。

进行可能危及危险化学品管道安全的施工作业，施工单位应当在开工的7日前书面通知管道所属单位，并与管道所属单位共同制定应急预案，采取相应的安全防护措施。管道所属单位应当指派专门人员到现场进行管道安全保护指导。

第十四条 危险化学品生产企业进行生产前，应当依照《安全生产许可证条例》的规定，取得危险化学品安全生产许可证。

生产列入国家实行生产许可证制度的工业产品目录的危险化学品的企业，应当依照《中华人民共和国工业产品生产许可证管理条例》的规定，取得工业产品生产许可证。

负责颁发危险化学品安全生产许可证、工业产品生产许可证的部门，应当将其颁发许可证的情况及时向同级工业和信息化主管部门、环境保护主管部门和公安机关通报。

第十五条 危险化学品生产企业应当提供与其生产的危险化学品相符的化学品安全技术说明书，并在危险化学品包装（包括外包装件）上粘贴或者拴挂与包装内危险化学品相符的化学品安全标签。化学品安全技术说明书和化学品安全标签所载明的内容应当符合国家标准的要求。

危险化学品生产企业发现其生产的危险化学品有新的危险特性的，应当立即公告，并及时修订其化学品安全技术说明书和化学品安全标签。

第十六条 生产实施重点环境管理的危险化学品的企业，应当按照国务院环境保护主管部门的规定，将该危险化学品向环境中释放等相关信息向环境保护主管部门报告。环境保护主管部门可以根据情况采取相应的环境风险控制措施。

第十七条 危险化学品的包装应当符合法律、行政法规、规章的规定以及国家标准、行业标准的要求。

危险化学品包装物、容器的材质以及危险化学品包装的型式、规格、方法和单件质量（重量），应当与所包装的危险化学品的性质和用途相适应。

第十八条 生产列入国家实行生产许可证制度的工业产品目录的危险化学品包装物、容器的企业，应当依照《中华人民共和国工业产品生产许可证管理条例》的规定，取得工业产品生产许可证；其生产的危险化学品包装物、容器经国务院质量监督检验检疫部门认定的检验机构检验合格，方可出厂销售。

运输危险化学品的船舶及其配载的容器，应当按照国家船舶检验规范进行生产，并经海事管理机构认定的船舶检验机构检验合格，方可投入使用。

对重复使用的危险化学品包装物、容器，使用单位在重复使用前应当进行检查；发现存在安全隐患的，应当维修或者更换。使用单位应当对检查情况作出记录，记录的保存期限不得少于2年。

第十九条 危险化学品生产装置或者储存数量构成重大危险源的危险化学品储存设施（运输工具加油站、加气站除外），与下列场所、设施、区域的距离应当符合国家有关规定：

（一）居住区以及商业中心、公园等人员密集场所；

（二）学校、医院、影剧院、体育场（馆）等公共设施；

（三）饮用水源、水厂以及水源保护区；

（四）车站、码头（依法经许可从事危险化学品装卸作业的除外）、机场以及通信干线、通信枢纽、铁路线路、道路交通干线、水路交通干线、地铁风亭以及地铁站出入口；

（五）基本农田保护区、基本草原、畜禽遗传资源保护区、畜禽规模化养殖场（养殖小区）、渔业水域以及种子、种畜禽、水产苗种生产基地；

（六）河流、湖泊、风景名胜区、自然保护区；

（七）军事禁区、军事管理区；

（八）法律、行政法规规定的其他场所、设施、区域。

已建的危险化学品生产装置或者储存数量构成重大危险源的危险化学品储存设施不符合前款规定的，由所在地设区的市级人民政府安全生产监督管理部门会同有关部门监督其所属单位在规定期限内进行整改；需要转产、停产、搬迁、关闭的，由本级人民政府决定并组织实施。

储存数量构成重大危险源的危险化学品储存设施的选址，应当避开地震活动断层和容易发生洪灾、地质灾害的区域。

本条例所称重大危险源，是指生产、储存、使用或者搬运危险化学品，且危险化学品的数量等于或者超过临界量的单元（包括场所和设施）。

第二十条 生产、储存危险化学品的单位，应当根据其生产、储存的危险化学品的种类和危险特性，在作业场所设置相应的监测、监控、通风、防晒、调温、防火、灭火、防爆、泄压、防毒、中和、防潮、防雷、防静电、防腐、防泄漏以及防护围堤或者隔离操作等安全设施、设备，并按照国家标准、行业标准或者国家有关规定对安全设施、设备进行经常性维护、保养，保证安全设施、设备的正常使用。

生产、储存危险化学品的单位，应当在其作业场所和安全设施、设备上设置明显的安全警示标志。

第二十一条 生产、储存危险化学品的单位，应当在其作业场所设置通信、报警装置，并保证处于适用状态。

第二十二条 生产、储存危险化学品的企业，应当委托具备国家规定的资质条件的机构，对本企业的安全生产条件每3年进行一次安全评价，提出安全评价报告。安全评价报告的内容应当包括对安全生产条件存在的问题进行整改的方案。

生产、储存危险化学品的企业，应当将安全评价报告以及整改方案的落实情况报所在地县级人民政府安全生产监督管理部门备案。在港区内储存危险化学品的企业，应当将安全评价报告以及整改方案的落实情况报港口行政管理部门备案。

第二十三条 生产、储存剧毒化学品或者国务院公安部门规定的可用于制造爆炸物品的危险化学品（以下简称易制爆危险化学品）的单位，应当如实记录其生产、储存的剧毒化学品、易制爆危险化学品的数量、流向，并采取必要的安全防范措施，防止剧毒化学品、易制爆危险化学品丢失或者被盗；发现剧毒化学品、易制爆危险化学品丢失或者被盗的，应当立即向当地公安机关报告。

生产、储存剧毒化学品、易制爆危险化学品的单位，应当设置治安保卫机构，配备专职治安保卫人员。

第二十四条 危险化学品应当储存在专用仓库、专用场地或者专用储存室（以下统称专用仓库）内，并由专人负责管理；剧毒化学品以及储存数量构成重大危险源的其他危险化学品，应当在专用仓库内单独存放，并实行双人收发、双人保管制度。

危险化学品的储存方式、方法以及储存数量应当符合国家标准或者国家有关规定。

第二十五条 储存危险化学品的单位应当建立危险化学品出入库核查、登记制度。

对剧毒化学品以及储存数量构成重大危险源的其他危险化学品，储存单位应当将其储存数量、储存地点以及管理人员的情况，报所在地县级人民政府安全生产监督管理部门（在港区内储存的，报港口行政管理部门）和公安机关备案。

第二十六条 危险化学品专用仓库应当符合国家标准、行业标准的要求，并设置明显的标志。储存剧毒化学品、易制爆危险化学品的专用仓库，应当按照国家有关规定设置相应的技术防范设施。

储存危险化学品的单位应当对其危险化学品专用仓库的安全设施、设备定期进行检测、检验。

第二十七条 生产、储存危险化学品的单位转产、停产、停业或者解散的，应当采取有效措施，及时、妥善处置其危险化学品生产装置、储存设施以及库存的危险化学品，不得丢弃危险化学品；处置方案应当报所在地县级人民政府安全生产监督管理部门、工业和信息化主管部门、环境保护主管部门和公安机关备案。安全生产监督管理部门应当会同环境保护主管部门和公安机关对处置情况进行监督检查，发现未依照规定处置的，应当责令其立即处置。

第三章 使用安全

第二十八条 使用危险化学品的单位，其使用条件（包括工艺）应当符合法律、行政法规的规定和国家标准、行业标准的要求，并根据所使用的危险化学品的种类、危险特性以及使用量和使用方式，建立、健全使用危险化学品的安全管理规章制度和安全操作规程，保证危险化学品的安全使用。

第二十九条 使用危险化学品从事生产并且使用量达到规定数量的化工企业（属于危险化学品生产企业的除外，下同），应当依照本条例的规定取得危险化学品安全使用许可证。

前款规定的危险化学品使用量的数量标准，由国务院安全生产监督管理部门会同国务院公安部门、农业主管部门确定并公布。

第三十条 申请危险化学品安全使用许可证的化工企业，除应当符合本条例第二十八条的规定外，还应当具备下列条件：

（一）有与所使用的危险化学品相适应的专业技术人员；

（二）有安全管理机构和专职安全管理人员；

（三）有符合国家规定的危险化学品事故应急预案和必要的应急救援器材、设备；

（四）依法进行了安全评价。

第三十一条 申请危险化学品安全使用许可证的化工企业，应当向所在地设区的市级人民政府安全生产监督管理部门提出申请，并提交其符合本条例第三十条规定条件的证明材料。设区的市级人民政府安全生产监督管理部门应当依法进行审查，自收到证明材料之日起45日内作出批准或者不予批准的决定。予以批准的，颁发危险化学品安全使用许可证；不予批准的，书面通知申请人并说明理由。

安全生产监督管理部门应当将其颁发危险化学品安全使用许可证的情况及时向同级环境保护主管部门和公安机关通报。

第三十二条 本条例第十六条关于生产实施重点环境管理的危险化学品的企业的规定，适用于使用实施重点环境管理的危险化学品从事生产的企业；第二十条、第二十一条、第二十三条第一款、第二十七条关于生产、储存危险化学品的单位的规定，适用于使用危险化学品的单位；第二十二条关于生产、储存危险化学品的企业的规定，适用于使用危险化学品从事生产的企业。

第四章 经营安全

第三十三条 国家对危险化学品经营（包括仓储经营，下同）实行许可制度。未经许可，任何单位和个人不得经营危险化学品。

依法设立的危险化学品生产企业在其厂区范围内销售本企业生产

的危险化学品，不需要取得危险化学品经营许可。

依照《中华人民共和国港口法》的规定取得港口经营许可证的港口经营人，在港区内从事危险化学品仓储经营，不需要取得危险化学品经营许可。

第三十四条 从事危险化学品经营的企业应当具备下列条件：

（一）有符合国家标准、行业标准的经营场所，储存危险化学品的，还应当有符合国家标准、行业标准的储存设施；

（二）从业人员经过专业技术培训并经考核合格；

（三）有健全的安全管理规章制度；

（四）有专职安全管理人员；

（五）有符合国家规定的危险化学品事故应急预案和必要的应急救援器材、设备；

（六）法律、法规规定的其他条件。

第三十五条 从事剧毒化学品、易制爆危险化学品经营的企业，应当向所在地设区的市级人民政府安全生产监督管理部门提出申请，从事其他危险化学品经营的企业，应当向所在地县级人民政府安全生产监督管理部门提出申请（有储存设施的，应当向所在地设区的市级人民政府安全生产监督管理部门提出申请）。申请人应当提交其符合本条例第三十四条规定条件的证明材料。设区的市级人民政府安全生产监督管理部门或者县级人民政府安全生产监督管理部门应当依法进行审查，并对申请人的经营场所、储存设施进行现场核查，自收到证明材料之日起30日内作出批准或者不予批准的决定。予以批准的，颁发危险化学品经营许可证；不予批准的，书面通知申请人并说明理由。

设区的市级人民政府安全生产监督管理部门和县级人民政府安全生产监督管理部门应当将其颁发危险化学品经营许可证的情况及时向同级环境保护主管部门和公安机关通报。

申请人持危险化学品经营许可证向工商行政管理部门办理登记手续后，方可从事危险化学品经营活动。法律、行政法规或者国务院规定经营危险化学品还需要经其他有关部门许可的，申请人向工商行政管理部门办理登记手续时还应当持相应的许可证件。

第三十六条 危险化学品经营企业储存危险化学品的，应当遵守本条例第二章关于储存危险化学品的规定。危险化学品商店内只能存放民用小包装的危险化学品。

第三十七条 危险化学品经营企业不得向未经许可从事危险化学品生产、经营活动的企业采购危险化学品，不得经营没有化学品安全技术说明书或者化学品安全标签的危险化学品。

第三十八条 依法取得危险化学品安全生产许可证、危险化学品安全使用许可证、危险化学品经营许可证的企业，凭相应的许可证件购买剧毒化学品、易制爆危险化学品。民用爆炸物品生产企业凭民用爆炸物品生产许可证购买易制爆危险化学品。

前款规定以外的单位购买剧毒化学品的，应当向所在地县级人民政府公安机关申请取得剧毒化学品购买许可证；购买易制爆危险化学品的，应当持本单位出具的合法用途说明。

个人不得购买剧毒化学品（属于剧毒化学品的农药除外）和易制爆危险化学品。

第三十九条 申请取得剧毒化学品购买许可证，申请人应当向所在地县级人民政府公安机关提交下列材料：

（一）营业执照或者法人证书（登记证书）的复印件；

（二）拟购买的剧毒化学品品种、数量的说明；

（三）购买剧毒化学品用途的说明；

（四）经办人的身份证明。

县级人民政府公安机关应当自收到前款规定的材料之日起3日内，作出批准或者不予批准的决定。予以批准的，颁发剧毒化学品购买许可证；不予批准的，书面通知申请人并说明理由。

剧毒化学品购买许可证管理办法由国务院公安部门制定。

第四十条 危险化学品生产企业、经营企业销售剧毒化学品、易制爆危险化学品，应当查验本条例第三十八条第一款、第二款规定的相关许可证件或者证明文件，不得向不具有相关许可证件或者证明文件的单位销售剧毒化学品、易制爆危险化学品。对持剧毒化学品购买许可证购买剧毒化学品的，应当按照许可证载明的品种、数量销售。

禁止向个人销售剧毒化学品（属于剧毒化学品的农药除外）和易制爆危险化学品。

第四十一条 危险化学品生产企业、经营企业销售剧毒化学品、易制爆危险化学品，应当如实记录购买单位的名称、地址、经办人的姓名、身份证号码以及所购买的剧毒化学品、易制爆危险化学品的品种、数量、用途。销售记录以及经办人的身份证明复印件、相关许可证件复印件或者证明文件的保存期限不得少于1年。

剧毒化学品、易制爆危险化学品的销售企业、购买单位应当在销售、购买后5日内，将所销售、购买的剧毒化学品、易制爆危险化学品的品种、数量以及流向信息报所在地县级人民政府公安机关备案，并输入计算机系统。

第四十二条 使用剧毒化学品、易制爆危险化学品的单位不得出借、转让其购买的剧毒化学品、易制爆危险化学品；因转产、停产、搬迁、关闭等确需转让的，应当向具有本条例第三十八条第一款、第二款规定的相关许可证件或者证明文件的单位转让，并在转让后将有关情况及时向所在地县级人民政府公安机关报告。

第五章 运输安全

第四十三条 从事危险化学品道路运输、水路运输的，应当分别依照有关道路运输、水路运输的法律、行政法规的规定，取得危险货物道路运输许可、危险货物水路运输许可，并向工商行政管理部门办理登记手续。

危险化学品道路运输企业、水路运输企业应当配备专职安全管理人员。

第四十四条 危险化学品道路运输企业、水路运输企业的驾驶人员、船员、装卸管理人员、押运人员、申报人员、集装箱装箱现场检查员应当经交通运输主管部门考核合格，取得从业资格。具体办法由国务院交通运输主管部门制定。

危险化学品的装卸作业应当遵守安全作业标准、规程和制度，并在装卸管理人员的现场指挥或者监控下进行。水路运输危险化学品的集装箱装箱作业应当在集装箱装箱现场检查员的指挥或者监控下进行，并符合积载、隔离的规范和要求；装箱作业完毕后，集装箱装箱现场检查员应当签署装箱证明书。

第四十五条 运输危险化学品，应当根据危险化学品的危险特性采取相应的安全防护措施，并配备必要的防护用品和应急救援器材。

用于运输危险化学品的槽罐以及其他容器应当封口严密，能够防止危险化学品在运输过程中因温度、湿度或者压力的变化发生渗漏、洒漏；槽罐以及其他容器的溢流和泄压装置应当设置准确、起闭灵活。

运输危险化学品的驾驶人员、船员、装卸管理人员、押运人员、申报人员、集装箱装箱现场检查员，应当了解所运输的危险化学品的危险特性及其包装物、容器的使用要求和出现危险情况时的应急处置方法。

第四十六条 通过道路运输危险化学品的，托运人应当委托依法取得危险货物道路运输许可的企业承运。

第四十七条 通过道路运输危险化学品的，应当按照运输车辆的核定载质量装载危险化学品，不得超载。

危险化学品运输车辆应当符合国家标准要求的安全技术条件，并按照国家有关规定定期进行安全技术检验。

危险化学品运输车辆应当悬挂或者喷涂符合国家标准要求的警示标志。

第四十八条 通过道路运输危险化学品的，应当配备押运人员，并保证所运输的危险化学品处于押运人员的监控之下。

运输危险化学品途中因住宿或者发生影响正常运输的情况，需要较长时间停车的，驾驶人员、押运人员应当采取相应的安全防范措施；运输剧毒化学品或者易制爆危险化学品的，还应当向当地公安机关报告。

第四十九条 未经公安机关批准，运输危险化学品的车辆不得进入危险化学品运输车辆限制通行的区域。危险化学品运输车辆限制通行的区域由县级人民政府公安机关划定，并设置明显的标志。

第五十条 通过道路运输剧毒化学品的，托运人应当向运输始发地或者目的地县级人民政府公安机关申请剧毒化学品道路运输通行证。

申请剧毒化学品道路运输通行证，托运人应当向县级人民政府公安机关提交下列材料：

（一）拟运输的剧毒化学品品种、数量的说明；

（二）运输始发地、目的地、运输时间和运输路线的说明；

（三）承运人取得危险货物道路运输许可、运输车辆取得营运证以及驾驶人员、押运人员取得上岗资格的证明文件；

（四）本条例第三十八条第一款、第二款规定的购买剧毒化学品的相关许可证件，或者海关出具的进出口证明文件。

县级人民政府公安机关应当自收到前款规定的材料之日起7日内，作出批准或者不予批准的决定。予以批准的，颁发剧毒化学品道路运输通行证；不予批准的，书面通知申请人并说明理由。

剧毒化学品道路运输通行证管理办法由国务院公安部门制定。

第五十一条 剧毒化学品、易制爆危险化学品在道路运输途中丢失、被盗、被抢或者出现流散、泄漏等情况的，驾驶人员、押运人员应当立即采取相应的警示措施和安全措施，并向当地公安机关报告。公安机关接到报告后，应当根据实际情况立即向安全生产监督管理部门、环境保护主管部门、卫生主管部门通报。有关部门应当采取必要的应急处置措施。

第五十二条 通过水路运输危险化学品的，应当遵守法律、行政法规以及国务院交通运输主管部门关于危险货物水路运输安全的规定。

第五十三条 海事管理机构应当根据危险化学品的种类和危险特性，确定船舶运输危险化学品的相关安全运输条件。

拟交付船舶运输的化学品的相关安全运输条件不明确的，货物所有人或者代理人应当委托相关技术机构进行评估，明确相关安全运输条件并经海事管理机构确认后，方可交付船舶运输。

第五十四条 禁止通过内河封闭水域运输剧毒化学品以及国家规定禁止通过内河运输的其他危险化学品。

前款规定以外的内河水域，禁止运输国家规定禁止通过内河运输的剧毒化学品以及其他危险化学品。

禁止通过内河运输的剧毒化学品以及其他危险化学品的范围，由国务院交通运输主管部门会同国务院环境保护主管部门、工业和信息化主管部门、安全生产监督管理部门，根据危险化学品的危险特性、危险化学品对人体和水环境的危害程度以及消除危害后果的难易程度等因素规定并公布。

第五十五条 国务院交通运输主管部门应当根据危险化学品的危险特性，对通过内河运输本条例第五十四条规定以外的危险化学品（以下简称通过内河运输危险化学品）实行分类管理，对各类危险化学品的运输方式、包装规范和安全防护措施等分别作出规定并监督实施。

第五十六条 通过内河运输危险化学品，应当由依法取得危险货物水路运输许可的水路运输企业承运，其他单位和个人不得承运。托运人应当委托依法取得危险货物水路运输许可的水路运输企业承运，不得委托其他单位和个人承运。

第五十七条 通过内河运输危险化学品，应当使用依法取得危险货物适装证书的运输船舶。水路运输企业应当针对所运输的危险化学品的危险特性，制定运输船舶危险化学品事故应急救援预案，并为运输船舶配备充足、有效的应急救援器材和设备。

通过内河运输危险化学品的船舶，其所有人或者经营人应当取得船舶污染损害责任保险证书或者财务担保证明。船舶污染损害责任保险证书或者财务担保证明的副本应当随船携带。

第五十八条 通过内河运输危险化学品，危险化学品包装物的材质、型式、强度以及包装方法应当符合水路运输危险化学品包装规范的要求。国务院交通运输主管部门对单船运输的危险化学品数量有限制性规定的，承运人应当按照规定安排运输数量。

第五十九条 用于危险化学品运输作业的内河码头、泊位应当符合国家有关安全规范，与饮用水取水口保持国家规定的距离。有关管理单位应当制定码头、泊位危险化学品事故应急预案，并为码头、泊位配备充足、有效的应急救援器材和设备。

用于危险化学品运输作业的内河码头、泊位，经交通运输主管部门按照国家有关规定验收合格后方可投入使用。

第六十条 船舶载运危险化学品进出内河港口，应当将危险化学品的名称、危险特性、包装以及进出港时间等事项，事先报告海事管理机构。海事管理机构接到报告后，应当在国务院交通运输主管部门规定的时间内作出是否同意的决定，通知报告人，同时通报港口行政管理部门。定船舶、定航线、定货种的船舶可以定期报告。

在内河港口内进行危险化学品的装卸、过驳作业，应当将危险化学品的名称、危险特性、包装和作业的时间、地点等事项报告港口行政管理部门。港口行政管理部门接到报告后，应当在国务院交通运输主管部门规定的时间内作出是否同意的决定，通知报告人，同时通报海事管理机构。

载运危险化学品的船舶在内河航行，通过过船建筑物的，应当提前向交通运输主管部门申报，并接受交通运输主管部门的管理。

第六十一条 载运危险化学品的船舶在内河航行、装卸或者停泊，应当悬挂专用的警示标志，按照规定显示专用信号。

载运危险化学品的船舶在内河航行，按照国务院交通运输主管部门的规定需要引航的，应当申请引航。

第六十二条 载运危险化学品的船舶在内河航行，应当遵守法律、行政法规和国家其他有关饮用水水源保护的规定。内河航道发展规划应当与依法经批准的饮用水水源保护区划定方案相协调。

第六十三条 托运危险化学品的，托运人应当向承运人说明所托运的危险化学品的种类、数量、危险特性以及发生危险情况的应急处置措施，并按照国家有关规定对所托运的危险化学品妥善包装，在外包装上设置相应的标志。

运输危险化学品需要添加抑制剂或者稳定剂的，托运人应当添加，并将有关情况告知承运人。

第六十四条 托运人不得在托运的普通货物中夹带危险化学品，不得将危险化学品匿报或者谎报为普通货物托运。

任何单位和个人不得交寄危险化学品或者在邮件、快件内夹带危险化学品，不得将危险化学品匿报或者谎报为普通物品交寄。邮政企业、快递企业不得收寄危险化学品。

对涉嫌违反本条第一款、第二款规定的，交通运输主管部门、邮政管理部门可以依法开拆查验。

第六十五条 通过铁路、航空运输危险化学品的安全管理，依照有关铁路、航空运输的法律、行政法规、规章的规定执行。

第六章 危险化学品登记与事故应急救援

第六十六条 国家实行危险化学品登记制度，为危险化学品安全管理以及危险化学品事故预防和应急救援提供技术、信息支持。

第六十七条 危险化学品生产企业、进口企业，应当向国务院安全生产监督管理部门负责危险化学品登记的机构（以下简称危险化学品登记机构）办理危险化学品登记。

危险化学品登记包括下列内容：

（一）分类和标签信息；

（二）物理、化学性质；

（三）主要用途；

（四）危险特性；

（五）储存、使用、运输的安全要求；

（六）出现危险情况的应急处置措施。

对同一企业生产、进口的同一品种的危险化学品，不进行重复登记。危险化学品生产企业、进口企业发现其生产、进口的危险化学品有新的危险特性的，应当及时向危险化学品登记机构办理登记内容变更手续。

危险化学品登记的具体办法由国务院安全生产监督管理部门制定。

第六十八条 危险化学品登记机构应当定期向工业和信息化、环境保护、公安、卫生、交通运输、铁路、质量监督检验检疫等部门提供危险化学品登记的有关信息和资料。

第六十九条 县级以上地方人民政府安全生产监督管理部门应当会同工业和信息化、环境保护、公安、卫生、交通运输、铁路、质量监督检验检疫等部门，根据本地区实际情况，制定危险化学品事故应急预案，报本级人民政府批准。

第七十条 危险化学品单位应当制定本单位危险化学品事故应急预案，配备应急救援人员和必要的应急救援器材、设备，并定期组织应急救援演练。

危险化学品单位应当将其危险化学品事故应急预案报所在地设区的市级人民政府安全生产监督管理部门备案。

第七十一条 发生危险化学品事故，事故单位主要负责人应当立即按照本单位危险化学品应急预案组织救援，并向当地安全生产监督管理部门和环境保护、公安、卫生主管部门报告；道路运输、水路运输过程中发生危险化学品事故的，驾驶人员、船员或者押运人员还应当向事故发生地交通运输主管部门报告。

第七十二条 发生危险化学品事故，有关地方人民政府应当立即组织安全生产监督管理、环境保护、公安、卫生、交通运输等有关部门，按照本地区危险化学品事故应急预案组织实施救援，不得拖延、推诿。

有关地方人民政府及其有关部门应当按照下列规定，采取必要的应急处置措施，减少事故损失，防止事故蔓延、扩大：

（一）立即组织营救和救治受害人员，疏散、撤离或者采取其他措施保护危害区域内的其他人员；

（二）迅速控制危害源，测定危险化学品的性质、事故的危害区域及危害程度；

（三）针对事故对人体、动植物、土壤、水源、大气造成的现实危害和可能产生的危害，迅速采取封闭、隔离、洗消等措施；

（四）对危险化学品事故造成的环境污染和生态破坏状况进行监测、评估，并采取相应的环境污染治理和生态修复措施。

第七十三条 有关危险化学品单位应当为危险化学品事故应急救援提供技术指导和必要的协助。

第七十四条 危险化学品事故造成环境污染的，由设区的市级以上人民政府环境保护主管部门统一发布有关信息。

第七章 法律责任

第七十五条 生产、经营、使用国家禁止生产、经营、使用的危险化学品的，由安全生产监督管理部门责令停止生产、经营、使用活动，处20万元以上50万元以下的罚款，有违法所得的，没收违法所得；构成犯罪的，依法追究刑事责任。

有前款规定行为的，安全生产监督管理部门还应当责令其对所生产、经营、使用的危险化学品进行无害化处理。

违反国家关于危险化学品使用的限制性规定使用危险化学品的，依照本条第一款的规定处理。

第七十六条 未经安全条件审查，新建、改建、扩建生产、储存危险化学品的建设项目的，由安全生产监督管理部门责令停止建设，限期改正；逾期不改正的，处50万元以上100万元以下的罚款；构成犯罪的，依法追究刑事责任。

未经安全条件审查，新建、改建、扩建储存、装卸危险化学品的港口建设项目的，由港口行政管理部门依照前款规定予以处罚。

第七十七条 未依法取得危险化学品安全生产许可证从事危险化学品生产，或者未依法取得工业产品生产许可证从事危险化学品及其包装物、容器生产的，分别依照《安全生产许可证条例》、《中华人民共和国工业产品生产许可证管理条例》的规定处罚。

违反本条例规定，化工企业未取得危险化学品安全使用许可证，使用危险化学品从事生产的，由安全生产监督管理部门责令限期改正，处10万元以上20万元以下的罚款；逾期不改正的，责令停产整顿。

违反本条例规定，未取得危险化学品经营许可证从事危险化学品经营的，由安全生产监督管理部门责令停止经营活动，没收违法经营的危险化学品以及违法所得，并处10万元以上20万元以下的罚款；构成犯罪的，依法追究刑事责任。

第七十八条 有下列情形之一的，由安全生产监督管理部门责令改正，可以处5万元以下的罚款；拒不改正的，处5万元以上10万元以下的罚款；情节严重的，责令停产停业整顿：

（一）生产、储存危险化学品的单位未对其铺设的危险化学品管道设置明显的标志，或者未对危险化学品管道定期检查、检测的；

（二）进行可能危及危险化学品管道安全的施工作业，施工单位未按照规定书面通知管道所属单位，或者未与管道所属单位共同制定应急预案、采取相应的安全防护措施，或者管道所属单位未指派专门人员到现场进行管道安全保护指导的；

（三）危险化学品生产企业未提供化学品安全技术说明书，或者未在包装（包括外包装件）上粘贴、拴挂化学品安全标签的；

（四）危险化学品生产企业提供的化学品安全技术说明书与其生产的危险化学品不相符，或者在包装（包括外包装件）粘贴、拴挂的化学品安全标签与包装内危险化学品不相符，或者化学品安全技术说明书、化学品安全标签所载明的内容不符合国家标准要求的；

（五）危险化学品生产企业发现其生产的危险化学品有新的危险特性不立即公告，或者不及时修订其化学品安全技术说明书和化学品安全标签的；

（六）危险化学品经营企业经营没有化学品安全技术说明书和化学品安全标签的危险化学品的；

（七）危险化学品包装物、容器的材质以及包装的型式、规格、方法和单件质量（重量）与所包装的危险化学品的性质和用途不相适应的；

（八）生产、储存危险化学品的单位未在作业场所和安全设施、设备上设置明显的安全警示标志，或者未在作业场所设置通信、报警装置的；

（九）危险化学品专用仓库未设专人负责管理，或者对储存的剧毒化学品以及储存数量构成重大危险源的其他危险化学品未实行双人收发、双人保管制度的；

（十）储存危险化学品的单位未建立危险化学品出入库核查、登记制度的；

（十一）危险化学品专用仓库未设置明显标志的；

（十二）危险化学品生产企业、进口企业不办理危险化学品登记，或者发现其生产、进口的危险化学品有新的危险特性不办理危险化学品登记内容变更手续的。

从事危险化学品仓储经营的港口经营人有前款规定情形的，由港口行政管理部门依照前款规定予以处罚。储存剧毒化学品、易制爆危险化学品的专用仓库未按照国家有关规定设置相应的技术防范设施的，由公安机关依照前款规定予以处罚。

生产、储存剧毒化学品、易制爆危险化学品的单位未设置治安保卫机构、配备专职治安保卫人员的，依照《企业事业单位内部治安保卫条例》的规定处罚。

第七十九条 危险化学品包装物、容器生产企业销售未经检验或者经检验不合格的危险化学品包装物、容器的，由质量监督检验检疫部门责令改正，处10万元以上20万元以下的罚款，有违法所得的，没收违法所得；拒不改正的，责令停产停业整顿；构成犯罪的，依法追究刑事责任。

将未经检验合格的运输危险化学品的船舶及其配载的容器投入使用的，由海事管理机构依照前款规定予以处罚。

第八十条 生产、储存、使用危险化学品的单位有下列情形之一的，由安全生产监督管理部门责令改正，处5万元以上10万元以下的罚款；拒不改正的，责令停产停业整顿直至由原发证机关吊销其相关许可证件，并由工商行政管理部门责令其办理经营范围变更登记或者吊销其营业执照；有关责任人员构成犯罪的，依法追究刑事责任：

（一）对重复使用的危险化学品包装物、容器，在重复使用前不进行检查的；

（二）未根据其生产、储存的危险化学品的种类和危险特性，在作业场所设置相关安全设施、设备，或者未按照国家标准、行业标准或者国家有关规定对安全设施、设备进行经常性维护、保养的；

（三）未依照本条例规定对其安全生产条件定期进行安全评价的；

（四）未将危险化学品储存在专用仓库内，或者未将剧毒化学品以及储存数量构成重大危险源的其他危险化学品在专用仓库内单独存放的；

（五）危险化学品的储存方式、方法或者储存数量不符合国家标准或者国家有关规定的；

（六）危险化学品专用仓库不符合国家标准、行业标准的要求的；

（七）未对危险化学品专用仓库的安全设施、设备定期进行检测、检验的。

从事危险化学品仓储经营的港口经营人有前款规定情形的，由港口行政管理部门依照前款规定予以处罚。

第八十一条 有下列情形之一的，由公安机关责令改正，可以处1万元以下的罚款；拒不改正的，处1万元以上5万元以下的罚款：

（一）生产、储存、使用剧毒化学品、易制爆危险化学品的单位不如实记录生产、储存、使用的剧毒化学品、易制爆危险化学品的数量、流向的；

（二）生产、储存、使用剧毒化学品、易制爆危险化学品的单位发现剧毒化学品、易制爆危险化学品丢失或者被盗，不立即向公安机关报告的；

（三）储存剧毒化学品的单位未将剧毒化学品的储存数量、储存地点以及管理人员的情况报所在地县级人民政府公安机关备案的；

（四）危险化学品生产企业、经营企业不如实记录剧毒化学品、易制爆危险化学品购买单位的名称、地址、经办人的姓名、身份证号码以及所购买的剧毒化学品、易制爆危险化学品的品种、数量、用途，或者保存销售记录和相关材料的时间少于1年的；

（五）剧毒化学品、易制爆危险化学品的销售企业、购买单位未在规定的时限内将所销售、购买的剧毒化学品、易制爆危险化学品的品种、数量以及流向信息报所在地县级人民政府公安机关备案的；

（六）使用剧毒化学品、易制爆危险化学品的单位依照本条例规定转让其购买的剧毒化学品、易制爆危险化学品，未将有关情况向所在地县级人民政府公安机关报告的。

生产、储存危险化学品的企业或者使用危险化学品从事生产的企业未按照本条例规定将安全评价报告以及整改方案的落实情况报安全生产监督管理部门或者港口行政管理部门备案，或者储存危险化学品的单位未将其剧毒化学品以及储存数量构成重大危险源的其他危险化学品的储存数量、储存地点以及管理人员的情况报安全生产监督管理部门或者港口行政管理部门备案的，分别由安全生产监督管理部门或者港口行政管理部门依照前款规定予以处罚。

生产实施重点环境管理的危险化学品的企业或者使用实施重点环境管理的危险化学品从事生产的企业未按照规定将相关信息向环境保护主管部门报告的，由环境保护主管部门依照本条第一款的规定予以处罚。

第八十二条 生产、储存、使用危险化学品的单位转产、停产、停业或者解散，未采取有效措施及时、妥善处置其危险化学品生产装置、储存设施以及库存的危险化学品，或者丢弃危险化学品的，由安全生产监督管理部门责令改正，处 5 万元以上 10 万元以下的罚款；构成犯罪的，依法追究刑事责任。

生产、储存、使用危险化学品的单位转产、停产、停业或者解散，未依照本条例规定将其危险化学品生产装置、储存设施以及库存危险化学品的处置方案报有关部门备案的，分别由有关部门责令改正，可以处 1 万元以下的罚款；拒不改正的，处 1 万元以上 5 万元以下的罚款。

第八十三条 危险化学品经营企业向未经许可违法从事危险化学品生产、经营活动的企业采购危险化学品的，由工商行政管理部门责令改正，处 10 万元以上 20 万元以下的罚款；拒不改正的，责令停业整顿直至由原发证机关吊销其危险化学品经营许可证，并由工商行政管理部门责令其办理经营范围变更登记或者吊销其营业执照。

第八十四条 危险化学品生产企业、经营企业有下列情形之一的，由安全生产监督管理部门责令改正，没收违法所得，并处 10 万元以上 20 万元以下的罚款；拒不改正的，责令停产停业整顿直至吊销其危险化学品安全生产许可证、危险化学品经营许可证，并由工商行政管理部门责令其办理经营范围变更登记或者吊销其营业执照：

（一）向不具有本条例第三十八条第一款、第二款规定的相关许可证件或者证明文件的单位销售剧毒化学品、易制爆危险化学品的；

（二）不按照剧毒化学品购买许可证载明的品种、数量销售剧毒化学品的；

（三）向个人销售剧毒化学品（属于剧毒化学品的农药除外）、易制爆危险化学品的。

不具有本条例第三十八条第一款、第二款规定的相关许可证件或者证明文件的单位购买剧毒化学品、易制爆危险化学品，或者个人购买剧毒化学品（属于剧毒化学品的农药除外）、易制爆危险化学品的，由公安机关没收所购买的剧毒化学品、易制爆危险化学品，可以并处5000元以下的罚款。

使用剧毒化学品、易制爆危险化学品的单位出借或者向不具有本条例第三十八条第一款、第二款规定的相关许可证件的单位转让其购买的剧毒化学品、易制爆危险化学品，或者向个人转让其购买的剧毒化学品（属于剧毒化学品的农药除外）、易制爆危险化学品的，由公安机关责令改正，处10万元以上20万元以下的罚款；拒不改正的，责令停产停业整顿。

第八十五条 未依法取得危险货物道路运输许可、危险货物水路运输许可，从事危险化学品道路运输、水路运输的，分别依照有关道路运输、水路运输的法律、行政法规的规定处罚。

第八十六条 有下列情形之一的，由交通运输主管部门责令改正，处5万元以上10万元以下的罚款；拒不改正的，责令停产停业整顿；构成犯罪的，依法追究刑事责任：

（一）危险化学品道路运输企业、水路运输企业的驾驶人员、船员、装卸管理人员、押运人员、申报人员、集装箱装箱现场检查员未取得从业资格上岗作业的；

（二）运输危险化学品，未根据危险化学品的危险特性采取相应的安全防护措施，或者未配备必要的防护用品和应急救援器材的；

（三）使用未依法取得危险货物适装证书的船舶，通过内河运输危险化学品的；

（四）通过内河运输危险化学品的承运人违反国务院交通运输主管部门对单船运输的危险化学品数量的限制性规定运输危险化学品的；

（五）用于危险化学品运输作业的内河码头、泊位不符合国家有关安全规范，或者未与饮用水取水口保持国家规定的安全距离，或者未经交通运输主管部门验收合格投入使用的；

（六）托运人不向承运人说明所托运的危险化学品的种类、数量、危险特性以及发生危险情况的应急处置措施，或者未按照国家有关规定对所托运的危险化学品妥善包装并在外包装上设置相应标志的；

（七）运输危险化学品需要添加抑制剂或者稳定剂，托运人未添加或者未将有关情况告知承运人的。

第八十七条 有下列情形之一的，由交通运输主管部门责令改正，处10万元以上20万元以下的罚款，有违法所得的，没收违法所得；拒不改正的，责令停产停业整顿；构成犯罪的，依法追究刑事责任：

（一）委托未依法取得危险货物道路运输许可、危险货物水路运输许可的企业承运危险化学品的；

（二）通过内河封闭水域运输剧毒化学品以及国家规定禁止通过内河运输的其他危险化学品的；

（三）通过内河运输国家规定禁止通过内河运输的剧毒化学品以及其他危险化学品的；

（四）在托运的普通货物中夹带危险化学品，或者将危险化学品谎报或者匿报为普通货物托运的。

在邮件、快件内夹带危险化学品，或者将危险化学品谎报为普通物品交寄的，依法给予治安管理处罚；构成犯罪的，依法追究刑事责任。

邮政企业、快递企业收寄危险化学品的，依照《中华人民共和国邮政法》的规定处罚。

第八十八条 有下列情形之一的，由公安机关责令改正，处5万元以上10万元以下的罚款；构成违反治安管理行为的，依法给予治安管理处罚；构成犯罪的，依法追究刑事责任：

（一）超过运输车辆的核定载质量装载危险化学品的；

（二）使用安全技术条件不符合国家标准要求的车辆运输危险化学品的；

（三）运输危险化学品的车辆未经公安机关批准进入危险化学品运输车辆限制通行的区域的；

（四）未取得剧毒化学品道路运输通行证，通过道路运输剧毒化学品的。

第八十九条 有下列情形之一的，由公安机关责令改正，处1万元以上5万元以下的罚款；构成违反治安管理行为的，依法给予治安管理处罚：

（一）危险化学品运输车辆未悬挂或者喷涂警示标志，或者悬挂或者喷涂的警示标志不符合国家标准要求的；

（二）通过道路运输危险化学品，不配备押运人员的；

（三）运输剧毒化学品或者易制爆危险化学品途中需要较长时间停车，驾驶人员、押运人员不向当地公安机关报告的；

（四）剧毒化学品、易制爆危险化学品在道路运输途中丢失、被盗、被抢或者发生流散、泄露等情况，驾驶人员、押运人员不采取必要的警示措施和安全措施，或者不向当地公安机关报告的。

第九十条 对发生交通事故负有全部责任或者主要责任的危险化学品道路运输企业，由公安机关责令消除安全隐患，未消除安全隐患的危险化学品运输车辆，禁止上道路行驶。

第九十一条 有下列情形之一的，由交通运输主管部门责令改正，可以处1万元以下的罚款；拒不改正的，处1万元以上5万元以下的罚款：

（一）危险化学品道路运输企业、水路运输企业未配备专职安全管理人员的；

（二）用于危险化学品运输作业的内河码头、泊位的管理单位未制定码头、泊位危险化学品事故应急救援预案，或者未为码头、泊位配备充足、有效的应急救援器材和设备的。

第九十二条 有下列情形之一的，依照《中华人民共和国内河交通安全管理条例》的规定处罚：

（一）通过内河运输危险化学品的水路运输企业未制定运输船舶危险化学品事故应急救援预案，或者未为运输船舶配备充足、有效的应急救援器材和设备的；

（二）通过内河运输危险化学品的船舶的所有人或者经营人未取得船舶污染损害责任保险证书或者财务担保证明的；

（三）船舶载运危险化学品进出内河港口，未将有关事项事先报告海事管理机构并经其同意的；

（四）载运危险化学品的船舶在内河航行、装卸或者停泊，未悬挂专用的警示标志，或者未按照规定显示专用信号，或者未按照规定申请引航的。

未向港口行政管理部门报告并经其同意，在港口内进行危险化学品的装卸、过驳作业的，依照《中华人民共和国港口法》的规定处罚。

第九十三条 伪造、变造或者出租、出借、转让危险化学品安全生产许可证、工业产品生产许可证，或者使用伪造、变造的危险化学品安全生产许可证、工业产品生产许可证的，分别依照《安全生产许可证条例》、《中华人民共和国工业产品生产许可证管理条例》的规定处罚。

伪造、变造或者出租、出借、转让本条例规定的其他许可证，或者使用伪造、变造的本条例规定的其他许可证的，分别由相关许可证的颁发管理机关处10万元以上20万元以下的罚款，有违法所得的，没收违法所得；构成违反治安管理行为的，依法给予治安管理处罚；构成犯罪的，依法追究刑事责任。

第九十四条 危险化学品单位发生危险化学品事故，其主要负责人不立即组织救援或者不立即向有关部门报告的，依照《生产安全事故报告和调查处理条例》的规定处罚。

危险化学品单位发生危险化学品事故，造成他人人身伤害或者财产损失的，依法承担赔偿责任。

第九十五条 发生危险化学品事故，有关地方人民政府及其有关部门不立即组织实施救援，或者不采取必要的应急处置措施减少事故损失，防止事故蔓延、扩大的，对直接负责的主管人员和其他直接责任人员依法给予处分；构成犯罪的，依法追究刑事责任。

第九十六条 负有危险化学品安全监督管理职责的部门的工作人员，在危险化学品安全监督管理工作中滥用职权、玩忽职守、徇私舞弊，构成犯罪的，依法追究刑事责任；尚不构成犯罪的，依法给予处分。

第八章 附 则

第九十七条 监控化学品、属于危险化学品的药品和农药的安全管理，依照本条例的规定执行；法律、行政法规另有规定的，依照其规定。

民用爆炸物品、烟花爆竹、放射性物品、核能物质以及用于国防科研生产的危险化学品的安全管理，不适用本条例。

法律、行政法规对燃气的安全管理另有规定的，依照其规定。

危险化学品容器属于特种设备的，其安全管理依照有关特种设备安全的法律、行政法规的规定执行。

第九十八条 危险化学品的进出口管理，依照有关对外贸易的法律、行政法规、规章的规定执行；进口的危险化学品的储存、使用、经营、运输的安全管理，依照本条例的规定执行。

危险化学品环境管理登记和新化学物质环境管理登记，依照有关环境保护的法律、行政法规、规章的规定执行。危险化学品环境管理登记，按照国家有关规定收取费用。

第九十九条 公众发现、捡拾的无主危险化学品，由公安机关接收。公安机关接收或者有关部门依法没收的危险化学品，需要进行无害化处理的，交由环境保护主管部门组织其认定的专业单位进行处理，或者交由有关危险化学品生产企业进行处理。处理所需费用由国家财政负担。

第一百条 化学品的危险特性尚未确定的，由国务院安全生产监督管理部门、国务院环境保护主管部门、国务院卫生主管部门分别负责组织对该化学品的物理危险性、环境危害性、毒理特性进行鉴定。根据鉴定结果，需要调整危险化学品目录的，依照本条例第三条第二款的规定办理。

第一百零一条 本条例施行前已经使用危险化学品从事生产的化工企业，依照本条例规定需要取得危险化学品安全使用许可证的，应当在国务院安全生产监督管理部门规定的期限内，申请取得危险化学品安全使用许可证。

第一百零二条 本条例自 2011 年 12 月 1 日起施行。

三、自然灾害防治

中华人民共和国防震减灾法

（1997 年 12 月 29 日第八届全国人民代表大会常务委员会第二十九次会议通过　2008 年 12 月 27 日第十一届全国人民代表大会常务委员会第六次会议修订　2008 年 12 月 27 日中华人民共和国主席令第 7 号公布　自 2009 年 5 月 1 日起施行）

目　录

第一章　总　　则

第一条　为了防御和减轻地震灾害，保护人民生命和财产安全，促进经济社会的可持续发展，制定本法。

第二条 在中华人民共和国领域和中华人民共和国管辖的其他海域从事地震监测预报、地震灾害预防、地震应急救援、地震灾后过渡性安置和恢复重建等防震减灾活动，适用本法。

第三条 防震减灾工作，实行预防为主、防御与救助相结合的方针。

▶条文解读

减轻地震灾害，总体上有三种途径：（1）预测预报；（2）抗震设防；（3）救灾。也就是说，通过预测预报，减少人员伤亡；通过抗震设防，提高建筑物抗震能力；在迫不得已的情况下，通过救灾来减轻地震灾害损失。这三者目的一致，相辅相成。

本法确立的以预防为主、防御与救助相结合的防震减灾工作方针，其内涵为包括预测预报和抗震设防在内的预防工作是人民政府及有关部门或者机构从事防震减灾工作所必须推进的工作主体，同时又强调防御与救助两个方面的工作必须相互结合，才能收到减轻地震灾害的最佳效果。

第四条 县级以上人民政府应当加强对防震减灾工作的领导，将防震减灾工作纳入本级国民经济和社会发展规划，所需经费列入财政预算。

第五条 在国务院的领导下，国务院地震工作主管部门和国务院经济综合宏观调控、建设、民政、卫生、公安以及其他有关部门，按照职责分工，各负其责，密切配合，共同做好防震减灾工作。

县级以上地方人民政府负责管理地震工作的部门或者机构和其他有关部门在本级人民政府领导下，按照职责分工，各负其责，密切配合，共同做好本行政区域的防震减灾工作。

第六条 国务院抗震救灾指挥机构负责统一领导、指挥和协调全国抗震救灾工作。县级以上地方人民政府抗震救灾指挥机构负责统一领导、指挥和协调本行政区域的抗震救灾工作。

国务院地震工作主管部门和县级以上地方人民政府负责管理地震工作的部门或者机构，承担本级人民政府抗震救灾指挥机构的日常工作。

第七条 各级人民政府应当组织开展防震减灾知识的宣传教育，增强公民的防震减灾意识，提高全社会的防震减灾能力。

第八条 任何单位和个人都有依法参加防震减灾活动的义务。

国家鼓励、引导社会组织和个人开展地震群测群防活动，对地震进行监测和预防。

国家鼓励、引导志愿者参加防震减灾活动。

▶**条文解读**

防震减灾，既是政府的职责，也需要全社会的共同参与。防震减灾活动既包括人民政府及有关部门或者机构依法履行从事防震减灾工作职责的行为，也包括社会组织和公民依法参与防震减灾活动的行为，是政府管理行为与社会公众参与行为两个方面的结合。

防震减灾社会参与的法律制度，其内涵主要包括以下三个方面：一是规定了任何单位和个人都有参加防震减灾活动的义务。这里的任何单位既包括依法承担防震减灾工作职责的一切国家机关、社会组织，也包括依法不承担防震减灾工作职责的一切国家机关、社会组织；个人既包括依法承担防震减灾工作职责的一切国家机关、社会组织的工作人员，也包括其他社会公众。二是国家鼓励、引导社会组织和个人开展地震群测群防活动，发挥其在地震监测和预防中的作用。三是国家鼓励、引导志愿者参加防震减灾活动。

第九条 中国人民解放军、中国人民武装警察部队和民兵组织，依照本法以及其他有关法律、行政法规、军事法规的规定和国务院、中央军事委员会的命令，执行抗震救灾任务，保护人民生命和财产安全。

第十条 从事防震减灾活动，应当遵守国家有关防震减灾标准。

▶**条文解读**

所谓遵守防震减灾标准，是指任何单位和个人在防震减灾活动中，必须遵循已经发布实施的所有防震减灾标准中规定的各种要求和技术指标，具体地说，主要包括以下几个方面：（1）按照标准的规定规范使用术语、图形符号和代码；（2）按照标准的规定施行各项技术业务的运行或者操作过程；（3）按照标准的规定进行防震减灾有关技术系统和基础设施的设计、施工；（4）按照标准的规定进行质量监督和成果评估。

第十一条 国家鼓励、支持防震减灾的科学技术研究，逐步提高防震减灾科学技术研究经费投入，推广先进的科学研究成果，加强国际合作与交流，提高防震减灾工作水平。

对在防震减灾工作中做出突出贡献的单位和个人，按照国家有关规定给予表彰和奖励。

▶条文解读

防震减灾是一项科技型公益性事业。防震减灾事业的发展需要科技进步的支撑和推动。防震减灾科学技术进步的法律制度，主要包括以下四个方面：一是国家对防震减灾科学技术研究的全面支持，包括研究经费的投入，科学研究成果的推广应用，国际间的合作与交流，以及对在防震减灾工作中做出突出贡献的单位和个人，按照国家有关规定给予表彰和奖励；二是明确国家加强地震监测预报工作，建立多学科地震监测系统，逐步提高地震监测预报水平；三是明确国家鼓励、支持研究开发和推广使用符合抗震设防要求，经济实用的新技术、新工艺、新材料；四是明确国家鼓励、扶持地震应急救援新技术和装备的研究开发，提高应急救援水平。

第二章　防震减灾规划

第十二条 国务院地震工作主管部门会同国务院有关部门组织编制国家防震减灾规划，报国务院批准后组织实施。

县级以上地方人民政府负责管理地震工作的部门或者机构会同同级有关部门，根据上一级防震减灾规划和本行政区域的实际情况，组织编制本行政区域的防震减灾规划，报本级人民政府批准后组织实施，并报上一级人民政府负责管理地震工作的部门或者机构备案。

第十三条 编制防震减灾规划，应当遵循统筹安排、突出重点、合理布局、全面预防的原则，以震情和震害预测结果为依据，并充分考虑人民生命和财产安全及经济社会发展、资源环境保护等需要。

县级以上地方人民政府有关部门应当根据编制防震减灾规划的需要，及时提供有关资料。

第十四条 防震减灾规划的内容应当包括：震情形势和防震减灾总体目标，地震监测台网建设布局，地震灾害预防措施，地震应急救援措施，以及防震减灾技术、信息、资金、物资等保障措施。

编制防震减灾规划，应当对地震重点监视防御区的地震监测台网建设、震情跟踪、地震灾害预防措施、地震应急准备、防震减灾知识宣传教育等作出具体安排。

▶条文解读

我国防震减灾工作，实行“预防为主、防御与救助相结合”的工作方针，这是指导各项防震减灾工作和活动的总原则，也是制定各项防震减灾政策必须体现的指导思想，因此，编制防震减灾规划，也必须贯彻这一工作方针。这就要求防震减灾规划必须以震情和震害预测结果为基础，并根据国民经济和社会发展的程度设定可实现的总体目标。防震减灾规划设定总体目标应紧扣震情、灾情和经济社会需求与能力，并尽可能地予以量化。

地震灾害预防措施包括了工程性防御措施和非工程性防御措施。工程性防御措施是指在国土地震区划和建设工程地震安全性评价的基础上，按要求进行抗震设防，包括对新建工程和设施进行抗震设计和施工，以及对已有建筑物、构筑物进行抗震鉴定和加固。非工程性防御措施是指建立健全防震减灾工作体系，制定防震减灾规划和计划，开展防震减灾工作宣传、科普教育、技能培训、救灾演习、科学研究，推进地震灾害保险，推行救灾资金和物资储备等工作。

地震应急救援措施包括完善地震应急反应体系和预案体系，建立地震预警系统；壮大紧急救援力量，建立健全地震应急和救援保障体系；建立城市避难场所；建立救灾物资储备体系；提高重大基础设施和生命线工程的地震紧急处置能力等。

防震减灾技术、信息、资金、物资等保障措施是防震减灾规划的重要内容。加强地震科技创新能力建设，是提高防震减灾三大工作体系发展水平的基本途径。依靠科学技术，重视和加强地震科技的基础研究、开发研究和应用研究，加强地震科技的原始创新和集成创新，加强科研基地和重大基础科研设施建设，为防震减灾提供持续的科技支撑和智力支持，可以提升地震科技创新能力，全面协调地提高防震减灾三大工作体系的发展水平。信息保障措施是指建立地震基础信息数据系统，加强信息集成与开发，推进基础信息共享，提高地震数据利用水平。资金保障措施主要是指各级政府应加大对防震减灾事业的投资力度，按照事权范围纳入各级财政预算，建立以政府财政投入为主体，社会捐赠和地震保险相结合的多渠道投入机制，使全社会防震减灾工作的投入水平与经济社会发展水平相适应。物资保障是保证防震减灾工作正常、有序开展的重要基础，政府及有关部门应当按照职责分工做好物资供应和储备工作。

编制防震减灾规划，还应当对地震重点监视防御区的地震监测台网建设、震情跟踪、地震灾害预防措施、地震应急准备、防震减灾知识宣传教育等作出具体安排。地震重点监视防御区是指未来10至15年内，存在发生地震危险或者受地震影响可能造成严重的地震灾害损失的地区和城市。对地震重点监视防御区的地震监测台网建设、震情跟踪、地震灾害预防措施、地震应急准备、防震减灾知识宣传教育等作出具体安排，符合规划编制突出重点、合理布局的原则。

第十五条 防震减灾规划报送审批前，组织编制机关应当征求有关部门、单位、专家和公众的意见。

防震减灾规划报送审批文件中应当附具意见采纳情况及理由。

第十六条 防震减灾规划一经批准公布，应当严格执行；因震情形势变化和经济社会发展的需要确需修改的，应当按照原审批程序报送审批。

第三章　地震监测预报

第十七条　国家加强地震监测预报工作，建立多学科地震监测系统，逐步提高地震监测预报水平。

第十八条　国家对地震监测台网实行统一规划，分级、分类管理。

国务院地震工作主管部门和县级以上地方人民政府负责管理地震工作的部门或者机构，按照国务院有关规定，制定地震监测台网规划。

全国地震监测台网由国家级地震监测台网、省级地震监测台网和市、县级地震监测台网组成，其建设资金和运行经费列入财政预算。

▶条文解读

地震监测台网是开展地震监测工作的实体。地震工作者通过地震监测台网对地震发生及与地震发生有关的自然现象进行监视与观测。地震监测台网由台网中心、监测台站、监测点和信息传输信道构成。

▶实用问答

1. 如何理解“对地震监测台网实行统一规划，分级、分类管理”？

地震监测台网统一规划与分级、分类管理制度，主要包括以下几层涵义：一是国家对地震监测台网实行统一规划，分级、分类管理。对地震监测台网实行统一规划，是有效利用资源的基本要求；对地震监测台网实行分级、分类管理，是充分发挥中央与地方、政府与社会的积极性的体现。二是地震监测台网规划由国务院地震工作主管部门和县级以上地方人民政府负责管理地震工作的部门或者机构，按照国务院有关规定制定。具体是，全国地震监测台网总体规划和国家地震监测台网规划，由国务院地震工作主管部门商国务院有关部门制定，并负责组织实施；省级地震监测台网规划，由省、自治区、直辖市人民政府负责管理地震工作的部门或者机构制定，报本级人民政府批准后实施；市、县地震监测台网规划，由市、县人民政府负责管理地震工作的部门或者机构制定，报本级人民政府批准后实施。三是明确全国地震监测台网分为三个层次，即国家级地震监测台网、省级地震监测台网及市、县级地震监测台网，并规定其建设和运行所需资金列入中央和地方财政预算。四是规定水库、油田、核电站等重大建设工程的建设单位具有建设和管理专用地震监测台网或者强震动监测设施的职责，并且明确建设专用地震监测台网或者设置强震动监测设施应当按照国务院有关规定进行，其建设资金和运行经费由建设单位承担。

第十九条 水库、油田、核电站等重大建设工程的建设单位，应当按照国务院有关规定，建设专用地震监测台网或者强震动监测设施，其建设资金和运行经费由建设单位承担。

▶实用问答

2. 哪些建设工程应当建设专用地震监测台网?

下列建设工程应当建设专用地震监测台网：（1）坝高100米以上、库容5亿立方米以上，且可能诱发5级以上地震的水库；（2）受地震破坏后可能引发严重次生灾害的油田、矿山、石油化工等重大建设工程。

第二十条 地震监测台网的建设，应当遵守法律、法规和国家有关标准，保证建设质量。

▶实用问答

3. 地震监测台网建设具体涉及哪些法律、法规和技术标准?

地震监测台网建设具体涉及的法律、法规和技术标准主要有：建设前期应当遵循国家有关固定资产投资项目的建设程序。一般要经过以下步骤：（1）编写项目建议书；（2）编写可行性研究报告；（3）编写初步设计；（4）编写施工图设计；（5）制定年度投资计划；（6）提交开工报告；（7）组织竣工验收等。在地震监测台网建设过程中，《防震减灾法》和《地震监测管理条例》是建设地震监测台网最直接、最重要的法律依据。除此之外，地震监测台网的建设单位与承包（勘察、设计、施工、监理）单位之间签订承包合同时，应当遵守《合同法》；地震监测台站的选址、建设和运行都应当遵守《环境保护法》。国家发展改革委还制定了一系列关于工程建设管理的规定，在地震监测台网建设中也应当遵守。

地震监测台网的建设还应当遵守国家有关的技术标准。地震监测台网涉及多种学科的综合观测，每种学科都有各自的观测环境要求和监测设施的建设要求，技术性很强，没有统一的技术标准不仅影响工程的建设质量，更重要的是影响观测数据的质量和可靠性，最终影响监视震情这一特殊任务的完成。由于地震监测台网担负着监视震情的特殊任务，除了遵守建筑工程的国家标准外，对工程建设还有相应的特殊技术要求。因此每个方面的建设都应当遵守有关地震技术标准。地震监测台网建设主要涉及的技术标准有《地震台站建设规范》、《地震台站观测环境技术要求》、《地震观测仪器质量检验规则》、《地震观测仪器进网技术要求》和《建筑物抗震设计规范》等。

第二十一条 地震监测台网不得擅自中止或者终止运行。

检测、传递、分析、处理、存贮、报送地震监测信息的单位，应当保证地震监测信息的质量和安全。

县级以上地方人民政府应当组织相关单位为地震监测台网的运行提供通信、交通、电力等保障条件。

▶条文解读

地震监测台网不得擅自中止或者终止运行，是指台网正式运行后不得擅自中止或者终止。地震监测台网既包括全国地震监测台网，也包括专用地震监测台网和强震动监测设施。该规定属强制性条款。

全国地震监测台网正式运行后，不得擅自中止或者终止；确需中止或者终止的，国家地震监测台网和省级地震监测台网必须经国务院地震工作主管部门批准，市、县地震监测台网必须经省、自治区、直辖市人民政府负责管理地震工作的部门或者机构批准，并报国务院地震工作主管部门备案。

专用地震监测台网中止或者终止运行的，应当报所在地省、自治区、直辖市人民政府负责管理地震工作的部门或者机构备案。

第二十二条 沿海县级以上地方人民政府负责管理地震工作的部门或者机构，应当加强海域地震活动监测预测工作。海域地震发生后，县级以上地方人民政府负责管理地震工作的部门或者机构，应当及时向海洋主管部门和当地海事管理机构等通报情况。

火山所在地的县级以上地方人民政府负责管理地震工作的部门或者机构，应当利用地震监测设施和技术手段，加强火山活动监测预测工作。

第二十三条 国家依法保护地震监测设施和地震观测环境。

任何单位和个人不得侵占、毁损、拆除或者擅自移动地震监测设施。地震监测设施遭到破坏的，县级以上地方人民政府负责管理地震工作的部门或者机构应当采取紧急措施组织修复，确保地震监测设施正常运行。

任何单位和个人不得危害地震观测环境。国务院地震工作主管部门和县级以上地方人民政府负责管理地震工作的部门或者机构会同同级有关部门，按照国务院有关规定划定地震观测环境保护范围，并纳入土地利用总体规划和城乡规划。

第二十四条 新建、扩建、改建建设工程，应当避免对地震监测设施和地震观测环境造成危害。建设国家重点工程，确实无法避免对地震监测设施和地震观测环境造成危害的，建设单位应当按照县级以上地方人民政府负责管理地震工作的部门或者机构的要求，增建抗干扰设施；不能增建抗干扰设施的，应当新建地震监测设施。

对地震观测环境保护范围内的建设工程项目，城乡规划主管部门在依法核发选址意见书时，应当征求负责管理地震工作的部门或者机构的意见；不需要核发选址意见书的，城乡规划主管部门在依法核发建设用地规划许可证或者乡村建设规划许可证时，应当征求负责管理地震工作的部门或者机构的意见。

第二十五条 国务院地震工作主管部门建立健全地震监测信息共享平台，为社会提供服务。

县级以上地方人民政府负责管理地震工作的部门或者机构，应当将地震监测信息及时报送上一级人民政府负责管理地震工作的部门或者机构。

专用地震监测台网和强震动监测设施的管理单位，应当将地震监测信息及时报送所在地省、自治区、直辖市人民政府负责管理地震工作的部门或者机构。

第二十六条 国务院地震工作主管部门和县级以上地方人民政府负责管理地震工作的部门或者机构，根据地震监测信息研究结果，对可能发生地震的地点、时间和震级作出预测。

其他单位和个人通过研究提出的地震预测意见，应当向所在地或者所预测地的县级以上地方人民政府负责管理地震工作的部门或者机构书面报告，或者直接向国务院地震工作主管部门书面报告。收到书面报告的部门或者机构应当进行登记并出具接收凭证。

第二十七条 观测到可能与地震有关的异常现象的单位和个人，可以向所在地县级以上地方人民政府负责管理地震工作的部门或者机构报告，也可以直接向国务院地震工作主管部门报告。

国务院地震工作主管部门和县级以上地方人民政府负责管理地震工作的部门或者机构接到报告后，应当进行登记并及时组织调查核实。

第二十八条 国务院地震工作主管部门和省、自治区、直辖市人民政府负责管理地震工作的部门或者机构，应当组织召开震情会商会，必要时邀请有关部门、专家和其他有关人员参加，对地震预测意见和可能与地震有关的异常现象进行综合分析研究，形成震情会商意见，报本级人民政府；经震情会商形成地震预报意见的，在报本级人民政府前，应当进行评审，作出评审结果，并提出对策建议。

▶实用问答

4. 对地震预报意见的评审应包括哪些内容?

地震预报意见实行评审制度。评审包括下列内容：(1) 地震预报意见的科学性、可能性；(2) 地震预报的发布形式；(3) 地震预报发布后可能产生的社会、经济影响。

5. 成功的地震预报应达到何种要求?

成功的地震预报必须达到三个方面的要求：(1) 科学上准确，即准确地预测出发生地震的时间、地点和强度；(2) 程序上严密，地震预报的发布是一个过程，由预测、评审、决策到发布，涉及众多部门、多个步骤，这个程序必须严密无疏漏，必须有以法律为保证的权威性和严肃性；(3)公众的积极参与，地震预报发布后，要求社会公众作出适度而必要的反应。

第二十九条 国家对地震预报意见实行统一发布制度。

全国范围内的地震长期和中期预报意见，由国务院发布。省、自治区、直辖市行政区域内的地震预报意见，由省、自治区、直辖市人民政府按照国务院规定的程序发布。

除发表本人或者本单位对长期、中期地震活动趋势的研究成果及进行相关学术交流外，任何单位和个人不得向社会散布地震预测意见。任何单位和个人不得向社会散布地震预报意见及其评审结果。

▶条文解读

地震预报是对未来地震发生的时间、地点、震级的预报。依据地震预报的时间尺度，我国的地震预报分为4类：(1) 地震长期预报。它是以地震活动和地质构造及社会经济人口的情况等背景资料为基础，对未来10年内可能发生地震灾害的地域的预报。(2) 地震中期预报。与长期预报比较，地震中期预报所预示的危险性程度相对紧迫些，且预报的区域范围也相对小些。它是对未来1、2年内可能发生地震灾害的地域和震级范围的预报。(3) 地震短期预报。一般来说，短期预报意见的确定，其依据较中期预报充分些。它是对3个月内将要发生地震的时间、地点、震级的预报。地震长期、中期、短期预报是依据社会防震减灾工作不同阶段需要重点而提出来的，为政府加强对社会的防震减灾工作部署服务，一般不公开向群众发布。(4) 临震预报。它是对10日内将要发生地震的时间、地点、震级的预报。临震预报是地震预报的核心，也是地震预报能否取得减轻地震灾害成效的关键。

第三十条 国务院地震工作主管部门根据地震活动趋势和震害预测结果，提出确定地震重点监视防御区的意见，报国务院批准。

国务院地震工作主管部门应当加强地震重点监视防御区的震情跟踪，对地震活动趋势进行分析评估，提出年度防震减灾工作意见，报国务院批准后实施。

地震重点监视防御区的县级以上地方人民政府应当根据年度防震减灾工作意见和当地的地震活动趋势，组织有关部门加强防震减灾工作。

地震重点监视防御区的县级以上地方人民政府负责管理地震工作的部门或者机构，应当增加地震监测台网密度，组织做好震情跟踪、流动观测和可能与地震有关的异常现象观测以及群测群防工作，并及时将有关情况报上一级人民政府负责管理地震工作的部门或者机构。

▶条文解读

我国国土广阔，地震分布范围广，国家财力有限，在广阔的国土上平均使用力量和资源是不符合国力和震情特点的，而综合考虑震情和可能发生的灾情，在不同时期划出特定的重点地区进行监视和防御以提高防震减灾工作的实效，是必要而可行的做法。

确立地震重点监视防御区，作为相对稳定的开展防震减灾工作的重点地区，是《防震减灾法》确立的一项基本法律制度。这项制度体现了防震减灾工作要“突出重点”的原则。

地震重点监视防御区制度的主要涵义包括：一是规定了确定地震重点监视防御区的权限、依据、方式。规定国家的地震重点监视防御区的确定权限归属于国务院；确定地震重点监视防御区的科学依据是地震活动趋势和震害预测结果；确定地震重点监视防御区的具体方式和程序是，由国务院地震工作主管部门根据地震活动趋势和震害预测结果，提出确定地震重点监视防御区的意见，然后报国务院批准。二是规定了地震重点监视防御区确定后国务院地震工作主管部门的基本职责，即加强地震重点监视防御区的震情跟踪，对地震活动趋势进行分析评估，提出年度防震减灾工作意见，报国务院批准后实施。三是规定了地震重点监视防御区的县级以上地方人民政府的基本职责，即根据国务院批准的年度防震减灾工作意见和当地的地震活动趋势，组织有关部门加强防震减灾工作。四是规定了地震重点监视防御区的县级以上地方人民政府负责管理地震工作的部门或者机构的基本职责。

第三十一条 国家支持全国地震烈度速报系统的建设。

地震灾害发生后，国务院地震工作主管部门应当通过全国地震烈度速报系统快速判断致灾程度，为指挥抗震救灾工作提供依据。

第三十二条 国务院地震工作主管部门和县级以上地方人民政府负责管理地震工作的部门或者机构，应当对发生地震灾害的区域加强地震监测，在地震现场设立流动观测点，根据震情的发展变化，及时对地震活动趋势作出分析、判定，为余震防范工作提供依据。

国务院地震工作主管部门和县级以上地方人民政府负责管理地震工作的部门或者机构、地震监测台网的管理单位，应当及时收集、保存有关地震的资料和信息，并建立完整的档案。

第三十三条 外国的组织或者个人在中华人民共和国领域和中华人民共和国管辖的其他海域从事地震监测活动，必须经国务院地震工作主管部门会同有关部门批准，并采取与中华人民共和国有关部门或者单位合作的形式进行。

第四章 地震灾害预防

第三十四条 国务院地震工作主管部门负责制定全国地震烈度区划图或者地震动参数区划图。

国务院地震工作主管部门和省、自治区、直辖市人民政府负责管理地震工作的部门或者机构，负责审定建设工程的地震安全性评价报告，确定抗震设防要求。

►条文解读

地震烈度区划图，是指以地震烈度（以等级表示的地震影响强弱程度）为指标，将全国划分为不同抗震设防要求区域的图件。地震动参数区划图，是指以地震动参数（以加速度表示地震作用强弱程度）为指标，将全国划分为不同抗震设防要求区域的图件。

国务院地震工作主管部门负责下列地震安全性评价报告的审定：（1）国家重大建设工程；（2）跨省、自治区、直辖市行政区域的建设工程；（3）核电站和核设施建设工程。省、自治区、直辖市人民政府负责管理地震工作的部门或者机构负责除上述以外的建设工程地震安全性评价报告的审定。

国务院地震工作主管部门和省、自治区、直辖市人民政府负责管理地震工作的部门或者机构，应当自收到地震安全性评价报告之日起15日内进行审定，确定建设工程的抗震设防要求。

第三十五条 新建、扩建、改建建设工程，应当达到抗震设防要求。

重大建设工程和可能发生严重次生灾害的建设工程，应当按照国务院有关规定进行地震安全性评价，并按照经审定的地震安全性评价报告所确定的抗震设防要求进行抗震设防。建设工程的地震安全性评价单位应当按照国家有关标准进行地震安全性评价，并对地震安全性评价报告的质量负责。

前款规定以外的建设工程，应当按照地震烈度区划图或者地震动参数区划图所确定的抗震设防要求进行抗震设防；对学校、医院等人员密集场所的建设工程，应当按照高于当地房屋建筑的抗震设防要求进行设计和施工，采取有效措施，增强抗震设防能力。

▶实用问答

6. 从事地震安全性评价的单位应当具备哪些条件？

从事地震安全性评价的单位应当具备下列条件：（1）有与从事地震安全性评价相适应的地震学、地震地质学、工程地震学方面的专业技术人员；（2）有从事地震安全性评价的技术条件。

7. 哪些建设工程必须进行地震安全性评价？

下列建设工程必须进行地震安全性评价：（1）国家重大建设工程；（2）受地震破坏后可能引发水灾、火灾、爆炸、剧毒或者强腐蚀性物质大量泄露或者其他严重次生灾害的建设工程，包括水库大坝、堤防和贮油、贮气、贮存易燃易爆、剧毒或者强腐蚀性物质的设施以及其他可能发生严重次生灾害的建设工程；（3）受地震破坏后可能引发放射性污染的核电站和核设施建设工程；（4）省、自治区、直辖市认为对本行政区域有重大价值或者有重大影响的其他建设工程。

8. 地震安全性评价报告应当包括哪些内容？

地震安全性评价报告应当包括下列内容：（1）工程概况和地震安全性评价的技术要求；（2）地震活动环境评价；（3）地震地质构造评价；（4）设防烈度或者设计地震动参数；（5）地震地质灾害评价；（6）其他有关技术资料。

第三十六条 有关建设工程的强制性标准，应当与抗震设防要求相衔接。

第三十七条 国家鼓励城市人民政府组织制定地震小区划图。地震小区划图由国务院地震工作主管部门负责审定。

▶**条文解读**

地震小区划是根据地震区划图及某一区域（场地）范围内的具体场地条件给出抗震设防要求的详细分布，包括地震动小区划和地震地质灾害小区划等。当前，常用于建设工程具体抗震设计的小区划是地震动小区划。

第三十八条 建设单位对建设工程的抗震设计、施工的全过程负责。

设计单位应当按照抗震设防要求和工程建设强制性标准进行抗震设计，并对抗震设计的质量以及出具的施工图设计文件的准确性负责。

施工单位应当按照施工图设计文件和工程建设强制性标准进行施工，并对施工质量负责。

建设单位、施工单位应当选用符合施工图设计文件和国家有关标准规定的材料、构配件和设备。

工程监理单位应当按照施工图设计文件和工程建设强制性标准实施监理，并对施工质量承担监理责任。

▶**条文解读**

设计单位进行抗震设计的依据有以下两个方面，一是抗震设防要求，二是工程建设强制性标准。在抗震设防要求的确定上，重大建设工程和可能发生严重次生灾害的建设工程与一般建设工程采用的工作途径不同。重大建设工程和可能发生严重次生灾害的建设工程，按照经审定的地震安全性评价报告所确定的抗震设防要求进行抗震设防；一般建设工程，则按照地震烈度区划图或者地震动参数区划图所确定的抗震设防要求进行抗震设防。

在实务操作中，建设单位要依据法律法规和相关标准对建设工程的抗震设计和施工的全过程进行监督，严格把关；设计单位所进行的抗震设计在满足抗震设防要求的基础上，必须符合国家发布实施的一系列工程建设强制性标准，如《建筑抗震设计规范》、《构筑物抗震设计规范》等工程建设强制性标准的有关规定；施工单位除了要按照施工图设计文件和工程建设强制性标准进行施工和选用符合施工图设计文件和国家有关标准规定的材料、构配件和设备以外，还应当建立、健全教育培训制度，加强对职工的教育培训，未经教育培训或者考核不合格的人员，不得上岗作业，保障施工质量；工程监理单位要严格选派监理工程师，按照工程监理规范的要求，采取旁站、巡视和平行检验等形式，对建设工程实施监理。

第三十九条 已经建成的下列建设工程，未采取抗震设防措施或者抗震设防措施未达到抗震设防要求的，应当按照国家有关规定进行抗震性能鉴定，并采取必要的抗震加固措施：

（一）重大建设工程；

（二）可能发生严重次生灾害的建设工程；

（三）具有重大历史、科学、艺术价值或者重要纪念意义的建设工程；

（四）学校、医院等人员密集场所的建设工程；

（五）地震重点监视防御区内的建设工程。

▶条文解读

本条在实务操作中应当注意：凡属于需要进行抗震加固的建筑物、构筑物，对其进行抗震加固的条件是，其必须是已经建成而且未采取抗震设防措施或者抗震设防措施未达到抗震设防要求。对于尚未建成的或者正在建的建筑物、构筑物的抗震设防，应当根据本法第35、36、38条的规定进行抗震设防。对于已经建成的本条规定的5类的建筑物、构筑物，如果已经采取了抗震设防措施并达到抗震设防要求，也不需要根据本条采取特别的抗震加固措施，除非法律另有规定。

对于已经建成、未采取抗震设防措施，属于本条所列举的5类情形的建筑物、构筑物的抗震加固，必须先根据国家有关规定进行抗震性能鉴定，然后采取相应的抗震加固措施。

第四十条 县级以上地方人民政府应当加强对农村村民住宅和乡村公共设施抗震设防的管理，组织开展农村实用抗震技术的研究和开发，推广达到抗震设防要求、经济适用、具有当地特色的建筑设计和施工技术，培训相关技术人员，建设示范工程，逐步提高农村村民住宅和乡村公共设施的抗震设防水平。

国家对需要抗震设防的农村村民住宅和乡村公共设施给予必要支持。

▶条文解读

实施地震安全农居工程是县级以上地方人民政府的重要职责。各级政府和有关部门要制定农居工程建设规划，加强村镇建设规划和农村建房抗震管理，加强农村民居实用抗震技术研究开发，组织农村建筑工匠防震抗震技术培训，建立农村防震抗震技术服务网络，组织实施农村民居示范工程，加强农村防震减灾教育。同时，要加强对农村地区，特别是少数民族和经济相对落后地区的安全农居工程工作的支持，通过政府给予适当补贴，制定优惠政策，尽快提高农村地区的抗震能力。

第四十一条 城乡规划应当根据地震应急避难的需要，合理确定应急疏散通道和应急避难场所，统筹安排地震应急避难所必需的交通、供水、供电、排污等基础设施建设。

▶条文解读

地震应急避难场所是为了应对地震等突发事件，经规划、建设，具有应急避难生活服务设施，可供居民紧急疏散、临时生活的安全场所。应急避难场所必须设置保障避难人员基本生活需求的基本设施，包括：救灾帐篷、简易活动房屋，医疗救护和卫生防疫设施，应急供水设施，应急供电设施，应急排污设施，应急厕所，应急垃圾储运设施，应急通道，应急标识等。

第四十二条 地震重点监视防御区的县级以上地方人民政府应当根据实际需要，在本级财政预算和物资储备中安排抗震救灾资金、物资。

第四十三条 国家鼓励、支持研究开发和推广使用符合抗震设防要求、经济实用的新技术、新工艺、新材料。

第四十四条 县级人民政府及其有关部门和乡、镇人民政府、城市街道办事处等基层组织，应当组织开展地震应急知识的宣传普及活动和必要的地震应急救援演练，提高公民在地震灾害中自救互救的能力。

机关、团体、企业、事业等单位，应当按照所在地人民政府的要求，结合各自实际情况，加强对本单位人员的地震应急知识宣传教育，开展地震应急救援演练。

学校应当进行地震应急知识教育，组织开展必要的地震应急救援演练，培养学生的安全意识和自救互救能力。

新闻媒体应当开展地震灾害预防和应急、自救互救知识的公益宣传。

国务院地震工作主管部门和县级以上地方人民政府负责管理地震工作的部门或者机构，应当指导、协助、督促有关单位做好防震减灾知识的宣传教育和地震应急救援演练等工作。

第四十五条 国家发展有财政支持的地震灾害保险事业，鼓励单位和个人参加地震灾害保险。

第五章　地震应急救援

第四十六条　国务院地震工作主管部门会同国务院有关部门制定国家地震应急预案，报国务院批准。国务院有关部门根据国家地震应急预案，制定本部门的地震应急预案，报国务院地震工作主管部门备案。

县级以上地方人民政府及其有关部门和乡、镇人民政府，应当根据有关法律、法规、规章、上级人民政府及其有关部门的地震应急预案和本行政区域的实际情况，制定本行政区域的地震应急预案和本部门的地震应急预案。省、自治区、直辖市和较大的市的地震应急预案，应当报国务院地震工作主管部门备案。

交通、铁路、水利、电力、通信等基础设施和学校、医院等人员密集场所的经营管理单位，以及可能发生次生灾害的核电、矿山、危险物品等生产经营单位，应当制定地震应急预案，并报所在地的县级人民政府负责管理地震工作的部门或者机构备案。

第四十七条　地震应急预案的内容应当包括：组织指挥体系及其职责，预防和预警机制，处置程序，应急响应和应急保障措施等。

地震应急预案应当根据实际情况适时修订。

▶条文解读

地震预防和预警机制是指地震临震预报发布后的地震灾害的预警和预防机制。地震预防和预警机制可考虑以下内容：临震应急期的确定和宣布、地震应急预案启动、应急防范措施和抢险救灾的准备措施等。

关于处置程序与应急响应，在内容上并无大的区别，包括地震速报、震情监视、灾情速报、灾害评估、抢救被埋压人员、医疗救护、通信保障、交通运输保障、生命线系统抢通抢修、救灾物资和食品供应、卫生防疫、次生灾害处置与防范、灾民安置、社会治安、呼吁和接受外援、外籍灾民安置、宣传报道等。处置有处理的意思，指应对比较具体的事件的处理，处置是响应的一种。应急响应侧重的是内容，处置程序强调的是程序。本条所指处置程序，主要指紧急处置程序，是指震后各级指挥机构要立即进行的紧急处置，包括：调派处置队伍的权限和数量，落实处置措施，队伍集中、部署的方式，专用设备、器械、物资、药品的配备，不同处置队伍间的分工协作等。

第四十八条 地震预报意见发布后，有关省、自治区、直辖市人民政府根据预报的震情可以宣布有关区域进入临震应急期；有关地方人民政府应当按照地震应急预案，组织有关部门做好应急防范和抗震救灾准备工作。

第四十九条 按照社会危害程度、影响范围等因素，地震灾害分为一般、较大、重大和特别重大四级。具体分级标准按照国务院规定执行。

一般或者较大地震灾害发生后，地震发生地的市、县人民政府负责组织有关部门启动地震应急预案；重大地震灾害发生后，地震发生地的省、自治区、直辖市人民政府负责组织有关部门启动地震应急预案；特别重大地震灾害发生后，国务院负责组织有关部门启动地震应急预案。

第五十条 地震灾害发生后，抗震救灾指挥机构应当立即组织有关部门和单位迅速查清受灾情况，提出地震应急救援力量的配置方案，并采取以下紧急措施：

（一）迅速组织抢救被压埋人员，并组织有关单位和人员开展自救互救；

（二）迅速组织实施紧急医疗救护，协调伤员转移和接收与救治；

（三）迅速组织抢修毁损的交通、铁路、水利、电力、通信等基础设施；

（四）启用应急避难场所或者设置临时避难场所，设置救济物资供应点，提供救济物品、简易住所和临时住所，及时转移和安置受灾群众，确保饮用水消毒和水质安全，积极开展卫生防疫，妥善安排受灾群众生活；

（五）迅速控制危险源，封锁危险场所，做好次生灾害的排查与监测预警工作，防范地震可能引发的火灾、水灾、爆炸、山体滑坡和崩塌、泥石流、地面塌陷，或者剧毒、强腐蚀性、放射性物质大量泄漏等次生灾害以及传染病疫情的发生；

（六）依法采取维持社会秩序、维护社会治安的必要措施。

▶条文解读

本条规定的六项紧急措施在实务操作时应当注意以下问题：

(1) 人员抢救。地震灾区的抗震救灾指挥机构应当组织当地驻军、企事业单位、社区居委会、村委会和未被埋压及自行脱险人员，立即开展自救互救，全力抢救被埋压人员。灾区所在的省、自治区、直辖市的抗震救灾指挥机构，应立即派出自己的地震灾害紧急救援队，并视情况组织灾区临近的市、县地震灾害紧急救援队参加抢救。对于重大和特别重大的地震灾害，国家抗震救灾指挥机构应派出国家地震灾害紧急救援队，并视情况组织全国的地震灾害紧急救援队参加抢救。

(2) 医疗救护。地震灾害发生后，各级抗震救灾指挥机构应迅速判断地震灾害的级别，决策部署“分级救治”策略。对于一般和较大地震灾害，地方各级抗震救灾指挥机构要迅速组织医务人员、医疗队赴灾区参加现场抢救和检伤分类、早期救治，设置近距离后方医院接收与救治伤员。对于重大和特别重大的地震灾害，国务院和省、自治区、直辖市的抗震救灾指挥机构应在全国全区组织医务人员、医疗队赴灾区参加现场抢救和检伤分类、早期救治，设置远距离后方医院接收与救治伤员。

(3) 基础设施抢修。根据我国历次抗震救灾的经验，人们总结出基础设施抢险抢修的基本原则是：先重灾区后轻灾区；先抢通后完善；先干线后支线；先保重点，后顾一般。抢修队伍要统一部署，全面安排，有计划有步骤地进行抢修工作。

(4) 安排受灾群众生活。根据过去抗震的经验，解决饮水问题的主要方法有：调集瓶装水；调集运水车、消防车、洒水车就近运送清洁饮水；开放自来水厂储水池、配水厂的存水。解决吃饭问题的主要方法有：紧急发动灾区周围地区赶制熟食，筹集饼干、方便面等食品，紧急运送到灾区；灾区人民团结互助，拿出未损坏的炊具和粮食，自由组合，建立大小不同的炊事单位，自力更生解决吃饭问题；有组织地挖掘和发放库存的食品和粮食；组织建立食堂等。解决居住、衣物主要措施有：紧急筹集运送帐篷，就地取材，利用震损材料搭建窝棚，建立简易住所和临时住所；启用应急避难场所或者设置临时避难场所；设置救济物资供应点，提供救济物品；及时转移和安置受灾群众等。

（5）对次生灾害进行处置和防范。地震灾害发生后，对次生灾害的对策主要有两个方面，一是对已经发生的次生灾害进行处置，二是对次生灾害进行防范。本条着重规定了对次生灾害的防范，要求迅速控制危险源，封锁危险场所，做好次生灾害的排查、监测预警与防范工作。

（6）维持社会秩序、维护社会治安。维护社会秩序通常可采取的办法有：颁布通令、通告，严肃法纪；开展治安巡逻检查，重点加强维护公共场所秩序；加强交通管理，控制路口，凭证通行，维持交通秩序；加强防震棚等临时住房的消防管理，有效处理火灾事故，维持灾民的生活秩序等。维护社会治安的必要措施主要包括：迅速恢复公安局、所，健全基层保卫组织，加强警力；加强重点保卫目标如党政军首脑机关，重要企业、矿山、水库、油库、金库、银行、粮库、商贸中心、桥涵、通信枢纽、变电站等处的警卫任务；严厉打击刑事犯罪，公安机关和其他有关部门应密切配合，对不法分子的趁火打劫可举行公审公判，依法从重、从快打击犯罪分子，教育公众，稳定社会秩序。

第五十一条　特别重大地震灾害发生后，国务院抗震救灾指挥机构在地震灾区成立现场指挥机构，并根据需要设立相应的工作组，统一组织领导、指挥和协调抗震救灾工作。

各级人民政府及有关部门和单位、中国人民解放军、中国人民武装警察部队和民兵组织，应当按照统一部署，分工负责，密切配合，共同做好地震应急救援工作。

第五十二条　地震灾区的县级以上地方人民政府应当及时将地震

震情和灾情等信息向上一级人民政府报告，必要时可以越级上报，不得迟报、谎报、瞒报。

地震震情、灾情和抗震救灾等信息按照国务院有关规定实行归口管理，统一、准确、及时发布。

▶条文解读

震情和灾情等信息是指地震发生后短时间内得到的初步信息。震情包括：地震发生的时间、地点、震感情况、有感范围、人们的反应等；灾情包括：建筑物倒塌破坏程度和范围，人员的伤、亡及地点，次生灾害发生的地点，群众情绪、社会秩序等。

▶实用问答

9. 地震灾情上报内容主要包括哪些方面？

地震灾情上报内容主要包括四个方面：（1）人口影响，如人员伤亡情况，居住与生活状况等；（2）经济影响，如地震对生命线工程、重大工程、一般工业与民用建筑物、构筑物、设施、设备和家庭财产的破坏以及经济损失等；（3）社会影响，指地震对社会产生的综合影响，如社会安定和社会生产情况等；（4）环境影响，指地震对地表所产生的影响，如滑坡、地裂缝、砂土液化等。

第五十三条 国家鼓励、扶持地震应急救援新技术和装备的研究开发，调运和储备必要的应急救援设施、装备，提高应急救援水平。

第五十四条 国务院建立国家地震灾害紧急救援队伍。

省、自治区、直辖市人民政府和地震重点监视防御区的市、县人民政府可以根据实际需要，充分利用消防等现有队伍，按照一队多用、专职与兼职相结合的原则，建立地震灾害紧急救援队伍。

地震灾害紧急救援队伍应当配备相应的装备、器材，开展培训和演练，提高地震灾害紧急救援能力。

地震灾害紧急救援队伍在实施救援时，应当首先对倒塌建筑物、构筑物压埋人员进行紧急救援。

第五十五条 县级以上人民政府有关部门应当按照职责分工，协调配合，采取有效措施，保障地震灾害紧急救援队伍和医疗救治队伍快速、高效地开展地震灾害紧急救援活动。

第五十六条 县级以上地方人民政府及其有关部门可以建立地震灾害救援志愿者队伍，并组织开展地震应急救援知识培训和演练，使志愿者掌握必要的地震应急救援技能，增强地震灾害应急救援能力。

第五十七条 国务院地震工作主管部门会同有关部门和单位，组织协调外国救援队和医疗队在中华人民共和国开展地震灾害紧急救援活动。

国务院抗震救灾指挥机构负责外国救援队和医疗队的统筹调度，并根据其专业特长，科学、合理地安排紧急救援任务。

地震灾区的地方各级人民政府，应当对外国救援队和医疗队开展紧急救援活动予以支持和配合。

第六章　地震灾后过渡性安置和恢复重建

第五十八条 国务院或者地震灾区的省、自治区、直辖市人民政府应当及时组织对地震灾害损失进行调查评估，为地震应急救援、灾后过渡性安置和恢复重建提供依据。

地震灾害损失调查评估的具体工作，由国务院地震工作主管部门或者地震灾区的省、自治区、直辖市人民政府负责管理地震工作的部门或者机构和财政、建设、民政等有关部门按照国务院的规定承担。

▶条文解读

地震灾害损失调查评估内容包括地震造成的人员伤亡和经济损失。经济损失包括直接经济损失、间接经济损失。直接经济损失是指地震动及地震地质灾害、地震次生灾害造成的房屋和其他工程结构、设施、设备、物品等物质破坏造成的经济损失；地震间接损失是指由于地震使建筑物、设施功能失效及对正常社会生活的干扰引起的非实物经济损失，如因地震灾害造成的企业停产、减产、搬迁等引起的经济损失。

地震灾害损失调查、评估必须按照国家标准进行。调查评估的主要方法和程序包括：了解灾区城市规模和乡镇分布、房屋建筑结构、生命线工程和其他工程设施的类型、规模和分布；依据每种类型房屋建筑的破坏情况统一破坏等级划分标准；依据破坏情况将灾区划分为若干评估区，依据抽样调查结果确定各评估区主要结构类型房屋的直接经济损失和室内财产损失；确定生命线工程和其他各类工程结构和设施、大型企业等的直接经济损失；评定室外财产损失、救灾直接投入费用和各种间接损失；统计汇总地震伤亡人数等资料，最后汇总形成评估结果并撰写成评估报告。

第五十九条 地震灾区受灾群众需要过渡性安置的，应当根据地震灾区的实际情况，在确保安全的前提下，采取灵活多样的方式进行安置。

第六十条 过渡性安置点应当设置在交通条件便利、方便受灾群众恢复生产和生活的区域，并避开地震活动断层和可能发生严重次生灾害的区域。

过渡性安置点的规模应当适度，并采取相应的防灾、防疫措施，配套建设必要的基础设施和公共服务设施，确保受灾群众的安全和基本生活需要。

▶条文解读

过渡性安置点选址的基本原则是便利和安全。首先，安置点要有利于灾民的生产、生活的恢复，能够为灾民生产自救创造条件。这也是以人为本的恢复重建工作方针的具体体现。其次，安置点要保证安全，避开危险因素，即避开地震活动断层和可能发生严重次生灾害的区域，防止对灾民造成二次灾害。可能发生严重次生灾害的区域包括可能发生洪灾、山体滑坡和崩塌、泥石流、地面塌陷、雷击等灾害的区域以及生产、储存易燃易爆危险品的工厂、仓库等。

规模应当适度、确保受灾群众的安全和基本生活需要是过渡性安置点建设的基本原则。所谓规模适度，主要是指规模不能过大；所谓确保受灾群众的安全，主要是指采取相应的防灾、防疫措施；所谓确保受灾群众基本生活需要，主要是指配套建设必要的基础设施和公共服务设施。防灾措施包括，安装必要的防雷设施和预留必要的消防应急通道，配备相应的消防设施，防范火灾和雷击灾害发生；基础设施包括水、电、道路等；公共服务设施包括学校、医疗点、集中供水点、公共卫生间等，要求按安置人口比例配备。

第六十一条 实施过渡性安置应当尽量保护农用地，并避免对自然保护区、饮用水水源保护区以及生态脆弱区域造成破坏。

过渡性安置用地按照临时用地安排，可以先行使用，事后依法办理有关用地手续；到期未转为永久性用地的，应当复垦后交还原土地使用者。

▶条文解读

过渡性安置为临时性安置，过渡性安置占用的土地也就是临时用地。所以，对过渡性安置用地应当按照临时用地安排。对于临时用地，按规定，应当经县级以上土地行政主管部门批准。但根据《防震减灾法》规定，对于过渡性安置用地，可以先行安排用地，然后再办理有关用地审批手续。需要注意的是，先行用地，然后办理审批手续，只是临时安置的用地方式，不能扩展到其他用地上，也不能在过渡性安置完成后仍然采用这种方式。而且先用地，后办理手续也不能违反土地管理的有关法律、法规。临时用地是有期限的，期限届满后，应当恢复原来的用途。

第六十二条 过渡性安置点所在地的县级人民政府，应当组织有关部门加强对次生灾害、饮用水水质、食品卫生、疫情等的监测，开展流行病学调查，整治环境卫生，避免对土壤、水环境等造成污染。

过渡性安置点所在地的公安机关，应当加强治安管理，依法打击各种违法犯罪行为，维护正常的社会秩序。

第六十三条 地震灾区的县级以上地方人民政府及其有关部门和乡、镇人民政府，应当及时组织修复毁损的农业生产设施，提供农业生产技术指导，尽快恢复农业生产；优先恢复供电、供水、供气等企业的生产，并对大型骨干企业恢复生产提供支持，为全面恢复农业、工业、服务业生产经营提供条件。

第六十四条 各级人民政府应当加强对地震灾后恢复重建工作的领导、组织和协调。

县级以上人民政府有关部门应当在本级人民政府领导下，按照职责分工，密切配合，采取有效措施，共同做好地震灾后恢复重建工作。

第六十五条 国务院有关部门应当组织有关专家开展地震活动对相关建设工程破坏机理的调查评估，为修订完善有关建设工程的强制性标准、采取抗震设防措施提供科学依据。

第六十六条 特别重大地震灾害发生后，国务院经济综合宏观调控部门会同国务院有关部门与地震灾区的省、自治区、直辖市人民政府共同组织编制地震灾后恢复重建规划，报国务院批准后组织实施；重大、较大、一般地震灾害发生后，由地震灾区的省、自治区、直辖市人民政府根据实际需要组织编制地震灾后恢复重建规划。

地震灾害损失调查评估获得的地质、勘察、测绘、土地、气象、水文、环境等基础资料和经国务院地震工作主管部门复核的地震动参数区划图，应当作为编制地震灾后恢复重建规划的依据。

编制地震灾后恢复重建规划，应当征求有关部门、单位、专家和公众特别是地震灾区受灾群众的意见；重大事项应当组织有关专家进行专题论证。

第六十七条 地震灾后恢复重建规划应当根据地质条件和地震活动断层分布以及资源环境承载能力，重点对城镇和乡村的布局、基础设施和公共服务设施的建设、防灾减灾和生态环境以及自然资源和历史文化遗产保护等作出安排。

地震灾区内需要异地新建的城镇和乡村的选址以及地震灾后重建工程的选址，应当符合地震灾后恢复重建规划和抗震设防、防灾减灾要求，避开地震活动断层或者生态脆弱和可能发生洪水、山体滑坡和崩塌、泥石流、地面塌陷等灾害的区域以及传染病自然疫源地。

第六十八条 地震灾区的地方各级人民政府应当根据地震灾后恢

复重建规划和当地经济社会发展水平，有计划、分步骤地组织实施地震灾后恢复重建。

第六十九条 地震灾区的县级以上地方人民政府应当组织有关部门和专家，根据地震灾害损失调查评估结果，制定清理保护方案，明确典型地震遗址、遗迹和文物保护单位以及具有历史价值与民族特色的建筑物、构筑物的保护范围和措施。

对地震灾害现场的清理，按照清理保护方案分区、分类进行，并依照法律、行政法规和国家有关规定，妥善清理、转运和处置有关放射性物质、危险废物和有毒化学品，开展防疫工作，防止传染病和重大动物疫情的发生。

▶实用问答

10. 确定典型地震遗址、遗迹，应当按照何种程序进行?

“典型地震遗址、遗迹”是指经专家论证建议需要列入恢复重建计划的，经政府批准的，对防震减灾事业有保护价值、有特殊性、有纪念意义和示范意义的地震遗址、遗迹。主要是：具有抗震研究价值的，包括完好、震损或震毁的典型建筑物、构筑物及其遗址；具有地震科学研究价值的重要地震地质、地形、地貌变动的遗迹。

确定典型地震遗址、遗迹，一般按以下程序进行：(1) 部门、单位和个人向地震灾区县级以上地方人民政府提出典型地震遗址、遗迹的建议；(2) 国务院或省、自治区、直辖市地震工作主管部门提出确定典型地震遗址、遗迹类型和范围的意见；(3) 地方人民政府集中意见后，进行专家论证，将论证结果报省级人民政府或国务院批准。

11. 灾后废墟清理及废物管理有哪些要点?

关于灾后废墟清理及废物管理，其要点有：(1) 预防为主。如对于工业企业，特别是危险化学品生产、使用单位，危险废物利用处置单位、尾矿坝等，应采取转移、检修或加固等防范措施，防止污染事故发生。(2) 突出重点。要分轻重缓急，优先处理对人体健康和环境威胁大的废物，特别是要及时处置感染性废物及易腐烂废物；要优先处理危险废物和环境敏感区域（如饮用水源地附近、人口聚居地）的废物。（3）分类清理和管理。尽可能实现分类清理和管理，特别是将危险废物清理出来后分类处置。（4）分区清理。按照不同功能区所产生的废物种类和数量的不同实行分区清理。详见环境保护部2008年5月23日发布的《灾后废墟清理及废物管理指南（试行）》。

第七十条 地震灾后恢复重建，应当统筹安排交通、铁路、水利、电力、通信、供水、供电等基础设施和市政公用设施，学校、医院、文化、商贸服务、防灾减灾、环境保护等公共服务设施，以及住房和无障碍设施的建设，合理确定建设规模和时序。

乡村的地震灾后恢复重建，应当尊重村民意愿，发挥村民自治组织的作用，以群众自建为主，政府补助、社会帮扶、对口支援，因地制宜，节约和集约利用土地，保护耕地。

少数民族聚居的地方的地震灾后恢复重建，应当尊重当地群众的意愿。

第七十一条 地震灾区的县级以上地方人民政府应当组织有关部门和单位，抢救、保护与收集整理有关档案、资料，对因地震灾害遗失、毁损的档案、资料，及时补充和恢复。

第七十二条 地震灾后恢复重建应当坚持政府主导、社会参与和市场运作相结合的原则。

地震灾区的地方各级人民政府应当组织受灾群众和企业开展生产自救，自力更生、艰苦奋斗、勤俭节约，尽快恢复生产。

国家对地震灾后恢复重建给予财政支持、税收优惠和金融扶持，并提供物资、技术和人力等支持。

第七十三条 地震灾区的地方各级人民政府应当组织做好救助、救治、康复、补偿、抚慰、抚恤、安置、心理援助、法律服务、公共文化服务等工作。

各级人民政府及有关部门应当做好受灾群众的就业工作，鼓励企业、事业单位优先吸纳符合条件的受灾群众就业。

第七十四条 对地震灾后恢复重建中需要办理行政审批手续的事项，有审批权的人民政府及有关部门应当按照方便群众、简化手续、提高效率的原则，依法及时予以办理。

▶条文解读

本条结合地震灾后特殊情况，规定了地震灾后恢复重建中办理行政审批事项的原则，要求方便群众、简化手续、提高效率，并依法及时予以办理。《行政许可法》规定了行政许可的期限，行政许可应当在法定的期限做出，但是特殊情况下也可以延长期限。按照本条规定，涉及灾后重建的行政许可，一般不应再延长期限；灾后重建的行政许可也可以更加灵活，更加便于申请人，尤其是对于需要提交的有关资料，应当根据地震受灾的实际情况进行简化，或者允许采用替代材料；对于灾后重建的行政许可，既要坚持依法办事，不违反法律规定的原则和要求，又要实事求是，照顾可能。需要注意的是，简化手续不等于取消审批，除非法律有专门的规定，该进行的审批仍然必须进行。

第七章 监督管理

第七十五条 县级以上人民政府依法加强对防震减灾规划和地震应急预案的编制与实施、地震应急避难场所的设置与管理、地震灾害紧急救援队伍的培训、防震减灾知识宣传教育和地震应急救援演练等工作的监督检查。

县级以上人民政府有关部门应当加强对地震应急救援、地震灾后过渡性安置和恢复重建的物资的质量安全的监督检查。

第七十六条 县级以上人民政府建设、交通、铁路、水利、电力、地震等有关部门应当按照职责分工，加强对工程建设强制性标准、抗震设防要求执行情况和地震安全性评价工作的监督检查。

▶条文解读

县级以上人民政府有关部门对工程建设强制性标准、抗震设防要求执行情况和地震安全性评价工作进行监督检查要注意以下几点：一是监督检查应当按照部门的职责分工进行，不能对同一问题进行多部门的重复监督检查；二是监督检查既要全面，又要有重点和针对性；三是监督检查应当按照规定的程序进行，检查中发现的问题也应按规定的程序办理。对工程建设强制性标准、抗震设防要求执行情况和地震安全性评价工作的监督检查必须是经常性的。但由于我国地域广，又正处于大规模的建设时期，工程建设项目多，因此，监督检查必须采取合理的方式。从实践情况来看，可以采取定期与不定期的检查方式，在具体操作上，可以采取普查，也可以采取抽查的方式。

▶实用问答

12. 在实践操作中，县级以上人民政府有关部门对工程建设强制性标准执行情况的监督检查应包括哪些内容?

在实践操作中，县级以上人民政府有关部门对工程建设强制性标准执行情况的监督检查内容应当包括：建设工程的设计单位是否按照抗震设防要求和工程建设强制性标准进行建设；施工单位是否按照施工图设计文件和工程建设强制性标准进行施工；建设单位、施工单位是否选用符合施工图设计文件和国家有关标准规定的材料、构配件和设备；工程监理单位是否按照施工图设计文件和工程建设强制性标准实施监理等。

第七十七条 禁止侵占、截留、挪用地震应急救援、地震灾后过渡性安置和恢复重建的资金、物资。

县级以上人民政府有关部门对地震应急救援、地震灾后过渡性安置和恢复重建的资金、物资以及社会捐赠款物的使用情况，依法加强管理和监督，予以公布，并对资金、物资的筹集、分配、拨付、使用情况登记造册，建立健全档案。

第七十八条 地震灾区的地方人民政府应当定期公布地震应急救援、地震灾后过渡性安置和恢复重建的资金、物资以及社会捐赠款物的来源、数量、发放和使用情况，接受社会监督。

第七十九条 审计机关应当加强对地震应急救援、地震灾后过渡性安置和恢复重建的资金、物资的筹集、分配、拨付、使用的审计，并及时公布审计结果。

第八十条 监察机关应当加强对参与防震减灾工作的国家行政机关和法律、法规授权的具有管理公共事务职能的组织及其工作人员的监察。

第八十一条 任何单位和个人对防震减灾活动中的违法行为，有权进行举报。

接到举报的人民政府或者有关部门应当进行调查，依法处理，并为举报人保密。

第八章 法律责任

第八十二条 国务院地震工作主管部门、县级以上地方人民政府负责管理地震工作的部门或者机构，以及其他依照本法规定行使监督管理权的部门，不依法作出行政许可或者办理批准文件的，发现违法行为或者接到对违法行为的举报后不予查处的，或者有其他未依照本法规定履行职责的行为的，对直接负责的主管人员和其他直接责任人员，依法给予处分。

▶条文解读

国务院地震工作主管部门、县级以上地方人民政府负责管理地震工作的部门或者机构，以及其他依照《防震减灾法》规定行使监督管理权的部门，不依法作出行政许可或者办理批准文件的行为主要有：第一，对不符合法定条件的申请人准予行政许可或者办理批准文件、超越法定职权作出准予行政许可决定或者办理批准文件；第二，对符合法定条件的申请人不予行政许可或者办理批准文件、不在法定期限内作出准予行政许可决定或者办理批准文件；第三，依法应当根据招标、拍卖结果或者考试成绩择优作出准予行政许可决定，未经招标、拍卖或者考试，或者不根据招标、拍卖结果或者考试成绩择优作出准予行政许可决定；第四，对地震灾后恢复重建中需要办理行政审批手续的事项，有审批权的人民政府及有关部门没有按照方便群众、简化手续、提高效率的原则，依法及时予以办理等。

第八十三条 未按照法律、法规和国家有关标准进行地震监测台网建设的，由国务院地震工作主管部门或者县级以上地方人民政府负责管理地震工作的部门或者机构责令改正，采取相应的补救措施；对直接负责的主管人员和其他直接责任人员，依法给予处分。

第八十四条 违反本法规定，有下列行为之一的，由国务院地震工作主管部门或者县级以上地方人民政府负责管理地震工作的部门或者机构责令停止违法行为，恢复原状或者采取其他补救措施；造成损失的，依法承担赔偿责任：

（一）侵占、毁损、拆除或者擅自移动地震监测设施的；

（二）危害地震观测环境的；

（三）破坏典型地震遗址、遗迹的。

单位有前款所列违法行为，情节严重的，处二万元以上二十万元以下的罚款；个人有前款所列违法行为，情节严重的，处二千元以下的罚款。构成违反治安管理行为的，由公安机关依法给予处罚。

▶条文解读

侵占、毁损、拆除或者擅自移动地震监测设施的违法行为具体是：(1) 侵占地震监测设施，即单位或者个人非法将地震监测设施占为己有或者挪作他用，其中包括地震台站和地震系统的有关部门及人员，也包括地震系统之外的其他单位和个人；(2) 拆除地震监测设施，即单位或者个人非法将地震监测设施部分或全部拆卸；(3) 毁损地震监测设施，即单位或者个人部分或整体损坏以及毁坏地震监测设施；(4) 擅自移动地震监测设施，即未经许可将地震监测设施位置移动。

危害地震观测环境的行为是指在已划定的地震观测环境保护范围内从事下列活动：(1) 爆破、采矿、采石、钻井、抽水、注水；(2) 在测震观测环境保护范围内设置无线信号发射装置、进行振动作业和往复机械运动；

(3) 在电磁观测环境保护范围内铺设金属管线、电力电缆线路、堆放磁性物品和设置高频电磁辐射装置；(4) 在地壳形变观测环境保护范围内进行振动作业；(5) 在地下流体观测环境保护范围内堆积和填埋垃圾、进行污水处理；(6) 在观测线和观测标志周围设置障碍物或者擅自移动地震观测标志。这些活动都会影响地震监测数据的准确性，直接导致监测结果的不准确。任何单位在进行新建、扩建、改建建设工程时，都必须遵守相应的规定，即要避免对地震监测设施和地震观测环境造成危害。

第八十五条 违反本法规定，未按照要求增建抗干扰设施或者新建地震监测设施的，由国务院地震工作主管部门或者县级以上地方人民政府负责管理地震工作的部门或者机构责令限期改正；逾期不改正的，处二万元以上二十万元以下的罚款；造成损失的，依法承担赔偿责任。

第八十六条 违反本法规定，外国的组织或者个人未经批准，在中华人民共和国领域和中华人民共和国管辖的其他海域从事地震监测活动的，由国务院地震工作主管部门责令停止违法行为，没收监测成果和监测设施，并处一万元以上十万元以下的罚款；情节严重的，并处十万元以上五十万元以下的罚款。

外国人有前款规定行为的，除依照前款规定处罚外，还应当依照外国人入境出境管理法律的规定缩短其在中华人民共和国停留的期限或者取消其在中华人民共和国居留的资格；情节严重的，限期出境或者驱逐出境。

第八十七条 未依法进行地震安全性评价，或者未按照地震安全性评价报告所确定的抗震设防要求进行抗震设防的，由国务院地震工作主管部门或者县级以上地方人民政府负责管理地震工作的部门或者机构责令限期改正；逾期不改正的，处三万元以上三十万元以下的罚款。

第八十八条 违反本法规定，向社会散布地震预测意见、地震预报意见及其评审结果，或者在地震灾后过渡性安置、地震灾后恢复重建中扰乱社会秩序，构成违反治安管理行为的，由公安机关依法给予处罚。

▶条文解读

构成本条规定的违反治安管理行为的，行为人要依法承担法律责任，由公安机关依照《治安管理处罚法》的规定给予处罚。处罚的形式有警告、罚款、行政拘留等。行政拘留是公安机关依法对违反行政法律规范（特别是治安管理法律规范）的人，在短期内限制其人身自由的一种处罚。行政拘留的期限为1日以上15日以下。除县级以上的公安机关外，其他任何行政机关都没有决定行政拘留的权利。行政拘留一般适用于严重违反治安管理的行为人，并且只有在使用警告、罚款处罚不足以惩戒违法者时才适用。依据《治安管理处罚法》的规定，散布地震谣言故意扰乱公共秩序的，由公安机关处5日以上10日以下拘留，可以并处500元以下罚款；情节较轻的，处5日以下拘留或者500元以下罚款。除上述行为外，其他扰乱社会秩序构成违反治安管理行为，仍依照《治安管理处罚法》的规定处罚。

第八十九条 地震灾区的县级以上地方人民政府迟报、谎报、瞒报地震震情、灾情等信息的，由上级人民政府责令改正；对直接负责的主管人员和其他直接责任人员，依法给予处分。

第九十条 侵占、截留、挪用地震应急救援、地震灾后过渡性安置或者地震灾后恢复重建的资金、物资的，由财政部门、审计机关在各自职责范围内，责令改正，追回被侵占、截留、挪用的资金、物资；有违法所得的，没收违法所得；对单位给予警告或者通报批评；对直接负责的主管人员和其他直接责任人员，依法给予处分。

▶条文解读

依据本法第77条的规定，禁止侵占、截留、挪用地震应急救援、地震灾后过渡性安置和恢复重建的资金、物资。任何单位有以上行为，都要由有关部门追究法律责任。这里讲的“侵占”、“截留”、“挪用”，主要是指擅自、非法将自己经手、管理的地震应急救援、地震灾后过渡性安置或者地震灾后恢复重建的资金、物资调拨、使用到其他方面或者据为已有。实施以上行为的违法行为人主观上是故意。违法行为的主体可以是单位，也可以是个人，主要是有相应职权的政府有关部门及其工作人员。

第九十一条 违反本法规定，构成犯罪的，依法追究刑事责任。

►条文解读

在防震减灾活动中，如果有关单位或个人构成犯罪的，不再适用《防震减灾法》所规定的一般责任形式，而是应当依据《刑法》承担相应的刑事责任。刑法中与《防震减灾法》规定有关的刑事犯罪主要涉及危害公共安全罪、破坏社会主义市场秩序罪、侵犯财产罪、妨害社会管理秩序罪、贪污贿赂罪、渎职罪。具体主要有：滥用职权罪，玩忽职守罪，徇私舞弊犯罪，贪污罪，受贿罪，聚众哄抢罪，抢劫罪，聚众扰乱社会秩序犯罪，工程重大安全事故的犯罪，故意毁坏财物罪等。

第九章 附 则

第九十二条 本法下列用语的含义：

（一）地震监测设施，是指用于地震信息检测、传输和处理的设备、仪器和装置以及配套的监测场地。

（二）地震观测环境，是指按照国家有关标准划定的保障地震监测设施不受干扰、能够正常发挥工作效能的空间范围。

（三）重大建设工程，是指对社会有重大价值或者有重大影响的工程。

（四）可能发生严重次生灾害的建设工程，是指受地震破坏后可能引发水灾、火灾、爆炸，或者剧毒、强腐蚀性、放射性物质大量泄漏，以及其他严重次生灾害的建设工程，包括水库大坝和贮油、贮气设施，贮存易燃易爆或者剧毒、强腐蚀性、放射性物质的设施，以及其他可能发生严重次生灾害的建设工程。

（五）地震烈度区划图，是指以地震烈度（以等级表示的地震影响强弱程度）为指标，将全国划分为不同抗震设防要求区域的图件。

（六）地震动参数区划图，是指以地震动参数（以加速度表示地震作用强弱程度）为指标，将全国划分为不同抗震设防要求区域的图件。

（七）地震小区划图，是指根据某一区域的具体场地条件，对该区域的抗震设防要求进行详细划分的图件。

第九十三条 本法自2009年5月1日起施行。

破坏性地震应急条例

（1995年2月11日中华人民共和国国务院令第172号发布　根据2011年1月8日《国务院关于废止和修改部分行政法规的决定》修订）

第一章　总　　则

第一条　为了加强对破坏性地震应急活动的管理，减轻地震灾害损失，保障国家财产和公民人身、财产安全，维护社会秩序，制定本条例。

第二条　在中华人民共和国境内从事破坏性地震应急活动，必须遵守本条例。

第三条　地震应急工作实行政府领导、统一管理和分级、分部门负责的原则。

第四条　各级人民政府应当加强地震应急的宣传、教育工作，提高社会防震减灾意识。

第五条　任何组织和个人都有参加地震应急活动的义务。

中国人民解放军和中国人民武装警察部队是地震应急工作的重要力量。

第二章　应急机构

第六条　国务院防震减灾工作主管部门指导和监督全国地震应急工作。国务院有关部门按照各自的职责，具体负责本部门的地震应急工作。

第七条 造成特大损失的严重破坏性地震发生后，国务院设立抗震救灾指挥部，国务院防震减灾工作主管部门为其办事机构；国务院有关部门设立本部门的地震应急机构。

第八条 县级以上地方人民政府防震减灾工作主管部门指导和监督本行政区域内的地震应急工作。

破坏性地震发生后，有关县级以上地方人民政府应当设立抗震救灾指挥部，对本行政区域内的地震应急工作实行集中领导，其办事机构设在本级人民政府防震减灾工作主管部门或者本级人民政府指定的其他部门；国务院另有规定的，从其规定。

第三章 应急预案

第九条 国家的破坏性地震应急预案，由国务院防震减灾工作主管部门会同国务院有关部门制定，报国务院批准。

第十条 国务院有关部门应当根据国家的破坏性地震应急预案，制定本部门的破坏性地震应急预案，并报国务院防震减灾工作主管部门备案。

第十一条 根据地震灾害预测，可能发生破坏性地震地区的县级以上地方人民政府防震减灾工作主管部门应当会同同级有关部门以及有关单位，参照国家的破坏性地震应急预案，制定本行政区域内的破坏性地震应急预案，报本级人民政府批准；省、自治区和人口在100万以上的城市的破坏性地震应急预案，还应当报国务院防震减灾工作主管部门备案。

第十二条 部门和地方制定破坏性地震应急预案，应当从本部门或者本地区的实际情况出发，做到切实可行。

第十三条 破坏性地震应急预案应当包括下列主要内容：

（一）应急机构的组成和职责；

（二）应急通信保障；

（三）抢险救援的人员、资金、物资准备；

（四）灾害评估准备；

（五）应急行动方案。

第十四条 制定破坏性地震应急预案的部门和地方，应当根据震情的变化以及实施中发现的问题，及时对其制定的破坏性地震应急预案进行修订、补充；涉及重大事项调整的，应当报经原批准机关同意。

第四章 临震应急

第十五条 地震临震预报，由省、自治区、直辖市人民政府依照国务院有关发布地震预报的规定统一发布，其他任何组织或者个人不得发布地震预报。

任何组织或者个人都不得传播有关地震的谣言。发生地震谣传时，防震减灾工作主管部门应当协助人民政府迅速予以平息和澄清。

第十六条 破坏性地震临震预报发布后，有关省、自治区、直辖市人民政府可以宣布预报区进入临震应急期，并指明临震应急期的起止时间。

临震应急期一般为10日；必要时，可以延长10日。

第十七条 在临震应急期，有关地方人民政府应当根据震情，统一部署破坏性地震应急预案的实施工作，并对临震应急活动中发生的争议采取紧急处理措施。

第十八条 在临震应急期，各级防震减灾工作主管部门应当协助本级人民政府对实施破坏性地震应急预案工作进行检查。

第十九条 在临震应急期，有关地方人民政府应当根据实际情况，向预报区的居民以及其他人员提出避震撤离的劝告；情况紧急时，应当有组织地进行避震疏散。

第二十条 在临震应急期，有关地方人民政府有权在本行政区域内紧急调用物资、设备、人员和占用场地，任何组织或者个人都不得阻拦；调用物资、设备或者占用场地的，事后应当及时归还或者给予补偿。

第二十一条 在临震应急期，有关部门应当对生命线工程和次生灾害源采取紧急防护措施。

第五章 震后应急

第二十二条 破坏性地震发生后，有关的省、自治区、直辖市人民政府应当宣布灾区进入震后应急期，并指明震后应急期的起止时间。

震后应急期一般为10日；必要时，可以延长20日。

第二十三条 破坏性地震发生后，抗震救灾指挥部应当及时组织实施破坏性地震应急预案，及时将震情、灾情及其发展趋势等信息报告上一级人民政府。

第二十四条 防震减灾工作主管部门应当加强现场地震监测预报工作，并及时会同有关部门评估地震灾害损失；灾情调查结果，应当及时报告本级人民政府抗震救灾指挥部和上一级防震减灾工作主管部门。

第二十五条 交通、铁路、民航等部门应当尽快恢复被损毁的道路、铁路、水港、空港和有关设施，并优先保证抢险救援人员、物资的运输和灾民的疏散。其他部门有交通运输工具的，应当无条件服从抗震救灾指挥部的征用或者调用。

第二十六条 通信部门应当尽快恢复被破坏的通信设施，保证抗震救灾通信畅通。其他部门有通信设施的，应当优先为破坏性地震应急工作服务。

第二十七条 供水、供电部门应当尽快恢复被破坏的供水、供电设施，保证灾区用水、用电。

第二十八条 卫生部门应当立即组织急救队伍，利用各种医疗设施或者建立临时治疗点，抢救伤员，及时检查、监测灾区的饮用水源、食品等，采取有效措施防止和控制传染病的暴发流行，并向受灾人员提供精神、心理卫生方面的帮助。医药部门应当及时提供救灾所需药品。其他部门应当配合卫生、医药部门，做好卫生防疫以及伤亡人员的抢救、处理工作。

第二十九条 民政部门应当迅速设置避难场所和救济物资供应点，提供救济物品等，保障灾民的基本生活，做好灾民的转移和安置工作。其他部门应当支持、配合民政部门妥善安置灾民。

第三十条 公安部门应当加强灾区的治安管理和安全保卫工作，预防和制止各种破坏活动，维护社会治安，保证抢险救灾工作顺利进行，尽快恢复社会秩序。

第三十一条 石油、化工、水利、电力、建设等部门和单位以及危险品生产、储运等单位，应当按照各自的职责，对可能发生或者已经发生次生灾害的地点和设施采取紧急处置措施，并加强监视、控制，防止灾害扩展。

公安消防机构应当严密监视灾区火灾的发生；出现火灾时，应当组织力量抢救人员和物资，并采取有效防范措施，防止火势扩大、蔓延。

第三十二条 广播电台、电视台等新闻单位应当根据抗震救灾指挥部提供的情况，按照规定及时向公众发布震情、灾情等有关信息，并做好宣传、报道工作。

第三十三条 抗震救灾指挥部可以请求非灾区的人民政府接受并妥善安置灾民和提供其他救援。

第三十四条 破坏性地震发生后，国内非灾区提供的紧急救援，由抗震救灾指挥部负责接受和安排；国际社会提供的紧急救援，由国务院民政部门负责接受和安排；国外红十字会和国际社会通过中国红十字会提供的紧急救援，由中国红十字会负责接受和安排。

第三十五条 因严重破坏性地震应急的需要，可以在灾区实行特别管制措施。省、自治区、直辖市行政区域内的特别管制措施，由省、自治区、直辖市人民政府决定；跨省、自治区、直辖市的特别管制措施，由有关省、自治区、直辖市人民政府共同决定或者由国务院决定；中断干线交通或者封锁国境的特别管制措施，由国务院决定。

特别管制措施的解除，由原决定机关宣布。

第六章 奖励和处罚

第三十六条 在破坏性地震应急活动中有下列事迹之一的，由其所在单位、上级机关或者防震减灾工作主管部门给予表彰或者奖励：

（一）出色完成破坏性地震应急任务的；

（二）保护国家、集体和公民的财产或者抢救人员有功的；

（三）及时排除险情，防止灾害扩大，成绩显著的；

（四）对地震应急工作提出重大建议，实施效果显著的；

（五）因震情、灾情测报准确和信息传递及时而减轻灾害损失的；

（六）及时供应用于应急救灾的物资和工具或者节约经费开支，成绩显著的；

（七）有其他特殊贡献的。

第三十七条 有下列行为之一的，对负有直接责任的主管人员和其他直接责任人员依法给予行政处分；属于违反治安管理行为的，依照治安管理处罚法的规定给予处罚；构成犯罪的，依法追究刑事责任：

（一）不按照本条例规定制定破坏性地震应急预案的；

（二）不按照破坏性地震应急预案的规定和抗震救灾指挥部的要求实施破坏性地震应急预案的；

（三）违抗抗震救灾指挥部命令，拒不承担地震应急任务的；

（四）阻挠抗震救灾指挥部紧急调用物资、人员或者占用场地的；

（五）贪污、挪用、盗窃地震应急工作经费或者物资的；

（六）有特定责任的国家工作人员在临震应急期或者震后应急期不坚守岗位，不及时掌握震情、灾情，临阵脱逃或者玩忽职守的；

（七）在临震应急期或者震后应急期哄抢国家、集体或者公民的财产的；

（八）阻碍抗震救灾人员执行职务或者进行破坏活动的；

（九）不按照规定和实际情况报告灾情的；

（十）散布谣言，扰乱社会秩序，影响破坏性地震应急工作的；

（十一）有对破坏性地震应急工作造成危害的其他行为的。

第七章　附　　则

第三十八条　本条例下列用语的含义：

（一）“地震应急”，是指为了减轻地震灾害而采取的不同于正常工作程序的紧急防灾和抢险行动；

（二）“破坏性地震”，是指造成一定数量的人员伤亡和经济损失的地震事件；

（三）“严重破坏性地震”，是指造成严重的人员伤亡和经济损失，使灾区丧失或者部分丧失自我恢复能力，需要国家采取对抗行动的地震事件；

（四）“生命线工程”，是指对社会生活、生产有重大影响的交通、通信、供水、排水、供电、供气、输油等工程系统；

（五）“次生灾害源”，是指因地震而可能引发水灾、火灾、爆炸等灾害的易燃易爆物品、有毒物质贮存设施、水坝、堤岸等。

第三十九条　本条例自1995年4月1日起施行。

中华人民共和国防洪法

（1997年8月29日第八届全国人民代表大会常务委员会第二十七次会议通过　根据2009年8月27日第十一届全国人民代表大会常务委员会第十次会议《关于修改部分法律的决定》第一次修正　根据2015年4月24日第十二届全国人民代表大会常务委员会第十四次会议《关于修改〈中华人民共和国港口法〉等七部法律的决定》第二次修正　根据2016年7月2日第十二届全国人民代表大会常务委员会第二十一次会议《关于修改〈中华人民共和国节约能源法〉等六部法律的决定》第三次修正）

目　　录

第一章　总　　则

第一条　为了防治洪水，防御、减轻洪涝灾害，维护人民的生命和财产安全，保障社会主义现代化建设顺利进行，制定本法。

第二条 防洪工作实行全面规划、统筹兼顾、预防为主、综合治理、局部利益服从全局利益的原则。

第三条 防洪工程设施建设，应当纳入国民经济和社会发展计划。

防洪费用按照政府投入同受益者合理承担相结合的原则筹集。

第四条 开发利用和保护水资源，应当服从防洪总体安排，实行兴利与除害相结合的原则。

江河、湖泊治理以及防洪工程设施建设，应当符合流域综合规划，与流域水资源的综合开发相结合。

本法所称综合规划是指开发利用水资源和防治水害的综合规划。

第五条 防洪工作按照流域或者区域实行统一规划、分级实施和流域管理与行政区域管理相结合的制度。

第六条 任何单位和个人都有保护防洪工程设施和依法参加防汛抗洪的义务。

第七条 各级人民政府应当加强对防洪工作的统一领导，组织有关部门、单位，动员社会力量，依靠科技进步，有计划地进行江河、湖泊治理，采取措施加强防洪工程设施建设，巩固、提高防洪能力。

各级人民政府应当组织有关部门、单位，动员社会力量，做好防汛抗洪和洪涝灾害后的恢复与救济工作。

各级人民政府应当对蓄滞洪区予以扶持；蓄滞洪后，应当依照国家规定予以补偿或者救助。

第八条 国务院水行政主管部门在国务院的领导下，负责全国防洪的组织、协调、监督、指导等日常工作。国务院水行政主管部门在国家确定的重要江河、湖泊设立的流域管理机构，在所管辖的范围内行使法律、行政法规规定和国务院水行政主管部门授权的防洪协调和监督管理职责。

国务院建设行政主管部门和其他有关部门在国务院的领导下，按照各自的职责，负责有关的防洪工作。

县级以上地方人民政府水行政主管部门在本级人民政府的领导下，负责本行政区域内防洪的组织、协调、监督、指导等日常工作。县级以上地方人民政府建设行政主管部门和其他有关部门在本级人民政府的领导下，按照各自的职责，负责有关的防洪工作。

第二章 防洪规划

第九条 防洪规划是指为防治某一流域、河段或者区域的洪涝灾害而制定的总体部署，包括国家确定的重要江河、湖泊的流域防洪规划，其他江河、河段、湖泊的防洪规划以及区域防洪规划。

防洪规划应当服从所在流域、区域的综合规划；区域防洪规划应当服从所在流域的流域防洪规划。

防洪规划是江河、湖泊治理和防洪工程设施建设的基本依据。

第十条 国家确定的重要江河、湖泊的防洪规划，由国务院水行政主管部门依据该江河、湖泊的流域综合规划，会同有关部门和有关省、自治区、直辖市人民政府编制，报国务院批准。

其他江河、河段、湖泊的防洪规划或者区域防洪规划，由县级以上地方人民政府水行政主管部门分别依据流域综合规划、区域综合规划，会同有关部门和有关地区编制，报本级人民政府批准，并报上一级人民政府水行政主管部门备案；跨省、自治区、直辖市的江河、河段、湖泊的防洪规划由有关流域管理机构会同江河、河段、湖泊所在地的省、自治区、直辖市人民政府水行政主管部门、有关主管部门拟定，分别经有关省、自治区、直辖市人民政府审查提出意见后，报国务院水行政主管部门批准。

城市防洪规划，由城市人民政府组织水行政主管部门、建设行政主管部门和其他有关部门依据流域防洪规划、上一级人民政府区域防洪规划编制，按照国务院规定的审批程序批准后纳入城市总体规划。

修改防洪规划，应当报经原批准机关批准。

第十一条 编制防洪规划，应当遵循确保重点、兼顾一般，以及防汛和抗旱相结合、工程措施和非工程措施相结合的原则，充分考虑洪涝规律和上下游、左右岸的关系以及国民经济对防洪的要求，并与国土规划和土地利用总体规划相协调。

防洪规划应当确定防护对象、治理目标和任务、防洪措施和实施方案，划定洪泛区、蓄滞洪区和防洪保护区的范围，规定蓄滞洪区的使用原则。

第十二条 受风暴潮威胁的沿海地区的县级以上地方人民政府，应当把防御风暴潮纳入本地区的防洪规划，加强海堤（海塘）、挡潮闸和沿海防护林等防御风暴潮工程体系建设，监督建筑物、构筑物的设计和施工符合防御风暴潮的需要。

第十三条 山洪可能诱发山体滑坡、崩塌和泥石流的地区以及其他山洪多发地区的县级以上地方人民政府，应当组织负责地质矿产管理工作的部门、水行政主管部门和其他有关部门对山体滑坡、崩塌和泥石流隐患进行全面调查，划定重点防治区，采取防治措施。

城市、村镇和其他居民点以及工厂、矿山、铁路和公路干线的布局，应当避开山洪威胁；已经建在受山洪威胁的地方的，应当采取防御措施。

第十四条 平原、洼地、水网圩区、山谷、盆地等易涝地区的有关地方人民政府，应当制定除涝治涝规划，组织有关部门、单位采取相应的治理措施，完善排水系统，发展耐涝农作物种类和品种，开展洪涝、干旱、盐碱综合治理。

城市人民政府应当加强对城区排涝管网、泵站的建设和管理。

第十五条 国务院水行政主管部门应当会同有关部门和省、自治区、直辖市人民政府制定长江、黄河、珠江、辽河、淮河、海河入海河口的整治规划。

在前款入海河口围海造地，应当符合河口整治规划。

第十六条 防洪规划确定的河道整治计划用地和规划建设的堤防

用地范围内的土地，经土地管理部门和水行政主管部门会同有关地区核定，报经县级以上人民政府按照国务院规定的权限批准后，可以划定为规划保留区；该规划保留区范围内的土地涉及其他项目用地的，有关土地管理部门和水行政主管部门核定时，应当征求有关部门的意见。

规划保留区依照前款规定划定后，应当公告。

前款规划保留区内不得建设与防洪无关的工矿工程设施；在特殊情况下，国家工矿建设项目确需占用前款规划保留区内的土地的，应当按照国家规定的基本建设程序报请批准，并征求有关水行政主管部门的意见。

防洪规划确定的扩大或者开辟的人工排洪道用地范围内的土地，经省级以上人民政府土地管理部门和水行政主管部门会同有关部门、有关地区核定，报省级以上人民政府按照国务院规定的权限批准后，可以划定为规划保留区，适用前款规定。

第十七条 在江河、湖泊上建设防洪工程和其他水工程、水电站等，应当符合防洪规划的要求；水库应当按照防洪规划的要求留足防洪库容。

前款规定的防洪工程和其他水工程、水电站未取得有关水行政主管部门签署的符合防洪规划要求的规划同意书的，建设单位不得开工建设。

第三章 治理与防护

第十八条 防治江河洪水，应当蓄泄兼施，充分发挥河道行洪能力和水库、洼淀、湖泊调蓄洪水的功能，加强河道防护，因地制宜地采取定期清淤疏浚等措施，保持行洪畅通。

防治江河洪水，应当保护、扩大流域林草植被，涵养水源，加强流域水土保持综合治理。

第十九条 整治河道和修建控制引导河水流向、保护堤岸等工程，应当兼顾上下游、左右岸的关系，按照规划治导线实施，不得任意改变河水流向。

国家确定的重要江河的规划治导线由流域管理机构拟定，报国务院水行政主管部门批准。

其他江河、河段的规划治导线由县级以上地方人民政府水行政主管部门拟定，报本级人民政府批准；跨省、自治区、直辖市的江河、河段和省、自治区、直辖市之间的省界河道的规划治导线由有关流域管理机构组织江河、河段所在地的省、自治区、直辖市人民政府水行政主管部门拟定，经有关省、自治区、直辖市人民政府审查提出意见后，报国务院水行政主管部门批准。

第二十条 整治河道、湖泊，涉及航道的，应当兼顾航运需要，并事先征求交通主管部门的意见。整治航道，应当符合江河、湖泊防洪安全要求，并事先征求水行政主管部门的意见。

在竹木流放的河流和渔业水域整治河道的，应当兼顾竹木水运和渔业发展的需要，并事先征求林业、渔业行政主管部门的意见。在河道中流放竹木，不得影响行洪和防洪工程设施的安全。

第二十一条 河道、湖泊管理实行按水系统一管理和分级管理相结合的原则，加强防护，确保畅通。

国家确定的重要江河、湖泊的主要河段，跨省、自治区、直辖市的重要河段、湖泊，省、自治区、直辖市之间的省界河道、湖泊以及国（边）界河道、湖泊，由流域管理机构和江河、湖泊所在地的省、自治区、直辖市人民政府水行政主管部门按照国务院水行政主管部门的划定依法实施管理。其他河道、湖泊，由县级以上地方人民政府水行政主管部门按照国务院水行政主管部门或者国务院水行政主管部门授权的机构的划定依法实施管理。

有堤防的河道、湖泊，其管理范围为两岸堤防之间的水域、沙洲、滩地、行洪区和堤防及护堤地；无堤防的河道、湖泊，其管理范围为历史最高洪水位或者设计洪水位之间的水域、沙洲、滩地和行洪区。

流域管理机构直接管理的河道、湖泊管理范围，由流域管理机构会同有关县级以上地方人民政府依照前款规定界定；其他河道、湖泊管理范围，由有关县级以上地方人民政府依照前款规定界定。

第二十二条 河道、湖泊管理范围内的土地和岸线的利用，应当符合行洪、输水的要求。

禁止在河道、湖泊管理范围内建设妨碍行洪的建筑物、构筑物，倾倒垃圾、渣土，从事影响河势稳定、危害河岸堤防安全和其他妨碍河道行洪的活动。

禁止在行洪河道内种植阻碍行洪的林木和高秆作物。

在船舶航行可能危及堤岸安全的河段，应当限定航速。限定航速的标志，由交通主管部门与水行政主管部门商定后设置。

第二十三条 禁止围湖造地。已经围垦的，应当按照国家规定的防洪标准进行治理，有计划地退地还湖。

禁止围垦河道。确需围垦的，应当进行科学论证，经水行政主管部门确认不妨碍行洪、输水后，报省级以上人民政府批准。

第二十四条 对居住在行洪河道内的居民，当地人民政府应当有计划地组织外迁。

第二十五条 护堤护岸的林木，由河道、湖泊管理机构组织营造和管理。护堤护岸林木，不得任意砍伐。采伐护堤护岸林木的，应当依法办理采伐许可手续，并完成规定的更新补种任务。

第二十六条 对壅水、阻水严重的桥梁、引道、码头和其他跨河工程设施，根据防洪标准，有关水行政主管部门可以报请县级以上人民政府按照国务院规定的权限责令建设单位限期改建或者拆除。

第二十七条 建设跨河、穿河、穿堤、临河的桥梁、码头、道路、渡口、管道、缆线、取水、排水等工程设施，应当符合防洪标准、岸线规划、航运要求和其他技术要求，不得危害堤防安全、影响河势稳定、妨碍行洪畅通；其工程建设方案未经有关水行政主管部门根据前述防洪要求审查同意的，建设单位不得开工建设。

前款工程设施需要占用河道、湖泊管理范围内土地，跨越河道、湖泊空间或者穿越河床的，建设单位应当经有关水行政主管部门对该工程设施建设的位置和界限审查批准后，方可依法办理开工手续；安排施工时，应当按照水行政主管部门审查批准的位置和界限进行。

第二十八条 对于河道、湖泊管理范围内依照本法规定建设的工程设施，水行政主管部门有权依法检查；水行政主管部门检查时，被检查者应当如实提供有关的情况和资料。

前款规定的工程设施竣工验收时，应当有水行政主管部门参加。

第四章 防洪区和防洪工程设施的管理

第二十九条 防洪区是指洪水泛滥可能淹及的地区，分为洪泛区、蓄滞洪区和防洪保护区。

洪泛区是指尚无工程设施保护的洪水泛滥所及的地区。

蓄滞洪区是指包括分洪口在内的河堤背水面以外临时贮存洪水的低洼地区及湖泊等。

防洪保护区是指在防洪标准内受防洪工程设施保护的地区。

洪泛区、蓄滞洪区和防洪保护区的范围，在防洪规划或者防御洪水方案中划定，并报请省级以上人民政府按照国务院规定的权限批准后予以公告。

第三十条 各级人民政府应当按照防洪规划对防洪区内的土地利用实行分区管理。

第三十一条 地方各级人民政府应当加强对防洪区安全建设工作的领导，组织有关部门、单位对防洪区内的单位和居民进行防洪教育，普及防洪知识，提高水患意识；按照防洪规划和防御洪水方案建立并完善防洪体系和水文、气象、通信、预警以及洪涝灾害监测系统，提高防御洪水能力；组织防洪区内的单位和居民积极参加防洪工作，因地制宜地采取防洪避洪措施。

第三十二条 洪泛区、蓄滞洪区所在地的省、自治区、直辖市人民政府应当组织有关地区和部门，按照防洪规划的要求，制定洪泛区、蓄滞洪区安全建设计划，控制蓄滞洪区人口增长，对居住在经常使用的蓄滞洪区的居民，有计划地组织外迁，并采取其他必要的安全保护措施。

因蓄滞洪区而直接受益的地区和单位，应当对蓄滞洪区承担国家规定的补偿、救助义务。国务院和有关的省、自治区、直辖市人民政府应当建立对蓄滞洪区的扶持和补偿、救助制度。

国务院和有关的省、自治区、直辖市人民政府可以制定洪泛区、蓄滞洪区安全建设管理办法以及对蓄滞洪区的扶持和补偿、救助办法。

第三十三条 在洪泛区、蓄滞洪区内建设非防洪建设项目，应当就洪水对建设项目可能产生的影响和建设项目对防洪可能产生的影响作出评价，编制洪水影响评价报告，提出防御措施。洪水影响评价报告未经有关水行政主管部门审查批准的，建设单位不得开工建设。

在蓄滞洪区内建设的油田、铁路、公路、矿山、电厂、电信设施和管道，其洪水影响评价报告应当包括建设单位自行安排的防洪避洪方案。建设项目投入生产或者使用时，其防洪工程设施应当经水行政主管部门验收。

在蓄滞洪区内建造房屋应当采用平顶式结构。

第三十四条 大中城市，重要的铁路、公路干线，大型骨干企业，应当列为防洪重点，确保安全。

受洪水威胁的城市、经济开发区、工矿区和国家重要的农业生产基地等，应当重点保护，建设必要的防洪工程设施。

城市建设不得擅自填堵原有河道沟叉、贮水湖塘洼淀和废除原有防洪围堤。确需填堵或者废除的，应当经城市人民政府批准。

第三十五条 属于国家所有的防洪工程设施，应当按照经批准的设计，在竣工验收前由县级以上人民政府按照国家规定，划定管理和保护范围。

属于集体所有的防洪工程设施，应当按照省、自治区、直辖市人民政府的规定，划定保护范围。

在防洪工程设施保护范围内，禁止进行爆破、打井、采石、取土等危害防洪工程设施安全的活动。

第三十六条 各级人民政府应当组织有关部门加强对水库大坝的定期检查和监督管理。对未达到设计洪水标准、抗震设防要求或者有严重质量缺陷的险坝，大坝主管部门应当组织有关单位采取除险加固措施，限期消除危险或者重建，有关人民政府应当优先安排所需资金。对可能出现垮坝的水库，应当事先制定应急抢险和居民临时撤离方案。

各级人民政府和有关主管部门应当加强对尾矿坝的监督管理，采取措施，避免因洪水导致垮坝。

第三十七条 任何单位和个人不得破坏、侵占、毁损水库大坝、堤防、水闸、护岸、抽水站、排水渠系等防洪工程和水文、通信设施以及防汛备用的器材、物料等。

第五章 防汛抗洪

第三十八条 防汛抗洪工作实行各级人民政府行政首长负责制，统一指挥、分级分部门负责。

第三十九条 国务院设立国家防汛指挥机构，负责领导、组织全国的防汛抗洪工作，其办事机构设在国务院水行政主管部门。

在国家确定的重要江河、湖泊可以设立由有关省、自治区、直辖市人民政府和该江河、湖泊的流域管理机构负责人等组成的防汛指挥机构，指挥所管辖范围内的防汛抗洪工作，其办事机构设在流域管理机构。

有防汛抗洪任务的县级以上地方人民政府设立由有关部门、当地驻军、人民武装部负责人等组成的防汛指挥机构，在上级防汛指挥机构和本级人民政府的领导下，指挥本地区的防汛抗洪工作，其办事机构设在同级水行政主管部门；必要时，经城市人民政府决定，防汛指挥机构也可以在建设行政主管部门设城市市区办事机构，在防汛指挥机构的统一领导下，负责城市市区的防汛抗洪日常工作。

第四十条 有防汛抗洪任务的县级以上地方人民政府根据流域综合规划、防洪工程实际状况和国家规定的防洪标准，制定防御洪水方案（包括对特大洪水的处置措施）。

长江、黄河、淮河、海河的防御洪水方案，由国家防汛指挥机构制定，报国务院批准；跨省、自治区、直辖市的其他江河的防御洪水方案，由有关流域管理机构会同有关省、自治区、直辖市人民政府制定，报国务院或者国务院授权的有关部门批准。防御洪水方案经批准后，有关地方人民政府必须执行。

各级防汛指挥机构和承担防汛抗洪任务的部门和单位，必须根据防御洪水方案做好防汛抗洪准备工作。

第四十一条 省、自治区、直辖市人民政府防汛指挥机构根据当地的洪水规律，规定汛期起止日期。

当江河、湖泊的水情接近保证水位或者安全流量，水库水位接近设计洪水位，或者防洪工程设施发生重大险情时，有关县级以上人民政府防汛指挥机构可以宣布进入紧急防汛期。

第四十二条 对河道、湖泊范围内阻碍行洪的障碍物，按照谁设障、谁清除的原则，由防汛指挥机构责令限期清除；逾期不清除的，由防汛指挥机构组织强行清除，所需费用由设障者承担。

在紧急防汛期，国家防汛指挥机构或者其授权的流域、省、自治区、直辖市防汛指挥机构有权对壅水、阻水严重的桥梁、引道、码头和其他跨河工程设施作出紧急处置。

第四十三条 在汛期，气象、水文、海洋等有关部门应当按照各自的职责，及时向有关防汛指挥机构提供天气、水文等实时信息和风暴潮预报；电信部门应当优先提供防汛抗洪通信的服务；运输、电力、物资材料供应等有关部门应当优先为防汛抗洪服务。

中国人民解放军、中国人民武装警察部队和民兵应当执行国家赋予的抗洪抢险任务。

第四十四条 在汛期，水库、闸坝和其他水工程设施的运用，必须服从有关的防汛指挥机构的调度指挥和监督。

在汛期，水库不得擅自在汛期限制水位以上蓄水，其汛期限制水位以上的防洪库容的运用，必须服从防汛指挥机构的调度指挥和监督。

在凌汛期，有防凌汛任务的江河的上游水库的下泄水量必须征得有关的防汛指挥机构的同意，并接受其监督。

第四十五条 在紧急防汛期，防汛指挥机构根据防汛抗洪的需要，有权在其管辖范围内调用物资、设备、交通运输工具和人力，决定采取取土占地、砍伐林木、清除阻水障碍物和其他必要的紧急措施；必要时，公安、交通等有关部门按照防汛指挥机构的决定，依法实施陆地和水面交通管制。

依照前款规定调用的物资、设备、交通运输工具等，在汛期结束后应当及时归还；造成损坏或者无法归还的，按照国务院有关规定给予适当补偿或者作其他处理。取土占地、砍伐林木的，在汛期结束后依法向有关部门补办手续；有关地方人民政府对取土后的土地组织复垦，对砍伐的林木组织补种。

第四十六条 江河、湖泊水位或者流量达到国家规定的分洪标准，需要启用蓄滞洪区时，国务院，国家防汛指挥机构，流域防汛指挥机构，省、自治区、直辖市人民政府，省、自治区、直辖市防汛指挥机构，按照依法经批准的防御洪水方案中规定的启用条件和批准程序，决定启用蓄滞洪区。依法启用蓄滞洪区，任何单位和个人不得阻拦、拖延；遇到阻拦、拖延时，由有关县级以上地方人民政府强制实施。

第四十七条 发生洪涝灾害后，有关人民政府应当组织有关部门、单位做好灾区的生活供给、卫生防疫、救灾物资供应、治安管理、学校复课、恢复生产和重建家园等救灾工作以及所管辖地区的各项水毁工程设施修复工作。水毁防洪工程设施的修复，应当优先列入有关部门的年度建设计划。

国家鼓励、扶持开展洪水保险。

第六章 保障措施

第四十八条 各级人民政府应当采取措施，提高防洪投入的总体水平。

第四十九条 江河、湖泊的治理和防洪工程设施的建设和维护所需投资，按照事权和财权相统一的原则，分级负责，由中央和地方财政承担。城市防洪工程设施的建设和维护所需投资，由城市人民政府承担。

受洪水威胁地区的油田、管道、铁路、公路、矿山、电力、电信等企业、事业单位应当自筹资金，兴建必要的防洪自保工程。

第五十条 中央财政应当安排资金，用于国家确定的重要江河、湖泊的堤坝遭受特大洪涝灾害时的抗洪抢险和水毁防洪工程修复。省、自治区、直辖市人民政府应当在本级财政预算中安排资金，用于本行政区域内遭受特大洪涝灾害地区的抗洪抢险和水毁防洪工程修复。

第五十一条 国家设立水利建设基金，用于防洪工程和水利工程的维护和建设。具体办法由国务院规定。

受洪水威胁的省、自治区、直辖市为加强本行政区域内防洪工程设施建设，提高防御洪水能力，按照国务院的有关规定，可以规定在防洪保护区范围内征收河道工程修建维护管理费。

第五十二条 任何单位和个人不得截留、挪用防洪、救灾资金和物资。

各级人民政府审计机关应当加强对防洪、救灾资金使用情况的审计监督。

第七章 法 律 责 任

第五十三条 违反本法第十七条规定，未经水行政主管部门签署规划同意书，擅自在江河、湖泊上建设防洪工程和其他水工程、水电站的，责令停止违法行为，补办规划同意书手续；违反规划同意书的要求，严重影响防洪的，责令限期拆除；违反规划同意书的要求，影响防洪但尚可采取补救措施的，责令限期采取补救措施，可以处一万元以上十万元以下的罚款。

第五十四条 违反本法第十九条规定，未按照规划治导线整治河道和修建控制引导河水流向、保护堤岸等工程，影响防洪的，责令停止违法行为，恢复原状或者采取其他补救措施，可以处一万元以上十万元以下的罚款。

第五十五条 违反本法第二十二条第二款、第三款规定，有下列行为之一的，责令停止违法行为，排除阻碍或者采取其他补救措施，可以处五万元以下的罚款：

（一）在河道、湖泊管理范围内建设妨碍行洪的建筑物、构筑物的；

（二）在河道、湖泊管理范围内倾倒垃圾、渣土，从事影响河势稳定、危害河岸堤防安全和其他妨碍河道行洪的活动的；

（三）在行洪河道内种植阻碍行洪的林木和高秆作物的。

第五十六条 违反本法第十五条第二款、第二十三条规定，围海造地、围湖造地、围垦河道的，责令停止违法行为，恢复原状或者采取其他补救措施，可以处五万元以下的罚款；既不恢复原状也不采取其他补救措施的，代为恢复原状或者采取其他补救措施，所需费用由违法者承担。

第五十七条 违反本法第二十七条规定，未经水行政主管部门对其工程建设方案审查同意或者未按照有关水行政主管部门审查批准的位置、界限，在河道、湖泊管理范围内从事工程设施建设活动的，责令停止违法行为，补办审查同意或者审查批准手续；工程设施建设严重影响防洪的，责令限期拆除，逾期不拆除的，强行拆除，所需费用由建设单位承担；影响行洪但尚可采取补救措施的，责令限期采取补救措施，可以处一万元以上十万元以下的罚款。

第五十八条 违反本法第三十三条第一款规定，在洪泛区、蓄滞洪区内建设非防洪建设项目，未编制洪水影响评价报告或者洪水影响评价报告未经审查批准开工建设的，责令限期改正；逾期不改正的，处五万元以下的罚款。

违反本法第三十三条第二款规定，防洪工程设施未经验收，即将建设项目投入生产或者使用的，责令停止生产或者使用，限期验收防洪工程设施，可以处五万元以下的罚款。

第五十九条 违反本法第三十四条规定，因城市建设擅自填堵原有河道沟叉、贮水湖塘洼淀和废除原有防洪围堤的，城市人民政府应当责令停止违法行为，限期恢复原状或者采取其他补救措施。

第六十条 违反本法规定，破坏、侵占、毁损堤防、水闸、护岸、抽水站、排水渠系等防洪工程和水文、通信设施以及防汛备用的器材、物料的，责令停止违法行为，采取补救措施，可以处五万元以下的罚款；造成损坏的，依法承担民事责任；应当给予治安管理处罚的，依照治安管理处罚法的规定处罚；构成犯罪的，依法追究刑事责任。

第六十一条 阻碍、威胁防汛指挥机构、水行政主管部门或者流域管理机构的工作人员依法执行职务，构成犯罪的，依法追究刑事责任；尚不构成犯罪，应当给予治安管理处罚的，依照治安管理处罚法的规定处罚。

第六十二条 截留、挪用防洪、救灾资金和物资，构成犯罪的，依法追究刑事责任；尚不构成犯罪的，给予行政处分。

第六十三条 除本法第五十九条的规定外，本章规定的行政处罚和行政措施，由县级以上人民政府水行政主管部门决定，或者由流域管理机构按照国务院水行政主管部门规定的权限决定。但是，本法第六十条、第六十一条规定的治安管理处罚的决定机关，按照治安管理处罚法的规定执行。

第六十四条 国家工作人员，有下列行为之一，构成犯罪的，依法追究刑事责任；尚不构成犯罪的，给予行政处分：

（一）违反本法第十七条、第十九条、第二十二条第二款、第二十二条第三款、第二十七条或者第三十四条规定，严重影响防洪的；

（二）滥用职权，玩忽职守，徇私舞弊，致使防汛抗洪工作遭受重大损失的；

（三）拒不执行防御洪水方案、防汛抢险指令或者蓄滞洪方案、措施、汛期调度运用计划等防汛调度方案的；

（四）违反本法规定，导致或者加重毗邻地区或者其他单位洪灾损失的。

第八章 附 则

第六十五条 本法自1998年1月1日起施行。

自然灾害救助条例

（2010 年 7 月 8 日中华人民共和国国务院令第 577 号公布　根据 2019 年 3 月 2 日《国务院关于修改部分行政法规的决定》修订）

第一章　总　　则

第一条　为了规范自然灾害救助工作，保障受灾人员基本生活，制定本条例。

第二条　自然灾害救助工作遵循以人为本、政府主导、分级管理、社会互助、灾民自救的原则。

第三条　自然灾害救助工作实行各级人民政府行政领导负责制。

国家减灾委员会负责组织、领导全国的自然灾害救助工作，协调开展重大自然灾害救助活动。国务院应急管理部门负责全国的自然灾害救助工作，承担国家减灾委员会的具体工作。国务院有关部门按照各自职责做好全国的自然灾害救助相关工作。

县级以上地方人民政府或者人民政府的自然灾害救助应急综合协调机构，组织、协调本行政区域的自然灾害救助工作。县级以上地方人民政府应急管理部门负责本行政区域的自然灾害救助工作。县级以上地方人民政府有关部门按照各自职责做好本行政区域的自然灾害救助相关工作。

第四条　县级以上人民政府应当将自然灾害救助工作纳入国民经济和社会发展规划，建立健全与自然灾害救助需求相适应的资金、物资保障机制，将人民政府安排的自然灾害救助资金和自然灾害救助工作经费纳入财政预算。

第五条 村民委员会、居民委员会以及红十字会、慈善会和公募基金会等社会组织，依法协助人民政府开展自然灾害救助工作。

国家鼓励和引导单位和个人参与自然灾害救助捐赠、志愿服务等活动。

第六条 各级人民政府应当加强防灾减灾宣传教育，提高公民的防灾避险意识和自救互救能力。

村民委员会、居民委员会、企业事业单位应当根据所在地人民政府的要求，结合各自的实际情况，开展防灾减灾应急知识的宣传普及活动。

第七条 对在自然灾害救助中作出突出贡献的单位和个人，按照国家有关规定给予表彰和奖励。

第二章 救助准备

第八条 县级以上地方人民政府及其有关部门应当根据有关法律、法规、规章，上级人民政府及其有关部门的应急预案以及本行政区域的自然灾害风险调查情况，制定相应的自然灾害救助应急预案。

自然灾害救助应急预案应当包括下列内容：

（一）自然灾害救助应急组织指挥体系及其职责；

（二）自然灾害救助应急队伍；

（三）自然灾害救助应急资金、物资、设备；

（四）自然灾害的预警预报和灾情信息的报告、处理；

（五）自然灾害救助应急响应的等级和相应措施；

（六）灾后应急救助和居民住房恢复重建措施。

第九条 县级以上人民政府应当建立健全自然灾害救助应急指挥技术支撑系统，并为自然灾害救助工作提供必要的交通、通信等装备。

第十条 国家建立自然灾害救助物资储备制度，由国务院应急管理部门分别会同国务院财政部门、发展改革部门、工业和信息化部门、粮食和物资储备部门制定全国自然灾害救助物资储备规划和储备库规划，并组织实施。其中，由国务院粮食和物资储备部门会同相关部门制定中央救灾物资储备库规划，并组织实施。

设区的市级以上人民政府和自然灾害多发、易发地区的县级人民政府应当根据自然灾害特点、居民人口数量和分布等情况，按照布局合理、规模适度的原则，设立自然灾害救助物资储备库。

第十一条 县级以上地方人民政府应当根据当地居民人口数量和分布等情况，利用公园、广场、体育场馆等公共设施，统筹规划设立应急避难场所，并设置明显标志。

启动自然灾害预警响应或者应急响应，需要告知居民前往应急避难场所的，县级以上地方人民政府或者人民政府的自然灾害救助应急综合协调机构应当通过广播、电视、手机短信、电子显示屏、互联网等方式，及时公告应急避难场所的具体地址和到达路径。

第十二条 县级以上地方人民政府应当加强自然灾害救助人员的队伍建设和业务培训，村民委员会、居民委员会和企业事业单位应当设立专职或者兼职的自然灾害信息员。

第三章 应急救助

第十三条 县级以上人民政府或者人民政府的自然灾害救助应急综合协调机构应当根据自然灾害预警预报启动预警响应，采取下列一项或者多项措施：

（一）向社会发布规避自然灾害风险的警告，宣传避险常识和技能，提示公众做好自救互救准备；

（二）开放应急避难场所，疏散、转移易受自然灾害危害的人员和财产，情况紧急时，实行有组织的避险转移；

（三）加强对易受自然灾害危害的乡村、社区以及公共场所的安全保障；

（四）责成应急管理等部门做好基本生活救助的准备。

第十四条 自然灾害发生并达到自然灾害救助应急预案启动条件的，县级以上人民政府或者人民政府的自然灾害救助应急综合协调机构应当及时启动自然灾害救助应急响应，采取下列一项或者多项措施：

（一）立即向社会发布政府应对措施和公众防范措施；

（二）紧急转移安置受灾人员；

（三）紧急调拨、运输自然灾害救助应急资金和物资，及时向受灾人员提供食品、饮用水、衣被、取暖、临时住所、医疗防疫等应急救助，保障受灾人员基本生活；

（四）抚慰受灾人员，处理遇难人员善后事宜；

（五）组织受灾人员开展自救互救；

（六）分析评估灾情趋势和灾区需求，采取相应的自然灾害救助措施；

（七）组织自然灾害救助捐赠活动。

对应急救助物资，各交通运输主管部门应当组织优先运输。

第十五条 在自然灾害救助应急期间，县级以上地方人民政府或者人民政府的自然灾害救助应急综合协调机构可以在本行政区域内紧急征用物资、设备、交通运输工具和场地，自然灾害救助应急工作结束后应当及时归还，并按照国家有关规定给予补偿。

第十六条 自然灾害造成人员伤亡或者较大财产损失的，受灾地区县级人民政府应急管理部门应当立即向本级人民政府和上一级人民政府应急管理部门报告。

自然灾害造成特别重大或者重大人员伤亡、财产损失的，受灾地区县级人民政府应急管理部门应当按照有关法律、行政法规和国务院应急预案规定的程序及时报告，必要时可以直接报告国务院。

第十七条 灾情稳定前，受灾地区人民政府应急管理部门应当每日逐级上报自然灾害造成的人员伤亡、财产损失和自然灾害救助工作动态等情况，并及时向社会发布。

灾情稳定后，受灾地区县级以上人民政府或者人民政府的自然灾害救助应急综合协调机构应当评估、核定并发布自然灾害损失情况。

第四章 灾后救助

第十八条 受灾地区人民政府应当在确保安全的前提下，采取就地安置与异地安置、政府安置与自行安置相结合的方式，对受灾人员进行过渡性安置。

就地安置应当选择在交通便利、便于恢复生产和生活的地点，并避开可能发生次生自然灾害的区域，尽量不占用或者少占用耕地。

受灾地区人民政府应当鼓励并组织受灾群众自救互救，恢复重建。

第十九条 自然灾害危险消除后，受灾地区人民政府应当统筹研究制订居民住房恢复重建规划和优惠政策，组织重建或者修缮因灾损毁的居民住房，对恢复重建确有困难的家庭予以重点帮扶。

居民住房恢复重建应当因地制宜、经济实用，确保房屋建设质量符合防灾减灾要求。

受灾地区人民政府应急管理等部门应当向经审核确认的居民住房恢复重建补助对象发放补助资金和物资，住房城乡建设等部门应当为受灾人员重建或者修缮因灾损毁的居民住房提供必要的技术支持。

第二十条 居民住房恢复重建补助对象由受灾人员本人申请或者由村民小组、居民小组提名。经村民委员会、居民委员会民主评议，符合救助条件的，在自然村、社区范围内公示；无异议或者经村民委员会、居民委员会民主评议异议不成立的，由村民委员会、居民委员会将评议意见和有关材料提交乡镇人民政府、街道办事处审核，报县级人民政府应急管理等部门审批。

第二十一条 自然灾害发生后的当年冬季、次年春季，受灾地区人民政府应当为生活困难的受灾人员提供基本生活救助。

受灾地区县级人民政府应急管理部门应当在每年 10 月底前统计、

评估本行政区域受灾人员当年冬季、次年春季的基本生活困难和需求，核实救助对象，编制工作台账，制定救助工作方案，经本级人民政府批准后组织实施，并报上一级人民政府应急管理部门备案。

第五章　救助款物管理

第二十二条　县级以上人民政府财政部门、应急管理部门负责自然灾害救助资金的分配、管理并监督使用情况。

县级以上人民政府应急管理部门负责调拨、分配、管理自然灾害救助物资。

第二十三条　人民政府采购用于自然灾害救助准备和灾后恢复重建的货物、工程和服务，依照有关政府采购和招标投标的法律规定组织实施。自然灾害应急救助和灾后恢复重建中涉及紧急抢救、紧急转移安置和临时性救助的紧急采购活动，按照国家有关规定执行。

第二十四条　自然灾害救助款物专款（物）专用，无偿使用。

定向捐赠的款物，应当按照捐赠人的意愿使用。政府部门接受的捐赠人无指定意向的款物，由县级以上人民政府应急管理部门统筹安排用于自然灾害救助；社会组织接受的捐赠人无指定意向的款物，由社会组织按照有关规定用于自然灾害救助。

第二十五条　自然灾害救助款物应当用于受灾人员的紧急转移安置，基本生活救助，医疗救助，教育、医疗等公共服务设施和住房的恢复重建，自然灾害救助物资的采购、储存和运输，以及因灾遇难人员亲属的抚慰等项支出。

第二十六条　受灾地区人民政府应急管理、财政等部门和有关社会组织应当通过报刊、广播、电视、互联网，主动向社会公开所接受的自然灾害救助款物和捐赠款物的来源、数量及其使用情况。

受灾地区村民委员会、居民委员会应当公布救助对象及其接受救助款物数额和使用情况。

第二十七条 各级人民政府应当建立健全自然灾害救助款物和捐赠款物的监督检查制度，并及时受理投诉和举报。

第二十八条 县级以上人民政府监察机关、审计机关应当依法对自然灾害救助款物和捐赠款物的管理使用情况进行监督检查，应急管理、财政等部门和有关社会组织应当予以配合。

第六章 法律责任

第二十九条 行政机关工作人员违反本条例规定，有下列行为之一的，由任免机关或者监察机关依照法律法规给予处分；构成犯罪的，依法追究刑事责任：

（一）迟报、谎报、瞒报自然灾害损失情况，造成后果的；

（二）未及时组织受灾人员转移安置，或者在提供基本生活救助、组织恢复重建过程中工作不力，造成后果的；

（三）截留、挪用、私分自然灾害救助款物或者捐赠款物的；

（四）不及时归还征用的财产，或者不按照规定给予补偿的；

（五）有滥用职权、玩忽职守、徇私舞弊的其他行为的。

第三十条 采取虚报、隐瞒、伪造等手段，骗取自然灾害救助款物或者捐赠款物的，由县级以上人民政府应急管理部门责令限期退回违法所得的款物；构成犯罪的，依法追究刑事责任。

第三十一条 抢夺或者聚众哄抢自然灾害救助款物或者捐赠款物的，由县级以上人民政府应急管理部门责令停止违法行为；构成违反治安管理行为的，由公安机关依法给予治安管理处罚；构成犯罪的，依法追究刑事责任。

第三十二条 以暴力、威胁方法阻碍自然灾害救助工作人员依法执行职务，构成违反治安管理行为的，由公安机关依法给予治安管理处罚；构成犯罪的，依法追究刑事责任。

第七章　附　　则

第三十三条　发生事故灾难、公共卫生事件、社会安全事件等突发事件，需要由县级以上人民政府应急管理部门开展生活救助的，参照本条例执行。

第三十四条　法律、行政法规对防灾、抗灾、救灾另有规定的，从其规定。

第三十五条　本条例自2010年9月1日起施行。

四、消防安全

中华人民共和国消防法

（1998年4月29日第九届全国人民代表大会常务委员会第二次会议通过　2008年10月28日第十一届全国人民代表大会常务委员会第五次会议修订　根据2019年4月23日第十三届全国人民代表大会常务委员会第十次会议《关于修改〈中华人民共和国建筑法〉等八部法律的决定》修正）

目　　录

第一章　总　　则

第一条　【立法目的】 为了预防火灾和减少火灾危害，加强应急救援工作，保护人身、财产安全，维护公共安全，制定本法。

第二条　【消防工作的方针、原则】 消防工作贯彻预防为主、防消结合的方针，按照政府统一领导、部门依法监管、单位全面负责、公民积极参与的原则，实行消防安全责任制，建立健全社会化的消防工作网络。

第三条 【各级人民政府的消防工作职责】国务院领导全国的消防工作。地方各级人民政府负责本行政区域内的消防工作。

各级人民政府应当将消防工作纳入国民经济和社会发展计划，保障消防工作与经济社会发展相适应。

第四条 【消防工作监督管理体制】国务院应急管理部门对全国的消防工作实施监督管理。县级以上地方人民政府应急管理部门对本行政区域内的消防工作实施监督管理，并由本级人民政府消防救援机构负责实施。军事设施的消防工作，由其主管单位监督管理，消防救援机构协助；矿井地下部分、核电厂、海上石油天然气设施的消防工作，由其主管单位监督管理。

县级以上人民政府其他有关部门在各自的职责范围内，依照本法和其他相关法律、法规的规定做好消防工作。

法律、行政法规对森林、草原的消防工作另有规定的，从其规定。

▶实用问答

1. 除应急管理部门外，还有哪些机构也是法律法规确定的消防管理机构?

根据本条的规定，国务院应急管理部门负责全国的消防监督管理工作，县级以上的各级人民政府的应急管理部门负责本行政区域内的消防监督管理工作。除此之外，《消防法》还对一些特殊区域的消防监督管理工作作了专门规定，即军事设施、矿井地下部分、核电厂的消防安全工作，由其主管单位监督管理。本法所称的主管单位是指军事设施的行政主管部门、矿井地下部分所属的矿山企业的行政主管部门、核电厂的行政主管部门或者由法律、法规授权的专门的管理机构。

2. 如何理解本条的“法律法规另有规定”?

这里的“法律法规另有规定”是指《森林法》、《草原法》及其实施细则，《森林防火条例》，《草原防火条例》等法律、行政法规关于森林、草原消防工作的规定。

第五条　【单位、个人的消防义务】任何单位和个人都有维护消防安全、保护消防设施、预防火灾、报告火警的义务。任何单位和成年人都有参加有组织的灭火工作的义务。

▶条文解读

这里的“有组织的灭火”是指在参加灭火工作时要有组织、有秩序地进行，而不是指参加灭火工作要获得哪一级行政机构、单位的批准或安排，不是指只有消防救援机构组织的灭火才能参加。不管是消防救援机构，基层人民政府、单位，村民、居民委员会，专职、义务消防组织，还是消防员或火场有组织能力的公民，只要有火灾就要组织灭火，有关人员就应当参加灭火工作，只要参加灭火工作就要服从统一的组织和指挥。在消防救援机构参加的灭火中，应当由消防救援机构统一实施灭火指挥，各有关单位、个人，应当自觉地服从消防救援机构的统一指挥。不得组织未成年人参加火灾扑救。

第六条　【消防宣传教育义务】各级人民政府应当组织开展经常性的消防宣传教育，提高公民的消防安全意识。

机关、团体、企业、事业等单位，应当加强对本单位人员的消防宣传教育。

应急管理部门及消防救援机构应当加强消防法律、法规的宣传，并督促、指导、协助有关单位做好消防宣传教育工作。

教育、人力资源行政主管部门和学校、有关职业培训机构应当将消防知识纳入教育、教学、培训的内容。

新闻、广播、电视等有关单位，应当有针对性地面向社会进行消防宣传教育。

工会、共产主义青年团、妇女联合会等团体应当结合各自工作对象的特点，组织开展消防宣传教育。

村民委员会、居民委员会应当协助人民政府以及公安机关、应急管理等部门，加强消防宣传教育。

▶条文解读

进行消防宣传的教育、培训内容可分三个层次：

一是消防知识普及教育。目的是使受训对象掌握了解消防的基本知识和基本技能。如物质的燃烧知识、一般的灭火方法、灭火器的使用方法、发生火灾时的自救、救援逃生技能、家庭防火知识、应当遵守的一般消防安全法规。

二是具有火灾危险作业人员岗位培训。目的是使从业人员掌握本岗位的消防安全知识，适应本岗位消防安全的需要，维护消防安全。

三是专业培训。目的是使消防监督人员、消防设计人员、消防工程施工人员、质量监督人员、消防科研教学人员掌握本岗位所需的消防专业知识。内容一般包括消防法律、法规、规章、地方性法规、消防技术标准等等。新闻、出版、广播、电影、电视等有关主管部门，有进行消防安全宣传教育的义务。

第七条　【鼓励支持消防事业，表彰奖励有突出贡献的单位、个人】国家鼓励、支持消防科学研究和技术创新，推广使用先进的消防和应急救援技术、设备；鼓励、支持社会力量开展消防公益活动。

对在消防工作中有突出贡献的单位和个人，应当按照国家有关规定给予表彰和奖励。

第二章　火灾预防

第八条　【消防规划】地方各级人民政府应当将包括消防安全布局、消防站、消防供水、消防通信、消防车通道、消防装备等内容的消防规划纳入城乡规划，并负责组织实施。

城乡消防安全布局不符合消防安全要求的，应当调整、完善；公共消防设施、消防装备不足或者不适应实际需要的，应当增建、改建、配置或者进行技术改造。

▶条文解读

“消防站”，是指依法建立的，直接担负着组织和实施火灾扑救，减少火灾危害，保卫社会主义现代化建设和人民生命财产安全重要任务的基层消防组织。消防站分为普通消防站、特种消防站和水上消防站等。消防站的位置和用地，应当按照国家的有关规定，在城市总体规划中预先确定，由城市规划部门进行控制，任何个人和单位不得占用。消防站的布局，应当以接到报警5分钟内消防队可以到达责任区边缘为原则，每个消防站责任区面积宜为4至7平方公里。

“消防供水”的形式多种多样，如天然水源和特定消防水源等。特定消防水源一般是指根据城乡的具体条件和灭火的需要而建立的专门用于消防的水源。如合用的或单独的消防给水管道、消防水池、水井或者加水栓等。市政消火栓规格必须统一，拆除或移动市政消火栓时，必须征得当地消防救援机构同意。同时，为了提高灭火能力，减少火灾损失，应当充分利用江河、湖泊、水塘等天然水源，并修建通向天然水源的消防车通道和取水设施。

“消防通信”，主要指有线、无线火灾报警系统和消防通讯指挥系统，如“119”火警专线。在进行城乡规划的过程中，要规划建设先进的消防通信，便于及时报警和尽快到达火灾现场。城市火警总调度台与城市供水、供电、供气、急救、交通、环保等部门之间，应当设有专线通信通讯。

“消防车通道”，是指为救火的需要，在城乡规划中设计的保证消防车通过的道路。消防车通道的宽度、间距和转弯半径等应当符合国家有关规定。为了保障消防车通道的畅通，任何个人或者单位，不准挖掘或者占用消防车通道，必须临时挖掘或者占用时，批准单位必须及时通知消防机构。只有保证消防车通道的畅通，在一旦发生火灾时，消防车才能及时到达火灾现场，减少火灾所造成的损失。

“消防装备”，主要包括消防车辆、消防船艇、机动泵、通讯设备、防毒面具、灭火器材、灭火药剂、战斗服装等。消防装备是消防队进行灭火救援的重要武器。为了适应救火和应急救援的需要，要加强对消防装备的管理、维修和保养，使其保持完整好用，随时处于战备状态。

第九条 【消防设计施工的要求】 建设工程的消防设计、施工必须符合国家工程建设消防技术标准。建设、设计、施工、工程监理等单位依法对建设工程的消防设计、施工质量负责。

▶条文解读

"消防设计"，是指根据国家工程建设消防技术标准的要求，在建设工程设计中涉及消防安全的内容。包括总平面布局和平面布置中涉及消防安全的防火间距、消防车道、消防水源等；建筑防火防烟分区和建筑构造；安全疏散和消防电梯；消防给水和自动灭火系统；防烟、排烟和通风、空调系统的防火设计；消防电源及其配电；火灾应急照明、应急广播和疏散指示标志；火灾自动报警系统和消防控制室；建筑内部装修的防火设计；建筑灭火器配置等。

国家工程建设消防技术标准是指国家颁布的各类建筑设计防火规范的总和。包括建筑、天然气、石油、火工、电气、化工、消防灭火器材及其他类型的消防安全管理措施和技术规范。具体有：《建筑设计防火规范》、《建筑内部装修设计防火规范》、《村镇建筑设计防火规范》、《高层民用建筑设计防火规范》、《石油化工企业设计防火标准》、《爆炸危险环境电力装置设计规范》、《火灾自动报警系统设计规范》、《水电工程设计防火规范》、《自动喷水灭火系统设计规范》等。

第十条 【消防设计审查验收制度】 对按照国家工程建设消防技术标准需要进行消防设计的建设工程，实行建设工程消防设计审查验收制度。

第十一条 【消防设计审查】 国务院住房和城乡建设主管部门规定的特殊建设工程，建设单位应当将消防设计文件报送住房和城乡建设主管部门审查，住房和城乡建设主管部门依法对审查的结果负责。

前款规定以外的其他建设工程，建设单位申请领取施工许可证或者申请批准开工报告时应当提供满足施工需要的消防设计图纸及技术资料。

第十二条 【消防设计未经审核或者消防设计不合格的法律后果】 特殊建设工程未经消防设计审查或者审查不合格的，建设单位、施工单位不得施工；其他建设工程，建设单位未提供满足施工需要的消防设计图纸及技术资料的，有关部门不得发放施工许可证或者批准开工报告。

第十三条 【消防验收和备案、抽查】国务院住房和城乡建设主管部门规定应当申请消防验收的建设工程竣工，建设单位应当向住房和城乡建设主管部门申请消防验收。

前款规定以外的其他建设工程，建设单位在验收后应当报住房和城乡建设主管部门备案，住房和城乡建设主管部门应当进行抽查。

依法应当进行消防验收的建设工程，未经消防验收或者消防验收不合格的，禁止投入使用；其他建设工程经依法抽查不合格的，应当停止使用。

▶条文解读

根据本法第58条规定，依法应当进行消防验收的建设工程，未经消防验收或者消防验收不合格，擅自投入使用的，由住房和城乡建设主管部门、消防救援机构按照各自职权责令停止施工、停止使用或者停产停业，并处三万元以上三十万元以下罚款。

第十四条 【消防设计审核、消防验收、备案和抽查的具体办法】建设工程消防设计审查、消防验收、备案和抽查的具体办法，由国务院住房和城乡建设主管部门规定。

▶条文解读

根据《中共中央办公厅、国务院办公厅关于调整住房和城乡建设部职责机构编制的通知》，将原由公安部指导建设工程消防设计审查职责划入住房和城乡建设部。为贯彻上述要求，住房和城乡建设部、应急管理部发布《关于做好移交承接建设工程消防设计审查验收职责的通知》，就有关事项通知如下：

一、移交承接的范围为各级消防救援机构依据《消防法》《建设工程消防监督管理规定》承担的建设工程消防设计审核、消防验收、备案和抽查职责。

二、2019年4月1日至6月30日为建设工程消防设计审查验收职责移交承接期，各地应于6月30日前全部完成移交承接工作。

三、自2019年4月1日起，已明确建设工程消防设计审查验收职责承接机构的地方，由承接机构受理并负责建设工程消防设计审查验收工作，当地消防救援机构可以派员协助；未明确承接机构的，由当地人民政府指定的机构受理并负责建设工程消防设计审查验收工作。

四、建设工程消防设计审查验收职责移交完成后，各地住房和城乡建设主管部门或者其他负责建设工程消防设计审查验收工作的部门应当与消防救援机构共享建筑总平面、建筑平面、消防设施系统图等与消防安全检查和灭火救援有关的图纸、资料，以及消防验收结果等信息。

第十五条　【公众聚集场所的消防安全检查】公众聚集场所在投入使用、营业前，建设单位或者使用单位应当向场所所在地的县级以上地方人民政府消防救援机构申请消防安全检查。

消防救援机构应当自受理申请之日起十个工作日内，根据消防技术标准和管理规定，对该场所进行消防安全检查。未经消防安全检查或者经检查不符合消防安全要求的，不得投入使用、营业。

▶条文解读

根据本法第73条的规定，这里的“公众聚集场所”是指宾馆、饭店、商场、集贸市场、客运车站候车室、客运码头候船厅、民用机场航站楼、体育场馆、会堂以及公共娱乐场所等。根据《娱乐场所管理条例》的规定，“娱乐场所”，是指以营利为目的，并向公众开放、消费者自娱自乐的歌舞、游艺等场所。这里的“公共娱乐场所”，主要包括影剧院、录像厅、礼堂等演出、放映场所；舞厅、卡拉OK厅等歌舞娱乐场所；具有娱乐功能的夜总会、音乐茶座和餐饮场所；游艺、游乐场所；保龄球馆、旱冰场、桑拿浴室等营业性健身、休闲场所等。

▶实用问答

3. 消防监督检查的形式有哪些？

根据《消防监督检查规定》的规定，消防监督检查的形式有：（1）对公众聚集场所在投入使用、营业前的消防安全检查；(2) 对单位履行法定消防安全职责情况的监督抽查；(3) 对举报投诉的消防安全违法行为的核查；(4) 对大型群众性活动举办前的消防安全检查；(5) 根据需要进行的其他消防监督检查。

第十六条　【单位的消防安全职责】机关、团体、企业、事业等单位应当履行下列消防安全职责：

（一）落实消防安全责任制，制定本单位的消防安全制度、消防安全操作规程，制定灭火和应急疏散预案；

（二）按照国家标准、行业标准配置消防设施、器材，设置消防安全标志，并定期组织检验、维修，确保完好有效；

（三）对建筑消防设施每年至少进行一次全面检测，确保完好有效，检测记录应当完整准确，存档备查；

（四）保障疏散通道、安全出口、消防车通道畅通，保证防火防烟分区、防火间距符合消防技术标准；

（五）组织防火检查，及时消除火灾隐患；

（六）组织进行有针对性的消防演练；

（七）法律、法规规定的其他消防安全职责。

单位的主要负责人是本单位的消防安全责任人。

▶实用问答

4. 单位的消防安全责任人应当履行的消防安全职责有哪些？

单位的消防安全责任人应当履行下列消防安全职责：(1) 贯彻执行消防法规，保障单位消防安全符合规定，掌握本单位的消防安全情况；(2) 将消防工作与本单位的生产、科研、经营、管理等活动统筹安排，批准实施年度消防工作计划；(3) 为本单位的消防安全提供必要的经费和组织保障；(4) 确定逐级消防安全责任，批准实施消防安全制度和保障消防安全的操作规程；(5) 组织防火检查，督促落实火灾隐患整改，及时处理涉及消防安全的重大问题；(6) 根据消防法规的规定建立专职消防队、义务消防队；(7) 组织制定符合本单位实际的灭火和应急疏散预案，并实施演练。

5. 单位的消防安全制度应当包括哪些内容?

单位应当按照国家有关规定，结合本单位的特点，建立健全各项消防安全制度和保障消防安全的操作规程，并公布执行。单位消防安全制度主要包括以下内容：消防安全教育、培训；防火巡查、检查；安全疏散设施管理；消防（控制室）值班；消防设施、器材维护管理；火灾隐患整改；用火、用电安全管理；易燃易爆危险物品和场所防火防爆；专职和义务消防队的组织管理；灭火和应急疏散预案演练；燃气和电气设备的检查和管理（包括防雷、防静电）；消防安全工作考评和奖惩；其他必要的消防安全内容。

6. 单位的防火检查应当包括哪些内容?

机关、团体、事业单位应当至少每季度进行一次防火检查，其他单位应当至少每月进行一次防火检查。

检查的内容应当包括：(1) 火灾隐患的整改情况以及防范措施的落实情况；(2) 安全疏散通道、疏散指示标志、应急照明和安全出口情况；(3) 消防车通道、消防水源情况；(4) 灭火器材配置及有效情况；(5) 用火、用电有无违章情况；(6) 重点工种人员以及其他员工消防知识的掌握情况；(7) 消防安全重点部位的管理情况；(8) 易燃易爆危险物品和场所防火防爆措施的落实情况以及其他重要物资的防火安全情况；(9) 消防（控制室）值班情况和设施运行、记录情况；(10) 防火巡查情况；(11) 消防安全标志的设置情况和完好、有效情况；(12) 其他需要检查的内容。

防火检查应当填写检查记录。检查人员和被检查部门负责人应当在检查记录上签名。

第十七条　【消防安全重点单位的消防安全职责】县级以上地方人民政府消防救援机构应当将发生火灾可能性较大以及发生火灾可能造成重大的人身伤亡或者财产损失的单位，确定为本行政区域内的消防安全重点单位，并由应急管理部门报本级人民政府备案。

消防安全重点单位除应当履行本法第十六条规定的职责外，还应当履行下列消防安全职责：

（一）确定消防安全管理人，组织实施本单位的消防安全管理工作；

（二）建立消防档案，确定消防安全重点部位，设置防火标志，实行严格管理；

（三）实行每日防火巡查，并建立巡查记录；

（四）对职工进行岗前消防安全培训，定期组织消防安全培训和消防演练。

▶实用问答

7. 如何界定本条规定的“消防安全重点单位”?

根据《机关、团体、企业、事业单位消防安全管理规定》及《公安部关于实施〈机关、团体、企业、事业单位消防安全管理规定〉有关问题的通知》，下列范围的单位是消防安全重点单位：

（1）商场（市场）、宾馆（饭店）、体育场（馆）、会堂、公共娱乐场所等公众聚集场所：建筑面积在1000平方米（含本数，下同）以上且经营可燃商品的商场（商店、市场）；客房数在50间以上的宾馆（旅馆、饭店）；公共的体育场（馆）、会堂；建筑面积在200平方米以上的公共娱乐场所（“公共娱乐场所”系指公安部《公共娱乐场所消防安全管理规定》第二条所列场所）。

（2）医院、养老院和寄宿制的学校、托儿所、幼儿园：住院床位在50张以上的医院；老人住宿床位在50张以上的养老院；学生住宿床位在100张以上的学校；幼儿住宿床位在50张以上的托儿所、幼儿园。

（3）国家机关：县级以上的党委、人大、政府、政协；人民检察院、人民法院；中央和国务院各部委；共青团中央、全国总工会、全国妇联的办事机关。

（4）广播、电视和邮政、通信枢纽：广播电台、电视台；城镇的邮政、通信枢纽单位。

（5）客运车站、码头、民用机场：候车厅、候船厅的建筑面积在500平方米以上的客运车站和客运码头；民用机场。

（6）公共图书馆、展览馆、博物馆、档案馆以及具有火灾危险性的文物保护单位：建筑面积在2000平方米以上的公共图书馆、展览馆；公共博物馆、档案馆；具有火灾危险性的县级以上文物保护单位。

(7) 发电厂（站）和电网经营企业。

(8) 易燃易爆化学物品的生产、充装、储存、供应、销售单位：生产易燃易爆化学物品的工厂；易燃易爆气体和液体的灌装站、调压站；储存易燃易爆化学物品的专用仓库（堆场、储罐场所）；营业性汽车加油站、加气站，液化石油气供应站（换瓶站）；经营易燃易爆化学物品的化工商店。

(9) 劳动密集型生产、加工企业：生产车间员工在100人以上的服装、鞋帽、玩具等劳动密集型企业。

(10) 重要的科研单位。

(11) 高层公共建筑、地下铁道、地下观光隧道，粮、棉、木材、百货等物资仓库和堆场，重点工程的施工现场：高层公共建筑的办公楼（写字楼）、公寓楼等；城市地下铁道、地下观光隧道等地下公共建筑和城市重要的交通隧道；国家储备粮库、总储量在10000吨以上的其他粮库；总储量在500吨以上的棉库；总储量在10000立方米以上的木材堆场；总储存价值在1000万元以上的可燃物品仓库、堆场；国家和省级等重点工程的施工现场。

(12) 其他发生火灾可能性较大以及一旦发生火灾可能造成人身重大伤亡或者财产重大损失的单位。

8. 防火档案包括哪些内容?

防火档案主要内容包括：单位的基本情况；消防安全组织及逐级消防安全责任制；消防安全管理制度、消防安全操作规程；职工及重点工种人员消防安全教育和培训情况；消防安全重点部位的确定和管理情况；防火检查措施和火灾隐患的整改情况；防火巡查；值班及记录；消防设施的布局、消防控制室、自动消防系统的运行、维修保养情况、消防器材配置及有效使用情况；与消防安全有关的电气设备检测（防静电、防雷）等记录资料；燃油、燃气设备安全装置和容器检测记录资料；有关建筑工程消防设计审核、消防验收的文件、资料；消防救援机构的消防安全检查监督的法律文书及整改报告；灭火和应急疏散预案及演练情况；其他与消防安全有关的文件、资料。

9. 哪些场所和部位属于消防安全重点部位?

单位应当将容易发生火灾、一旦发生火灾可能严重危及人身和财产安全以及对消防安全有重大影响的部位确定为消防安全重点部位,设置明显的防火标志,实行严格管理。消防安全重点部位由单位消防安全组织根据本单位的实际情况确定,并采取特别严格的防火措施,加强消防安全管理。重点部位一般包括下列部位或场所:

(1)容易发生火灾的部位:油漆、喷漆、油浸工作场所;烘烤、电气焊割、火炉点炉房等明火作业的工作场所;化工、化验、木工、粉尘等高度火灾危险性场所;易燃、易爆、化学危险物品的生产、使用、储存、销售的站、店、库等场所。

(2)发生火灾后影响消防安全重点单位全局的部位、场所:变配电室,消防自动控制室,广播总控室,生产总控、调度室,计算机房,供气、供水、供电的调研室,档案资料中心,重要精密仪器设备室。

(3)物资集中场所:各种物品的库房、堆场、集放地、储藏室,先进设备的生产车间实验室。

(4)人员集中的场所:公众聚集的文化、体育、娱乐、聚集场所,集体宿舍、施工地工棚、医院、食堂、招待所、幼儿园。

第十八条 【共用建筑物的消防安全责任】 同一建筑物由两个以上单位管理或者使用的,应当明确各方的消防安全责任,并确定责任人对共用的疏散通道、安全出口、建筑消防设施和消防车通道进行统一管理。

住宅区的物业服务企业应当对管理区域内的共用消防设施进行维护管理,提供消防安全防范服务。

▶条文解读

同一建筑物由两个以上单位管理或者使用的,首先,应当明确各方的消防安全责任,两个以上单位管理和使用同一建筑物的,可以通过订立合同、协议,明确在火灾预防和扑救工作中各自应当承担的消防安全责任和义务。其次,应当确定责任人对共用的疏散通道、安全出口、建筑消防设施和消防车通道进行统一管理，保证共用的疏散通道、安全出口、消防车通道畅通，建筑消防设施完好有效，从而有效地预防和减少火灾的发生。

第十九条 【易燃易爆危险品生产经营场所的设置要求】 生产、储存、经营易燃易爆危险品的场所不得与居住场所设置在同一建筑物内，并应当与居住场所保持安全距离。

生产、储存、经营其他物品的场所与居住场所设置在同一建筑物内的，应当符合国家工程建设消防技术标准。

▶条文解读

"其他物品"，是指除易燃易爆危险品以外的物品。"国家工程建设消防技术标准"，是指国家颁布的各类建筑设计防火规范的总和，包括建筑、天然气、石油、电气、化工、灭火器材及其他类型的消防安全管理措施和技术规范，具体有《建筑设计防火规范》、《高层民用建筑设计防火规范》、《建筑内部装修设计防火规范》、《火灾自动报警系统设计规范》、《自动喷水灭火系统设计规范》等，这些规范为建筑工程的消防设计提供了科学标准，保证建筑工程的消防安全，更好地保障人民群众的生命财产安全。需要注意的是，生产、储存、经营其他物品的一些危险的场所，如果依照国家工程建设消防技术标准的规定，不能与居住场所设置在同一建筑物内的，也必须按照相应规定执行。

第二十条 【大型群众性活动的消防安全】 举办大型群众性活动，承办人应当依法向公安机关申请安全许可，制定灭火和应急疏散预案并组织演练，明确消防安全责任分工，确定消防安全管理人员，保持消防设施和消防器材配置齐全、完好有效，保证疏散通道、安全出口、疏散指示标志、应急照明和消防车通道符合消防技术标准和管理规定。

▶实用问答

10. 大型群众性活动举办前对活动现场进行消防安全检查，应当重点检查哪些内容？

在大型群众性活动举办前对活动现场进行消防安全检查，应当重点检查下列内容：(1) 室内活动使用的建筑物（场所）是否依法通过消防验收或者进行竣工验收消防备案，公众聚集场所是否通过使用、营业前的消防安全检查；(2) 临时搭建的建筑物是否符合消防安全要求；(3) 是否制定灭火和应急疏散预案并组织演练；(4) 是否明确消防安全责任分工并确定消防安全管理人员；(5) 活动现场消防设施、器材是否配备齐全并完好有效；(6) 活动现场的疏散通道、安全出口和消防车通道是否畅通；(7) 活动现场的疏散指示标志和应急照明是否符合消防技术标准并完好有效。

第二十一条　【特殊场所和特种作业防火要求】禁止在具有火灾、爆炸危险的场所吸烟、使用明火。因施工等特殊情况需要使用明火作业的，应当按照规定事先办理审批手续，采取相应的消防安全措施；作业人员应当遵守消防安全规定。

进行电焊、气焊等具有火灾危险作业的人员和自动消防系统的操作人员，必须持证上岗，并遵守消防安全操作规程。

▶条文解读

根据劳动部1995年1月22日发布的《爆炸危险场所安全规定》，爆炸危险场所是指：存在由于爆炸性混合物出现造成爆炸事故危险而必须对其生产、使用、储存和装卸等实施预防措施的场所，分为特别危险场所、高度危险场所和一般危险场所三个等级。

第二十二条　【危险物品生产经营单位设置的消防安全要求】生产、储存、装卸易燃易爆危险品的工厂、仓库和专用车站、码头的设置，应当符合消防技术标准。易燃易爆气体和液体的充装站、供应站、调压站，应当设置在符合消防安全要求的位置，并符合防火防爆要求。

已经设置的生产、储存、装卸易燃易爆危险品的工厂、仓库和专用车站、码头，易燃易爆气体和液体的充装站、供应站、调压站，不再符合前款规定的，地方人民政府应当组织、协调有关部门、单位限期解决，消除安全隐患。

▶条文解读

易燃易爆危险物品是指《民用爆炸物品品名表》中所列举的民用爆炸

物品和《危险货物品名表》中在外界温度、湿度、压力的影响下，能迅速发生反应，产生以燃烧爆炸为主要特征的压缩气体、液化气体、易燃液体、易燃固体、自燃物品、遇湿易燃物品，氧化剂、有机过氧化物以及毒害品、腐蚀品中部分易燃易爆化学危险物品。

危险物品是指易燃易爆物品、危险化学品、放射性物品等能够危及人身安全和财产安全的物品。

第二十三条　【易燃易爆危险品和可燃物资仓库管理】 生产、储存、运输、销售、使用、销毁易燃易爆危险品，必须执行消防技术标准和管理规定。

进入生产、储存易燃易爆危险品的场所，必须执行消防安全规定。禁止非法携带易燃易爆危险品进入公共场所或者乘坐公共交通工具。

储存可燃物资仓库的管理，必须执行消防技术标准和管理规定。

▶条文解读

根据《产品质量法》的规定，产品包装必须履行产品包装标志的义务。对剧毒、危险等特殊要求的产品，其包装必须符合相应要求，有警示标志或者中文警示说明，标明储运注意事项。

危险品标签上的图案、标志组成的标识可以告诫、指导人们了解危险品的种类和危险性，引起高度的注意和警惕。国家技术监督局公布的《化学品安全标签编写规定》规定，标签由生产单位在货物出厂前粘贴、挂栓、喷印。如更换包装，更换单位应重新粘贴、挂栓、喷印标签。盛装化学危险物品的容器或包装，在经过处理并确认其危险性完全消除之后，方可撕下标签，否则不能撕下相应的标签。

进入生产、储存易燃易爆危险物品的场所，必须执行国家有关消防安全的规定。禁止携带火种进入生产、储存易燃易爆危险物品的场所。禁止非法携带易燃易爆危险物品进入公共场所或者乘坐公共交通工具。

储存可燃物资仓库的管理，必须执行国家有关消防安全的规定。

第二十四条　【消防产品标准、强制性产品认证和技术鉴定制度】 消防产品必须符合国家标准；没有国家标准的，必须符合行业标准。禁止生产、销售或者使用不合格的消防产品以及国家明令淘汰的消防产品。

依法实行强制性产品认证的消防产品，由具有法定资质的认证机构按照国家标准、行业标准的强制性要求认证合格后，方可生产、销售、使用。实行强制性产品认证的消防产品目录，由国务院产品质量监督部门会同国务院应急管理部门制定并公布。

新研制的尚未制定国家标准、行业标准的消防产品，应当按照国务院产品质量监督部门会同国务院应急管理部门规定的办法，经技术鉴定符合消防安全要求的，方可生产、销售、使用。

依照本条规定经强制性产品认证合格或者技术鉴定合格的消防产品，国务院应急管理部门应当予以公布。

第二十五条　【对消防产品质量的监督检查】产品质量监督部门、工商行政管理部门、消防救援机构应当按照各自职责加强对消防产品质量的监督检查。

▶条文解读

消防产品的质量直接关系到在发生火灾后能否有效地发挥作用，对消防产品的认证和技术鉴定等工作固然重要，但更为重要的是要加强对消防产品生产、销售等环节的日常监督工作，以便于及时发现和处理假冒伪劣消防产品。由于消防产品技术含量较高，经常备而不用，一般用户难以实施监督，所以本条规定，产品质量监督部门、工商行政管理部门和消防救援构应加强对消防产品质量的日常监督检查和严格管理。

第二十六条　【建筑构件、建筑材料和室内装修、装饰材料的防火要求】建筑构件、建筑材料和室内装修、装饰材料的防火性能必须符合国家标准；没有国家标准的，必须符合行业标准。

人员密集场所室内装修、装饰，应当按照消防技术标准的要求，使用不燃、难燃材料。

▶条文解读

“防火性能”包括燃烧性能和耐火极限。建筑物构件的燃烧性能分为非燃烧体、难燃烧体和燃烧体。非燃烧体是用非燃烧材料做成的构件，如建筑中采用的金属材料和天然或人工的无机矿物材料。难燃烧体是用难燃烧材料做成的构件或用燃烧材料做成而用非燃烧材料做保护层的构件，如沥青混凝土、水泥刨花板等。燃烧体是用燃烧材料做成的构件，如木材等。《建筑材料及制品燃烧性能分级》对各种建筑材料的燃烧性能、检验方法及判定指标作了规定。耐火极限是对任一建筑构件按时间和温度标准曲线进行耐火试验，从受到火的作用时起，到失去支持能力或完整性被破坏或失去隔火作用时为止的这段时间。

随着科学技术的不断发展和广泛运用，将会有更新的建筑材料问世。在国家对这些新的建筑材料还未制定标准之前，新材料必须符合其行业标准。

第二十七条　【电器产品、燃气用具产品标准及其安装、使用的消防安全要求】电器产品、燃气用具的产品标准，应当符合消防安全的要求。

电器产品、燃气用具的安装、使用及其线路、管路的设计、敷设、维护保养、检测，必须符合消防技术标准和管理规定。

第二十八条　【保护消防设施、器材，保障消防通道畅通】任何单位、个人不得损坏、挪用或者擅自拆除、停用消防设施、器材，不得埋压、圈占、遮挡消火栓或者占用防火间距，不得占用、堵塞、封闭疏散通道、安全出口、消防车通道。人员密集场所的门窗不得设置影响逃生和灭火救援的障碍物。

第二十九条　【公共消防设施的维护】负责公共消防设施维护管理的单位，应当保持消防供水、消防通信、消防车通道等公共消防设施的完好有效。在修建道路以及停电、停水、截断通信线路时有可能影响消防队灭火救援的，有关单位必须事先通知当地消防救援机构。

第三十条　【加强农村消防工作】地方各级人民政府应当加强对农村消防工作的领导，采取措施加强公共消防设施建设，组织建立和督促落实消防安全责任制。

第三十一条 【重要防火时期的消防工作】 在农业收获季节、森林和草原防火期间、重大节假日期间以及火灾多发季节，地方各级人民政府应当组织开展有针对性的消防宣传教育，采取防火措施，进行消防安全检查。

▶条文解读

森林、草原防火期间是指一年内降水量少、空气干燥、风大、用火多，最容易发生森林、草原火灾的季节。

由于地理位置、气候差异、自然条件、火灾发生规律的不同，森林、草原的防火期间起始时间和终止时间各不相同。

第三十二条 【基层组织的群众性消防工作】 乡镇人民政府、城市街道办事处应当指导、支持和帮助村民委员会、居民委员会开展群众性的消防工作。村民委员会、居民委员会应当确定消防安全管理人，组织制定防火安全公约，进行防火安全检查。

▶条文解读

“群众性的消防工作”，一般指宣传教育、动员、组织、依靠群众开展消防工作，提高公民的消防意识、消防法制观念和自防自救能力，开展经常性的防火安全检查，消除火灾隐患，改善防火条件，落实防火措施，提高预防能力，加强业务培训，做到群众发生火灾会报警，会扑救初期火灾、会疏散自救。一切与群众相关，一切为群众所能及，一切靠群众参与。居民委员会、村民委员会组织开展群众性的消防工作，实行消防工作方面由群众自教、自管、自防、自治是其应尽的职责。

第三十三条 【火灾公众责任保险】 国家鼓励、引导公众聚集场所和生产、储存、运输、销售易燃易爆危险品的企业投保火灾公众责任保险；鼓励保险公司承保火灾公众责任保险。

▶条文解读

火灾公众责任保险属于一种责任保险。所谓责任保险，又称为第三者责任保险，是指被保险人对第三者负损害赔偿责任时，由保险人承担其赔偿责任的一种保险。火灾公众责任保险的特点在于，投保人发生火灾造成公众人身或者财产损害，依法应当承担损害赔偿责任时，由保险人代为承担赔偿责任。由此可见，火灾公众责任险的重要意义，在于增强公众聚集场所等单位的赔偿能力，保证这些场所在发生重大火灾事故后，对火灾事故的受害者应当承担的赔偿责任能够落到实处。

第三十四条　【对消防安全技术服务的规范】消防产品质量认证、消防设施检测、消防安全监测等消防技术服务机构和执业人员，应当依法获得相应的资质、资格；依照法律、行政法规、国家标准、行业标准和执业准则，接受委托提供消防技术服务，并对服务质量负责。

第三章　消防组织

第三十五条　【消防组织建设】各级人民政府应当加强消防组织建设，根据经济社会发展的需要，建立多种形式的消防组织，加强消防技术人才培养，增强火灾预防、扑救和应急救援的能力。

第三十六条　【政府建立消防队】县级以上地方人民政府应当按照国家规定建立国家综合性消防救援队、专职消防队，并按照国家标准配备消防装备，承担火灾扑救工作。

乡镇人民政府应当根据当地经济发展和消防工作的需要，建立专职消防队、志愿消防队，承担火灾扑救工作。

▶条文解读

专职消防队是城市（直辖市、副省级市、县级市以及市辖区）和相当于该级别的省、自治区、地、州、盟、旗驻地所在人民政府和建制镇人民政府及企业、事业单位为了维护当地和本单位的消防安全和扑救火灾而建立起来的专司消防工作的地方性的专业灭火力量。

第三十七条　【应急救援职责】国家综合性消防救援队、专职消防队按照国家规定承担重大灾害事故和其他以抢救人员生命为主的应急救援工作。

▶条文解读

本条对国家综合性消防救援队、专职消防队承担重大灾害事故和其他的救援工作的范围作了明确规定，即“按照国家规定承担以抢救人员生命为主”的应急救援工作。这也是总结实践经验，从有利于充分发挥其救援专长，有利于将有限的资源投入到最急迫的应急救援工作中去的角度作出的规定。

此外，本条的规定实际上也要求各级人民政府在国家综合性消防救援队、专职消防队建设方面，应当充分考虑到国家综合性消防救援队、专职消防队除承担火灾扑救工作外，还依法承担着以抢救人员生命为主的应急救援工作的实际情况，有针对性地从人员、装备、器材等方面加强其应急救援能力建设。

第三十八条　【消防队的能力建设】国家综合性消防救援队、专职消防队应当充分发挥火灾扑救和应急救援专业力量的骨干作用；按照国家规定，组织实施专业技能训练，配备并维护保养装备器材，提高火灾扑救和应急救援的能力。

第三十九条　【单位建立专职消防队】下列单位应当建立单位专职消防队，承担本单位的火灾扑救工作：

（一）大型核设施单位、大型发电厂、民用机场、主要港口；

（二）生产、储存易燃易爆危险品的大型企业；

（三）储备可燃的重要物资的大型仓库、基地；

（四）第一项、第二项、第三项规定以外的火灾危险性较大、距离国家综合性消防救援队较远的其他大型企业；

（五）距离国家综合性消防救援队较远、被列为全国重点文物保护单位的古建筑群的管理单位。

第四十条　【专职消防队的验收及队员福利待遇】专职消防队的建立，应当符合国家有关规定，并报当地消防救援机构验收。

专职消防队的队员依法享受社会保险和福利待遇。

▶条文解读

专职消防队方面的国家有关规定是指1987年1月由国家经委、公安部、劳动人事部、财政部联合发布的《企业事业单位专职消防队组织条例》。

专职消防队的经费由建队单位承担，并保证其正常的工作费用，队员的奖金、福利、待遇不低于本单位职工或本区域职工的收入标准。企业专职消防队的编制员额根据消防工作需要由企业自定，事业或其他形式的专职队编制，报编制部门审批。专职消防队可以从单位职工中选调，也可以从有关方面招用，执行劳动合同法有关规定。

队员的条件是年龄在十八岁以上、三十岁以下的男性公民，初中以上文化，身体健康，热爱消防工作。在执勤备战方面，专职消防队的执勤、灭火战斗、业务训练应参照执行公安部发布的《公安消防部队执勤战斗条令》和《消防战士基本功训练规定》等。专职消防队的营房设施、器材、装备等参照《城市消防站建设标准》，在火灾预防方面执行法规、规定赋予的职责，经验收合格的消防队，统一着专职消防人员制式服装。

第四十一条　【群众性消防组织】 机关、团体、企业、事业等单位以及村民委员会、居民委员会根据需要，建立志愿消防队等多种形式的消防组织，开展群众性自防自救工作。

第四十二条　【消防救援机构与专职消防队、志愿消防队等消防组织的关系】 消防救援机构应当对专职消防队、志愿消防队等消防组织进行业务指导；根据扑救火灾的需要，可以调动指挥专职消防队参加火灾扑救工作。

▶条文解读

消防救援机构调动专职消防队参加火灾扑救工作是法律赋予消防救援机构的权利，是由消防救援机构的性质、地位和承担的任务所决定的。接受消防救援机构的调动和统一指挥参加火灾扑救工作是各专职消防队的法定义务。专职消防队不得以任何理由拒绝、拖延，错过灭火战机，或不服从火场指挥员的统一指挥影响整个水平的发挥。

消防救援机构调动专职消防队参加火灾的扑救工作存在以下几种情况，

一是调动距火场较近的专职消防队先期出警；二是调动具有某方面专业特长的专职消防队协同扑救特种火灾；三是调动相关的专职消防队协同扑救重特大火灾。

第四章 灭火救援

第四十三条 【火灾应急预案、应急反应和处置机制】 县级以上地方人民政府应当组织有关部门针对本行政区域内的火灾特点制定应急预案，建立应急反应和处置机制，为火灾扑救和应急救援工作提供人员、装备等保障。

第四十四条 【火灾报警；现场疏散、扑救；消防队接警出动】 任何人发现火灾都应当立即报警。任何单位、个人都应当无偿为报警提供便利，不得阻拦报警。严禁谎报火警。

人员密集场所发生火灾，该场所的现场工作人员应当立即组织、引导在场人员疏散。

任何单位发生火灾，必须立即组织力量扑救。邻近单位应当给予支援。

消防队接到火警，必须立即赶赴火灾现场，救助遇险人员，排除险情，扑灭火灾。

第四十五条 【组织火灾现场扑救及火灾现场总指挥的权限】 消防救援机构统一组织和指挥火灾现场扑救，应当优先保障遇险人员的生命安全。

火灾现场总指挥根据扑救火灾的需要，有权决定下列事项：

（一）使用各种水源；

（二）截断电力、可燃气体和可燃液体的输送，限制用火用电；

（三）划定警戒区，实行局部交通管制；

（四）利用临近建筑物和有关设施；

（五）为了抢救人员和重要物资，防止火势蔓延，拆除或者破损毗邻火灾现场的建筑物、构筑物或者设施等；

（六）调动供水、供电、供气、通信、医疗救护、交通运输、环境保护等有关单位协助灭火救援。

根据扑救火灾的紧急需要，有关地方人民政府应当组织人员、调集所需物资支援灭火。

▶实用问答

11. 火场总指挥员应当由什么人担任?

火场总指挥员是指设立的火场指挥机构的最高指挥者。实行一级指挥的，责任区中队执勤队长是火场总指挥员；实行二级指挥的，上级到场的最高首长是火场总指挥员；实行三级指挥的，担任火场总指挥的支、大队值班首长或者在火场的最高领导是火场总指挥员。

第四十六条　【重大灾害事故应急救援实行统一领导】国家综合性消防救援队、专职消防队参加火灾以外的其他重大灾害事故的应急救援工作，由县级以上人民政府统一领导。

▶实用问答

12. 国家综合性消防救援队有哪些火灾以外的其他灾害或者事故救援义务?

除火灾外，国家综合性消防救援队对以危及人员生命为主的危险化学品泄漏、道路交通事故、地震及其次生灾害、建筑坍塌、重大安全生产事故、空难、爆炸及恐怖事件和群众遇险事件，水旱灾害、气象灾害、地质灾害、森林、草原火灾等自然灾害，矿山、水上事故，重大环境污染、核与辐射事故和突发公共卫生事件负有救援义务。应该说，国家综合性消防救援队在火灾之外做了大量的灾害或事故救援工作。

第四十七条　【消防交通优先】消防车、消防艇前往执行火灾扑救或者应急救援任务，在确保安全的前提下，不受行驶速度、行驶路线、行驶方向和指挥信号的限制，其他车辆、船舶以及行人应当让行，不得穿插超越；收费公路、桥梁免收车辆通行费。交通管理指挥人员应当保证消防车、消防艇迅速通行。

赶赴火灾现场或者应急救援现场的消防人员和调集的消防装备、物资，需要铁路、水路或者航空运输的，有关单位应当优先运输。

▶实用问答

13. 消防车执行救火任务时有哪些通行特权?

执行任务的消防车、消防艇，在确保安全的原则下，不受行驶速度、行驶路线、行驶方向和指挥信号的限制。

在确保安全的前提下，可以驶入禁航区、交通管制区、通航繁华区，行驶速度可以超过道路、航道区段的交通限速标志的最高时速限制和交通规则规定的机动车最高时速限制，消防车可以在非机动车道、人行通道、无障碍安全区域行驶，可以驶入禁止机动车驶入的路段和地区，可以不受交通信号、交通标志或交通标志线的限制行车、超车、会车、转弯、倒车、掉头，可以逆行，可以闯红灯、黄灯。

消防车、消防艇在通过收费站、卡、渡口、船闸、桥面、隧道、泊岸时，应当优先通行。有关单位必须设置优先通行的安全通道或采取保障优先通行的措施，保障消防车、消防艇迅速通过。不得收取养路费、过桥费、通行费、使用费等费用，不得以任何理由阻碍消防车、消防艇的迅速通行。消防车、消防艇在通过收费站、船闸时，遇有阻碍的情况，在确保安全的前提下可以逆向行驶、通过站、卡、闸。

第四十八条　【消防设施、器材严禁挪作他用】 消防车、消防艇以及消防器材、装备和设施，不得用于与消防和应急救援工作无关的事项。

▶条文解读

“不得用于与消防和应急救援工作无关的事项”是指消防车、消防艇以及消火栓、水泵、塔、蓄水池等消防器材、装备和设施，是扑救火灾、实施抢险救援的基本工具和设备，必须专用于消防和应急救援工作，不得用于与消防和抢险救援工作无关的事项。

第四十九条　【扑救火灾、应急救援免收费用】 国家综合性消防救援队、专职消防队扑救火灾、应急救援，不得收取任何费用。

单位专职消防队、志愿消防队参加扑救外单位火灾所损耗的燃料、灭火剂和器材、装备等，由火灾发生地的人民政府给予补偿。

第五十条 【医疗抚恤】对因参加扑救火灾或者应急救援受伤、致残或者死亡的人员，按照国家有关规定给予医疗、抚恤。

第五十一条 【火灾事故调查】消防救援机构有权根据需要封闭火灾现场，负责调查火灾原因，统计火灾损失。

火灾扑灭后，发生火灾的单位和相关人员应当按照消防救援机构的要求保护现场，接受事故调查，如实提供与火灾有关的情况。

消防救援机构根据火灾现场勘验、调查情况和有关的检验、鉴定意见，及时制作火灾事故认定书，作为处理火灾事故的证据。

▶实用问答

14. 如何确定火灾原因的调查机关?

一般情况下火灾事故发生在哪个地域就由该地域的主管消防救援机构管辖，即火灾发生地原则，这个原则就包括了最先发生的含义，对跨行政区域的火灾事故调查，由最先起火地的消防救援机构管辖，相关区域的消防救援机构予以协助。

军事设施、矿井地下部分、核电厂的火灾事故调查由主管单位负责，森林草原的火灾由法律规定的监督机构负责。根据《铁路、交通、民航系统消防监督职责范围协调会纪要》的规定，发生在铁路、交通、民航系统的火灾事故分别由铁路、交通、民航系统的消防救援机构管辖。特殊的地域管辖优于普通的地域管辖。

另外，法律、法规专门规定的某些类型的火灾事故，只能由特定的机关管辖，其他消防救援机构则无管辖权。如放火案件由公安机关刑事侦查部门管辖，消防救援机构在火灾调查中遇有放火案件的，应当移交公安刑事侦查部门立案侦查。在这种情况下，只能由公安刑事侦查部门管辖。

15. 火灾直接财产损失应当由哪个机关来核定?

根据《火灾直接财产损失统计方法》规定，市、县级消防救援机构，对直接财产损失进行统计、核定，并逐级上报，因此核定机关是火灾发生地主管消防救援机构。

16. 火灾事故等级如何确定？

根据《生产安全事故报告和调查处理条例》和公安部《关于调整火灾等级标准的通知》，火灾事故的等级根据事故造成的人员伤亡或者直接经济损失要素划分为特别重大火灾事故、重大火灾事故、较大火灾事故和一般火灾事故四个等级。即特别重大火灾是指造成30人以上死亡，或者100人以上重伤，或者1亿元以上直接财产损失的火灾；重大火灾是指造成10人以上30人以下死亡，或者50人以上100人以下重伤，或者5000万元以上1亿元以下直接财产损失的火灾；较大火灾是指造成3人以上10人以下死亡，或者10人以上50人以下重伤，或者1000万元以上5000万元以下直接财产损失的火灾；一般火灾是指造成3人以下死亡，或者10人以下重伤，或者1000万元以下直接财产损失的火灾。（注："以上"包括本数，"以下"不包括本数。）

第五章　监督检查

第五十二条　【人民政府的监督检查】地方各级人民政府应当落实消防工作责任制，对本级人民政府有关部门履行消防安全职责的情况进行监督检查。

县级以上地方人民政府有关部门应当根据本系统的特点，有针对性地开展消防安全检查，及时督促整改火灾隐患。

第五十三条　【消防救援机构的监督检查】消防救援机构应当对机关、团体、企业、事业等单位遵守消防法律、法规的情况依法进行监督检查。公安派出所可以负责日常消防监督检查、开展消防宣传教育，具体办法由国务院公安部门规定。

消防救援机构、公安派出所的工作人员进行消防监督检查，应当出示证件。

▶实用问答

17. 公安派出所对单位进行日常消防监督检查，应当检查哪些内容？

公安派出所对单位进行日常消防监督检查，应当检查下列内容：（1）建筑物或者场所是否依法通过消防验收或者进行竣工验收消防备案，公众聚集场所是否依法通过投入使用、营业前的消防安全检查；（2）是否制定消防安全制度；（3）是否组织防火检查、消防安全宣传教育培训、灭火和应急疏散演练；（4）消防车通道、疏散通道、安全出口是否畅通，室内消火栓、疏散指示标志、应急照明、灭火器是否完好有效；（5）生产、储存、经营易燃易爆危险品的场所是否与居住场所设置在同一建筑物内。

对设有建筑消防设施的单位，公安派出所还应当检查单位是否对建筑消防设施定期组织维修保养。对居民住宅区的物业服务企业进行日常消防监督检查，公安派出所除检查上述第（2）至（4）项内容外，还应当检查物业服务企业对管理区域内共用消防设施是否进行维护管理。

第五十四条　【消除火灾隐患】消防救援机构在消防监督检查中发现火灾隐患的，应当通知有关单位或者个人立即采取措施消除隐患；不及时消除隐患可能严重威胁公共安全的，消防救援机构应当依照规定对危险部位或者场所采取临时查封措施。

▶实用问答

18. 消防救援机构在发现火灾隐患后，应如何处理？

消防救援机构在消防监督检查中发现火灾隐患，应当通知有关单位或者个人立即采取措施消除。对具有下列情形之一，不及时消除可能严重威胁公共安全的，应当对危险部位或者场所予以临时查封：（1）疏散通道、安全出口数量不足或者严重堵塞，已不具备安全疏散条件的；（2）建筑消防设施严重损坏，不再具备防火灭火功能的；（3）人员密集场所违反消防安全规定，使用、储存易燃易爆危险品的；（4）公众聚集场所违反消防技术标准，采用易燃、可燃材料装修，可能导致重大人员伤亡的；（5）其他可能严重威胁公共安全的火灾隐患。临时查封期限不得超过三十日。临时查封期限届满后，当事人仍未消除火灾隐患的，消防救援机构可以再次依法予以临时查封。

19. 什么是火灾隐患?

具有下列情形之一的，应当确定为火灾隐患：(1) 影响人员安全疏散或者灭火救援行动，不能立即改正的；(2) 消防设施未保持完好有效，影响防火灭火功能的；(3) 擅自改变防火分区，容易导致火势蔓延、扩大的；(4) 在人员密集场所违反消防安全规定，使用、储存易燃易爆危险品，不能立即改正的；(5) 不符合城市消防安全布局要求，影响公共安全的；(6) 其他可能增加火灾实质危险性或者危害性的情形。重大火灾隐患按照国家有关标准认定。

第五十五条　【重大消防隐患的发现及处理】 消防救援机构在消防监督检查中发现城乡消防安全布局、公共消防设施不符合消防安全要求，或者发现本地区存在影响公共安全的重大火灾隐患的，应当由应急管理部门书面报告本级人民政府。

接到报告的人民政府应当及时核实情况，组织或者责成有关部门、单位采取措施，予以整改。

第五十六条　【住房和城乡建设主管部门、消防救援机构及其工作人员应当遵循的执法原则】 住房和城乡建设主管部门、消防救援机构及其工作人员应当按照法定的职权和程序进行消防设计审查、消防验收、备案抽查和消防安全检查，做到公正、严格、文明、高效。

住房和城乡建设主管部门、消防救援机构及其工作人员进行消防设计审查、消防验收、备案抽查和消防安全检查等，不得收取费用，不得利用职务谋取利益；不得利用职务为用户、建设单位指定或者变相指定消防产品的品牌、销售单位或者消防技术服务机构、消防设施施工单位。

第五十七条　【对住房和城乡建设主管部门、消防救援机构及其工作人员的社会和公民监督】 住房和城乡建设主管部门、消防救援机构及其工作人员执行职务，应当自觉接受社会和公民的监督。

任何单位和个人都有权对住房和城乡建设主管部门、消防救援机构及其工作人员在执法中的违法行为进行检举、控告。收到检举、控告的机关，应当按照职责及时查处。

第六章　法律责任

第五十八条　【对不符合消防设计审查、消防验收、消防安全检查要求的行为的处罚】违反本法规定，有下列行为之一的，由住房和城乡建设主管部门、消防救援机构按照各自职权责令停止施工、停止使用或者停产停业，并处三万元以上三十万元以下罚款：

（一）依法应当进行消防设计审查的建设工程，未经依法审查或者审查不合格，擅自施工的；

（二）依法应当进行消防验收的建设工程，未经消防验收或者消防验收不合格，擅自投入使用的；

（三）本法第十三条规定的其他建设工程验收后经依法抽查不合格，不停止使用的；

（四）公众聚集场所未经消防安全检查或者经检查不符合消防安全要求，擅自投入使用、营业的。

建设单位未依照本法规定在验收后报住房和城乡建设主管部门备案的，由住房和城乡建设主管部门责令改正，处五千元以下罚款。

第五十九条　【对不按消防技术标准设计、施工的行为的处罚】违反本法规定，有下列行为之一的，由住房和城乡建设主管部门责令改正或者停止施工，并处一万元以上十万元以下罚款：

（一）建设单位要求建筑设计单位或者建筑施工企业降低消防技术标准设计、施工的；

（二）建筑设计单位不按照消防技术标准强制性要求进行消防设计的；

（三）建筑施工企业不按照消防设计文件和消防技术标准施工，降低消防施工质量的；

（四）工程监理单位与建设单位或者建筑施工企业串通，弄虚作假，降低消防施工质量的。

第六十条　【对违背消防安全职责行为的处罚】单位违反本法规定，有下列行为之一的，责令改正，处五千元以上五万元以下罚款：

（一）消防设施、器材或者消防安全标志的配置、设置不符合国家标准、行业标准，或者未保持完好有效的；

（二）损坏、挪用或者擅自拆除、停用消防设施、器材的；

（三）占用、堵塞、封闭疏散通道、安全出口或者有其他妨碍安全疏散行为的；

（四）埋压、圈占、遮挡消火栓或者占用防火间距的；

（五）占用、堵塞、封闭消防车通道，妨碍消防车通行的；

（六）人员密集场所在门窗上设置影响逃生和灭火救援的障碍物的；

（七）对火灾隐患经消防救援机构通知后不及时采取措施消除的。

个人有前款第二项、第三项、第四项、第五项行为之一的，处警告或者五百元以下罚款。

有本条第一款第三项、第四项、第五项、第六项行为，经责令改正拒不改正的，强制执行，所需费用由违法行为人承担。

▶条文解读

本法第16条对机关、团体、企业、事业等单位应当履行的消防安全职责作了规定。包括按照国家标准、行业标准配置消防设施、器材，设置消防安全标志并定期组织检验、维修，确保完好有效；对建筑消防设施每年至少进行一次全面检测，确保完好有效；保障疏散通道、安全出口、消防车通道畅通等。此外，本法第28条还规定，任何单位、个人不得损坏、挪用或者擅自拆除、停用消防设施、器材，不得埋压、圈占、遮挡消火栓或者占用防火间距，不得占用、堵塞、封闭疏散通道、安全出口、消防车通道。人员密集场所的门窗不得设置影响逃生和灭火救援的障碍物。本条就是对违反上述规定应当承担的法律责任的规定。

第六十一条　【对易燃易爆危险品生产经营场所设置不符合规定的处罚】生产、储存、经营易燃易爆危险品的场所与居住场所设置在同一建筑物内，或者未与居住场所保持安全距离的，责令停产停业，并处五千元以上五万元以下罚款。

生产、储存、经营其他物品的场所与居住场所设置在同一建筑物内，不符合消防技术标准的，依照前款规定处罚。

▶条文解读

本法第19条规定，生产、储存、经营易燃易爆危险品的场所不得与居住场所设置在同一建筑物内，并应当与居住场所保持安全距离。生产、储存、经营其他物品的场所与居住场所设置在同一建筑物内的，应当符合国家工程建设消防技术标准的要求。本条是与其相对应的法律责任条款。

第六十二条　【对涉及消防的违反治安管理行为的处罚】有下列行为之一的，依照《中华人民共和国治安管理处罚法》的规定处罚：

（一）违反有关消防技术标准和管理规定生产、储存、运输、销售、使用、销毁易燃易爆危险品的；

（二）非法携带易燃易爆危险品进入公共场所或者乘坐公共交通工具的；

（三）谎报火警的；

（四）阻碍消防车、消防艇执行任务的；

（五）阻碍消防救援机构的工作人员依法执行职务的。

▶条文解读

本条规定的违法行为，既是违反消防法律法规，危害消防安全的行为，又是治安管理处罚法有明确规定的违反治安管理的行为。治安管理处罚法的条文对于本条规定的违反治安管理的行为，有的是单独规定，有的是根据违反治安管理行为的种类和逻辑顺序，与其他违反治安管理的行为共同规定的。本条规定，对于这些行为，依照治安管理处罚法的规定处罚，即既要按照治安管理处罚法规定的处罚种类和幅度进行处罚，又要遵照治安管理处罚法规定的程序进行处罚。

第六十三条 【对违反危险场所消防管理规定行为的处罚】违反本法规定，有下列行为之一的，处警告或者五百元以下罚款；情节严重的，处五日以下拘留：

（一）违反消防安全规定进入生产、储存易燃易爆危险品场所的；

（二）违反规定使用明火作业或者在具有火灾、爆炸危险的场所吸烟、使用明火的。

第六十四条 【对过失引起火灾、阻拦报火警等行为的处罚】违反本法规定，有下列行为之一，尚不构成犯罪的，处十日以上十五日以下拘留，可以并处五百元以下罚款；情节较轻的，处警告或者五百元以下罚款：

（一）指使或者强令他人违反消防安全规定，冒险作业的；

（二）过失引起火灾的；

（三）在火灾发生后阻拦报警，或者负有报告职责的人员不及时报警的；

（四）扰乱火灾现场秩序，或者拒不执行火灾现场指挥员指挥，影响灭火救援的；

（五）故意破坏或者伪造火灾现场的；

（六）擅自拆封或者使用被消防救援机构查封的场所、部位的。

▶条文解读

本条规定的违法行为，如果情节严重到一定程度，就可能构成犯罪。如指使或者强令他人违反消防安全规定，冒险作业的行为，可能构成《刑法》第134条第2款规定的强令违章冒险作业罪；过失引起火灾的行为可能构成《刑法》第115条第2款规定的失火罪。如果本条规定的行为严重到构成犯罪的程度，就应当根据刑法的规定追究刑事责任。因此本条规定明确这些行为依照本法予以行政处罚的前提是“尚不构成犯罪的”。

第六十五条 【对生产、销售、使用不合格或国家明令淘汰的消防产品行为的处理】违反本法规定，生产、销售不合格的消防产品或者国家明令淘汰的消防产品的，由产品质量监督部门或者工商行政管理部门依照《中华人民共和国产品质量法》的规定从重处罚。

人员密集场所使用不合格的消防产品或者国家明令淘汰的消防产品的，责令限期改正；逾期不改正的，处五千元以上五万元以下罚款，并对其直接负责的主管人员和其他直接责任人员处五百元以上二千元以下罚款；情节严重的，责令停产停业。

消防救援机构对于本条第二款规定的情形，除依法对使用者予以处罚外，应当将发现不合格的消防产品和国家明令淘汰的消防产品的情况通报产品质量监督部门、工商行政管理部门。产品质量监督部门、工商行政管理部门应当对生产者、销售者依法及时查处。

▶条文解读

这里的“《中华人民共和国产品质量法》的规定”是指《产品质量法》第49条、第50条、第51条、第52条关于销售不合格产品的行政责任和刑事责任的规定。即生产销售不合格产品的，责令停止生产、销售，没收违法生产的产品和违法所得，没收违法销售的产品和违法所得，并处违法所得一倍以上五倍以下的罚款，可以吊销营业执照；构成犯罪的，依法追究刑事责任。

第六十六条　【对电器产品、燃气用具的安装、使用等不符合消防技术标准和管理规定的处罚】电器产品、燃气用具的安装、使用及其线路、管路的设计、敷设、维护保养、检测不符合消防技术标准和管理规定的，责令限期改正；逾期不改正的，责令停止使用，可以并处一千元以上五千元以下罚款。

▶条文解读

电器、燃气用具的消防安全技术规定是指国家工程建筑消防技术标准，产品安装敷设工程消防技术标准，原油和天然气工程消防技术标准，消防安全管理规定等等。

第六十七条　【单位未履行消防安全职责的法律责任】机关、团体、企业、事业等单位违反本法第十六条、第十七条、第十八条、第二十一条第二款规定的，责令限期改正；逾期不改正的，对其直接负责的主管人员和其他直接责任人员依法给予处分或者给予警告处罚。

第六十八条 【人员密集场所现场工作人员不履行职责的法律责任】人员密集场所发生火灾，该场所的现场工作人员不履行组织、引导在场人员疏散的义务，情节严重，尚不构成犯罪的，处五日以上十日以下拘留。

第六十九条 【消防技术服务机构失职的法律责任】消防产品质量认证、消防设施检测等消防技术服务机构出具虚假文件的，责令改正，处五万元以上十万元以下罚款，并对直接负责的主管人员和其他直接责任人员处一万元以上五万元以下罚款；有违法所得的，并处没收违法所得；给他人造成损失的，依法承担赔偿责任；情节严重的，由原许可机关依法责令停止执业或者吊销相应资质、资格。

前款规定的机构出具失实文件，给他人造成损失的，依法承担赔偿责任；造成重大损失的，由原许可机关依法责令停止执业或者吊销相应资质、资格。

第七十条 【对违反消防法行为的处罚程序】本法规定的行政处罚，除应当由公安机关依照《中华人民共和国治安管理处罚法》的有关规定决定的外，由住房和城乡建设主管部门、消防救援机构按照各自职权决定。

被责令停止施工、停止使用、停产停业的，应当在整改后向作出决定的部门或者机构报告，经检查合格，方可恢复施工、使用、生产、经营。

当事人逾期不执行停产停业、停止使用、停止施工决定的，由作出决定的部门或者机构强制执行。

责令停产停业，对经济和社会生活影响较大的，由住房和城乡建设主管部门或者应急管理部门报请本级人民政府依法决定。

第七十一条 【有关主管部门的工作人员滥用职权、玩忽职守、徇私舞弊的法律责任】住房和城乡建设主管部门、消防救援机构的工作人员滥用职权、玩忽职守、徇私舞弊，有下列行为之一，尚不构成犯罪的，依法给予处分：

（一）对不符合消防安全要求的消防设计文件、建设工程、场所准予审查合格、消防验收合格、消防安全检查合格的；

（二）无故拖延消防设计审查、消防验收、消防安全检查，不在法定期限内履行职责的；

（三）发现火灾隐患不及时通知有关单位或者个人整改的；

（四）利用职务为用户、建设单位指定或者变相指定消防产品的品牌、销售单位或者消防技术服务机构、消防设施施工单位的；

（五）将消防车、消防艇以及消防器材、装备和设施用于与消防和应急救援无关的事项的；

（六）其他滥用职权、玩忽职守、徇私舞弊的行为。

产品质量监督、工商行政管理等其他有关行政主管部门的工作人员在消防工作中滥用职权、玩忽职守、徇私舞弊，尚不构成犯罪的，依法给予处分。

第七十二条　【违反消防法构成犯罪的刑事责任】违反本法规定，构成犯罪的，依法追究刑事责任。

▶条文解读

违反消防法的行为中，有些行为已触犯了刑法的规定，应当依照刑法规定追究刑事责任。考虑到对违反消防法构成犯罪依法应当追究刑事责任的行为，刑法中已有具体规定，因此，在法律责任一章中未采取逐条规定的形式而单独规定了本条。

第七章　附　　则

第七十三条　【专门用语的含义】本法下列用语的含义：

（一）消防设施，是指火灾自动报警系统、自动灭火系统、消火栓系统、防烟排烟系统以及应急广播和应急照明、安全疏散设施等。

（二）消防产品，是指专门用于火灾预防、灭火救援和火灾防护、避难、逃生的产品。

（三）公众聚集场所，是指宾馆、饭店、商场、集贸市场、客运车站候车室、客运码头候船厅、民用机场航站楼、体育场馆、会堂以及公共娱乐场所等。

（四）人员密集场所，是指公众聚集场所，医院的门诊楼、病房楼，学校的教学楼、图书馆、食堂和集体宿舍，养老院，福利院，托儿所，幼儿园，公共图书馆的阅览室，公共展览馆、博物馆的展示厅，劳动密集型企业的生产加工车间和员工集体宿舍，旅游、宗教活动场所等。

第七十四条　【生效日期】本法自2009年5月1日起施行。

森林防火条例

（1988年1月16日国务院公布　2008年11月19日国务院第36次常务会议修订通过　2008年12月1日中华人民共和国国务院令第541号公布　自2009年1月1日起施行）

第一章　总　　则

第一条　为了有效预防和扑救森林火灾，保障人民生命财产安全，保护森林资源，维护生态安全，根据《中华人民共和国森林法》，制定本条例。

第二条　本条例适用于中华人民共和国境内森林火灾的预防和扑救。但是，城市市区的除外。

第三条　森林防火工作实行预防为主、积极消灭的方针。

第四条　国家森林防火指挥机构负责组织、协调和指导全国的森林防火工作。

国务院林业主管部门负责全国森林防火的监督和管理工作，承担国家森林防火指挥机构的日常工作。

国务院其他有关部门按照职责分工，负责有关的森林防火工作。

第五条　森林防火工作实行地方各级人民政府行政首长负责制。

县级以上地方人民政府根据实际需要设立的森林防火指挥机构，负责组织、协调和指导本行政区域的森林防火工作。

县级以上地方人民政府林业主管部门负责本行政区域森林防火的监督和管理工作，承担本级人民政府森林防火指挥机构的日常工作。

县级以上地方人民政府其他有关部门按照职责分工，负责有关的森林防火工作。

第六条 森林、林木、林地的经营单位和个人，在其经营范围内承担森林防火责任。

第七条 森林防火工作涉及两个以上行政区域的，有关地方人民政府应当建立森林防火联防机制，确定联防区域，建立联防制度，实行信息共享，并加强监督检查。

第八条 县级以上人民政府应当将森林防火基础设施建设纳入国民经济和社会发展规划，将森林防火经费纳入本级财政预算。

第九条 国家支持森林防火科学研究，推广和应用先进的科学技术，提高森林防火科技水平。

第十条 各级人民政府、有关部门应当组织经常性的森林防火宣传活动，普及森林防火知识，做好森林火灾预防工作。

第十一条 国家鼓励通过保险形式转移森林火灾风险，提高林业防灾减灾能力和灾后自我救助能力。

第十二条 对在森林防火工作中作出突出成绩的单位和个人，按照国家有关规定，给予表彰和奖励。

对在扑救重大、特别重大森林火灾中表现突出的单位和个人，可以由森林防火指挥机构当场给予表彰和奖励。

第二章　森林火灾的预防

第十三条 省、自治区、直辖市人民政府林业主管部门应当按照国务院林业主管部门制定的森林火险区划等级标准，以县为单位确定本行政区域的森林火险区划等级，向社会公布，并报国务院林业主管部门备案。

第十四条 国务院林业主管部门应当根据全国森林火险区划等级和实际工作需要，编制全国森林防火规划，报国务院或者国务院授权的部门批准后组织实施。

县级以上地方人民政府林业主管部门根据全国森林防火规划，结合本地实际，编制本行政区域的森林防火规划，报本级人民政府批准后组织实施。

第十五条 国务院有关部门和县级以上地方人民政府应当按照森林防火规划，加强森林防火基础设施建设，储备必要的森林防火物资，根据实际需要整合、完善森林防火指挥信息系统。

国务院和省、自治区、直辖市人民政府根据森林防火实际需要，充分利用卫星遥感技术和现有军用、民用航空基础设施，建立相关单位参与的航空护林协作机制，完善航空护林基础设施，并保障航空护林所需经费。

第十六条 国务院林业主管部门应当按照有关规定编制国家重大、特别重大森林火灾应急预案，报国务院批准。

县级以上地方人民政府林业主管部门应当按照有关规定编制森林火灾应急预案，报本级人民政府批准，并报上一级人民政府林业主管部门备案。

县级人民政府应当组织乡（镇）人民政府根据森林火灾应急预案制定森林火灾应急处置办法；村民委员会应当按照森林火灾应急预案和森林火灾应急处置办法的规定，协助做好森林火灾应急处置工作。

县级以上人民政府及其有关部门应当组织开展必要的森林火灾应急预案的演练。

第十七条 森林火灾应急预案应当包括下列内容：

（一）森林火灾应急组织指挥机构及其职责；

（二）森林火灾的预警、监测、信息报告和处理；

（三）森林火灾的应急响应机制和措施；

（四）资金、物资和技术等保障措施；

（五）灾后处置。

第十八条 在林区依法开办工矿企业、设立旅游区或者新建开发区的，其森林防火设施应当与该建设项目同步规划、同步设计、同步施工、同步验收；在林区成片造林的，应当同时配套建设森林防火设施。

第十九条 铁路的经营单位应当负责本单位所属林地的防火工作，并配合县级以上地方人民政府做好铁路沿线森林火灾危险地段的防火工作。

电力、电信线路和石油天然气管道的森林防火责任单位，应当在森林火灾危险地段开设防火隔离带，并组织人员进行巡护。

第二十条 森林、林木、林地的经营单位和个人应当按照林业主管部门的规定，建立森林防火责任制，划定森林防火责任区，确定森林防火责任人，并配备森林防火设施和设备。

第二十一条 地方各级人民政府和国有林业企业、事业单位应当根据实际需要，成立森林火灾专业扑救队伍；县级以上地方人民政府应当指导森林经营单位和林区的居民委员会、村民委员会、企业、事业单位建立森林火灾群众扑救队伍。专业的和群众的火灾扑救队伍应当定期进行培训和演练。

第二十二条 森林、林木、林地的经营单位配备的兼职或者专职护林员负责巡护森林，管理野外用火，及时报告火情，协助有关机关调查森林火灾案件。

第二十三条 县级以上地方人民政府应当根据本行政区域内森林资源分布状况和森林火灾发生规律，划定森林防火区，规定森林防火期，并向社会公布。

森林防火期内，各级人民政府森林防火指挥机构和森林、林木、林地的经营单位和个人，应当根据森林火险预报，采取相应的预防和应急准备措施。

第二十四条 县级以上人民政府森林防火指挥机构，应当组织有关部门对森林防火区内有关单位的森林防火组织建设、森林防火责任制落实、森林防火设施建设等情况进行检查；对检查中发现的森林火灾隐患，县级以上地方人民政府林业主管部门应当及时向有关单位下达森林火灾隐患整改通知书，责令限期整改，消除隐患。

被检查单位应当积极配合，不得阻挠、妨碍检查活动。

第二十五条 森林防火期内，禁止在森林防火区野外用火。因防治病虫鼠害、冻害等特殊情况确需野外用火的，应当经县级人民政府批准，并按照要求采取防火措施，严防失火；需要进入森林防火区进行实弹演习、爆破等活动的，应当经省、自治区、直辖市人民政府林业主管部门批准，并采取必要的防火措施；中国人民解放军和中国人民武装警察部队因处置突发事件和执行其他紧急任务需要进入森林防火区的，应当经其上级主管部门批准，并采取必要的防火措施。

第二十六条 森林防火期内，森林、林木、林地的经营单位应当设置森林防火警示宣传标志，并对进入其经营范围的人员进行森林防火安全宣传。

森林防火期内，进入森林防火区的各种机动车辆应当按照规定安装防火装置，配备灭火器材。

第二十七条 森林防火期内，经省、自治区、直辖市人民政府批准，林业主管部门、国务院确定的重点国有林区的管理机构可以设立临时性的森林防火检查站，对进入森林防火区的车辆和人员进行森林防火检查。

第二十八条 森林防火期内，预报有高温、干旱、大风等高火险天气的，县级以上地方人民政府应当划定森林高火险区，规定森林高火险期。必要时，县级以上地方人民政府可以根据需要发布命令，严禁一切野外用火；对可能引起森林火灾的居民生活用火应当严格管理。

第二十九条 森林高火险期内，进入森林高火险区的，应当经县级以上地方人民政府批准，严格按照批准的时间、地点、范围活动，并接受县级以上地方人民政府林业主管部门的监督管理。

第三十条 县级以上人民政府林业主管部门和气象主管机构应当根据森林防火需要，建设森林火险监测和预报台站，建立联合会商机制，及时制作发布森林火险预警预报信息。

气象主管机构应当无偿提供森林火险天气预报服务。广播、电视、报纸、互联网等媒体应当及时播发或者刊登森林火险天气预报。

第三章　森林火灾的扑救

第三十一条　县级以上地方人民政府应当公布森林火警电话，建立森林防火值班制度。

任何单位和个人发现森林火灾，应当立即报告。接到报告的当地人民政府或者森林防火指挥机构应当立即派人赶赴现场，调查核实，采取相应的扑救措施，并按照有关规定逐级报上级人民政府和森林防火指挥机构。

第三十二条　发生下列森林火灾，省、自治区、直辖市人民政府森林防火指挥机构应当立即报告国家森林防火指挥机构，由国家森林防火指挥机构按照规定报告国务院，并及时通报国务院有关部门：

（一）国界附近的森林火灾；

（二）重大、特别重大森林火灾；

（三）造成3人以上死亡或者10人以上重伤的森林火灾；

（四）威胁居民区或者重要设施的森林火灾；

（五）24小时尚未扑灭明火的森林火灾；

（六）未开发原始林区的森林火灾；

（七）省、自治区、直辖市交界地区危险性大的森林火灾；

（八）需要国家支援扑救的森林火灾。

本条第一款所称“以上”包括本数。

第三十三条　发生森林火灾，县级以上地方人民政府森林防火指挥机构应当按照规定立即启动森林火灾应急预案；发生重大、特别重大森林火灾，国家森林防火指挥机构应当立即启动重大、特别重大森林火灾应急预案。

森林火灾应急预案启动后，有关森林防火指挥机构应当在核实火灾准确位置、范围以及风力、风向、火势的基础上，根据火灾现场天气、地理条件，合理确定扑救方案，划分扑救地段，确定扑救责任人，并指定负责人及时到达森林火灾现场具体指挥森林火灾的扑救。

第三十四条 森林防火指挥机构应当按照森林火灾应急预案，统一组织和指挥森林火灾的扑救。

扑救森林火灾，应当坚持以人为本、科学扑救，及时疏散、撤离受火灾威胁的群众，并做好火灾扑救人员的安全防护，尽最大可能避免人员伤亡。

第三十五条 扑救森林火灾应当以专业火灾扑救队伍为主要力量；组织群众扑救队伍扑救森林火灾的，不得动员残疾人、孕妇和未成年人以及其他不适宜参加森林火灾扑救的人员参加。

第三十六条 武装警察森林部队负责执行国家赋予的森林防火任务。武装警察森林部队执行森林火灾扑救任务，应当接受火灾发生地县级以上地方人民政府森林防火指挥机构的统一指挥；执行跨省、自治区、直辖市森林火灾扑救任务的，应当接受国家森林防火指挥机构的统一指挥。

中国人民解放军执行森林火灾扑救任务的，依照《军队参加抢险救灾条例》的有关规定执行。

第三十七条 发生森林火灾，有关部门应当按照森林火灾应急预案和森林防火指挥机构的统一指挥，做好扑救森林火灾的有关工作。

气象主管机构应当及时提供火灾地区天气预报和相关信息，并根据天气条件适时开展人工增雨作业。

交通运输主管部门应当优先组织运送森林火灾扑救人员和扑救物资。

通信主管部门应当组织提供应急通信保障。

民政部门应当及时设置避难场所和救灾物资供应点，紧急转移并妥善安置灾民，开展受灾群众救助工作。

公安机关应当维护治安秩序，加强治安管理。

商务、卫生等主管部门应当做好物资供应、医疗救护和卫生防疫等工作。

第三十八条 因扑救森林火灾的需要，县级以上人民政府森林防火指挥机构可以决定采取开设防火隔离带、清除障碍物、应急取水、局部交通管制等应急措施。

因扑救森林火灾需要征用物资、设备、交通运输工具的，由县级以上人民政府决定。扑火工作结束后，应当及时返还被征用的物资、设备和交通工具，并依照有关法律规定给予补偿。

第三十九条 森林火灾扑灭后，火灾扑救队伍应当对火灾现场进行全面检查，清理余火，并留有足够人员看守火场，经当地人民政府森林防火指挥机构检查验收合格，方可撤出看守人员。

第四章 灾后处置

第四十条 按照受害森林面积和伤亡人数，森林火灾分为一般森林火灾、较大森林火灾、重大森林火灾和特别重大森林火灾：

（一）一般森林火灾：受害森林面积在1公顷以下或者其他林地起火的，或者死亡1人以上3人以下的，或者重伤1人以上10人以下的；

（二）较大森林火灾：受害森林面积在1公顷以上100公顷以下的，或者死亡3人以上10人以下的，或者重伤10人以上50人以下的；

（三）重大森林火灾：受害森林面积在100公顷以上1000公顷以下的，或者死亡10人以上30人以下的，或者重伤50人以上100人以下的；

（四）特别重大森林火灾：受害森林面积在1000公顷以上的，或者死亡30人以上的，或者重伤100人以上的。

本条第一款所称“以上”包括本数，“以下”不包括本数。

第四十一条 县级以上人民政府林业主管部门应当会同有关部门及时对森林火灾发生原因、肇事者、受害森林面积和蓄积、人员伤亡、其他经济损失等情况进行调查和评估，向当地人民政府提出调查报告；当地人民政府应当根据调查报告，确定森林火灾责任单位和责任人，并依法处理。

森林火灾损失评估标准，由国务院林业主管部门会同有关部门制定。

第四十二条 县级以上地方人民政府林业主管部门应当按照有关要求对森林火灾情况进行统计，报上级人民政府林业主管部门和本级人民政府统计机构，并及时通报本级人民政府有关部门。

森林火灾统计报告表由国务院林业主管部门制定，报国家统计局备案。

第四十三条 森林火灾信息由县级以上人民政府森林防火指挥机构或者林业主管部门向社会发布。重大、特别重大森林火灾信息由国务院林业主管部门发布。

第四十四条 对因扑救森林火灾负伤、致残或者死亡的人员，按照国家有关规定给予医疗、抚恤。

第四十五条 参加森林火灾扑救的人员的误工补贴和生活补助以及扑救森林火灾所发生的其他费用，按照省、自治区、直辖市人民政府规定的标准，由火灾肇事单位或者个人支付；起火原因不清的，由起火单位支付；火灾肇事单位、个人或者起火单位确实无力支付的部分，由当地人民政府支付。误工补贴和生活补助以及扑救森林火灾所发生的其他费用，可以由当地人民政府先行支付。

第四十六条 森林火灾发生后，森林、林木、林地的经营单位和个人应当及时采取更新造林措施，恢复火烧迹地森林植被。

第五章 法律责任

第四十七条 违反本条例规定，县级以上地方人民政府及其森林防火指挥机构、县级以上人民政府林业主管部门或者其他有关部门及其工作人员，有下列行为之一的，由其上级行政机关或者监察机关责令改正；情节严重的，对直接负责的主管人员和其他直接责任人员依法给予处分；构成犯罪的，依法追究刑事责任：

（一）未按照有关规定编制森林火灾应急预案的；

（二）发现森林火灾隐患未及时下达森林火灾隐患整改通知书的；

（三）对不符合森林防火要求的野外用火或者实弹演习、爆破等活动予以批准的；

（四）瞒报、谎报或者故意拖延报告森林火灾的；

（五）未及时采取森林火灾扑救措施的；

（六）不依法履行职责的其他行为。

第四十八条 违反本条例规定，森林、林木、林地的经营单位或者个人未履行森林防火责任的，由县级以上地方人民政府林业主管部门责令改正，对个人处500元以上5000元以下罚款，对单位处1万元以上5万元以下罚款。

第四十九条 违反本条例规定，森林防火区内的有关单位或者个人拒绝接受森林防火检查或者接到森林火灾隐患整改通知书逾期不消除火灾隐患的，由县级以上地方人民政府林业主管部门责令改正，给予警告，对个人并处200元以上2000元以下罚款，对单位并处5000元以上1万元以下罚款。

第五十条 违反本条例规定，森林防火期内未经批准擅自在森林防火区内野外用火的，由县级以上地方人民政府林业主管部门责令停止违法行为，给予警告，对个人并处200元以上3000元以下罚款，对单位并处1万元以上5万元以下罚款。

第五十一条 违反本条例规定，森林防火期内未经批准在森林防火区内进行实弹演习、爆破等活动的，由县级以上地方人民政府林业主管部门责令停止违法行为，给予警告，并处5万元以上10万元以下罚款。

第五十二条 违反本条例规定，有下列行为之一的，由县级以上地方人民政府林业主管部门责令改正，给予警告，对个人并处200元以上2000元以下罚款，对单位并处2000元以上5000元以下罚款：

（一）森林防火期内，森林、林木、林地的经营单位未设置森林防火警示宣传标志的；

（二）森林防火期内，进入森林防火区的机动车辆未安装森林防火装置的；

（三）森林高火险期内，未经批准擅自进入森林高火险区活动的。

第五十三条 违反本条例规定，造成森林火灾，构成犯罪的，依法追究刑事责任；尚不构成犯罪的，除依照本条例第四十八条、第四十九条、第五十条、第五十一条、第五十二条的规定追究法律责任外，县级以上地方人民政府林业主管部门可以责令责任人补种树木。

第六章 附 则

第五十四条 森林消防专用车辆应当按照规定喷涂标志图案，安装警报器、标志灯具。

第五十五条 在中华人民共和国边境地区发生的森林火灾，按照中华人民共和国政府与有关国家政府签订的有关协定开展扑救工作；没有协定的，由中华人民共和国政府和有关国家政府协商办理。

第五十六条 本条例自2009年1月1日起施行。

草原防火条例

（1993 年 10 月 5 日中华人民共和国国务院令第 130 号公布 2008 年 11 月 19 日国务院第 36 次常务会议修订通过 2008 年 11 月 29 日中华人民共和国国务院令第 542 号公布 自 2009 年 1 月 1 日起施行）

第一章 总 则

第一条 为了加强草原防火工作，积极预防和扑救草原火灾，保护草原，保障人民生命和财产安全，根据《中华人民共和国草原法》，制定本条例。

第二条 本条例适用于中华人民共和国境内草原火灾的预防和扑救。但是，林区和城市市区的除外。

第三条 草原防火工作实行预防为主、防消结合的方针。

第四条 县级以上人民政府应当加强草原防火工作的组织领导，将草原防火所需经费纳入本级财政预算，保障草原火灾预防和扑救工作的开展。

草原防火工作实行地方各级人民政府行政首长负责制和部门、单位领导负责制。

第五条 国务院草原行政主管部门主管全国草原防火工作。

县级以上地方人民政府确定的草原防火主管部门主管本行政区域内的草原防火工作。

县级以上人民政府其他有关部门在各自的职责范围内做好草原防火工作。

第六条 草原的经营使用单位和个人，在其经营使用范围内承担草原防火责任。

第七条 草原防火工作涉及两个以上行政区域或者涉及森林防火、城市消防的，有关地方人民政府及有关部门应当建立联防制度，确定联防区域，制定联防措施，加强信息沟通和监督检查。

第八条 各级人民政府或者有关部门应当加强草原防火宣传教育活动，提高公民的草原防火意识。

第九条 国家鼓励和支持草原火灾预防和扑救的科学技术研究，推广先进的草原火灾预防和扑救技术。

第十条 对在草原火灾预防和扑救工作中有突出贡献或者成绩显著的单位、个人，按照国家有关规定给予表彰和奖励。

第二章 草原火灾的预防

第十一条 国务院草原行政主管部门根据草原火灾发生的危险程度和影响范围等，将全国草原划分为极高、高、中、低四个等级的草原火险区。

第十二条 国务院草原行政主管部门根据草原火险区划和草原防火工作的实际需要，编制全国草原防火规划，报国务院或者国务院授权的部门批准后组织实施。

县级以上地方人民政府草原防火主管部门根据全国草原防火规划，结合本地实际，编制本行政区域的草原防火规划，报本级人民政府批准后组织实施。

第十三条 草原防火规划应当主要包括下列内容：

（一）草原防火规划制定的依据；

（二）草原防火组织体系建设；

（三）草原防火基础设施和装备建设；

（四）草原防火物资储备；

（五）保障措施。

第十四条 县级以上人民政府应当组织有关部门和单位，按照草原防火规划，加强草原火情瞭望和监测设施、防火隔离带、防火道路、防火物资储备库（站）等基础设施建设，配备草原防火交通工具、灭火器械、观察和通信器材等装备，储存必要的防火物资，建立和完善草原防火指挥信息系统。

第十五条 国务院草原行政主管部门负责制订全国草原火灾应急预案，报国务院批准后组织实施。

县级以上地方人民政府草原防火主管部门负责制订本行政区域的草原火灾应急预案，报本级人民政府批准后组织实施。

第十六条 草原火灾应急预案应当主要包括下列内容：

（一）草原火灾应急组织机构及其职责；

（二）草原火灾预警与预防机制；

（三）草原火灾报告程序；

（四）不同等级草原火灾的应急处置措施；

（五）扑救草原火灾所需物资、资金和队伍的应急保障；

（六）人员财产撤离、医疗救治、疾病控制等应急方案。

草原火灾根据受害草原面积、伤亡人数、受灾牲畜数量以及对城乡居民点、重要设施、名胜古迹、自然保护区的威胁程度等，分为特别重大、重大、较大、一般四个等级。具体划分标准由国务院草原行政主管部门制定。

第十七条 县级以上地方人民政府应当根据草原火灾发生规律，确定本行政区域的草原防火期，并向社会公布。

第十八条 在草原防火期内，因生产活动需要在草原上野外用火的，应当经县级人民政府草原防火主管部门批准。用火单位或者个人应当采取防火措施，防止失火。

在草原防火期内，因生活需要在草原上用火的，应当选择安全地点，采取防火措施，用火后彻底熄灭余火。

除本条第一款、第二款规定的情形外，在草原防火期内，禁止在草原上野外用火。

第十九条 在草原防火期内，禁止在草原上使用枪械狩猎。

在草原防火期内，在草原上进行爆破、勘察和施工等活动的，应当经县级以上地方人民政府草原防火主管部门批准，并采取防火措施，防止失火。

在草原防火期内，部队在草原上进行实弹演习、处置突发性事件和执行其他任务，应当采取必要的防火措施。

第二十条 在草原防火期内，在草原上作业或者行驶的机动车辆，应当安装防火装置，严防漏火、喷火和闸瓦脱落引起火灾。在草原上行驶的公共交通工具上的司机和乘务人员，应当对旅客进行草原防火宣传。司机、乘务人员和旅客不得丢弃火种。

在草原防火期内，对草原上从事野外作业的机械设备，应当采取防火措施；作业人员应当遵守防火安全操作规程，防止失火。

第二十一条 在草原防火期内，经本级人民政府批准，草原防火主管部门应当对进入草原、存在火灾隐患的车辆以及可能引发草原火灾的野外作业活动进行草原防火安全检查。发现存在火灾隐患的，应当告知有关责任人员采取措施消除火灾隐患；拒不采取措施消除火灾隐患的，禁止进入草原或者在草原上从事野外作业活动。

第二十二条 在草原防火期内，出现高温、干旱、大风等高火险天气时，县级以上地方人民政府应当将极高草原火险区、高草原火险区以及一旦发生草原火灾可能造成人身重大伤亡或者财产重大损失的区域划为草原防火管制区，规定管制期限，及时向社会公布，并报上一级人民政府备案。

在草原防火管制区内，禁止一切野外用火。对可能引起草原火灾的非野外用火，县级以上地方人民政府或者草原防火主管部门应当按照管制要求，严格管理。

进入草原防火管制区的车辆，应当取得县级以上地方人民政府草原防火主管部门颁发的草原防火通行证，并服从防火管制。

第二十三条 草原上的农（牧）场、工矿企业和其他生产经营单位，以及驻军单位、自然保护区管理单位和农村集体经济组织等，应当在县级以上地方人民政府的领导和草原防火主管部门的指导下，落实草原防火责任制，加强火源管理，消除火灾隐患，做好本单位的草原防火工作。

铁路、公路、电力和电信线路以及石油天然气管道等的经营单位，应当在其草原防火责任区内，落实防火措施，防止发生草原火灾。

承包经营草原的个人对其承包经营的草原，应当加强火源管理，消除火灾隐患，履行草原防火义务。

第二十四条 省、自治区、直辖市人民政府可以根据本地的实际情况划定重点草原防火区，报国务院草原行政主管部门备案。

重点草原防火区的县级以上地方人民政府和自然保护区管理单位，应当根据需要建立专业扑火队；有关乡（镇）、村应当建立群众扑火队。扑火队应当进行专业培训，并接受县级以上地方人民政府的指挥、调动。

第二十五条 县级以上人民政府草原防火主管部门和气象主管机构，应当联合建立草原火险预报预警制度。气象主管机构应当根据草原防火的实际需要，做好草原火险气象等级预报和发布工作；新闻媒体应当及时播报草原火险气象等级预报。

第三章　草原火灾的扑救

第二十六条 从事草原火情监测以及在草原上从事生产经营活动的单位和个人，发现草原火情的，应当采取必要措施，并及时向当地人民政府或者草原防火主管部门报告。其他发现草原火情的单位和个人，也应当及时向当地人民政府或者草原防火主管部门报告。

当地人民政府或者草原防火主管部门接到报告后，应当立即组织人员赶赴现场，核实火情，采取控制和扑救措施，防止草原火灾扩大。

第二十七条 当地人民政府或者草原防火主管部门应当及时将草

原火灾发生时间、地点、估测过火面积、火情发展趋势等情况报上级人民政府及其草原防火主管部门；境外草原火灾威胁到我国草原安全的，还应当报告境外草原火灾距我国边境距离、沿边境蔓延长度以及对我国草原的威胁程度等情况。

禁止瞒报、谎报或者授意他人瞒报、谎报草原火灾。

第二十八条 县级以上地方人民政府应当根据草原火灾发生情况确定火灾等级，并及时启动草原火灾应急预案。特别重大、重大草原火灾以及境外草原火灾威胁到我国草原安全的，国务院草原行政主管部门应当及时启动草原火灾应急预案。

第二十九条 草原火灾应急预案启动后，有关地方人民政府应当按照草原火灾应急预案的要求，立即组织、指挥草原火灾的扑救工作。

扑救草原火灾应当首先保障人民群众的生命安全，有关地方人民政府应当及时动员受到草原火灾威胁的居民以及其他人员转移到安全地带，并予以妥善安置；情况紧急时，可以强行组织避灾疏散。

第三十条 县级以上人民政府有关部门应当按照草原火灾应急预案的分工，做好相应的草原火灾应急工作。

气象主管机构应当做好气象监测和预报工作，及时向当地人民政府提供气象信息，并根据天气条件适时实施人工增雨。

民政部门应当及时设置避难场所和救济物资供应点，开展受灾群众救助工作。

卫生主管部门应当做好医疗救护、卫生防疫工作。

铁路、交通、航空等部门应当优先运送救灾物资、设备、药物、食品。

通信主管部门应当组织提供应急通信保障。

公安部门应当及时查处草原火灾案件，做好社会治安维护工作。

第三十一条 扑救草原火灾应当组织和动员专业扑火队和受过专业培训的群众扑火队；接到扑救命令的单位和个人，必须迅速赶赴指定地点，投入扑救工作。

扑救草原火灾，不得动员残疾人、孕妇、未成年人和老年人参加。

需要中国人民解放军和中国人民武装警察部队参加草原火灾扑救的，依照《军队参加抢险救灾条例》的有关规定执行。

第三十二条 根据扑救草原火灾的需要，有关地方人民政府可以紧急征用物资、交通工具和相关的设施、设备；必要时，可以采取清除障碍物、建设隔离带、应急取水、局部交通管制等应急管理措施。

因救灾需要，紧急征用单位和个人的物资、交通工具、设施、设备或者占用其房屋、土地的，事后应当及时返还，并依照有关法律规定给予补偿。

第三十三条 发生特别重大、重大草原火灾的，国务院草原行政主管部门应当立即派员赶赴火灾现场，组织、协调、督导火灾扑救，并做好跨省、自治区、直辖市草原防火物资的调用工作。

发生威胁林区安全的草原火灾的，有关草原防火主管部门应当及时通知有关林业主管部门。

境外草原火灾威胁到我国草原安全的，国务院草原行政主管部门应当立即派员赶赴有关现场，组织、协调、督导火灾预防，并及时将有关情况通知外交部。

第三十四条 国家实行草原火灾信息统一发布制度。特别重大、重大草原火灾以及威胁到我国草原安全的境外草原火灾信息，由国务院草原行政主管部门发布；其他草原火灾信息，由省、自治区、直辖市人民政府草原防火主管部门发布。

第三十五条 重点草原防火区的县级以上地方人民政府可以根据草原火灾应急预案的规定，成立草原防火指挥部，行使本章规定的本级人民政府在草原火灾扑救中的职责。

第四章 灾后处置

第三十六条 草原火灾扑灭后，有关地方人民政府草原防火主管部门或者其指定的单位应当对火灾现场进行全面检查，清除余火，并留有足够的人员看守火场。经草原防火主管部门检查验收合格，看守人员方可撤出。

第三十七条 草原火灾扑灭后，有关地方人民政府应当组织有关部门及时做好灾民安置和救助工作，保障灾民的基本生活条件，做好卫生防疫工作，防止传染病的发生和传播。

第三十八条 草原火灾扑灭后，有关地方人民政府应当组织有关部门及时制定草原恢复计划，组织实施补播草籽和人工种草等技术措施，恢复草场植被，并做好畜禽检疫工作，防止动物疫病的发生。

第三十九条 草原火灾扑灭后，有关地方人民政府草原防火主管部门应当及时会同公安等有关部门，对火灾发生时间、地点、原因以及肇事人等进行调查并提出处理意见。

草原防火主管部门应当对受灾草原面积、受灾畜禽种类和数量、受灾珍稀野生动植物种类和数量、人员伤亡以及物资消耗和其他经济损失等情况进行统计，对草原火灾给城乡居民生活、工农业生产、生态环境造成的影响进行评估，并按照国务院草原行政主管部门的规定上报。

第四十条 有关地方人民政府草原防火主管部门应当严格按照草原火灾统计报表的要求，进行草原火灾统计，向上一级人民政府草原防火主管部门报告，并抄送同级公安部门、统计机构。草原火灾统计报表由国务院草原行政主管部门会同国务院公安部门制定，报国家统计部门备案。

第四十一条 对因参加草原火灾扑救受伤、致残或者死亡的人员，按照国家有关规定给予医疗、抚恤。

第五章 法律责任

第四十二条 违反本条例规定，县级以上人民政府草原防火主管部门或者其他有关部门及其工作人员，有下列行为之一的，由其上级行政机关或者监察机关责令改正；情节严重的，对直接负责的主管人员和其他直接责任人员依法给予处分；构成犯罪的，依法追究刑事责任：

（一）未按照规定制订草原火灾应急预案的；

（二）对不符合草原防火要求的野外用火或者爆破、勘察和施工等活动予以批准的；

（三）对不符合条件的车辆发放草原防火通行证的；

（四）瞒报、谎报或者授意他人瞒报、谎报草原火灾的；

（五）未及时采取草原火灾扑救措施的；

（六）不依法履行职责的其他行为。

第四十三条 截留、挪用草原防火资金或者侵占、挪用草原防火物资的，依照有关财政违法行为处罚处分的法律、法规进行处理；构成犯罪的，依法追究刑事责任。

第四十四条 违反本条例规定，有下列行为之一的，由县级以上地方人民政府草原防火主管部门责令停止违法行为，采取防火措施，并限期补办有关手续，对有关责任人员处2000元以上5000元以下罚款，对有关责任单位处5000元以上2万元以下罚款：

（一）未经批准在草原上野外用火或者进行爆破、勘察和施工等活动的；

（二）未取得草原防火通行证进入草原防火管制区的。

第四十五条 违反本条例规定，有下列行为之一的，由县级以上地方人民政府草原防火主管部门责令停止违法行为，采取防火措施，消除火灾隐患，并对有关责任人员处200元以上2000元以下罚款，对有关责任单位处2000元以上2万元以下罚款；拒不采取防火措施、消除火灾隐患的，由县级以上地方人民政府草原防火主管部门代为采取防火措施、消除火灾隐患，所需费用由违法单位或者个人承担：

（一）在草原防火期内，经批准的野外用火未采取防火措施的；

（二）在草原上作业和行驶的机动车辆未安装防火装置或者存在火灾隐患的；

（三）在草原上行驶的公共交通工具上的司机、乘务人员或者旅客丢弃火种的；

（四）在草原上从事野外作业的机械设备作业人员不遵守防火安全操作规程或者对野外作业的机械设备未采取防火措施的；

（五）在草原防火管制区内未按照规定用火的。

第四十六条 违反本条例规定，草原上的生产经营等单位未建立或者未落实草原防火责任制的，由县级以上地方人民政府草原防火主管部门责令改正，对有关责任单位处5000元以上2万元以下罚款。

第四十七条 违反本条例规定，故意或者过失引发草原火灾，构成犯罪的，依法追究刑事责任。

第六章 附 则

第四十八条 草原消防车辆应当按照规定喷涂标志图案，安装警报器、标志灯具。

第四十九条 本条例自2009年1月1日起施行。

机关、团体、企业、事业单位消防安全管理规定

（2001年11月14日公安部令第61号公布　自2002年5月1日起施行）

第一章　总　　则

第一条　为了加强和规范机关、团体、企业、事业单位的消防安全管理，预防火灾和减少火灾危害，根据《中华人民共和国消防法》，制定本规定。

第二条　本规定适用于中华人民共和国境内的机关、团体、企业、事业单位（以下统称单位）自身的消防安全管理。

法律、法规另有规定的除外。

第三条　单位应当遵守消防法律、法规、规章（以下统称消防法规），贯彻预防为主、防消结合的消防工作方针，履行消防安全职责，保障消防安全。

第四条　法人单位的法定代表人或者非法人单位的主要负责人是单位的消防安全责任人，对本单位的消防安全工作全面负责。

第五条　单位应当落实逐级消防安全责任制和岗位消防安全责任制，明确逐级和岗位消防安全职责，确定各级、各岗位的消防安全责任人。

第二章　消防安全责任

第六条　单位的消防安全责任人应当履行下列消防安全职责：

（一）贯彻执行消防法规，保障单位消防安全符合规定，掌握本

单位的消防安全情况；

（二）将消防工作与本单位的生产、科研、经营、管理等活动统筹安排，批准实施年度消防工作计划；

（三）为本单位的消防安全提供必要的经费和组织保障；

（四）确定逐级消防安全责任，批准实施消防安全制度和保障消防安全的操作规程；

（五）组织防火检查，督促落实火灾隐患整改，及时处理涉及消防安全的重大问题；

（六）根据消防法规的规定建立专职消防队、义务消防队；

（七）组织制定符合本单位实际的灭火和应急疏散预案，并实施演练。

第七条 单位可以根据需要确定本单位的消防安全管理人。消防安全管理人对单位的消防安全责任人负责，实施和组织落实下列消防安全管理工作：

（一）拟订年度消防工作计划，组织实施日常消防安全管理工作；

（二）组织制订消安全制度和保障消防安全的操作规程并检查督促其落实；

（三）拟订消防安全工作的资金投入和组织保障方案；

（四）组织实施防火检查和火灾隐患整改工作；

（五）组织实施对本单位消防设施、灭火器材和消防安全标志的维护保养，确保其完好有效，确保疏散通道和安全出口畅通；

（六）组织管理专职消防队和义务消防队；

（七）在员工中组织开展消防知识、技能的宣传教育和培训，组织灭火和应急疏散预案的实施和演练；

（八）单位消防安全责任人委托的其他消防安全管理工作。

消防安全管理人应当定期向消防安全责任人报告消防安全情况，及时报告涉及消防安全的重大问题。未确定消防安全管理人的单位，前款规定的消防安全管理工作由单位消防安全责任人负责实施。

第八条 实行承包、租赁或者委托经营、管理时，产权单位应当提供符合消防安全要求的建筑物，当事人在订立的合同中依照有关规定明确各方的消防安全责任；消防车通道、涉及公共消防安全的疏散设施和其他建筑消防设施应当由产权单位或者委托管理的单位统一管理。

承包、承租或者受委托经营、管理的单位应当遵守本规定，在其使用、管理范围内履行消防安全职责。

第九条 对于有两个以上产权单位和使用单位的建筑物，各产权单位、使用单位对消防车通道、涉及公共消防安全的疏散设施和其他建筑消防设施应当明确管理责任，可以委托统一管理。

第十条 居民住宅区的物业管理单位应当在管理范围内履行下列消防安全职责：

（一）制定消防安全制度，落实消防安全责任，开展消防安全宣传教育；

（二）开展防火检查，消除火灾隐患；

（三）保障疏散通道、安全出口、消防车通道畅通；

（四）保障公共消防设施、器材以及消防安全标志完好有效。

其他物业管理单位应当对受委托管理范围内的公共消防安全管理工作负责。

第十一条 举办集会、焰火晚会、灯会等具有火灾危险的大型活动的主办单位、承办单位以及提供场地的单位，应当在订立的合同中明确各方的消防安全责任。

第十二条 建筑工程施工现场的消防安全由施工单位负责。实行施工总承包的，由总承包单位负责。分包单位向总承包单位负责，服从总承包单位对施工现场的消防安全管理。

对建筑物进行局部改建、扩建和装修的工程，建设单位应当与施工单位在订立的合同中明确各方对施工现场的消防安全责任。

第三章 消防安全管理

第十三条 下列范围的单位是消防安全重点单位，应当按照本规定的要求，实行严格管理：

（一）商场（市场）、宾馆（饭店）、体育场（馆）、会堂、公共娱乐场所等公众聚集场所（以下统称公众聚集场所）；

（二）医院、养老院和寄宿制的学校、托儿所、幼儿园；

（三）国家机关；

（四）广播电台、电视台和邮政、通信枢纽；

（五）客运车站、码头、民用机场；

（六）公共图书馆、展览馆、博物馆、档案馆以及具有火灾危险性的文物保护单位；

（七）发电厂（站）和电网经营企业；

（八）易燃易爆化学物品的生产、充装、储存、供应、销售单位；

（九）服装、制鞋等劳动密集型生产、加工企业；

（十）重要的科研单位；

（十一）其他发生火灾可能性较大以及一旦发生火灾可能造成重大人身伤亡或者财产损失的单位。

高层办公楼（写字楼）、高层公寓楼等高层公共建筑，城市地下铁道、地下观光隧道等地下公共建筑和城市重要的交通隧道，粮、棉、木材、百货等物资集中的大型仓库和堆场，国家和省级等重点工程的施工现场，应当按照本规定对消防安全重点单位的要求，实行严格管理。

第十四条 消防安全重点单位及其消防安全责任人、消防安全管理人应当报当地公安消防机构备案。

第十五条 消防安全重点单位应当设置或者确定消防工作的归口管理职能部门，并确定专职或者兼职的消防管理人员；其他单位应当确定专职或者兼职消防管理人员，可以确定消防工作的归口管理职能部门。归口管理职能部门和专兼职消防管理人员在消防安全责任人或者消防安全管理人的领导下开展消防安全管理工作。

第十六条 公众聚集场所应当在具备下列消防安全条件后，向当地公安消防机构申报进行消防安全检查，经检查合格后方可开业使用：

（一）依法办理建筑工程消防设计审核手续，并经消防验收合格；

（二）建立健全消防安全组织，消防安全责任明确；

（三）建立消防安全管理制度和保障消防安全的操作规程；

（四）员工经过消防安全培训；

（五）建筑消防设施齐全、完好有效；

（六）制定灭火和应急疏散预案。

第十七条 举办集会、焰火晚会、灯会等具有火灾危险的大型活动，主办或者承办单位应当在具备消防安全条件后，向公安消防机构申报对活动现场进行消防安全检查，经检查合格后方可举办。

第十八条 单位应当按照国家有关规定，结合本单位的特点，建立健全各项消防安全制度和保障消防安全的操作规程，并公布执行。

单位消防安全制度主要包括以下内容：消防安全教育、培训；防火巡查、检查；安全疏散设施管理；消防（控制室）值班；消防设施、器材维护管理；火灾隐患整改；用火、用电安全管理；易燃易爆危险物品和场所防火防爆；专职和义务消防队的组织管理；灭火和应急疏散预案演练；燃气和电气设备的检查和管理（包括防雷、防静电）；消防安全工作考评和奖惩；其他必要的消防安全内容。

第十九条 单位应当将容易发生火灾、一旦发生火灾可能严重危及人身和财产安全以及对消防安全有重大影响的部位确定为消防安全重点部位，设置明显的防火标志，实行严格管理。

第二十条 单位应当对动用明火实行严格的消防安全管理。禁止在具有火灾、爆炸危险的场所使用明火；因特殊情况需要进行电、气焊等明火作业的，动火部门和人员应当按照单位的用火管理制度办理审批手续，落实现场监护人，在确认无火灾、爆炸危险后方可动火施工。动火施工人员应当遵守消防安全规定，并落实相应的消防安全措施。

公众聚集场所或者两个以上单位共同使用的建筑物局部施工需要使用明火时，施工单位和使用单位应当共同采取措施，将施工区和使用区进行防火分隔，清除动火区域的易燃、可燃物，配置消防器材，专人监护，保证施工及使用范围的消防安全。

公共娱乐场所在营业期间禁止动火施工。

第二十一条 单位应当保障疏散通道、安全出口畅通，并设置符合国家规定的消防安全疏散指示标志和应急照明设施，保持防火门、防火卷帘、消防安全疏散指示标志、应急照明、机械排烟送风、火灾事故广播等设施处于正常状态。

严禁下列行为：

（一）占用疏散通道；

（二）在安全出口或者疏散通道上安装栅栏等影响疏散的障碍物；

（三）在营业、生产、教学、工作等期间将安全出口上锁、遮挡或者将消防安全疏散指示标志遮挡、覆盖；

（四）其他影响安全疏散的行为。

第二十二条 单位应当遵守国家有关规定，对易燃易爆危险物品的生产、使用、储存、销售、运输或者销毁实行严格的消防安全管理。

第二十三条 单位应当根据消防法规的有关规定，建立专职消防队、义务消防队，配备相应的消防装备、器材，并组织开展消防业务学习和灭火技能训练，提高预防和扑救火灾的能力。

第二十四条 单位发生火灾时，应当立即实施灭火和应急疏散预案，务必做到及时报警，迅速扑救火灾，及时疏散人员。邻近单位应当给予支援。任何单位、人员都应当无偿为报火警提供便利，不得阻拦报警。

单位应当为公安消防机构抢救人员、扑救火灾提供便利和条件。

火灾扑灭后，起火单位应当保护现场，接受事故调查，如实提供火灾事故的情况，协助公安消防机构调查火灾原因，核定火灾损失，查明火灾事故责任。未经公安消防机构同意，不得擅自清理火灾现场。

第四章 防火检查

第二十五条 消防安全重点单位应当进行每日防火巡查，并确定巡查的人员、内容、部位和频次。其他单位可以根据需要组织防火巡查。巡查的内容应当包括：

（一）用火、用电有无违章情况；

（二）安全出口、疏散通道是否畅通，安全疏散指示标志、应急照明是否完好；

（三）消防设施、器材和消防安全标志是否在位、完整；

（四）常闭式防火门是否处于关闭状态，防火卷帘下是否堆放物品影响使用；

（五）消防安全重点部位的人员在岗情况；

（六）其他消防安全情况。

公众聚集场所在营业期间的防火巡查应当至少每二小时一次；营业结束时应当对营业现场进行检查，消除遗留火种。医院、养老院、寄宿制的学校、托儿所、幼儿园应当加强夜间防火巡查，其他消防安全重点单位可以结合实际组织夜间防火巡查。

防火巡查人员应当及时纠正违章行为，妥善处置火灾危险，无法当场处置的，应当立即报告。发现初起火灾应当立即报警并及时扑救。

防火巡查应当填写巡查记录，巡查人员及其主管人员应当在巡查记录上签名。

第二十六条 机关、团体、事业单位应当至少每季度进行一次防火检查，其他单位应当至少每月进行一次防火检查。检查的内容应当包括：

（一）火灾隐患的整改情况以及防范措施的落实情况；

（二）安全疏散通道、疏散指示标志、应急照明和安全出口情况；

（三）消防车通道、消防水源情况；

（四）灭火器材配置及有效情况；

（五）用火、用电有无违章情况；

（六）重点工种人员以及其他员工消防知识的掌握情况；

（七）消防安全重点部位的管理情况；

（八）易燃易爆危险物品和场所防火防爆措施的落实情况以及其他重要物资的防火安全情况；

（九）消防（控制室）值班情况和设施运行、记录情况；

（十）防火巡查情况；

（十一）消防安全标志的设置情况和完好、有效情况；

（十二）其他需要检查的内容。

防火检查应当填写检查记录。检查人员和被检查部门负责人应当在检查记录上签名。

第二十七条 单位应当按照建筑消防设施检查维修保养有关规定的要求，对建筑消防设施的完好有效情况进行检查和维修保养。

第二十八条 设有自动消防设施的单位，应当按照有关规定定期对其自动消防设施进行全面检查测试，并出具检测报告，存档备查。

第二十九条 单位应当按照有关规定定期对灭火器进行维护保养和维修检查。对灭火器应当建立档案资料，记明配置类型、数量、设置位置、检查维修单位（人员）、更换药剂的时间等有关情况。

第五章 火灾隐患整改

第三十条 单位对存在的火灾隐患，应当及时予以消除。

第三十一条 对下列违反消防安全规定的行为，单位应当责成有关人员当场改正并督促落实：

（一）违章进入生产、储存易燃易爆危险物品场所的；

（二）违章使用明火作业或者在具有火灾、爆炸危险的场所吸烟、使用明火等违反禁令的；

（三）将安全出口上锁、遮挡，或者占用、堆放物品影响疏散通道畅通的；

（四）消火栓、灭火器材被遮挡影响使用或者被挪作他用的；

（五）常闭式防火门处于开启状态，防火卷帘下堆放物品影响使用的；

（六）消防设施管理、值班人员和防火巡查人员脱岗的；

（七）违章关闭消防设施、切断消防电源的；

（八）其他可以当场改正的行为。

违反前款规定的情况以及改正情况应当有记录并存档备查。

第三十二条 对不能当场改正的火灾隐患，消防工作归口管理职能部门或者专兼职消防管理人员应当根据本单位的管理分工，及时将存在的火灾隐患向单位的消防安全管理人或者消防安全责任人报告，提出整改方案。消防安全管理人或者消防安全责任人应当确定整改的措施、期限以及负责整改的部门、人员，并落实整改资金。

在火灾隐患未消除之前，单位应当落实防范措施，保障消防安全。不能确保消防安全，随时可能引发火灾或者一旦发生火灾将严重危及人身安全的，应当将危险部位停产停业整改。

第三十三条 火灾隐患整改完毕，负责整改的部门或者人员应当将整改情况记录报送消防安全责任人或者消防安全管理人签字确认后存档备查。

第三十四条 对于涉及城市规划布局而不能自身解决的重大火灾隐患，以及机关、团体、事业单位确无能力解决的重大火灾隐患，单位应当提出解决方案并及时向其上级主管部门或者当地人民政府报告。

第三十五条 对公安消防机构责令限期改正的火灾隐患，单位应当在规定的期限内改正并写出火灾隐患整改复函，报送公安消防机构。

第六章　消防安全宣传教育和培训

第三十六条　单位应当通过多种形式开展经常性的消防安全宣传教育。消防安全重点单位对每名员工应当至少每年进行一次消防安全培训。宣传教育和培训内容应当包括：

（一）有关消防法规、消防安全制度和保障消防安全的操作规程；

（二）本单位、本岗位的火灾危险性和防火措施；

（三）有关消防设施的性能、灭火器材的使用方法；

（四）报火警、扑救初起火灾以及自救逃生的知识和技能。

公众聚集场所对员工的消防安全培训应当至少每半年进行一次，培训的内容还应当包括组织、引导在场群众疏散的知识和技能。

单位应当组织新上岗和进入新岗位的员工进行上岗前的消防安全培训。

第三十七条　公众聚集场所在营业、活动期间，应当通过张贴图画、广播、闭路电视等向公众宣传防火、灭火、疏散逃生等常识。

学校、幼儿园应当通过寓教于乐等多种形式对学生和幼儿进行消防安全常识教育。

第三十八条　下列人员应当接受消防安全专门培训：

（一）单位的消防安全责任人、消防安全管理人；

（二）专、兼职消防管理人员；

（三）消防控制室的值班、操作人员；

（四）其他依照规定应当接受消防安全专门培训的人员。

前款规定中的第（三）项人员应当持证上岗。

第七章　灭火、应急疏散预案和演练

第三十九条　消防安全重点单位制定的灭火和应急疏散预案应当

包括下列内容：

（一）组织机构，包括：灭火行动组、通讯联络组、疏散引导组、安全防护救护组；

（二）报警和接警处置程序；

（三）应急疏散的组织程序和措施；

（四）扑救初起火灾的程序和措施；

（五）通讯联络、安全防护救护的程序和措施。

第四十条 消防安全重点单位应当按照灭火和应急疏散预案，至少每半年进行一次演练，并结合实际，不断完善预案。其他单位应当结合本单位实际，参照制定相应的应急方案，至少每年组织一次演练。

消防演练时，应当设置明显标识并事先告知演练范围内的人员。

第八章 消防档案

第四十一条 消防安全重点单位应当建立健全消防档案。消防档案应当包括消防安全基本情况和消防安全管理情况。消防档案应当详实，全面反映单位消防工作的基本情况，并附有必要的图表，根据情况变化及时更新。

单位应当对消防档案统一保管、备查。

第四十二条 消防安全基本情况应当包括以下内容：

（一）单位基本概况和消防安全重点部位情况；

（二）建筑物或者场所施工、使用或者开业前的消防设计审核、消防验收以及消防安全检查的文件、资料；

（三）消防管理组织机构和各级消防安全责任人；

（四）消防安全制度；

（五）消防设施、灭火器材情况；

（六）专职消防队、义务消防队人员及其消防装备配备情况；

（七）与消防安全有关的重点工种人员情况；

（八）新增消防产品、防火材料的合格证明材料；

（九）灭火和应急疏散预案。

第四十三条 消防安全管理情况应当包括以下内容：

（一）公安消防机构填发的各种法律文书；

（二）消防设施定期检查记录、自动消防设施全面检查测试的报告以及维修保养的记录；

（三）火灾隐患及其整改情况记录；

（四）防火检查、巡查记录；

（五）有关燃气、电气设备检测（包括防雷、防静电）等记录资料；

（六）消防安全培训记录；

（七）灭火和应急疏散预案的演练记录；

（八）火灾情况记录；

（九）消防奖惩情况记录。

前款规定中的第（二）、（三）、（四）、（五）项记录，应当记明检查的人员、时间、部位、内容、发现的火灾隐患以及处理措施等；第（六）项记录，应当记明培训的时间、参加人员、内容等；第（七）项记录，应当记明演练的时间、地点、内容、参加部门以及人员等。

第四十四条 其他单位应当将本单位的基本概况、公安消防机构填发的各种法律文书、与消防工作有关的材料和记录等统一保管备查。

第九章 奖 惩

第四十五条 单位应当将消防安全工作纳入内部检查、考核、评比内容。对在消防安全工作中成绩突出的部门（班组）和个人，单位应当给予表彰奖励。对未依法履行消防安全职责或者违反单位消防安全制度的行为，应当依照有关规定对责任人员给予行政纪律处分或者其他处理。

第四十六条 违反本规定，依法应当给予行政处罚的，依照有关法律、法规予以处罚；构成犯罪的，依法追究刑事责任。

第十章 附 则

第四十七条 公安消防机构对本规定的执行情况依法实施监督，并对自身滥用职权、玩忽职守、徇私舞弊的行为承担法律责任。

第四十八条 本规定自2002年5月1日起施行。本规定施行以前公安部发布的规章中的有关规定与本规定不一致的，以本规定为准。

五、社会公共安全

突发公共卫生事件应急条例

（2003年5月9日中华人民共和国国务院令第376号公布 根据2011年1月8日《国务院关于废止和修改部分行政法规的决定》修订）

第一章 总 则

第一条 为了有效预防、及时控制和消除突发公共卫生事件的危害，保障公众身体健康与生命安全，维护正常的社会秩序，制定本条例。

第二条 本条例所称突发公共卫生事件（以下简称突发事件），是指突然发生，造成或者可能造成社会公众健康严重损害的重大传染病疫情、群体性不明原因疾病、重大食物和职业中毒以及其他严重影响公众健康的事件。

第三条 突发事件发生后，国务院设立全国突发事件应急处理指挥部，由国务院有关部门和军队有关部门组成，国务院主管领导人担任总指挥，负责对全国突发事件应急处理的统一领导、统一指挥。

国务院卫生行政主管部门和其他有关部门，在各自的职责范围内做好突发事件应急处理的有关工作。

第四条 突发事件发生后，省、自治区、直辖市人民政府成立地方突发事件应急处理指挥部，省、自治区、直辖市人民政府主要领导人担任总指挥，负责领导、指挥本行政区域内突发事件应急处理工作。

县级以上地方人民政府卫生行政主管部门，具体负责组织突发事件的调查、控制和医疗救治工作。

县级以上地方人民政府有关部门，在各自的职责范围内做好突发事件应急处理的有关工作。

第五条 突发事件应急工作，应当遵循预防为主、常备不懈的方针，贯彻统一领导、分级负责、反应及时、措施果断、依靠科学、加强合作的原则。

第六条 县级以上各级人民政府应当组织开展防治突发事件相关科学研究，建立突发事件应急流行病学调查、传染源隔离、医疗救护、现场处置、监督检查、监测检验、卫生防护等有关物资、设备、设施、技术与人才资源储备，所需经费列入本级政府财政预算。

国家对边远贫困地区突发事件应急工作给予财政支持。

第七条 国家鼓励、支持开展突发事件监测、预警、反应处理有关技术的国际交流与合作。

第八条 国务院有关部门和县级以上地方人民政府及其有关部门，应当建立严格的突发事件防范和应急处理责任制，切实履行各自的职责，保证突发事件应急处理工作的正常进行。

第九条 县级以上各级人民政府及其卫生行政主管部门，应当对参加突发事件应急处理的医疗卫生人员，给予适当补助和保健津贴；对参加突发事件应急处理作出贡献的人员，给予表彰和奖励；对因参与应急处理工作致病、致残、死亡的人员，按照国家有关规定，给予相应的补助和抚恤。

第二章 预防与应急准备

第十条 国务院卫生行政主管部门按照分类指导、快速反应的要求，制定全国突发事件应急预案，报请国务院批准。

省、自治区、直辖市人民政府根据全国突发事件应急预案，结合本地实际情况，制定本行政区域的突发事件应急预案。

第十一条 全国突发事件应急预案应当包括以下主要内容：

（一）突发事件应急处理指挥部的组成和相关部门的职责；

（二）突发事件的监测与预警；

（三）突发事件信息的收集、分析、报告、通报制度；

（四）突发事件应急处理技术和监测机构及其任务；

（五）突发事件的分级和应急处理工作方案；

（六）突发事件预防、现场控制，应急设施、设备、救治药品和医疗器械以及其他物资和技术的储备与调度；

（七）突发事件应急处理专业队伍的建设和培训。

第十二条 突发事件应急预案应当根据突发事件的变化和实施中发现的问题及时进行修订、补充。

第十三条 地方各级人民政府应当依照法律、行政法规的规定，做好传染病预防和其他公共卫生工作，防范突发事件的发生。

县级以上各级人民政府卫生行政主管部门和其他有关部门，应当对公众开展突发事件应急知识的专门教育，增强全社会对突发事件的防范意识和应对能力。

第十四条 国家建立统一的突发事件预防控制体系。

县级以上地方人民政府应当建立和完善突发事件监测与预警系统。

县级以上各级人民政府卫生行政主管部门，应当指定机构负责开展突发事件的日常监测，并确保监测与预警系统的正常运行。

第十五条 监测与预警工作应当根据突发事件的类别，制定监测计划，科学分析、综合评价监测数据。对早期发现的潜在隐患以及可能发生的突发事件，应当依照本条例规定的报告程序和时限及时报告。

第十六条 国务院有关部门和县级以上地方人民政府及其有关部门，应当根据突发事件应急预案的要求，保证应急设施、设备、救治药品和医疗器械等物资储备。

第十七条 县级以上各级人民政府应当加强急救医疗服务网络的建设，配备相应的医疗救治药物、技术、设备和人员，提高医疗卫生机构应对各类突发事件的救治能力。

设区的市级以上地方人民政府应当设置与传染病防治工作需要相适应的传染病专科医院，或者指定具备传染病防治条件和能力的医疗机构承担传染病防治任务。

第十八条 县级以上地方人民政府卫生行政主管部门，应当定期对医疗卫生机构和人员开展突发事件应急处理相关知识、技能的培训，定期组织医疗卫生机构进行突发事件应急演练，推广最新知识和先进技术。

第三章 报告与信息发布

第十九条 国家建立突发事件应急报告制度。

国务院卫生行政主管部门制定突发事件应急报告规范，建立重大、紧急疫情信息报告系统。

有下列情形之一的，省、自治区、直辖市人民政府应当在接到报告1小时内，向国务院卫生行政主管部门报告：

（一）发生或者可能发生传染病暴发、流行的；

（二）发生或者发现不明原因的群体性疾病的；

（三）发生传染病菌种、毒种丢失的；

（四）发生或者可能发生重大食物和职业中毒事件的。

国务院卫生行政主管部门对可能造成重大社会影响的突发事件，应当立即向国务院报告。

第二十条 突发事件监测机构、医疗卫生机构和有关单位发现有本条例第十九条规定情形之一的，应当在2小时内向所在地县级人民政府卫生行政主管部门报告；接到报告的卫生行政主管部门应当在2小时内向本级人民政府报告，并同时向上级人民政府卫生行政主管部门和国务院卫生行政主管部门报告。

县级人民政府应当在接到报告后2小时内向设区的市级人民政府

或者上一级人民政府报告；设区的市级人民政府应当在接到报告后2小时内向省、自治区、直辖市人民政府报告。

第二十一条 任何单位和个人对突发事件，不得隐瞒、缓报、谎报或者授意他人隐瞒、缓报、谎报。

第二十二条 接到报告的地方人民政府、卫生行政主管部门依照本条例规定报告的同时，应当立即组织力量对报告事项调查核实、确证，采取必要的控制措施，并及时报告调查情况。

第二十三条 国务院卫生行政主管部门应当根据发生突发事件的情况，及时向国务院有关部门和各省、自治区、直辖市人民政府卫生行政主管部门以及军队有关部门通报。

突发事件发生地的省、自治区、直辖市人民政府卫生行政主管部门，应当及时向毗邻省、自治区、直辖市人民政府卫生行政主管部门通报。

接到通报的省、自治区、直辖市人民政府卫生行政主管部门，必要时应当及时通知本行政区域内的医疗卫生机构。

县级以上地方人民政府有关部门，已经发生或者发现可能引起突发事件的情形时，应当及时向同级人民政府卫生行政主管部门通报。

第二十四条 国家建立突发事件举报制度，公布统一的突发事件报告、举报电话。

任何单位和个人有权向人民政府及其有关部门报告突发事件隐患，有权向上级人民政府及其有关部门举报地方人民政府及其有关部门不履行突发事件应急处理职责，或者不按照规定履行职责的情况。接到报告、举报的有关人民政府及其有关部门，应当立即组织对突发事件隐患、不履行或者不按照规定履行突发事件应急处理职责的情况进行调查处理。

对举报突发事件有功的单位和个人，县级以上各级人民政府及其有关部门应当予以奖励。

第二十五条 国家建立突发事件的信息发布制度。

国务院卫生行政主管部门负责向社会发布突发事件的信息。必要时，可以授权省、自治区、直辖市人民政府卫生行政主管部门向社会发布本行政区域内突发事件的信息。

信息发布应当及时、准确、全面。

第四章　应急处理

第二十六条　突发事件发生后，卫生行政主管部门应当组织专家对突发事件进行综合评估，初步判断突发事件的类型，提出是否启动突发事件应急预案的建议。

第二十七条　在全国范围内或者跨省、自治区、直辖市范围内启动全国突发事件应急预案，由国务院卫生行政主管部门报国务院批准后实施。省、自治区、直辖市启动突发事件应急预案，由省、自治区、直辖市人民政府决定，并向国务院报告。

第二十八条　全国突发事件应急处理指挥部对突发事件应急处理工作进行督察和指导，地方各级人民政府及其有关部门应当予以配合。

省、自治区、直辖市突发事件应急处理指挥部对本行政区域内突发事件应急处理工作进行督察和指导。

第二十九条　省级以上人民政府卫生行政主管部门或者其他有关部门指定的突发事件应急处理专业技术机构，负责突发事件的技术调查、确证、处置、控制和评价工作。

第三十条　国务院卫生行政主管部门对新发现的突发传染病，根据危害程度、流行强度，依照《中华人民共和国传染病防治法》的规定及时宣布为法定传染病；宣布为甲类传染病的，由国务院决定。

第三十一条　应急预案启动前，县级以上各级人民政府有关部门应当根据突发事件的实际情况，做好应急处理准备，采取必要的应急措施。

应急预案启动后，突发事件发生地的人民政府有关部门，应当根据预案规定的职责要求，服从突发事件应急处理指挥部的统一指挥，立即到达规定岗位，采取有关的控制措施。

医疗卫生机构、监测机构和科学研究机构，应当服从突发事件应急处理指挥部的统一指挥，相互配合、协作，集中力量开展相关的科学研究工作。

第三十二条 突发事件发生后，国务院有关部门和县级以上地方人民政府及其有关部门，应当保证突发事件应急处理所需的医疗救护设备、救治药品、医疗器械等物资的生产、供应；铁路、交通、民用航空行政主管部门应当保证及时运送。

第三十三条 根据突发事件应急处理的需要，突发事件应急处理指挥部有权紧急调集人员、储备的物资、交通工具以及相关设施、设备；必要时，对人员进行疏散或者隔离，并可以依法对传染病疫区实行封锁。

第三十四条 突发事件应急处理指挥部根据突发事件应急处理的需要，可以对食物和水源采取控制措施。

县级以上地方人民政府卫生行政主管部门应当对突发事件现场等采取控制措施，宣传突发事件防治知识，及时对易受感染的人群和其他易受损害的人群采取应急接种、预防性投药、群体防护等措施。

第三十五条 参加突发事件应急处理的工作人员，应当按照预案的规定，采取卫生防护措施，并在专业人员的指导下进行工作。

第三十六条 国务院卫生行政主管部门或者其他有关部门指定的专业技术机构，有权进入突发事件现场进行调查、采样、技术分析和检验，对地方突发事件的应急处理工作进行技术指导，有关单位和个人应当予以配合；任何单位和个人不得以任何理由予以拒绝。

第三十七条 对新发现的突发传染病、不明原因的群体性疾病、重大食物和职业中毒事件，国务院卫生行政主管部门应当尽快组织力量制定相关的技术标准、规范和控制措施。

第三十八条 交通工具上发现根据国务院卫生行政主管部门的规

定需要采取应急控制措施的传染病病人、疑似传染病病人，其负责人应当以最快的方式通知前方停靠点，并向交通工具的营运单位报告。交通工具的前方停靠点和营运单位应当立即向交通工具营运单位行政主管部门和县级以上地方人民政府卫生行政主管部门报告。卫生行政主管部门接到报告后，应当立即组织有关人员采取相应的医学处置措施。

交通工具上的传染病病人密切接触者，由交通工具停靠点的县级以上各级人民政府卫生行政主管部门或者铁路、交通、民用航空行政主管部门，根据各自的职责，依照传染病防治法律、行政法规的规定，采取控制措施。

涉及国境口岸和入出境的人员、交通工具、货物、集装箱、行李、邮包等需要采取传染病应急控制措施的，依照国境卫生检疫法律、行政法规的规定办理。

第三十九条 医疗卫生机构应当对因突发事件致病的人员提供医疗救护和现场救援，对就诊病人必须接诊治疗，并书写详细、完整的病历记录；对需要转送的病人，应当按照规定将病人及其病历记录的复印件转送至接诊的或者指定的医疗机构。

医疗卫生机构内应当采取卫生防护措施，防止交叉感染和污染。

医疗卫生机构应当对传染病病人密切接触者采取医学观察措施，传染病病人密切接触者应当予以配合。

医疗机构收治传染病病人、疑似传染病病人，应当依法报告所在地的疾病预防控制机构。接到报告的疾病预防控制机构应当立即对可能受到危害的人员进行调查，根据需要采取必要的控制措施。

第四十条 传染病暴发、流行时，街道、乡镇以及居民委员会、村民委员会应当组织力量，团结协作，群防群治，协助卫生行政主管部门和其他有关部门、医疗卫生机构做好疫情信息的收集和报告、人员的分散隔离、公共卫生措施的落实工作，向居民、村民宣传传染病防治的相关知识。

第四十一条 对传染病暴发、流行区域内流动人口，突发事件发生地的县级以上地方人民政府应当做好预防工作，落实有关卫生控制措施；对传染病病人和疑似传染病病人，应当采取就地隔离、就地观察、就地治疗的措施。对需要治疗和转诊的，应当依照本条例第三十九条第一款的规定执行。

第四十二条 有关部门、医疗卫生机构应当对传染病做到早发现、早报告、早隔离、早治疗，切断传播途径，防止扩散。

第四十三条 县级以上各级人民政府应当提供必要资金，保障因突发事件致病、致残的人员得到及时、有效的救治。具体办法由国务院财政部门、卫生行政主管部门和劳动保障行政主管部门制定。

第四十四条 在突发事件中需要接受隔离治疗、医学观察措施的病人、疑似病人和传染病病人密切接触者在卫生行政主管部门或者有关机构采取医学措施时应当予以配合；拒绝配合的，由公安机关依法协助强制执行。

第五章 法律责任

第四十五条 县级以上地方人民政府及其卫生行政主管部门未依照本条例的规定履行报告职责，对突发事件隐瞒、缓报、谎报或者授意他人隐瞒、缓报、谎报的，对政府主要领导人及其卫生行政主管部门主要负责人，依法给予降级或者撤职的行政处分；造成传染病传播、流行或者对社会公众健康造成其他严重危害后果的，依法给予开除的行政处分；构成犯罪的，依法追究刑事责任。

第四十六条 国务院有关部门、县级以上地方人民政府及其有关部门未依照本条例的规定，完成突发事件应急处理所需要的设施、设备、药品和医疗器械等物资的生产、供应、运输和储备的，对政府主要领导人和政府部门主要负责人依法给予降级或者撤职的行政处分；造成传染病传播、流行或者对社会公众健康造成其他严重危害后果的，依法给予开除的行政处分；构成犯罪的，依法追究刑事责任。

第四十七条 突发事件发生后，县级以上地方人民政府及其有关部门对上级人民政府有关部门的调查不予配合，或者采取其他方式阻碍、干涉调查的，对政府主要领导人和政府部门主要负责人依法给予降级或者撤职的行政处分；构成犯罪的，依法追究刑事责任。

第四十八条 县级以上各级人民政府卫生行政主管部门和其他有关部门在突发事件调查、控制、医疗救治工作中玩忽职守、失职、渎职的，由本级人民政府或者上级人民政府有关部门责令改正、通报批评、给予警告；对主要负责人、负有责任的主管人员和其他责任人员依法给予降级、撤职的行政处分；造成传染病传播、流行或者对社会公众健康造成其他严重危害后果的，依法给予开除的行政处分；构成犯罪的，依法追究刑事责任。

第四十九条 县级以上各级人民政府有关部门拒不履行应急处理职责的，由同级人民政府或者上级人民政府有关部门责令改正、通报批评、给予警告；对主要负责人、负有责任的主管人员和其他责任人员依法给予降级、撤职的行政处分；造成传染病传播、流行或者对社会公众健康造成其他严重危害后果的，依法给予开除的行政处分；构成犯罪的，依法追究刑事责任。

第五十条 医疗卫生机构有下列行为之一的，由卫生行政主管部门责令改正、通报批评、给予警告；情节严重的，吊销《医疗机构执业许可证》；对主要负责人、负有责任的主管人员和其他直接责任人员依法给予降级或者撤职的纪律处分；造成传染病传播、流行或者对社会公众健康造成其他严重危害后果，构成犯罪的，依法追究刑事责任：

（一）未依照本条例的规定履行报告职责，隐瞒、缓报或者谎报的；

（二）未依照本条例的规定及时采取控制措施的；

（三）未依照本条例的规定履行突发事件监测职责的；

（四）拒绝接诊病人的；

（五）拒不服从突发事件应急处理指挥部调度的。

第五十一条 在突发事件应急处理工作中，有关单位和个人未依照本条例的规定履行报告职责，隐瞒、缓报或者谎报，阻碍突发事件应急处理工作人员执行职务，拒绝国务院卫生行政主管部门或者其他有关部门指定的专业技术机构进入突发事件现场，或者不配合调查、采样、技术分析和检验的，对有关责任人员依法给予行政处分或者纪律处分；触犯《中华人民共和国治安管理处罚法》，构成违反治安管理行为的，由公安机关依法予以处罚；构成犯罪的，依法追究刑事责任。

第五十二条 在突发事件发生期间，散布谣言、哄抬物价、欺骗消费者，扰乱社会秩序、市场秩序的，由公安机关或者工商行政管理部门依法给予行政处罚；构成犯罪的，依法追究刑事责任。

第六章 附 则

第五十三条 中国人民解放军、武装警察部队医疗卫生机构参与突发事件应急处理的，依照本条例的规定和军队的相关规定执行。

第五十四条 本条例自公布之日起施行。

电力安全事故应急处置和调查处理条例

（2011年6月15日国务院第159次常务会议通过　2011年7月7日中华人民共和国国务院令第599号公布　自2011年9月1日起施行）

第一章　总　　则

第一条　为了加强电力安全事故的应急处置工作，规范电力安全事故的调查处理，控制、减轻和消除电力安全事故损害，制定本条例。

第二条　本条例所称电力安全事故，是指电力生产或者电网运行过程中发生的影响电力系统安全稳定运行或者影响电力正常供应的事故（包括热电厂发生的影响热力正常供应的事故）。

第三条　根据电力安全事故（以下简称事故）影响电力系统安全稳定运行或者影响电力（热力）正常供应的程度，事故分为特别重大事故、重大事故、较大事故和一般事故。事故等级划分标准由本条例附表列示。事故等级划分标准的部分项目需要调整的，由国务院电力监管机构提出方案，报国务院批准。

由独立的或者通过单一输电线路与外省连接的省级电网供电的省级人民政府所在地城市，以及由单一输电线路或者单一变电站供电的其他设区的市、县级市，其电网减供负荷或者造成供电用户停电的事故等级划分标准，由国务院电力监管机构另行制定，报国务院批准。

第四条　国务院电力监管机构应当加强电力安全监督管理，依法建立健全事故应急处置和调查处理的各项制度，组织或者参与事故的调查处理。

国务院电力监管机构、国务院能源主管部门和国务院其他有关部门、地方人民政府及有关部门按照国家规定的权限和程序，组织、协调、参与事故的应急处置工作。

第五条 电力企业、电力用户以及其他有关单位和个人，应当遵守电力安全管理规定，落实事故预防措施，防止和避免事故发生。

县级以上地方人民政府有关部门确定的重要电力用户，应当按照国务院电力监管机构的规定配置自备应急电源，并加强安全使用管理。

第六条 事故发生后，电力企业和其他有关单位应当按照规定及时、准确报告事故情况，开展应急处置工作，防止事故扩大，减轻事故损害。电力企业应当尽快恢复电力生产、电网运行和电力（热力）正常供应。

第七条 任何单位和个人不得阻挠和干涉对事故的报告、应急处置和依法调查处理。

第二章 事故报告

第八条 事故发生后，事故现场有关人员应当立即向发电厂、变电站运行值班人员、电力调度机构值班人员或者本企业现场负责人报告。有关人员接到报告后，应当立即向上一级电力调度机构和本企业负责人报告。本企业负责人接到报告后，应当立即向国务院电力监管机构设在当地的派出机构（以下称事故发生地电力监管机构）、县级以上人民政府安全生产监督管理部门报告；热电厂事故影响热力正常供应的，还应当向供热管理部门报告；事故涉及水电厂（站）大坝安全的，还应当同时向有管辖权的水行政主管部门或者流域管理机构报告。

电力企业及其有关人员不得迟报、漏报或者瞒报、谎报事故情况。

第九条 事故发生地电力监管机构接到事故报告后，应当立即核实有关情况，向国务院电力监管机构报告；事故造成供电用户停电的，应当同时通报事故发生地县级以上地方人民政府。

对特别重大事故、重大事故，国务院电力监管机构接到事故报告后应当立即报告国务院，并通报国务院安全生产监督管理部门、国务院能源主管部门等有关部门。

第十条 事故报告应当包括下列内容：

（一）事故发生的时间、地点（区域）以及事故发生单位；

（二）已知的电力设备、设施损坏情况，停运的发电（供热）机组数量、电网减供负荷或者发电厂减少出力的数值、停电（停热）范围；

（三）事故原因的初步判断；

（四）事故发生后采取的措施、电网运行方式、发电机组运行状况以及事故控制情况；

（五）其他应当报告的情况。

事故报告后出现新情况的，应当及时补报。

第十一条 事故发生后，有关单位和人员应当妥善保护事故现场以及工作日志、工作票、操作票等相关材料，及时保存故障录波图、电力调度数据、发电机组运行数据和输变电设备运行数据等相关资料，并在事故调查组成立后将相关材料、资料移交事故调查组。

因抢救人员或者采取恢复电力生产、电网运行和电力供应等紧急措施，需要改变事故现场、移动电力设备的，应当作出标记、绘制现场简图，妥善保存重要痕迹、物证，并作出书面记录。

任何单位和个人不得故意破坏事故现场，不得伪造、隐匿或者毁灭相关证据。

第三章 事故应急处置

第十二条 国务院电力监管机构依照《中华人民共和国突发事件应对法》和《国家突发公共事件总体应急预案》，组织编制国家处置电网大面积停电事件应急预案，报国务院批准。

有关地方人民政府应当依照法律、行政法规和国家处置电网大面积停电事件应急预案，组织制定本行政区域处置电网大面积停电事件应急预案。

处置电网大面积停电事件应急预案应当对应急组织指挥体系及职责，应急处置的各项措施，以及人员、资金、物资、技术等应急保障作出具体规定。

第十三条 电力企业应当按照国家有关规定，制定本企业事故应急预案。

电力监管机构应当指导电力企业加强电力应急救援队伍建设，完善应急物资储备制度。

第十四条 事故发生后，有关电力企业应当立即采取相应的紧急处置措施，控制事故范围，防止发生电网系统性崩溃和瓦解；事故危及人身和设备安全的，发电厂、变电站运行值班人员可以按照有关规定，立即采取停运发电机组和输变电设备等紧急处置措施。

事故造成电力设备、设施损坏的，有关电力企业应当立即组织抢修。

第十五条 根据事故的具体情况，电力调度机构可以发布开启或者关停发电机组、调整发电机组有功和无功负荷、调整电网运行方式、调整供电调度计划等电力调度命令，发电企业、电力用户应当执行。

事故可能导致破坏电力系统稳定和电网大面积停电的，电力调度机构有权决定采取拉限负荷、解列电网、解列发电机组等必要措施。

第十六条 事故造成电网大面积停电的，国务院电力监管机构和国务院其他有关部门、有关地方人民政府、电力企业应当按照国家有关规定，启动相应的应急预案，成立应急指挥机构，尽快恢复电网运行和电力供应，防止各种次生灾害的发生。

第十七条 事故造成电网大面积停电的，有关地方人民政府及有关部门应当立即组织开展下列应急处置工作：

（一）加强对停电地区关系国计民生、国家安全和公共安全的重点单位的安全保卫，防范破坏社会秩序的行为，维护社会稳定；

（二）及时排除因停电发生的各种险情；

（三）事故造成重大人员伤亡或者需要紧急转移、安置受困人员的，及时组织实施救治、转移、安置工作；

（四）加强停电地区道路交通指挥和疏导，做好铁路、民航运输以及通信保障工作；

（五）组织应急物资的紧急生产和调用，保证电网恢复运行所需物资和居民基本生活资料的供给。

第十八条 事故造成重要电力用户供电中断的，重要电力用户应当按照有关技术要求迅速启动自备应急电源；启动自备应急电源无效的，电网企业应当提供必要的支援。

事故造成地铁、机场、高层建筑、商场、影剧院、体育场馆等人员聚集场所停电的，应当迅速启用应急照明，组织人员有序疏散。

第十九条 恢复电网运行和电力供应，应当优先保证重要电厂厂用电源、重要输变电设备、电力主干网架的恢复，优先恢复重要电力用户、重要城市、重点地区的电力供应。

第二十条 事故应急指挥机构或者电力监管机构应当按照有关规定，统一、准确、及时发布有关事故影响范围、处置工作进度、预计恢复供电时间等信息。

第四章　事故调查处理

第二十一条 特别重大事故由国务院或者国务院授权的部门组织事故调查组进行调查。

重大事故由国务院电力监管机构组织事故调查组进行调查。

较大事故、一般事故由事故发生地电力监管机构组织事故调查组进行调查。国务院电力监管机构认为必要的，可以组织事故调查组对较大事故进行调查。

未造成供电用户停电的一般事故，事故发生地电力监管机构也可以委托事故发生单位调查处理。

第二十二条 根据事故的具体情况，事故调查组由电力监管机构、有关地方人民政府、安全生产监督管理部门、负有安全生产监督管理职责的有关部门派人组成；有关人员涉嫌失职、渎职或者涉嫌犯罪的，应当邀请监察机关、公安机关、人民检察院派人参加。

根据事故调查工作的需要，事故调查组可以聘请有关专家协助调查。

事故调查组组长由组织事故调查组的机关指定。

第二十三条 事故调查组应当按照国家有关规定开展事故调查，并在下列期限内向组织事故调查组的机关提交事故调查报告：

（一）特别重大事故和重大事故的调查期限为60日；特殊情况下，经组织事故调查组的机关批准，可以适当延长，但延长的期限不得超过60日。

（二）较大事故和一般事故的调查期限为45日；特殊情况下，经组织事故调查组的机关批准，可以适当延长，但延长的期限不得超过45日。

事故调查期限自事故发生之日起计算。

第二十四条 事故调查报告应当包括下列内容：

（一）事故发生单位概况和事故发生经过；

（二）事故造成的直接经济损失和事故对电网运行、电力（热力）正常供应的影响情况；

（三）事故发生的原因和事故性质；

（四）事故应急处置和恢复电力生产、电网运行的情况；

（五）事故责任认定和对事故责任单位、责任人的处理建议；

（六）事故防范和整改措施。

事故调查报告应当附具有关证据材料和技术分析报告。事故调查组成员应当在事故调查报告上签字。

第二十五条 事故调查报告报经组织事故调查组的机关同意，事故调查工作即告结束；委托事故发生单位调查的一般事故，事故调查报告应当报经事故发生地电力监管机构同意。

有关机关应当依法对事故发生单位和有关人员进行处罚，对负有事故责任的国家工作人员给予处分。

事故发生单位应当对本单位负有事故责任的人员进行处理。

第二十六条 事故发生单位和有关人员应当认真吸取事故教训，落实事故防范和整改措施，防止事故再次发生。

电力监管机构、安全生产监督管理部门和负有安全生产监督管理职责的有关部门应当对事故发生单位和有关人员落实事故防范和整改措施的情况进行监督检查。

第五章 法律责任

第二十七条 发生事故的电力企业主要负责人有下列行为之一的，由电力监管机构处其上一年年收入40%至80%的罚款；属于国家工作人员的，并依法给予处分；构成犯罪的，依法追究刑事责任：

（一）不立即组织事故抢救的；

（二）迟报或者漏报事故的；

（三）在事故调查处理期间擅离职守的。

第二十八条 发生事故的电力企业及其有关人员有下列行为之一的，由电力监管机构对电力企业处100万元以上500万元以下的罚款；对主要负责人、直接负责的主管人员和其他直接责任人员处其上一年年收入60%至100%的罚款，属于国家工作人员的，并依法给予处分；构成违反治安管理行为的，由公安机关依法给予治安管理处罚；构成犯罪的，依法追究刑事责任：

（一）谎报或者瞒报事故的；

（二）伪造或者故意破坏事故现场的；

（三）转移、隐匿资金、财产，或者销毁有关证据、资料的；

（四）拒绝接受调查或者拒绝提供有关情况和资料的；

（五）在事故调查中作伪证或者指使他人作伪证的；

（六）事故发生后逃匿的。

第二十九条 电力企业对事故发生负有责任的，由电力监管机构依照下列规定处以罚款：

（一）发生一般事故的，处10万元以上20万元以下的罚款；

（二）发生较大事故的，处20万元以上50万元以下的罚款；

（三）发生重大事故的，处50万元以上200万元以下的罚款；

（四）发生特别重大事故的，处200万元以上500万元以下的罚款。

第三十条 电力企业主要负责人未依法履行安全生产管理职责，导致事故发生的，由电力监管机构依照下列规定处以罚款；属于国家工作人员的，并依法给予处分；构成犯罪的，依法追究刑事责任：

（一）发生一般事故的，处其上一年年收入30%的罚款；

（二）发生较大事故的，处其上一年年收入40%的罚款；

（三）发生重大事故的，处其上一年年收入60%的罚款；

（四）发生特别重大事故的，处其上一年年收入80%的罚款。

第三十一条 电力企业主要负责人依照本条例第二十七条、第二十八条、第三十条规定受到撤职处分或者刑事处罚的，自受处分之日或者刑罚执行完毕之日起5年内，不得担任任何生产经营单位主要负责人。

第三十二条 电力监管机构、有关地方人民政府以及其他负有安全生产监督管理职责的有关部门有下列行为之一的，对直接负责的主管人员和其他直接责任人员依法给予处分；直接负责的主管人员和其他直接责任人员构成犯罪的，依法追究刑事责任：

（一）不立即组织事故抢救的；

（二）迟报、漏报或者瞒报、谎报事故的；

（三）阻碍、干涉事故调查工作的；

（四）在事故调查中作伪证或者指使他人作伪证的。

第三十三条 参与事故调查的人员在事故调查中有下列行为之一的，依法给予处分；构成犯罪的，依法追究刑事责任：

（一）对事故调查工作不负责任，致使事故调查工作有重大疏漏的；

（二）包庇、袒护负有事故责任的人员或者借机打击报复的。

第六章 附 则

第三十四条 发生本条例规定的事故，同时造成人员伤亡或者直接经济损失，依照本条例确定的事故等级与依照《生产安全事故报告和调查处理条例》确定的事故等级不相同的，按事故等级较高者确定事故等级，依照本条例的规定调查处理；事故造成人员伤亡，构成《生产安全事故报告和调查处理条例》规定的重大事故或者特别重大事故的，依照《生产安全事故报告和调查处理条例》的规定调查处理。

电力生产或者电网运行过程中发生发电设备或者输变电设备损坏，造成直接经济损失的事故，未影响电力系统安全稳定运行以及电力正常供应的，由电力监管机构依照《生产安全事故报告和调查处理条例》的规定组成事故调查组对重大事故、较大事故、一般事故进行调查处理。

第三十五条 本条例对事故报告和调查处理未作规定的，适用《生产安全事故报告和调查处理条例》的规定。

第三十六条 核电厂核事故的应急处置和调查处理，依照《核电厂核事故应急管理条例》的规定执行。

第三十七条 本条例自2011年9月1日起施行。

附：电力安全事故等级划分标准（略）

大型群众性活动安全管理条例

（2007 年 8 月 29 日国务院第 190 次常务会议通过　2007 年 9 月 14 日中华人民共和国国务院令第 505 号公布　自 2007 年 10 月 1 日起施行）

第一章　总　　则

第一条　为了加强对大型群众性活动的安全管理，保护公民生命和财产安全，维护社会治安秩序和公共安全，制定本条例。

第二条　本条例所称大型群众性活动，是指法人或者其他组织面向社会公众举办的每场次预计参加人数达到1000 人以上的下列活动：

（一）体育比赛活动；

（二）演唱会、音乐会等文艺演出活动；

（三）展览、展销等活动；

（四）游园、灯会、庙会、花会、焰火晚会等活动；

（五）人才招聘会、现场开奖的彩票销售等活动。

影剧院、音乐厅、公园、娱乐场所等在其日常业务范围内举办的活动，不适用本条例的规定。

第三条　大型群众性活动的安全管理应当遵循安全第一、预防为主的方针，坚持承办者负责、政府监管的原则。

第四条　县级以上人民政府公安机关负责大型群众性活动的安全管理工作。

县级以上人民政府其他有关主管部门按照各自的职责，负责大型群众性活动的有关安全工作。

第二章　安全责任

第五条　大型群众性活动的承办者（以下简称承办者）对其承办活动的安全负责，承办者的主要负责人为大型群众性活动的安全责任人。

第六条　举办大型群众性活动，承办者应当制订大型群众性活动安全工作方案。

大型群众性活动安全工作方案包括下列内容：

（一）活动的时间、地点、内容及组织方式；

（二）安全工作人员的数量、任务分配和识别标志；

（三）活动场所消防安全措施；

（四）活动场所可容纳的人员数量以及活动预计参加人数；

（五）治安缓冲区域的设定及其标识；

（六）入场人员的票证查验和安全检查措施；

（七）车辆停放、疏导措施；

（八）现场秩序维护、人员疏导措施；

（九）应急救援预案。

第七条　承办者具体负责下列安全事项：

（一）落实大型群众性活动安全工作方案和安全责任制度，明确安全措施、安全工作人员岗位职责，开展大型群众性活动安全宣传教育；

（二）保障临时搭建的设施、建筑物的安全，消除安全隐患；

（三）按照负责许可的公安机关的要求，配备必要的安全检查设备，对参加大型群众性活动的人员进行安全检查，对拒不接受安全检查的，承办者有权拒绝其进入；

（四）按照核准的活动场所容纳人员数量、划定的区域发放或者出售门票；

（五）落实医疗救护、灭火、应急疏散等应急救援措施并组织演练；

（六）对妨碍大型群众性活动安全的行为及时予以制止，发现违法犯罪行为及时向公安机关报告；

（七）配备与大型群众性活动安全工作需要相适应的专业保安人员以及其他安全工作人员；

（八）为大型群众性活动的安全工作提供必要的保障。

第八条 大型群众性活动的场所管理者具体负责下列安全事项：

（一）保障活动场所、设施符合国家安全标准和安全规定；

（二）保障疏散通道、安全出口、消防车通道、应急广播、应急照明、疏散指示标志符合法律、法规、技术标准的规定；

（三）保障监控设备和消防设施、器材配置齐全、完好有效；

（四）提供必要的停车场地，并维护安全秩序。

第九条 参加大型群众性活动的人员应当遵守下列规定：

（一）遵守法律、法规和社会公德，不得妨碍社会治安、影响社会秩序；

（二）遵守大型群众性活动场所治安、消防等管理制度，接受安全检查，不得携带爆炸性、易燃性、放射性、毒害性、腐蚀性等危险物质或者非法携带枪支、弹药、管制器具；

（三）服从安全管理，不得展示侮辱性标语、条幅等物品，不得围攻裁判员、运动员或者其他工作人员，不得投掷杂物。

第十条 公安机关应当履行下列职责：

（一）审核承办者提交的大型群众性活动申请材料，实施安全许可；

（二）制订大型群众性活动安全监督方案和突发事件处置预案；

（三）指导对安全工作人员的教育培训；

（四）在大型群众性活动举办前，对活动场所组织安全检查，发现安全隐患及时责令改正；

（五）在大型群众性活动举办过程中，对安全工作的落实情况实施监督检查，发现安全隐患及时责令改正；

（六）依法查处大型群众性活动中的违法犯罪行为，处置危害公共安全的突发事件。

第三章 安全管理

第十一条 公安机关对大型群众性活动实行安全许可制度。《营业性演出管理条例》对演出活动的安全管理另有规定的，从其规定。

举办大型群众性活动应当符合下列条件：

（一）承办者是依照法定程序成立的法人或者其他组织；

（二）大型群众性活动的内容不得违反宪法、法律、法规的规定，不得违反社会公德；

（三）具有符合本条例规定的安全工作方案，安全责任明确、措施有效；

（四）活动场所、设施符合安全要求。

第十二条 大型群众性活动的预计参加人数在1000人以上5000人以下的，由活动所在地县级人民政府公安机关实施安全许可；预计参加人数在5000人以上的，由活动所在地设区的市级人民政府公安机关或者直辖市人民政府公安机关实施安全许可；跨省、自治区、直辖市举办大型群众性活动的，由国务院公安部门实施安全许可。

第十三条 承办者应当在活动举办日的20日前提出安全许可申请，申请时，应当提交下列材料：

（一）承办者合法成立的证明以及安全责任人的身份证明；

（二）大型群众性活动方案及其说明，2个或者2个以上承办者共同承办大型群众性活动的，还应当提交联合承办的协议；

（三）大型群众性活动安全工作方案；

（四）活动场所管理者同意提供活动场所的证明。

依照法律、行政法规的规定，有关主管部门对大型群众性活动的承办者有资质、资格要求的，还应当提交有关资质、资格证明。

第十四条 公安机关收到申请材料应当依法做出受理或者不予受理的决定。对受理的申请，应当自受理之日起7日内进行审查，对活动场所进行查验，对符合安全条件的，做出许可的决定；对不符合安全条件的，做出不予许可的决定，并书面说明理由。

第十五条 对经安全许可的大型群众性活动，承办者不得擅自变更活动的时间、地点、内容或者扩大大型群众性活动的举办规模。

承办者变更大型群众性活动时间的，应当在原定举办活动时间之前向做出许可决定的公安机关申请变更，经公安机关同意方可变更。

承办者变更大型群众性活动地点、内容以及扩大大型群众性活动举办规模的，应当依照本条例的规定重新申请安全许可。

承办者取消举办大型群众性活动的，应当在原定举办活动时间之前书面告知做出安全许可决定的公安机关，并交回公安机关颁发的准予举办大型群众性活动的安全许可证件。

第十六条 对经安全许可的大型群众性活动，公安机关根据安全需要组织相应警力，维持活动现场周边的治安、交通秩序，预防和处置突发治安事件，查处违法犯罪活动。

第十七条 在大型群众性活动现场负责执行安全管理任务的公安机关工作人员，凭值勤证件进入大型群众性活动现场，依法履行安全管理职责。

公安机关和其他有关主管部门及其工作人员不得向承办者索取门票。

第十八条 承办者发现进入活动场所的人员达到核准数量时，应当立即停止验票；发现持有划定区域以外的门票或者持假票的人员，应当拒绝其入场并向活动现场的公安机关工作人员报告。

第十九条 在大型群众性活动举办过程中发生公共安全事故、治安案件的，安全责任人应当立即启动应急救援预案，并立即报告公安机关。

第四章 法律责任

第二十条 承办者擅自变更大型群众性活动的时间、地点、内容或者擅自扩大大型群众性活动的举办规模的，由公安机关处1万元以上5万元以下罚款；有违法所得的，没收违法所得。

未经公安机关安全许可的大型群众性活动由公安机关予以取缔，对承办者处10万元以上30万元以下罚款。

第二十一条 承办者或者大型群众性活动场所管理者违反本条例规定致使发生重大伤亡事故、治安案件或者造成其他严重后果构成犯罪的，依法追究刑事责任；尚不构成犯罪的，对安全责任人和其他直接责任人员依法给予处分、治安管理处罚，对单位处1万元以上5万元以下罚款。

第二十二条 在大型群众性活动举办过程中发生公共安全事故，安全责任人不立即启动应急救援预案或者不立即向公安机关报告的，由公安机关对安全责任人和其他直接责任人员处5000元以上5万元以下罚款。

第二十三条 参加大型群众性活动的人员有违反本条例第九条规定行为的，由公安机关给予批评教育；有危害社会治安秩序、威胁公共安全行为的，公安机关可以将其强行带离现场，依法给予治安管理处罚；构成犯罪的，依法追究刑事责任。

第二十四条 有关主管部门的工作人员和直接负责的主管人员在履行大型群众性活动安全管理职责中，有滥用职权、玩忽职守、徇私舞弊行为的，依法给予处分；构成犯罪的，依法追究刑事责任。

第五章　附　　则

第二十五条 县级以上各级人民政府、国务院部门直接举办的大型群众性活动的安全保卫工作，由举办活动的人民政府、国务院部门负责，不实行安全许可制度，但应当按照本条例的有关规定，责成或者会同有关公安机关制订更加严格的安全保卫工作方案，并组织实施。

第二十六条 本条例自2007年10月1日起施行。

图书在版编目（CIP）数据

应急管理法律知识学习读本 / 中国法制出版社编. —北京：中国法制出版社，2019. 9

ISBN 978 - 7 - 5216 - 0485 - 6

Ⅰ. ①应… Ⅱ. ①中… Ⅲ. ①突发事件 - 公共管理 - 法规 - 基本知识 - 中国 Ⅳ. ①D922. 105

中国版本图书馆 CIP 数据核字（2019）第 186698 号

责任编辑　李璞娜　　　　封面设计　杨泽江

应急管理法律知识学习读本

YINGJI GUANLI FALÜ ZHISHI XUEXI DUBEN

经销/新华书店

印刷/三河市国英印务有限公司

开本/880 毫米×1230 毫米　32 开　　　印张/ 14. 25　字数/ 330 千

版次/2019 年 9 月第 1 版　　　2019 年 9 月第 1 次印刷

中国法制出版社出版

书号 ISBN 978 - 7 - 5216 - 0485 - 6　　　定价：38. 00 元

北京西单横二条 2 号

邮政编码 100031　　　传真：010 - 66031119

网址：**http：//www. zgfzs. com**　　　**编辑部电话：010 - 66066627**

市场营销部电话：010 - 66033393　　　**邮购部电话：010 - 66033288**

（如有印装质量问题，请与本社印务部联系调换。电话：010 - 66032926）